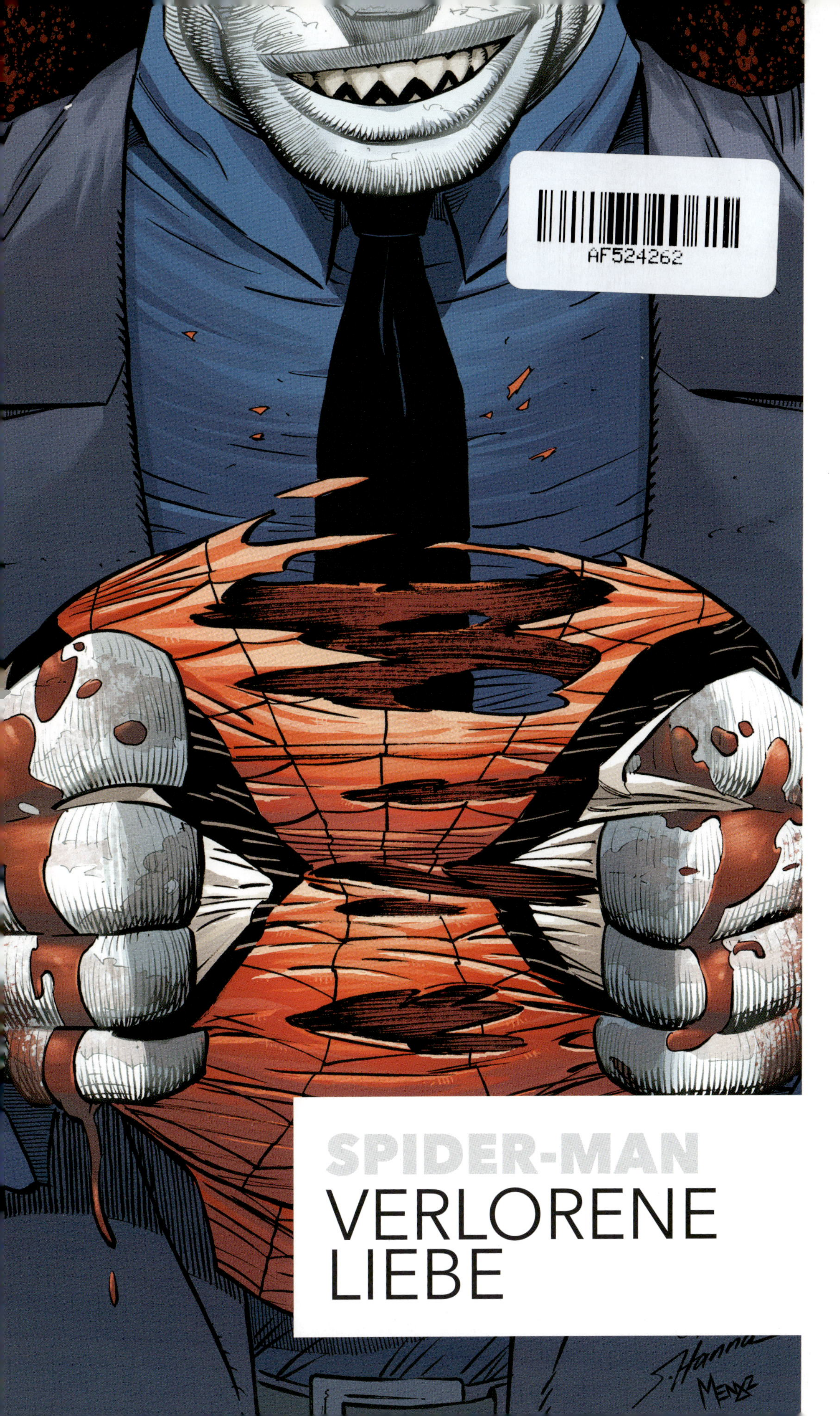
SPIDER-MAN
VERLORENE
LIEBE

SPIDER-MAN

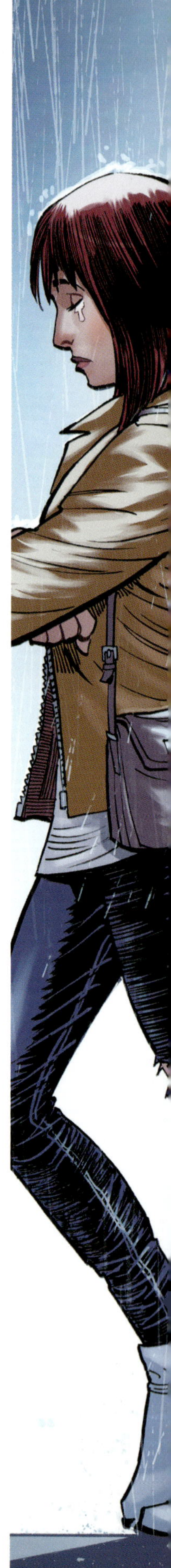

ZEB WELLS
STORY

JOHN ROMITA JR.
ZEICHNUNGEN

SCOTT HANNA
TUSCHE

MARCIO MENYZ
FARBEN

ASTARTE DESIGN
FABIO CIACCI
KLEINER FLUG
LETTERING

MICHAEL STRITTMATTER
ÜBERSETZUNG

LINDSEY COHICK
NICK LOWE
KAEDEN McGAHEY
REDAKTION USA

C. B. CEBULSKI
CHEFREDAKTEUR USA

SPIDER-MAN: VERLORENE LIEBE erscheint bei **PANINI COMICS**, Schloßstraße 76, D-70176 Stuttgart. Druck: Centro Poligrafico Milano S.p.A., Casarile (MI). Pressevertrieb: Stella Distribution GmbH, D-22297 Hamburg. Direkt-Abos auf **www.paninicomics.de**. Geschäftsführer **Hermann Paul**, Publishing Director Europe **Marco M. Lupoi**, Finanzen/Logistik **Felix Bauer**, Marketing Director **Holger Wiest**, Marketing **Fabio Cunetto**, Vertrieb **Alexander Bubenheimer**, PR/Presse **Steffen Volkmer**, Publishing Manager **Lisa Pancaldi**, Redaktion **Christian Endres**, **Genoveva Fincias Alonso**, **Harald Gantzberg**, **Christian Grass**, **Anja Seiffert**, **Nicola Soressi**, **Kristina Starschinski**, **Daniela Uhlmann**, Übersetzung **Michael Strittmatter**, Proofreading **Enza Ceraudo**, **Katrin Hoppe**, Lettering **Astarte Design**, **Fabio Ciacci**, **Kleiner Flug**, grafische Gestaltung **Marco Paroli** (coordinator), **Mario Corticelli**, **Cinzia Morando**, Art Director **Alessandro Gucciardo**, Redaktion Panini Comics **Annalisa Califano**, **Beatrice Doti**, Prepress **Cristina Bedini**, **Daniela Guidetti**, **Andrea Lusoli**, Repro/Packager **Alessandro Nalli** (coordinator), **Anna Boselli**, **Mario Da Rin Zanco**, **Valentina Esposito**, **Luca Ficarelli**, **Linda Leporati**. Deutsche Edition bei Panini Verlags-GmbH unter Lizenz von Marvel Characters B.V. Cover von **John Romita Jr.**, *Amazing Spider-Man* (2022) 1; Variant-Cover von **John Romita Jr.**, *Amazing Spider-Man* (2022) 1 Variant-Cover-Edition.

Digitale Ausgaben:
ISBN 978-3-7569-1211-7 (.pdf) / ISBN 978-3-7569-1212-4 (.epub) /
ISBN 978-3-7569-1213-1 (.mobi)

Bibliografische Information der Deutschen Nationalbibliothek
Die Deutsche Nationalbibliothek verzeichnet diese Publikation in der Deutschen Nationalbibliografie; detaillierte bibliografische Daten sind im Internet über dnb.d-nb.de abrufbar.

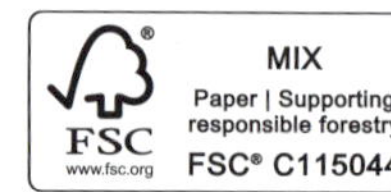

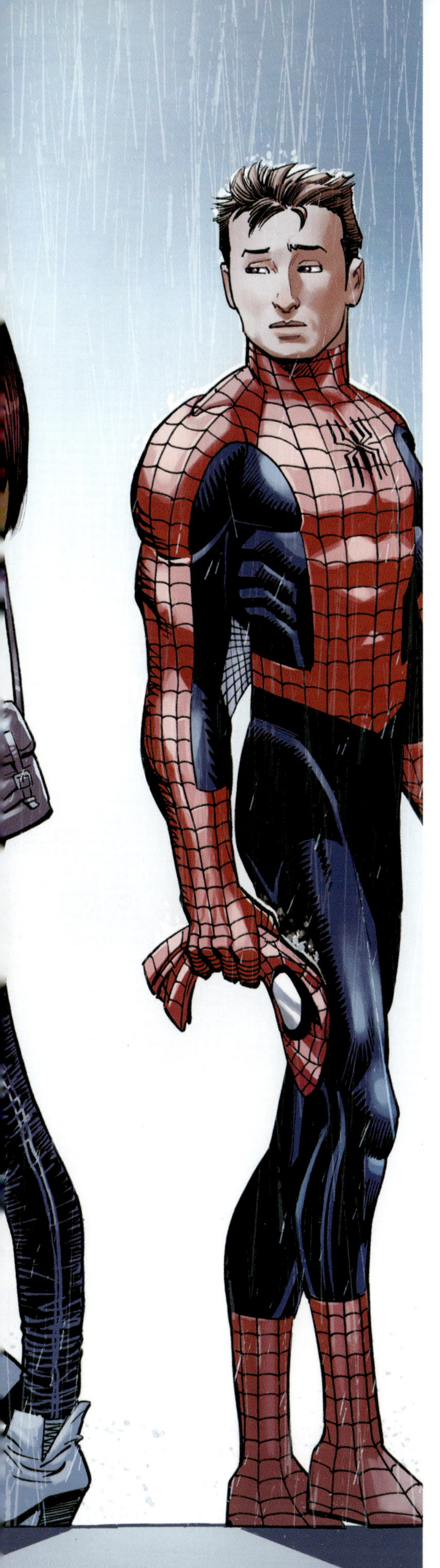

Manchmal geht es bei Superhelden-Comics darum, die lange Historie zu zelebrieren und das auch mit einer möglichst hohen Heftnummer zu zeigen. Bei anderen Gelegenheiten will man dagegen mit einer neuen Nummer 1 auf dem Cover deutlich machen, dass frischer Wind in eine Serie kommt, die nächste Ära beginnt und ein perfekter Einstiegspunkt ansteht. Im Juni 2022 wurde daher die US-Traditionsserie *Amazing Spider-Man* von Marvel zum mittlerweile sechsten Mal neu gestartet. Die ersten aufregenden Kapitel der neuen Nummerierung und *ASM*-Inkarnation, die sich an Fans wie Neuleser richten, präsentieren wir in diesem Sammelband erstmals am Stück! Autor **Zeb Wells** und Zeichner **John Romita Jr.**, zwei echte Spidey-Koryphäen, führen den Netzschwinger in eine neue Epoche. Wells schrieb seine erste Netzkopf-Story 2002, seitdem wirkte er an diversen Spider-Man-Titeln mit, kümmerte sich aber auch um die Abenteuer von z. B. **Elektra**, den **Runaways** oder den **New Mutants**, während sein Portfolio als TV-Macher *She-Hulk: Die Anwältin*, *Marvel Zombies*, *Robot Chicken* und *SuperMansion* umfasst. Und Romita Jr. ist natürlich der Sohn von Marvel-Legende **John Romita Sr.**, zeichnete 1980 selbst sein erstes *Amazing Spider-Man*-Heft, später *Daredevil*, *X-Men*, *Thor*, *Avengers*, *Wolverine*, *Iron Man*, *Punisher: War Zone*, *Superman*, *Kick-Ass* und eben Spidey-Storys über mehrere Dekaden. Richtig Starpower also für die Zeit nach dem langen *Spider-Man*-Run von **Nick Spencer**, **Ryan Ottley** und Co. (in dem unter anderem Spideys Erzfeind **Norman Osborn** von seinen Sünden befreit wurde) sowie der erfrischenden **Beyond**-Saga von Wells, **Kelly Thompson**, **Pat Gleason**, **Sara Pichelli** und einigen mehr. In diesem Band von Wells und JRJR warten viele Überraschungen. Wir machen nämlich einen Zeitsprung von sechs Monaten im Leben von **Peter Parker** alias **Spider-Man**, dem Neffen von **Tante May**, dem besten Freund der **Fackel** Johnny Storm von den **Fantastic Four**, dem Ex von **Black Cat** Felicia Hardy und dem Langzeit-Lover von **Mary Jane Watson**. Dieser Status quo wird allerdings gleich erschüttert …

Christian Endres

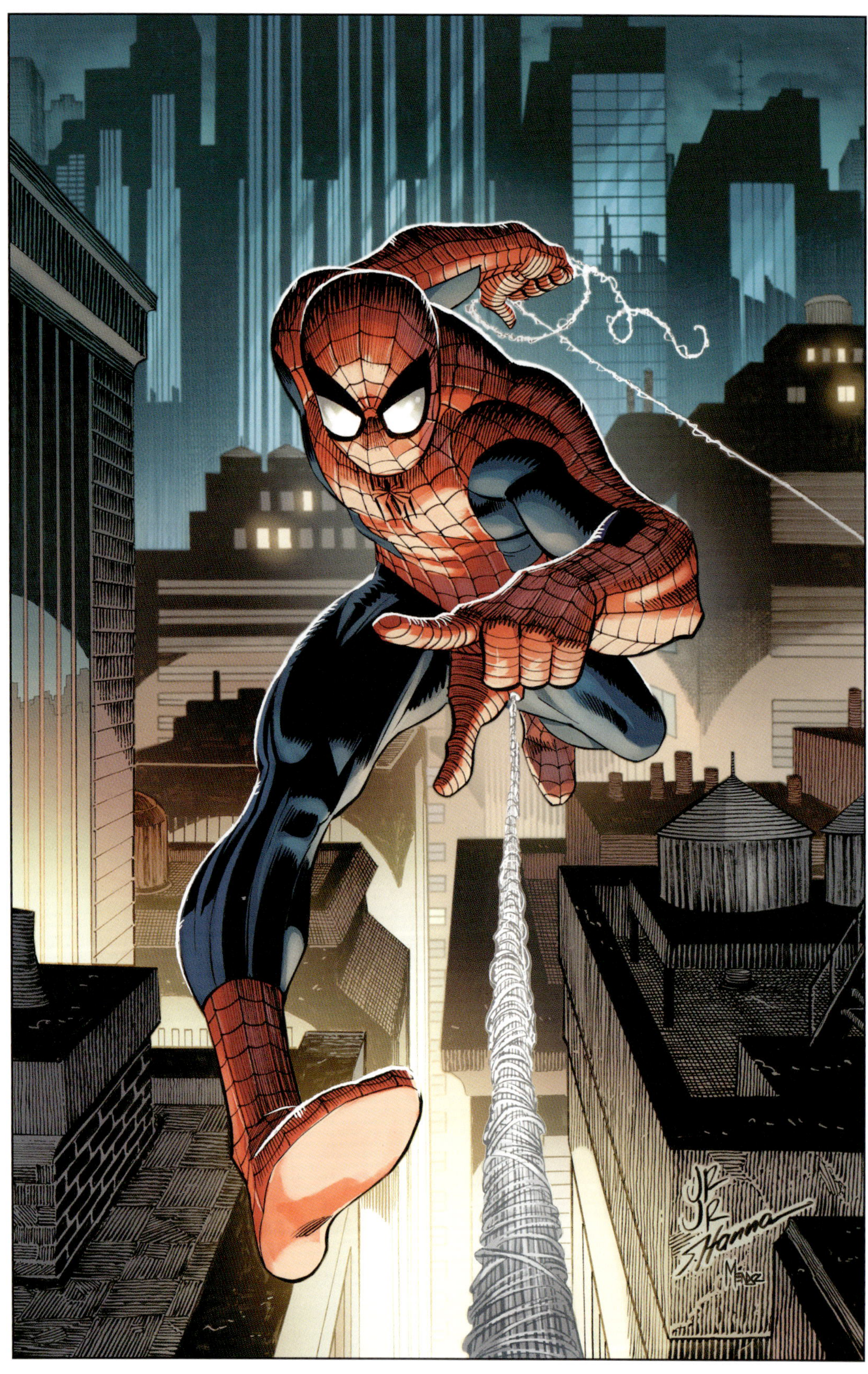

Amazing Spider-Man (2022) 1
Cover von **JOHN ROMITA JR.**

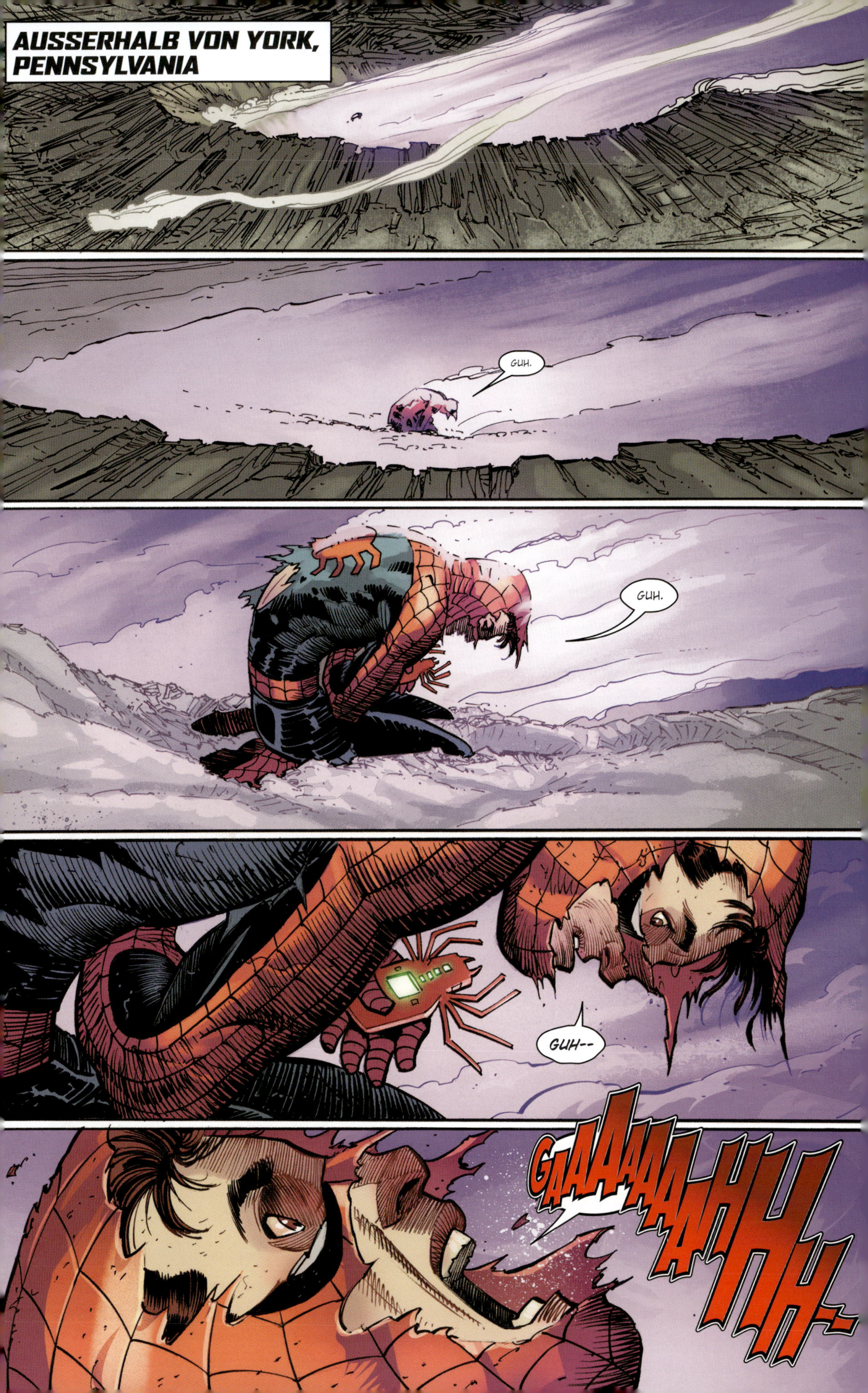
AUSSERHALB VON YORK, PENNSYLVANIA
GUH.
GUH.
GUH--
GAAAAAAAHHH--

SECHS MON

ATE SPÄTER

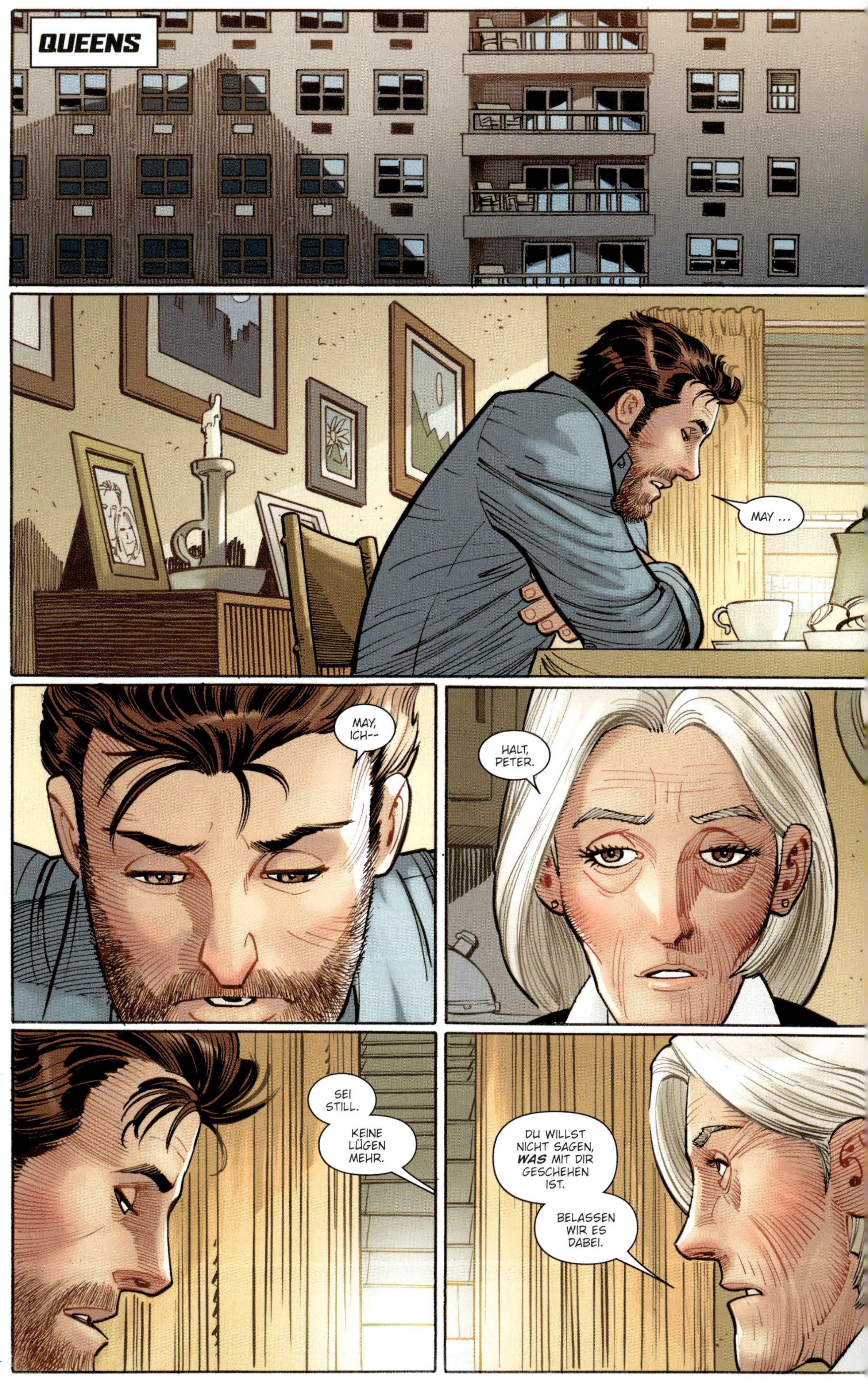
QUEENS
MAY ...
MAY, ICH--
HALT, PETER.
SEI STILL.
KEINE LÜGEN MEHR.
DU WILLST NICHT SAGEN, **WAS** MIT DIR GESCHEHEN IST.
BELASSEN WIR ES DABEI.

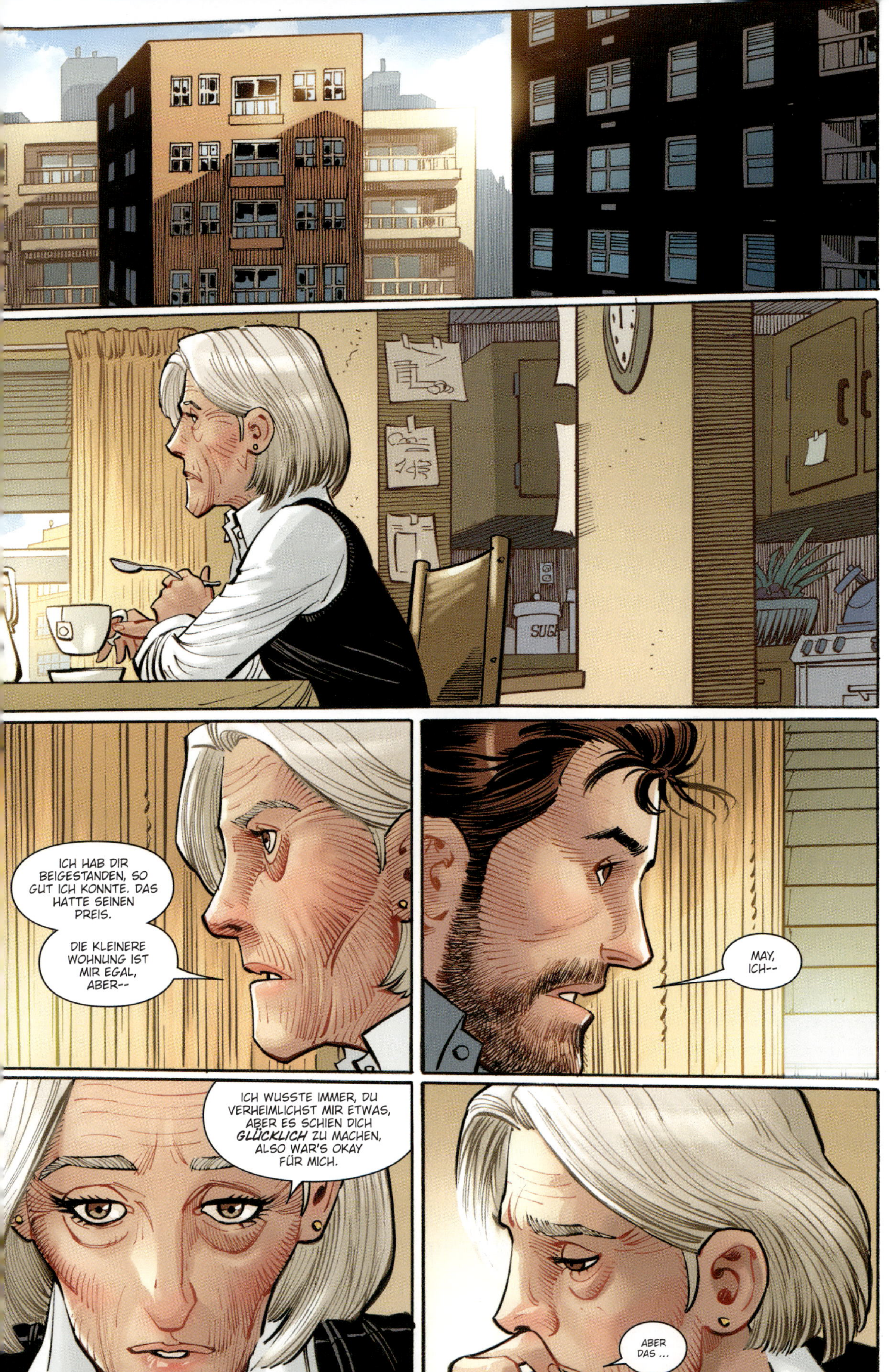
ICH HAB DIR BEIGESTANDEN, SO GUT ICH KONNTE. DAS HATTE SEINEN PREIS.
DIE KLEINERE WOHNUNG IST MIR EGAL, ABER--
MAY, ICH--
ICH WUSSTE IMMER, DU VERHEIMLICHST MIR ETWAS, ABER ES SCHIEN DICH *GLÜCKLICH* ZU MACHEN, ALSO WAR'S OKAY FÜR MICH.
ABER DAS ...

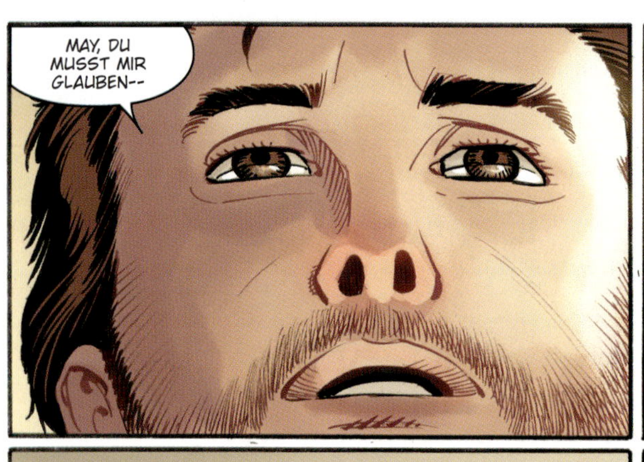
MAY, DU MUSST MIR GLAUBEN--

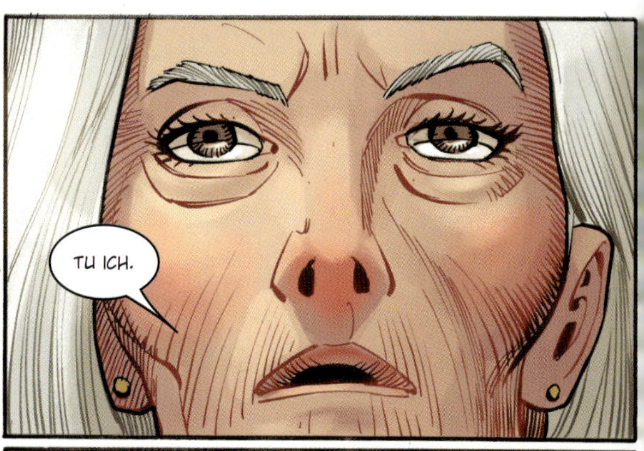
TU ICH.

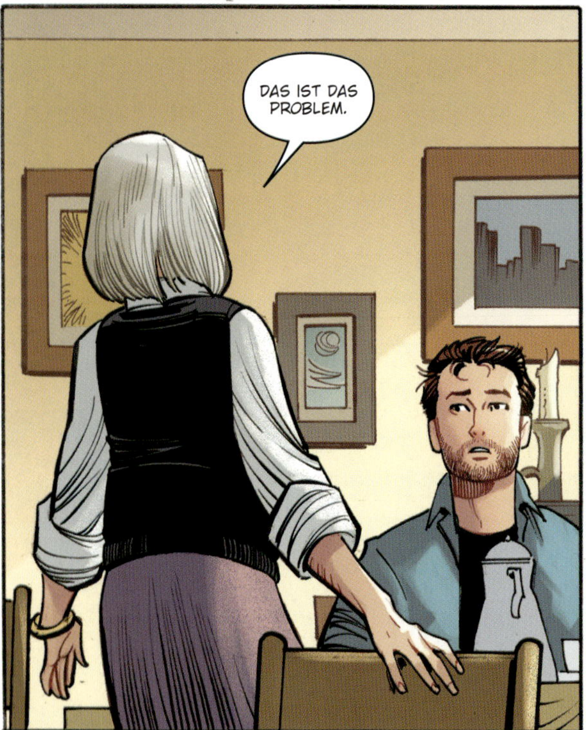
DAS IST DAS PROBLEM.

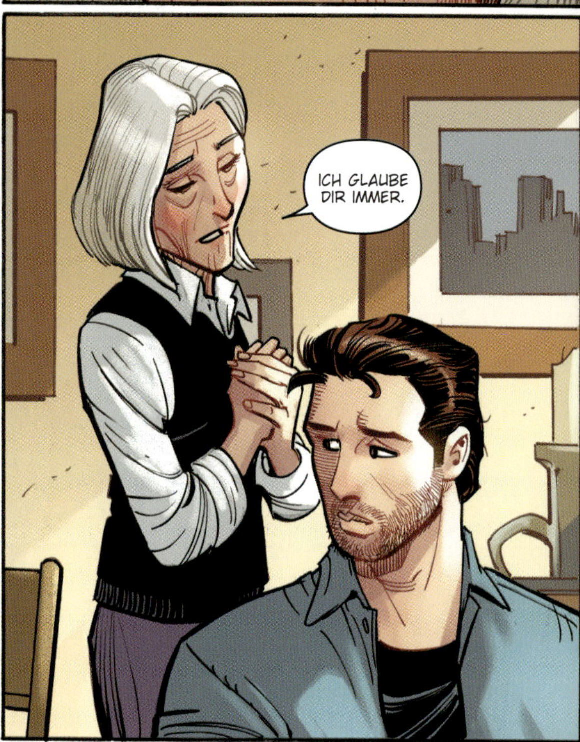
ICH GLAUBE DIR IMMER.

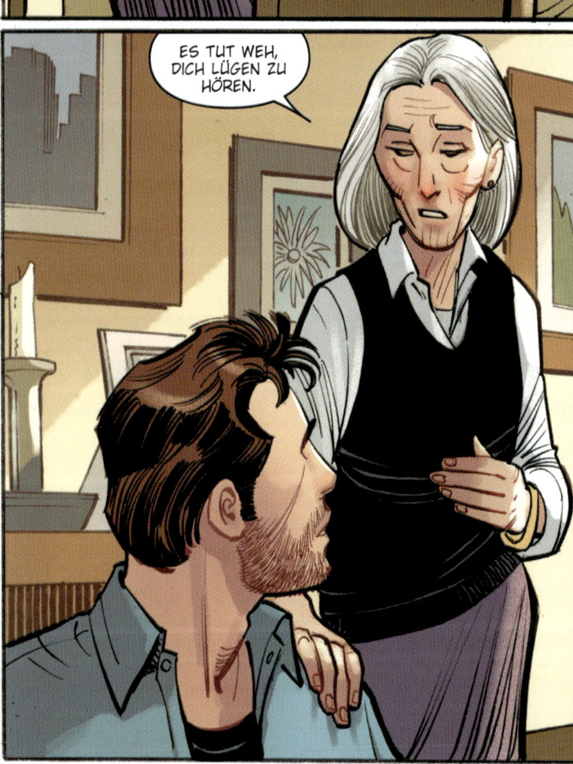
ES TUT WEH, DICH LÜGEN ZU HÖREN.

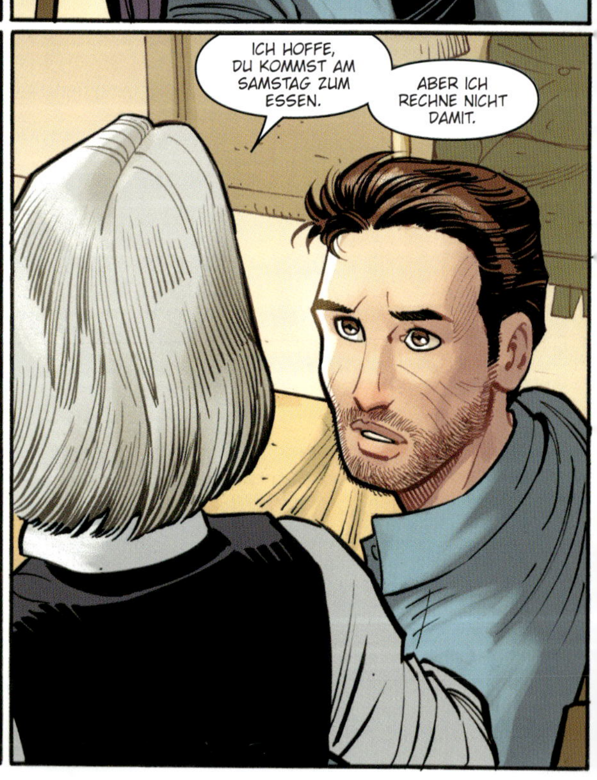
ICH HOFFE, DU KOMMST AM SAMSTAG ZUM ESSEN.
ABER ICH RECHNE NICHT DAMIT.

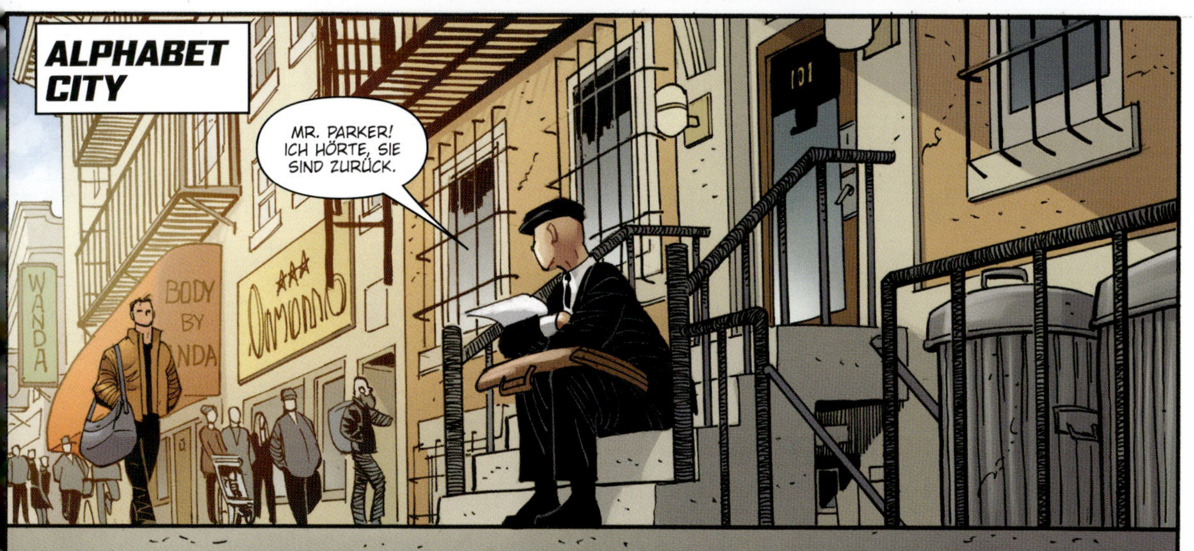
ALPHABET CITY
MR. PARKER! ICH HÖRTE, SIE SIND ZURÜCK.
BODY BY WANDA
WANDA
101

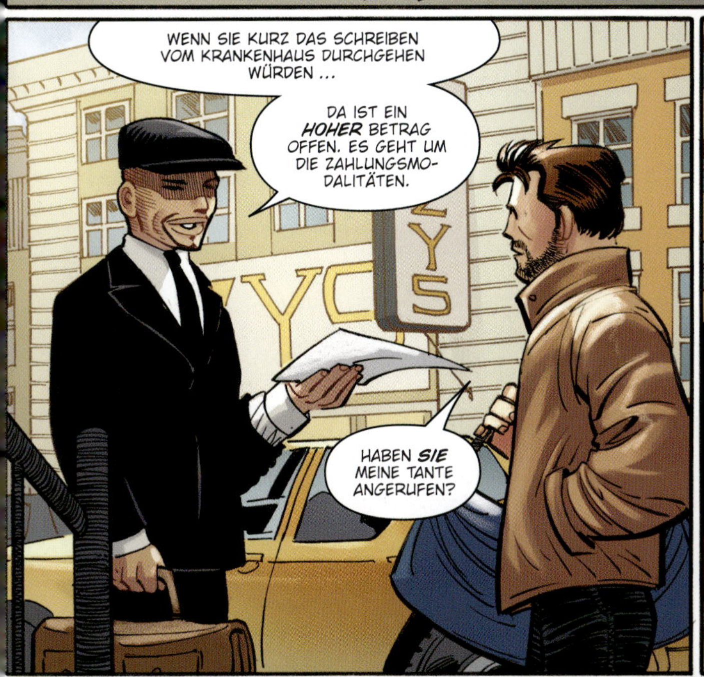
WENN SIE KURZ DAS SCHREIBEN VOM KRANKENHAUS DURCHGEHEN WÜRDEN ...
DA IST EIN ***HOHER*** BETRAG OFFEN. ES GEHT UM DIE ZAHLUNGSMODALITÄTEN.
HABEN ***SIE*** MEINE TANTE ANGERUFEN?

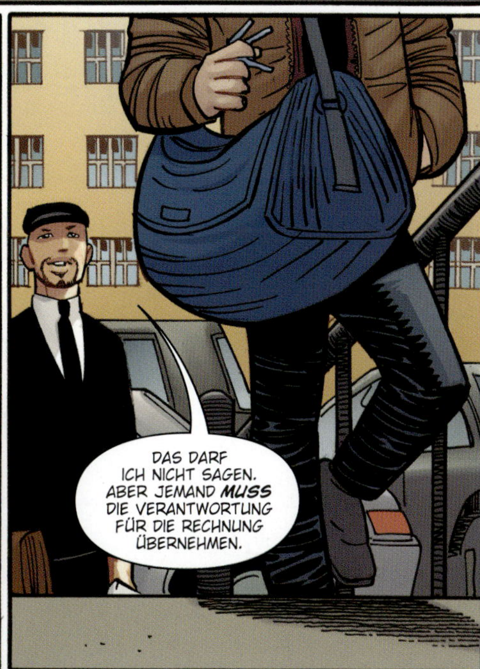
DAS DARF ICH NICHT SAGEN. ABER JEMAND ***MUSS*** DIE VERANTWORTUNG FÜR DIE RECHNUNG ÜBERNEHMEN.

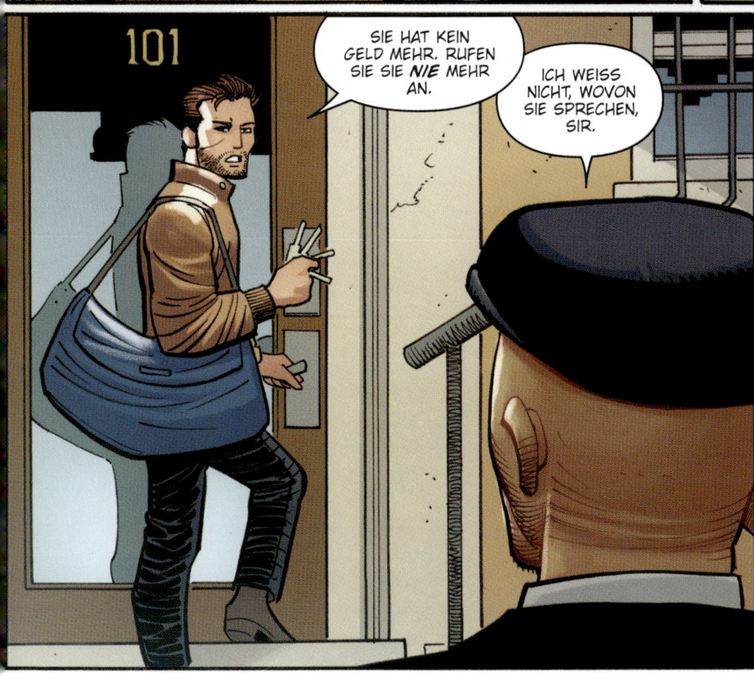
101
SIE HAT KEIN GELD MEHR. RUFEN SIE SIE ***NIE*** MEHR AN.
ICH WEISS NICHT, WOVON SIE SPRECHEN, SIR.

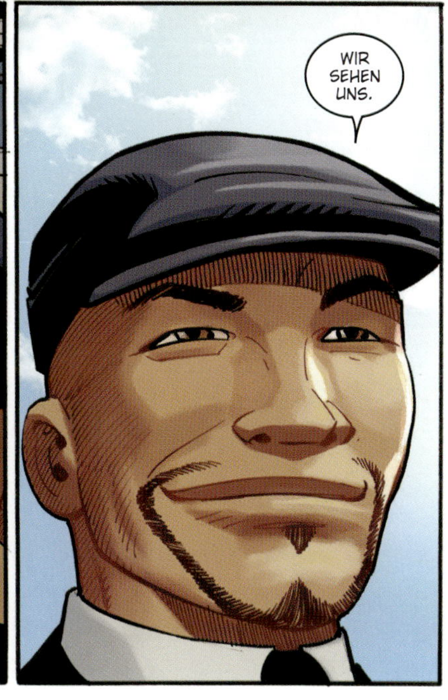
WIR SEHEN UNS.

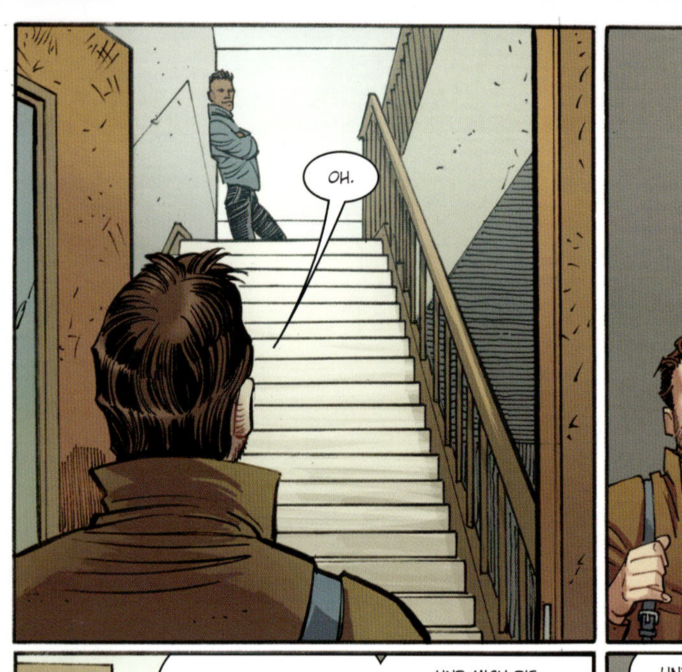
OH.

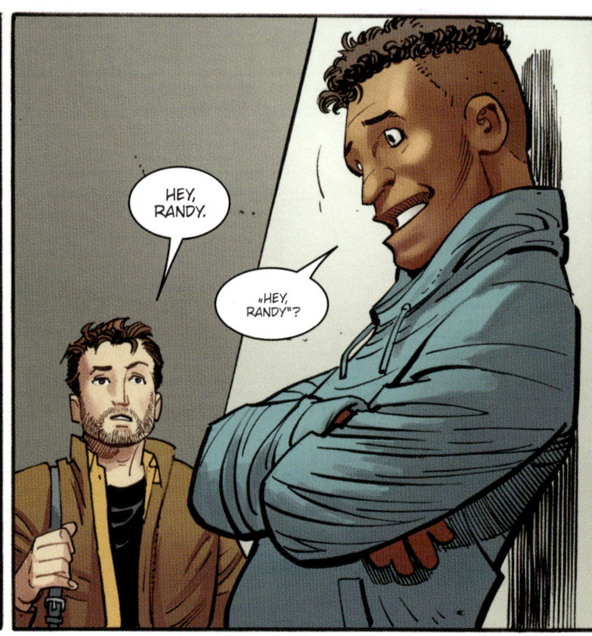
HEY,
RANDY.
„HEY,
RANDY"?

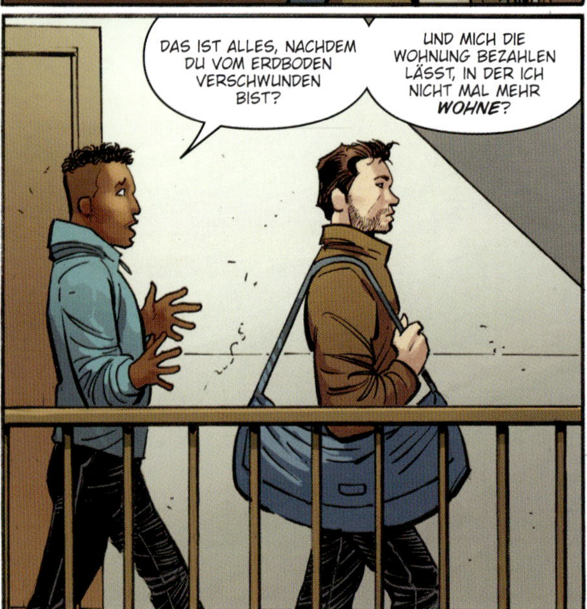
DAS IST ALLES, NACHDEM DU VOM ERDBODEN VERSCHWUNDEN BIST?
UND MICH DIE WOHNUNG BEZAHLEN LÄSST, IN DER ICH NICHT MAL MEHR **WOHNE**?

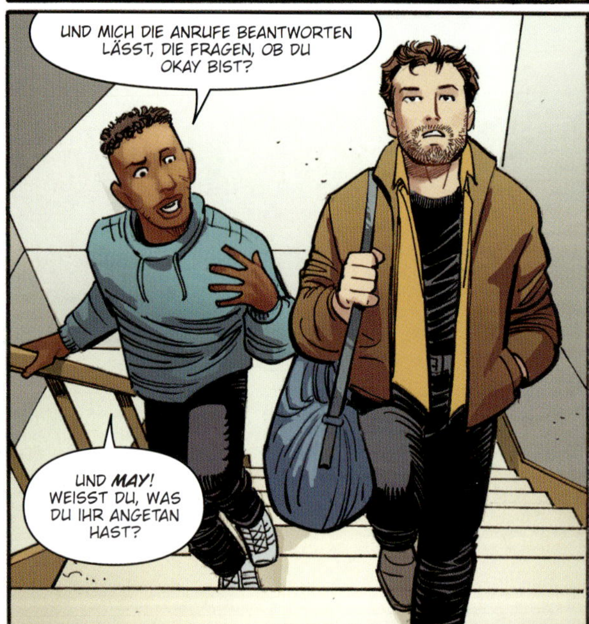
UND MICH DIE ANRUFE BEANTWORTEN LÄSST, DIE FRAGEN, OB DU OKAY BIST?
UND **MAY!** WEISST DU, WAS DU IHR ANGETAN HAST?

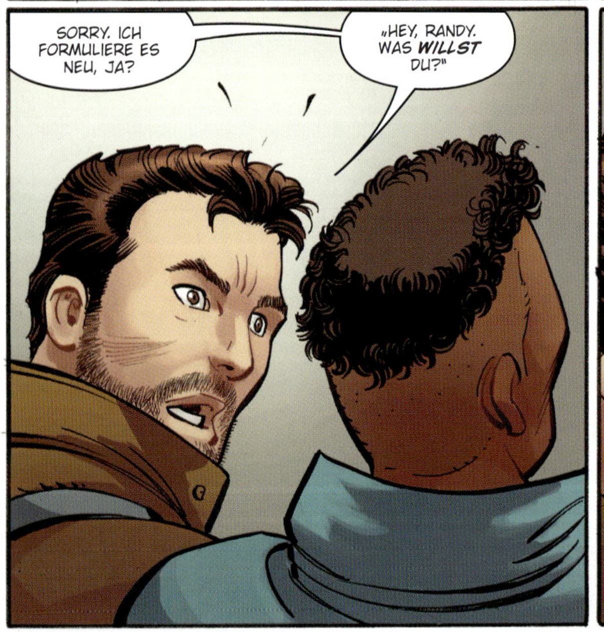
SORRY. ICH FORMULIERE ES NEU, JA?
„HEY, RANDY. WAS **WILLST** DU?"

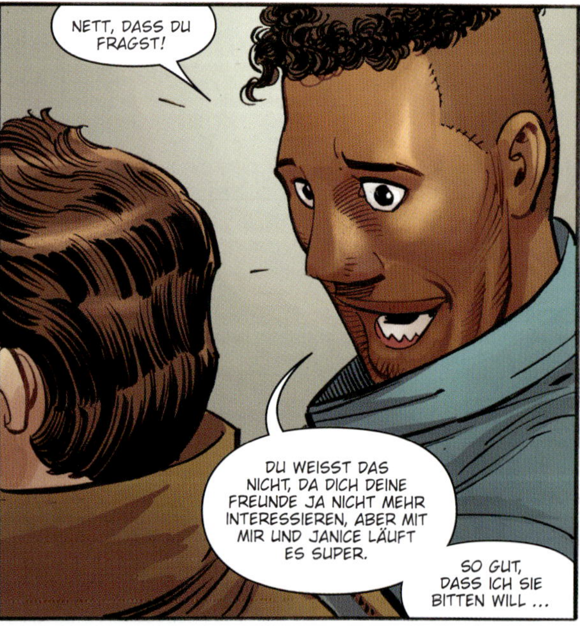
NETT, DASS DU FRAGST!
DU WEISST DAS NICHT, DA DICH DEINE FREUNDE JA NICHT MEHR INTERESSIEREN, ABER MIT MIR UND JANICE LÄUFT ES SUPER.
SO GUT, DASS ICH SIE BITTEN WILL ...

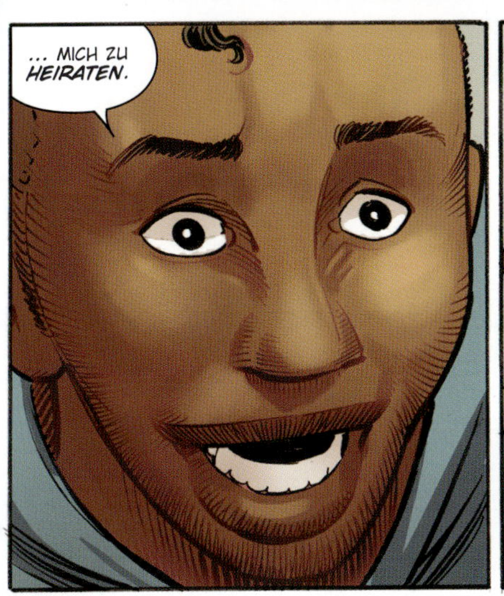
… MICH ZU HEIRATEN.

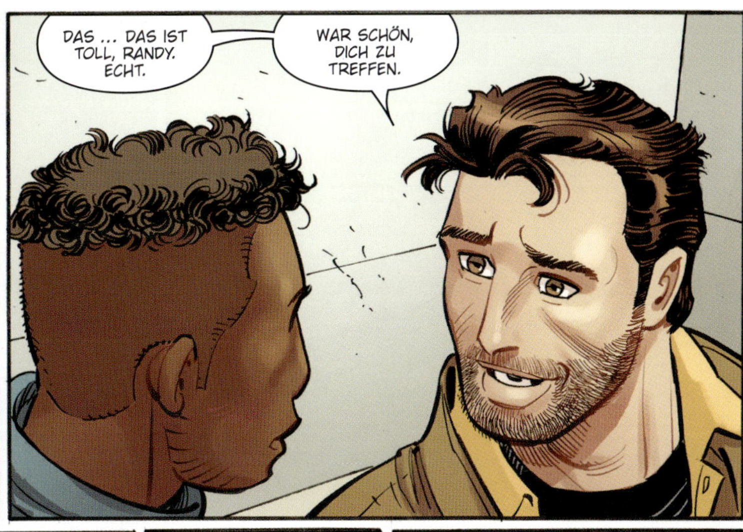
DAS … DAS IST TOLL, RANDY. ECHT.
WAR SCHÖN, DICH ZU TREFFEN.

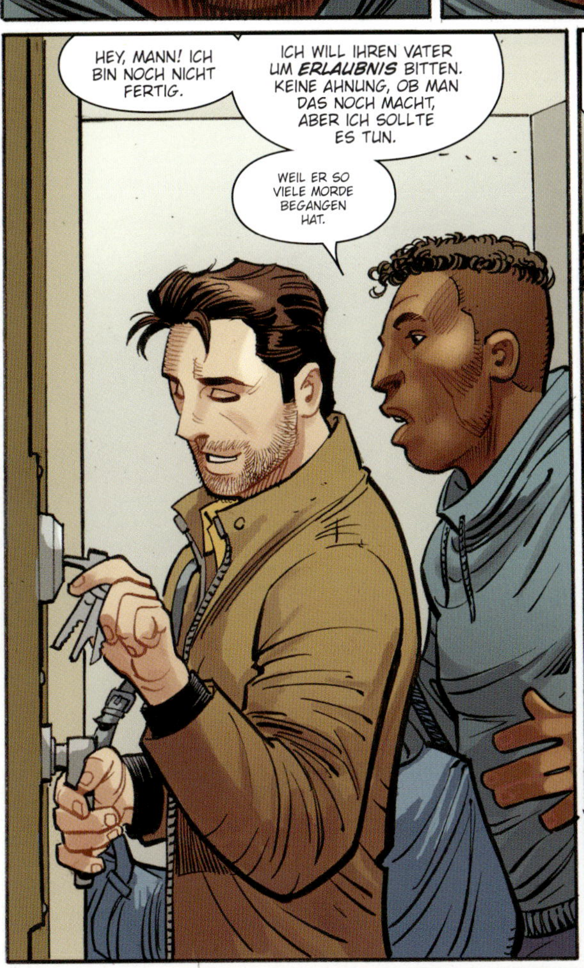
HEY, MANN! ICH BIN NOCH NICHT FERTIG.
ICH WILL IHREN VATER UM ERLAUBNIS BITTEN. KEINE AHNUNG, OB MAN DAS NOCH MACHT, ABER ICH SOLLTE ES TUN.
WEIL ER SO VIELE MORDE BEGANGEN HAT.

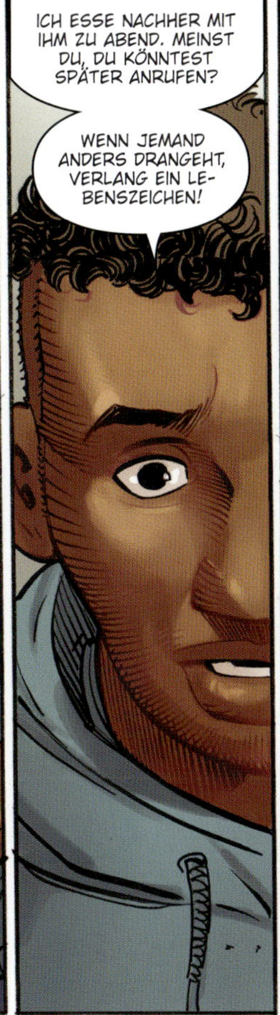
ICH ESSE NACHHER MIT IHM ZU ABEND. MEINST DU, DU KÖNNTEST SPÄTER ANRUFEN?
WENN JEMAND ANDERS DRANGEHT, VERLANG EIN LEBENSZEICHEN!

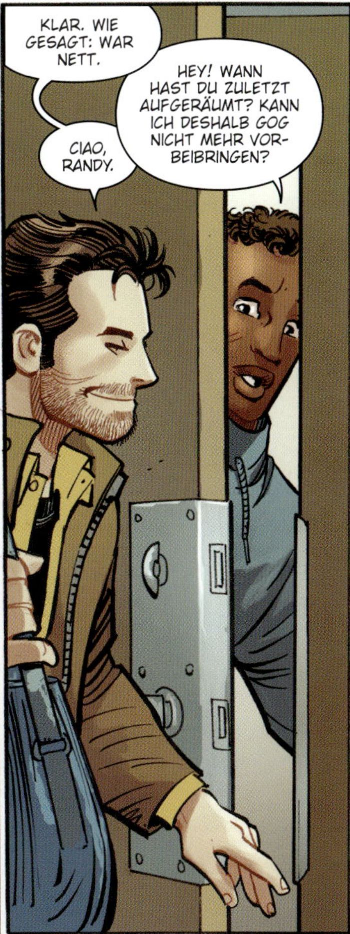
KLAR. WIE GESAGT: WAR NETT.
CIAO, RANDY.
HEY! WANN HAST DU ZULETZT AUFGERÄUMT? KANN ICH DESHALB GOG NICHT MEHR VORBEIBRINGEN?

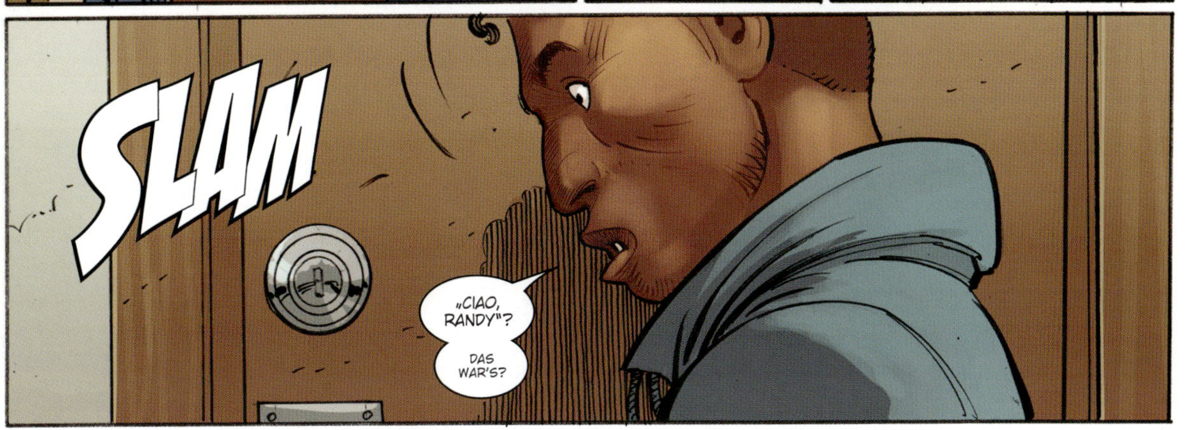
SLAM
„CIAO, RANDY"?
DAS WAR'S?

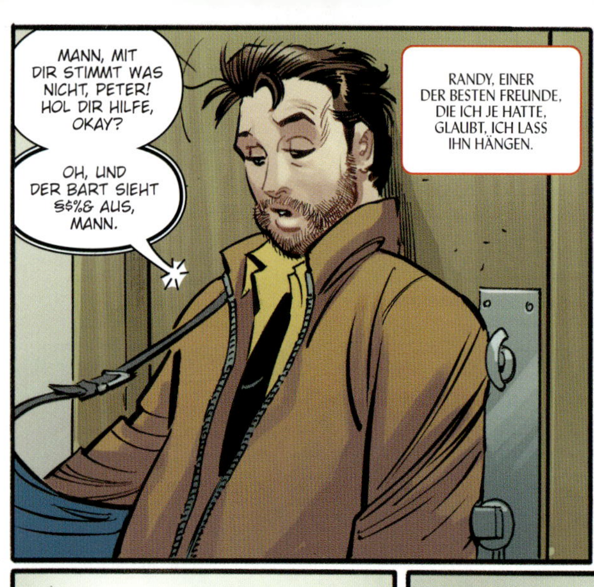
MANN, MIT DIR STIMMT WAS NICHT, PETER! HOL DIR HILFE, OKAY?
OH, UND DER BART SIEHT §$%& AUS, MANN.
RANDY, EINER DER BESTEN FREUNDE, DIE ICH JE HATTE, GLAUBT, ICH LASS IHN HÄNGEN.
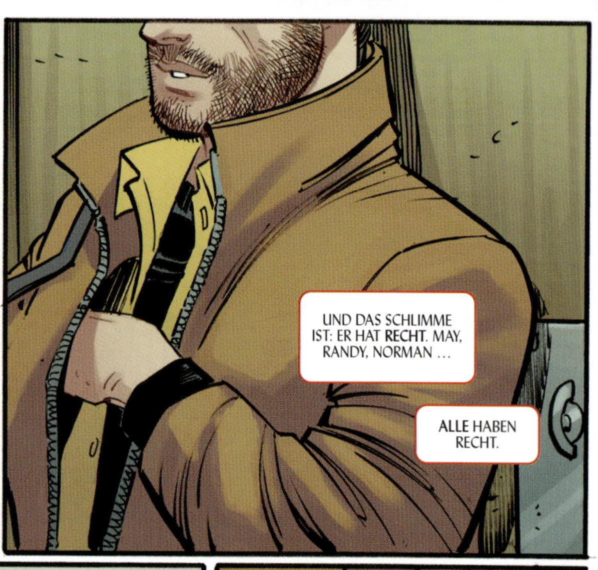
UND DAS SCHLIMME IST: ER HAT RECHT. MAY, RANDY, NORMAN …
ALLE HABEN RECHT.
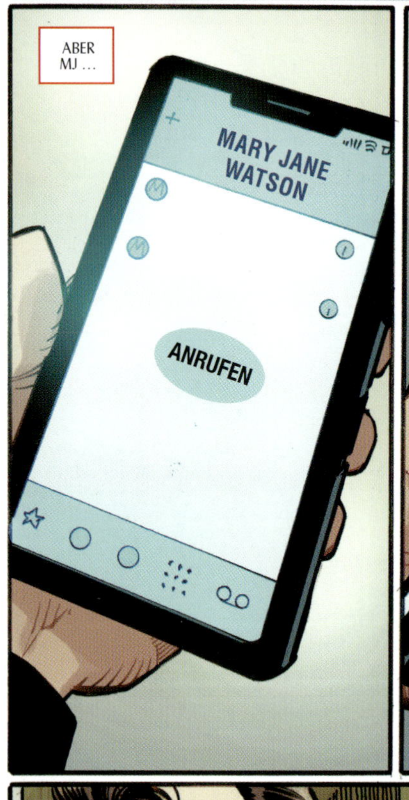
ABER MJ …
MARY JANE WATSON
ANRUFEN
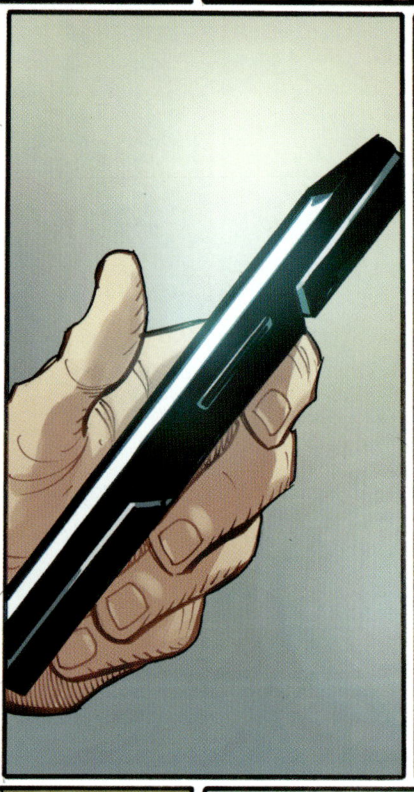
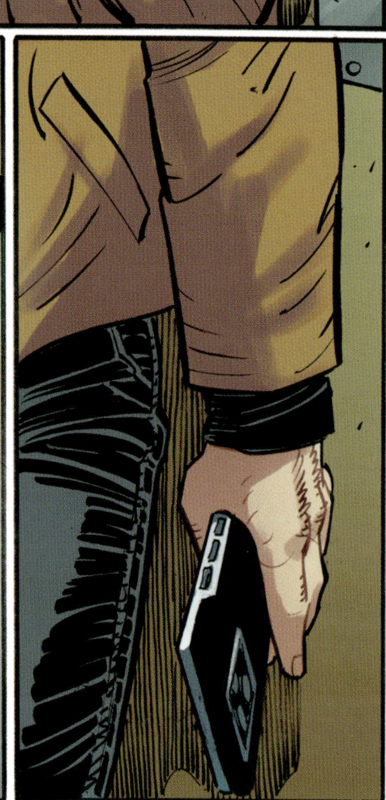
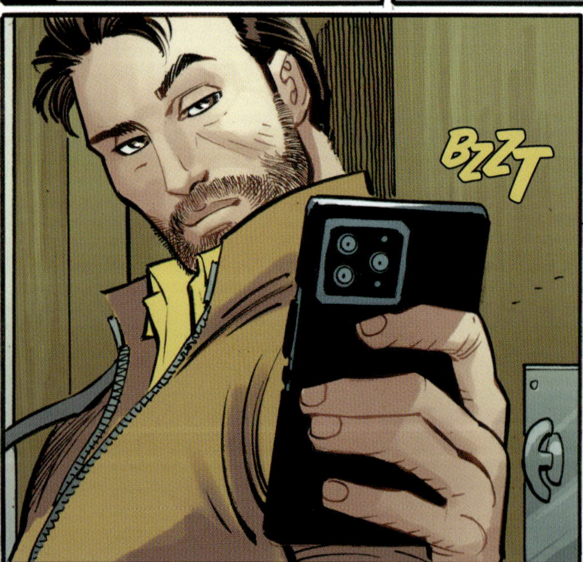
BZZT
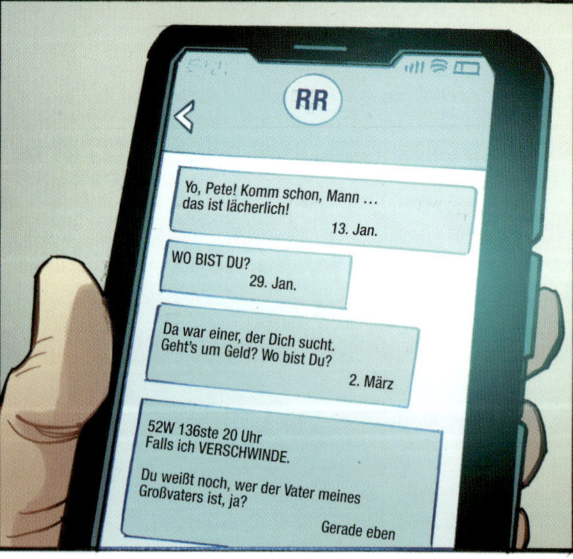
RR
Yo, Pete! Komm schon, Mann … das ist lächerlich! 13. Jan.
WO BIST DU? 29. Jan.
Da war einer, der Dich sucht. Geht's um Geld? Wo bist Du? 2. März
52W 136ste 20 Uhr
Falls ich VERSCHWINDE.
Du weißt noch, wer der Vater meines Großvaters ist, ja?
Gerade eben

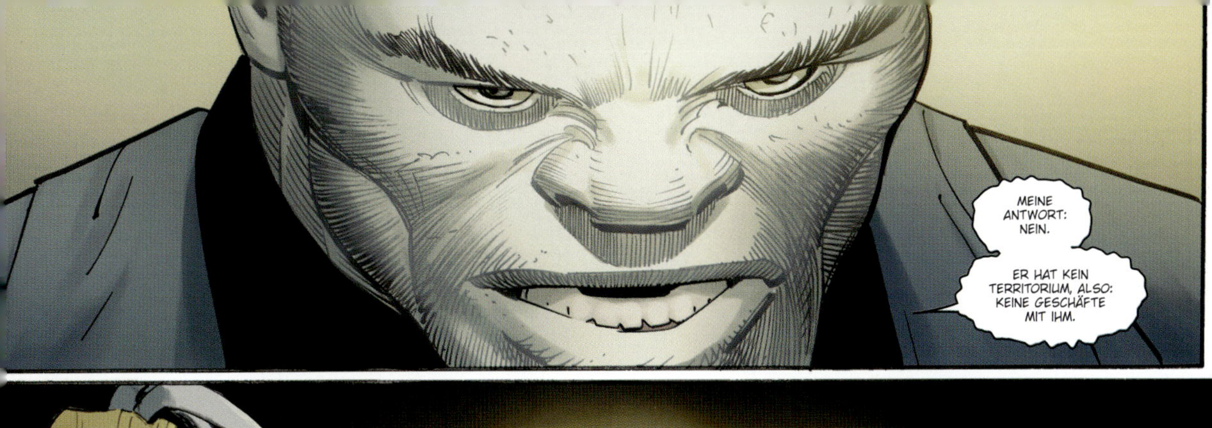
MEINE ANTWORT: NEIN.
ER HAT KEIN TERRITORIUM, ALSO: KEINE GESCHÄFTE MIT IHM.

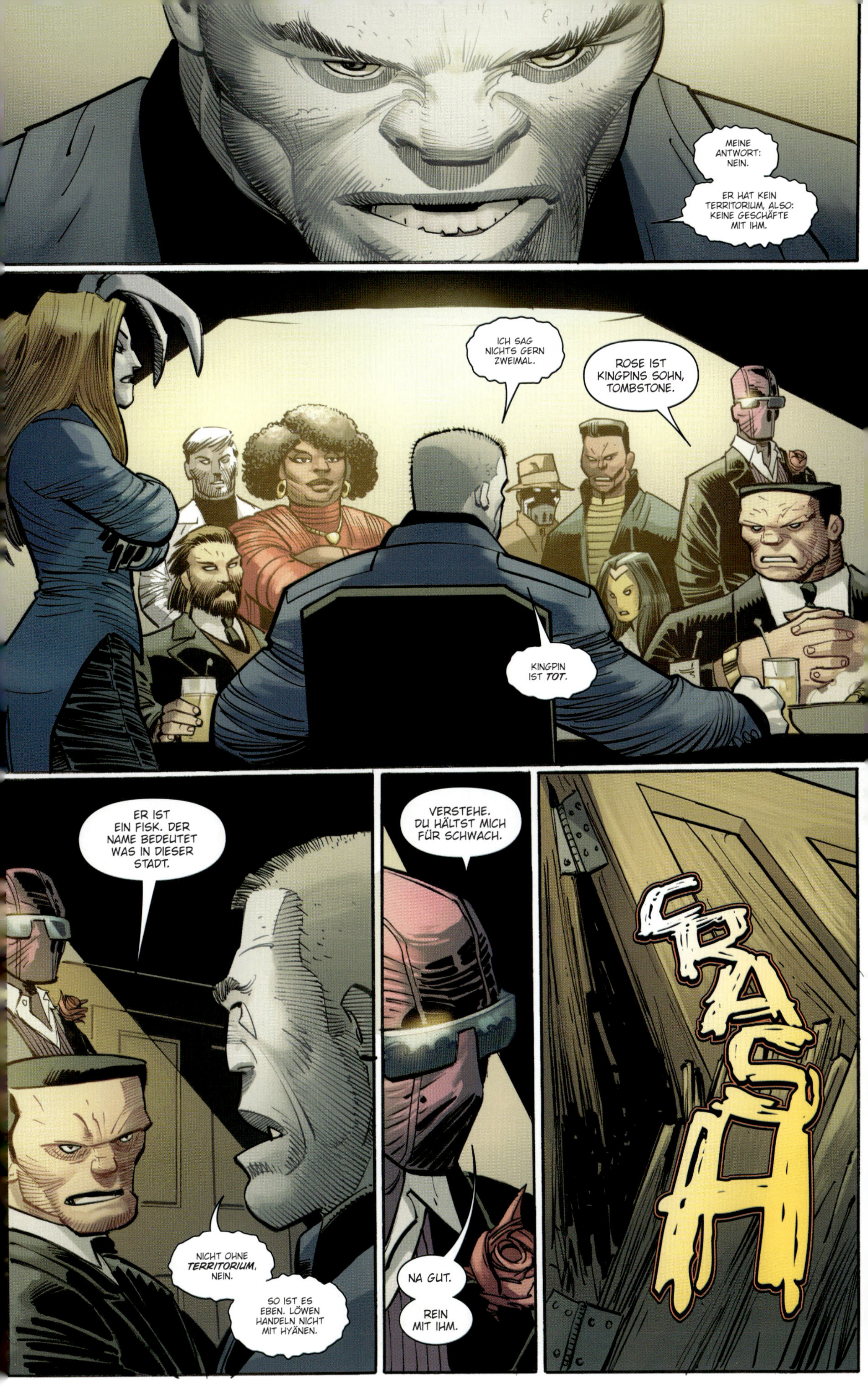

ICH SAG NICHTS GERN ZWEIMAL.
ROSE IST KINGPINS SOHN, TOMBSTONE.
KINGPIN IST *TOT*.

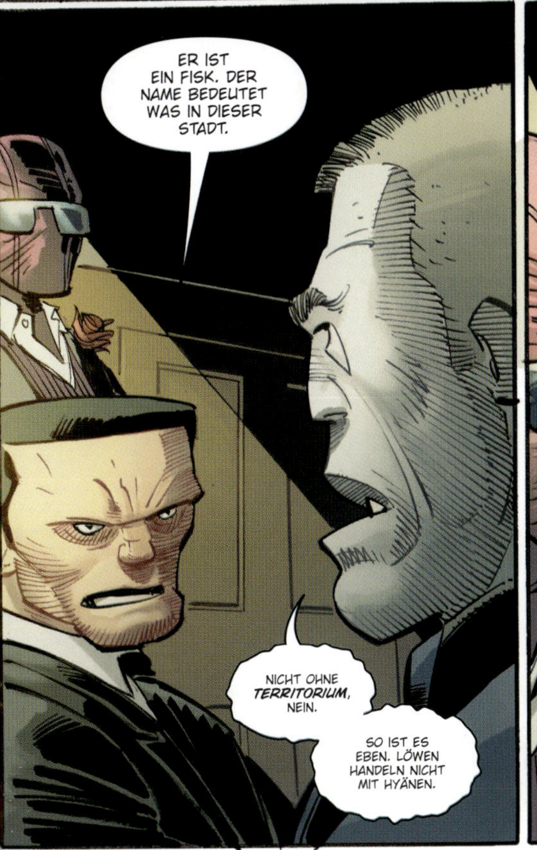
ER IST EIN FISK. DER NAME BEDEUTET WAS IN DIESER STADT.
NICHT OHNE *TERRITORIUM*, NEIN.
SO IST ES EBEN. LÖWEN HANDELN NICHT MIT HYÄNEN.

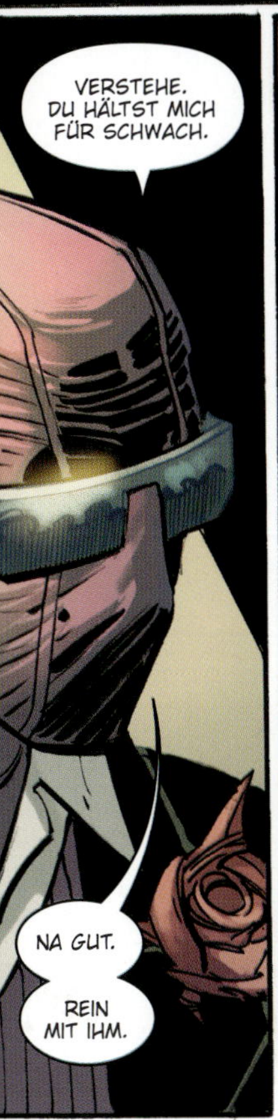
VERSTEHE. DU HÄLTST MICH FÜR SCHWACH.
NA GUT.
REIN MIT IHM.

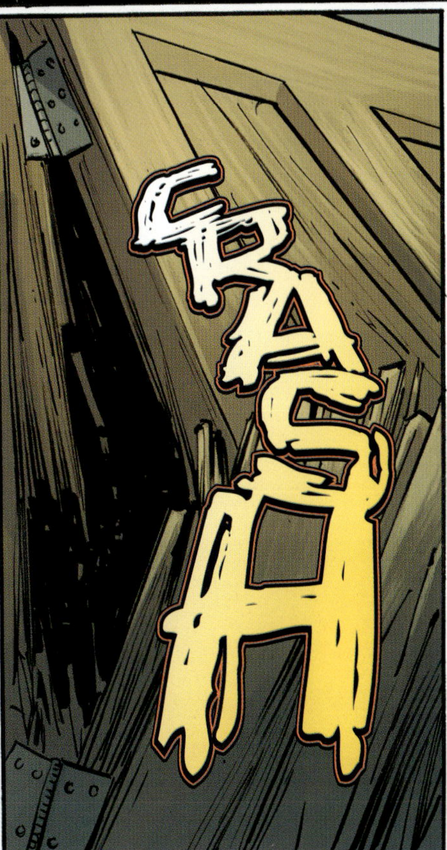
CRASH

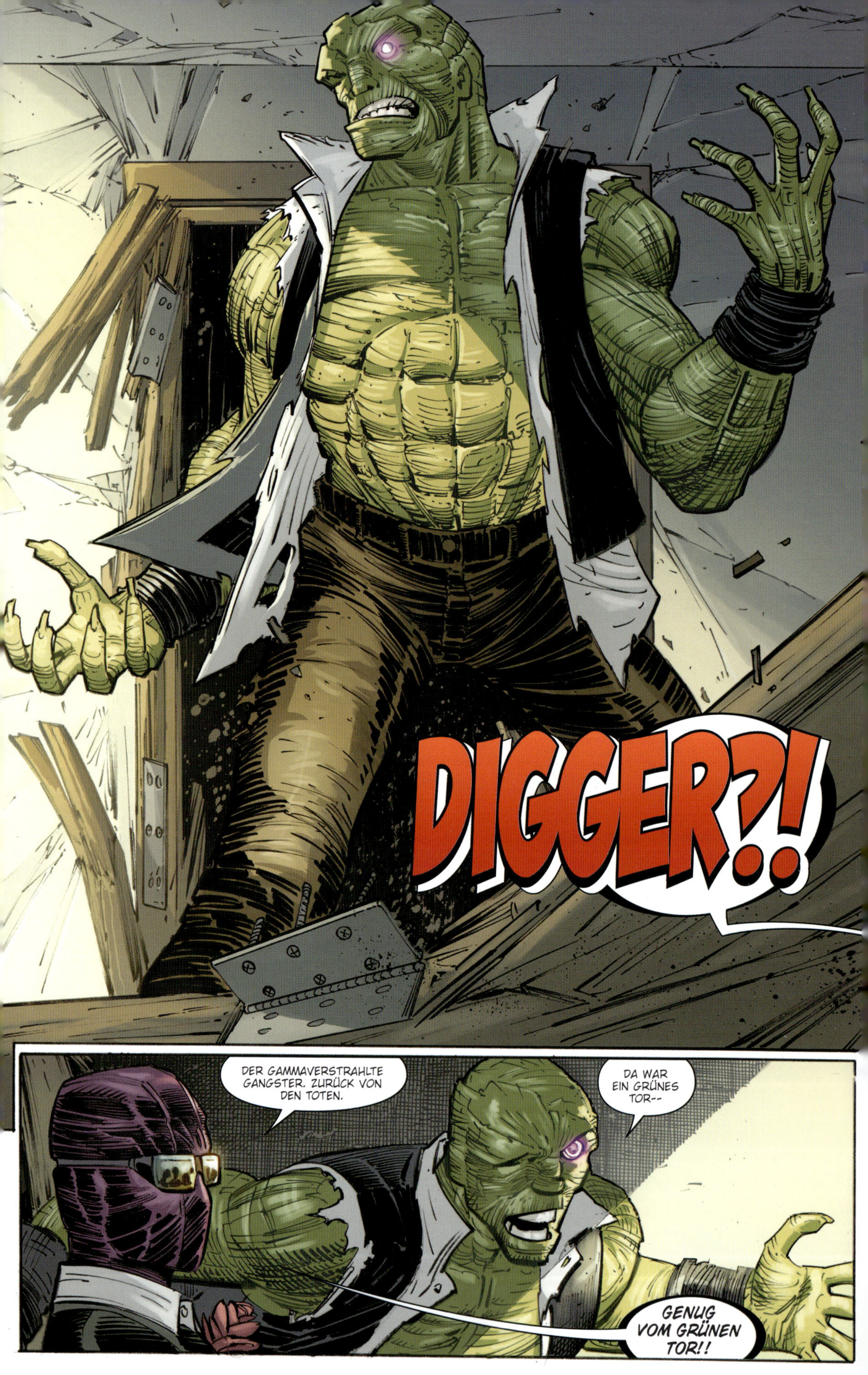
DIGGER?!
DER GAMMAVERSTRAHLTE GANGSTER. ZURÜCK VON DEN TOTEN.
DA WAR EIN GRÜNES TOR--
GENUG VOM GRÜNEN TOR!!

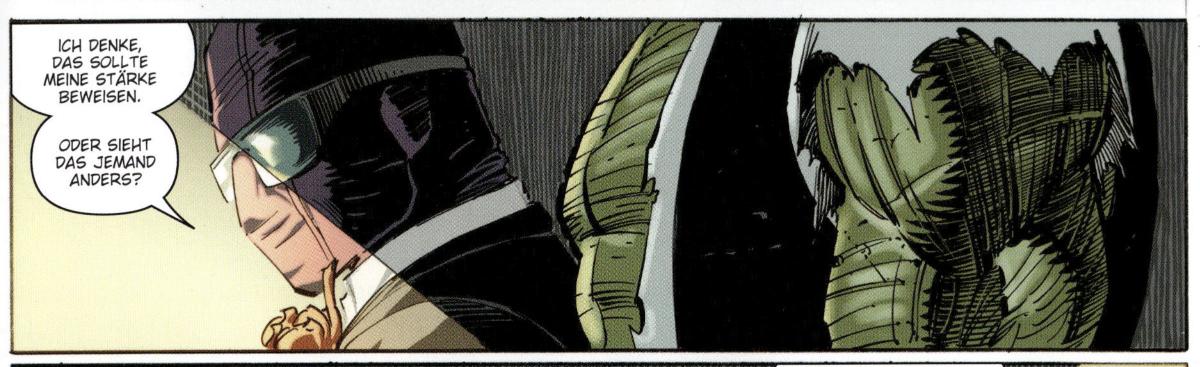
ICH DENKE, DAS SOLLTE MEINE STÄRKE BEWEISEN.
ODER SIEHT DAS JEMAND ANDERS?

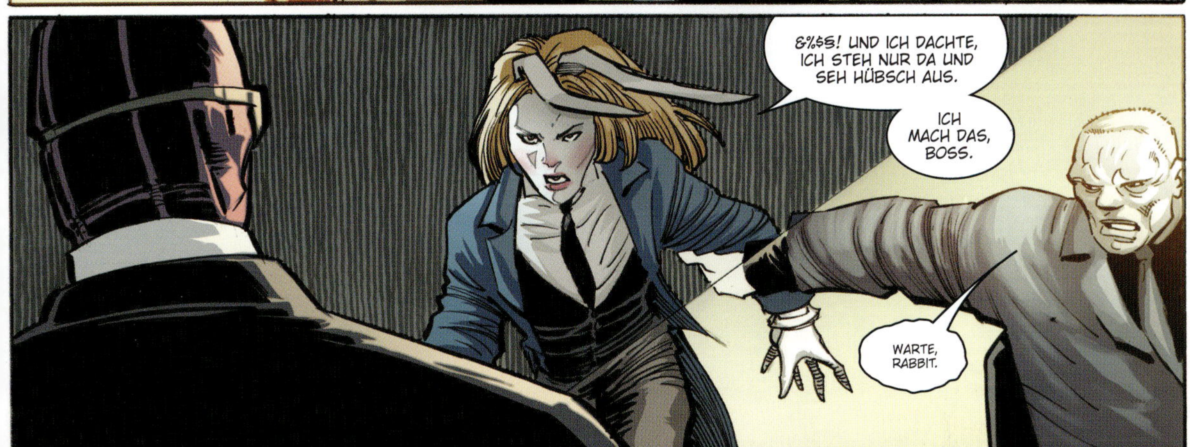
&%$$! UND ICH DACHTE, ICH STEH NUR DA UND SEH HÜBSCH AUS.
ICH MACH DAS, BOSS.
WARTE, RABBIT.

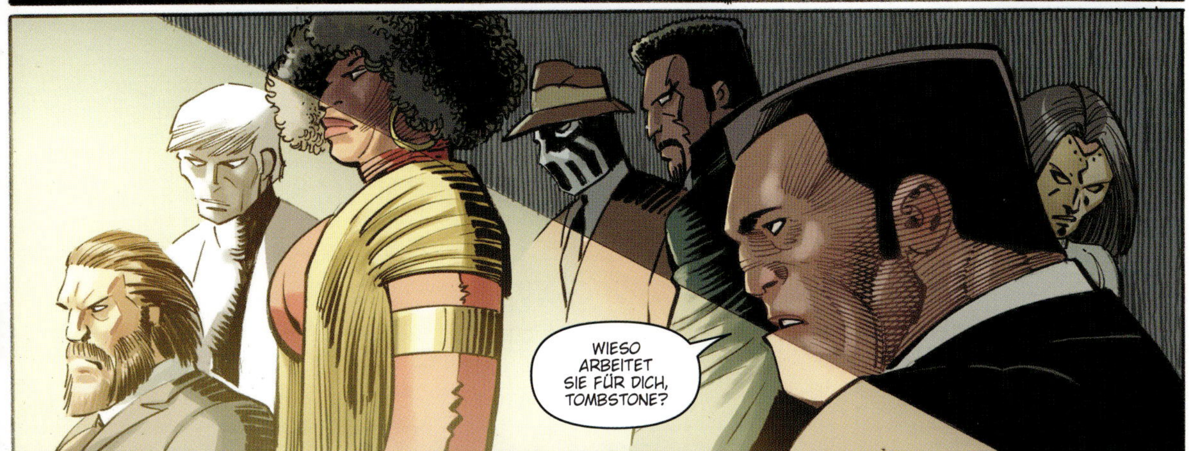
WIESO ARBEITET SIE FÜR DICH, TOMBSTONE?

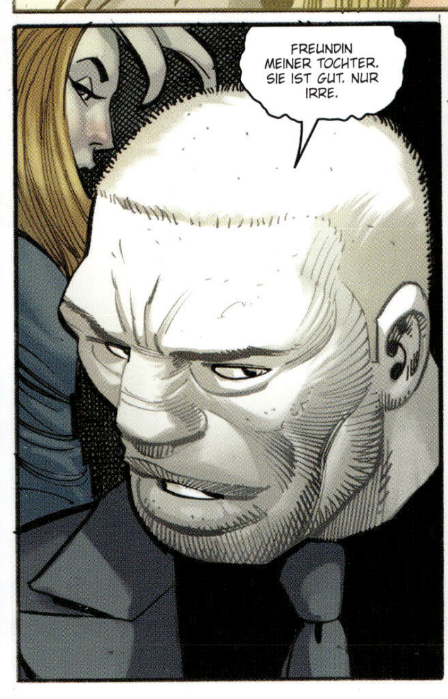
FREUNDIN MEINER TOCHTER. SIE IST GUT. NUR IRRE.

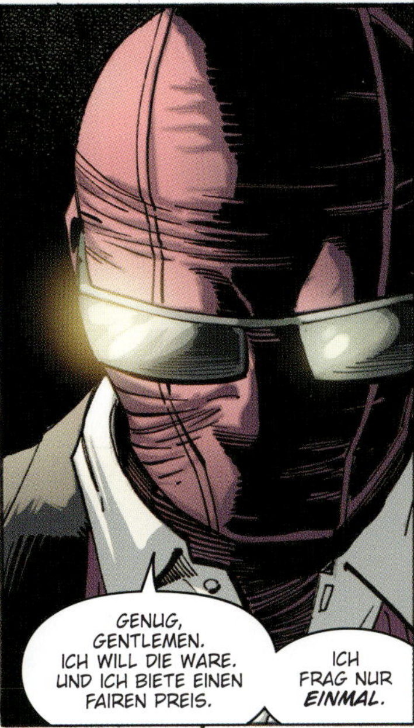
GENUG, GENTLEMEN. ICH WILL DIE WARE. UND ICH BIETE EINEN FAIREN PREIS.
ICH FRAG NUR EINMAL.

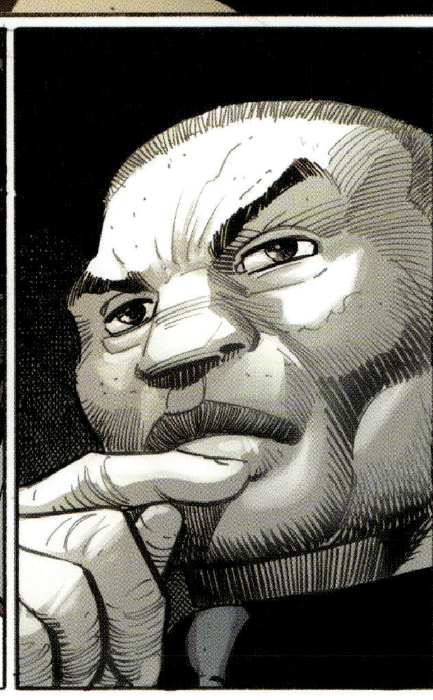

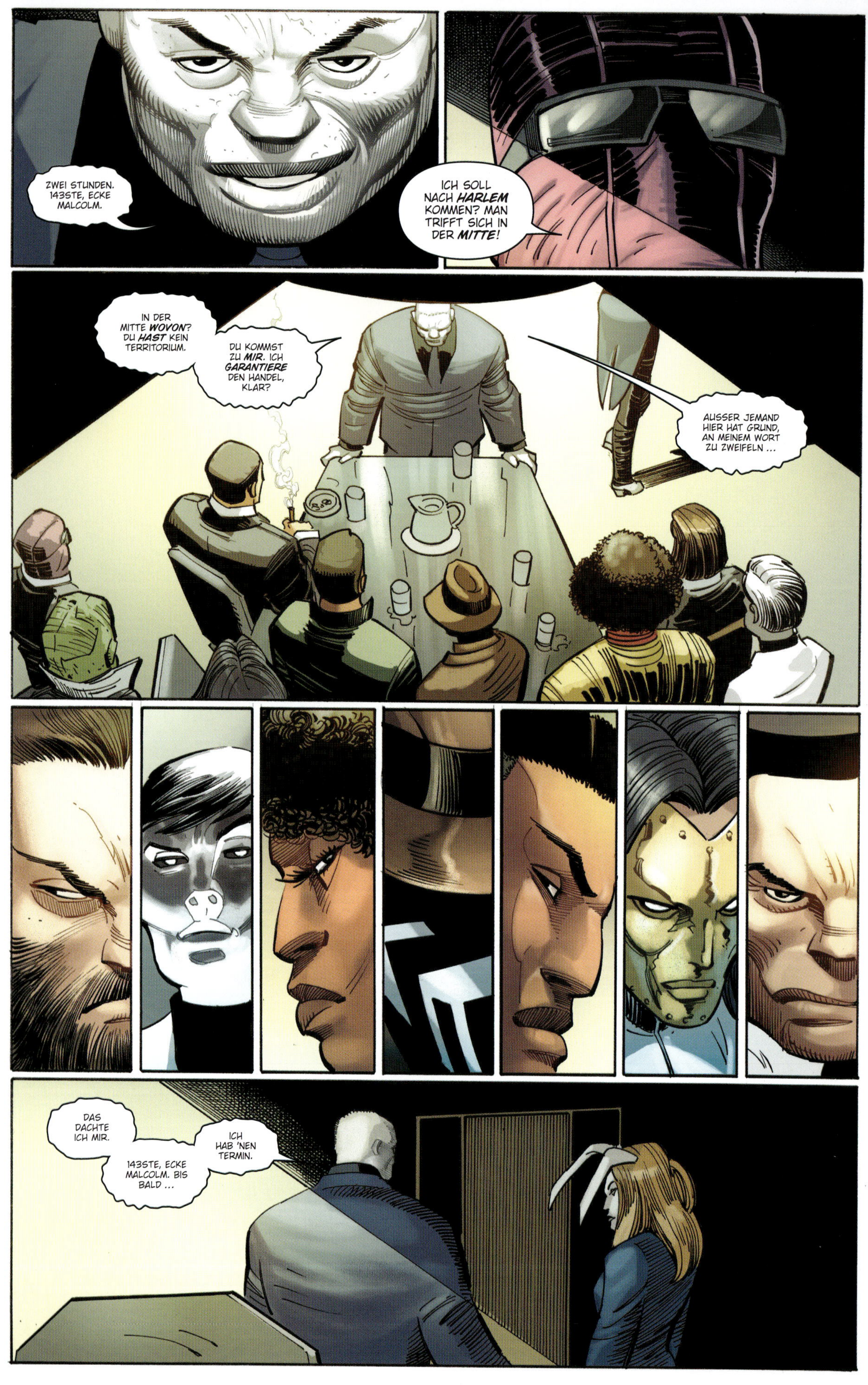
ZWEI STUNDEN. 143STE, ECKE MALCOLM.
ICH SOLL NACH **HARLEM** KOMMEN? MAN TRIFFT SICH IN DER **MITTE**!
IN DER MITTE **WOVON**? DU **HAST** KEIN TERRITORIUM.
DU KOMMST ZU **MIR**. ICH **GARANTIERE** DEN HANDEL, KLAR?
AUSSER JEMAND HIER HAT GRUND, AN MEINEM WORT ZU ZWEIFELN ...
DAS DACHTE ICH MIR.
143STE, ECKE MALCOLM. BIS BALD ...
ICH HAB 'NEN TERMIN.

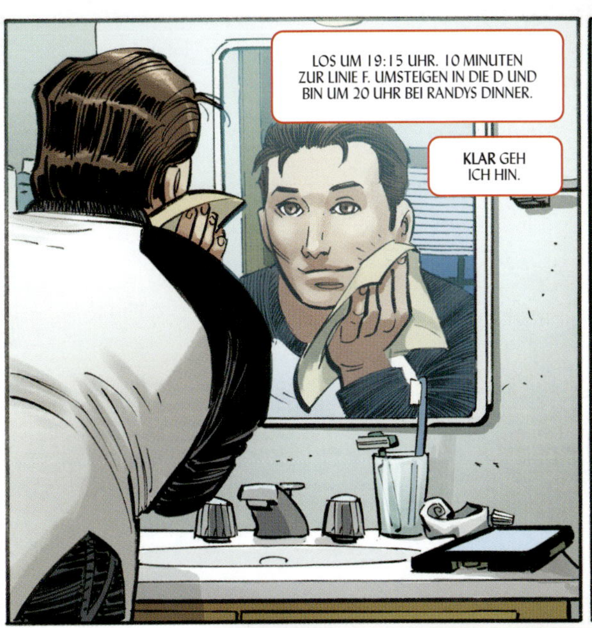
LOS UM 19:15 UHR. 10 MINUTEN ZUR LINIE F. UMSTEIGEN IN DIE D UND BIN UM 20 UHR BEI RANDYS DINNER.
KLAR GEH ICH HIN.

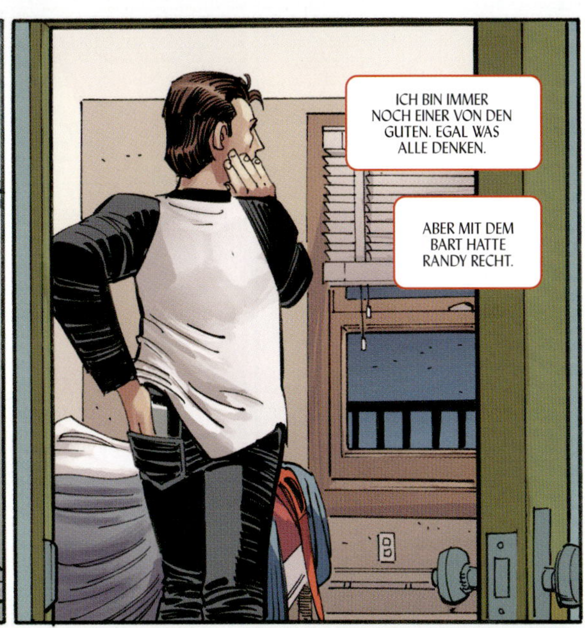
ICH BIN IMMER NOCH EINER VON DEN GUTEN. EGAL WAS ALLE DENKEN.
ABER MIT DEM BART HATTE RANDY RECHT.

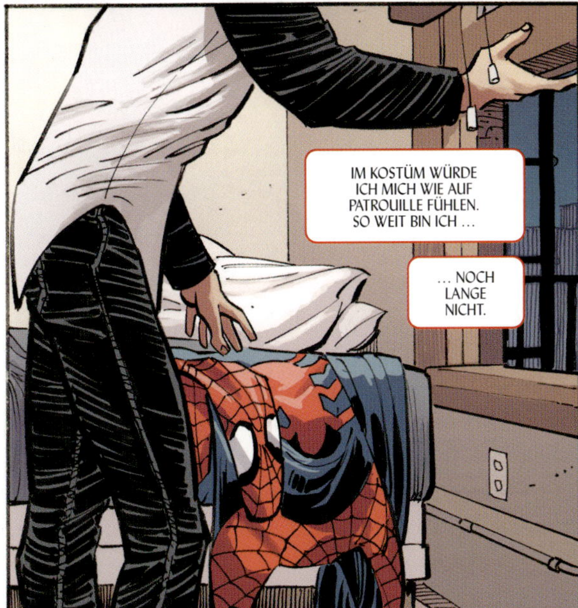
IM KOSTÜM WÜRDE ICH MICH WIE AUF PATROUILLE FÜHLEN. SO WEIT BIN ICH …
… NOCH LANGE NICHT.

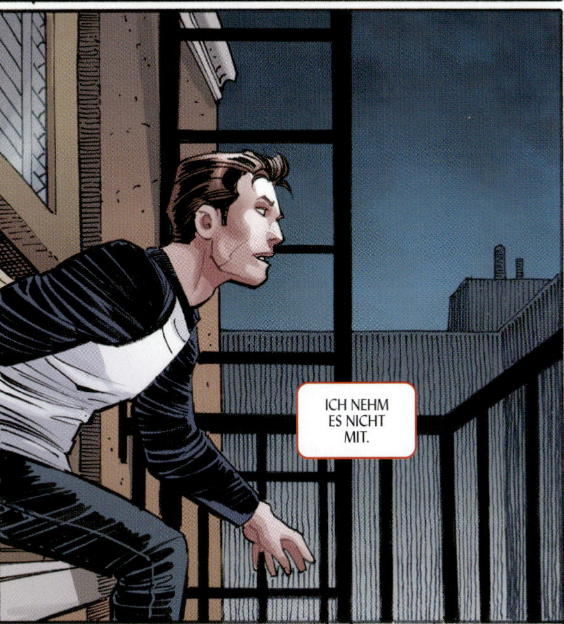
ICH NEHM ES NICHT MIT.

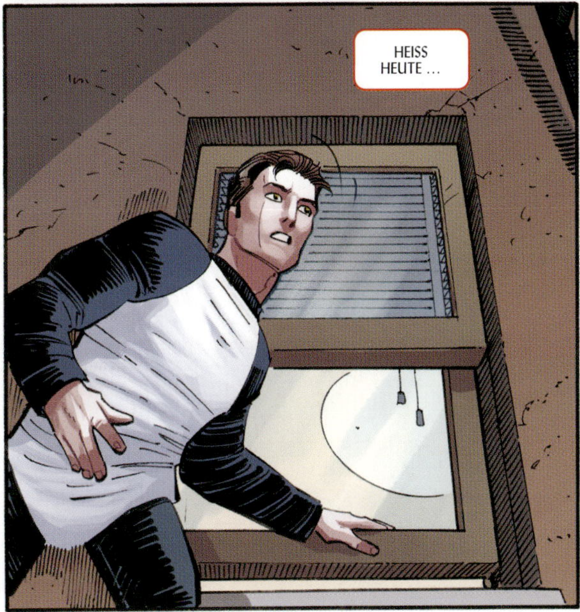
HEISS HEUTE …

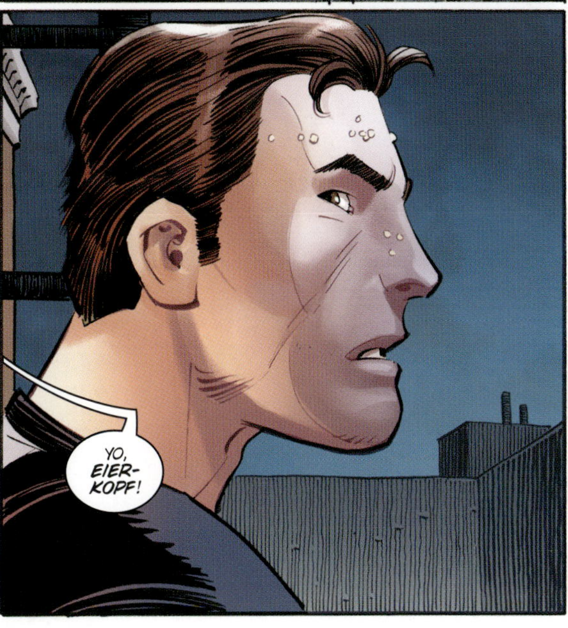
YO, EIER-KOPF!

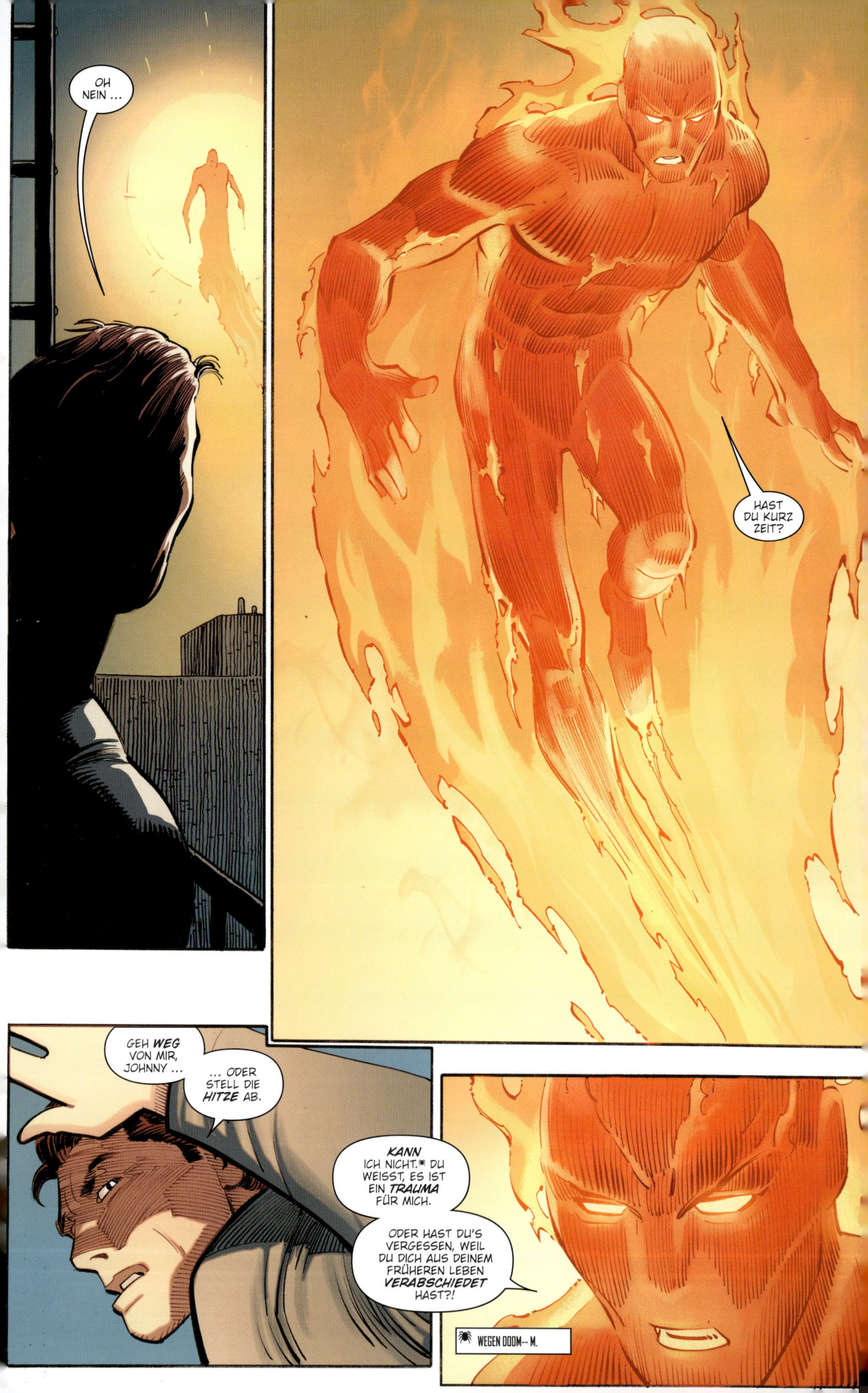
OH NEIN ...
HAST DU KURZ ZEIT?
GEH WEG VON MIR, JOHNNY ...
... ODER STELL DIE HITZE AB.
KANN ICH NICHT.* DU WEISST, ES IST EIN TRAUMA FÜR MICH.
ODER HAST DU'S VERGESSEN, WEIL DU DICH AUS DEINEM FRÜHEREN LEBEN VERABSCHIEDET HAST?!
* WEGEN DOOM-- M.

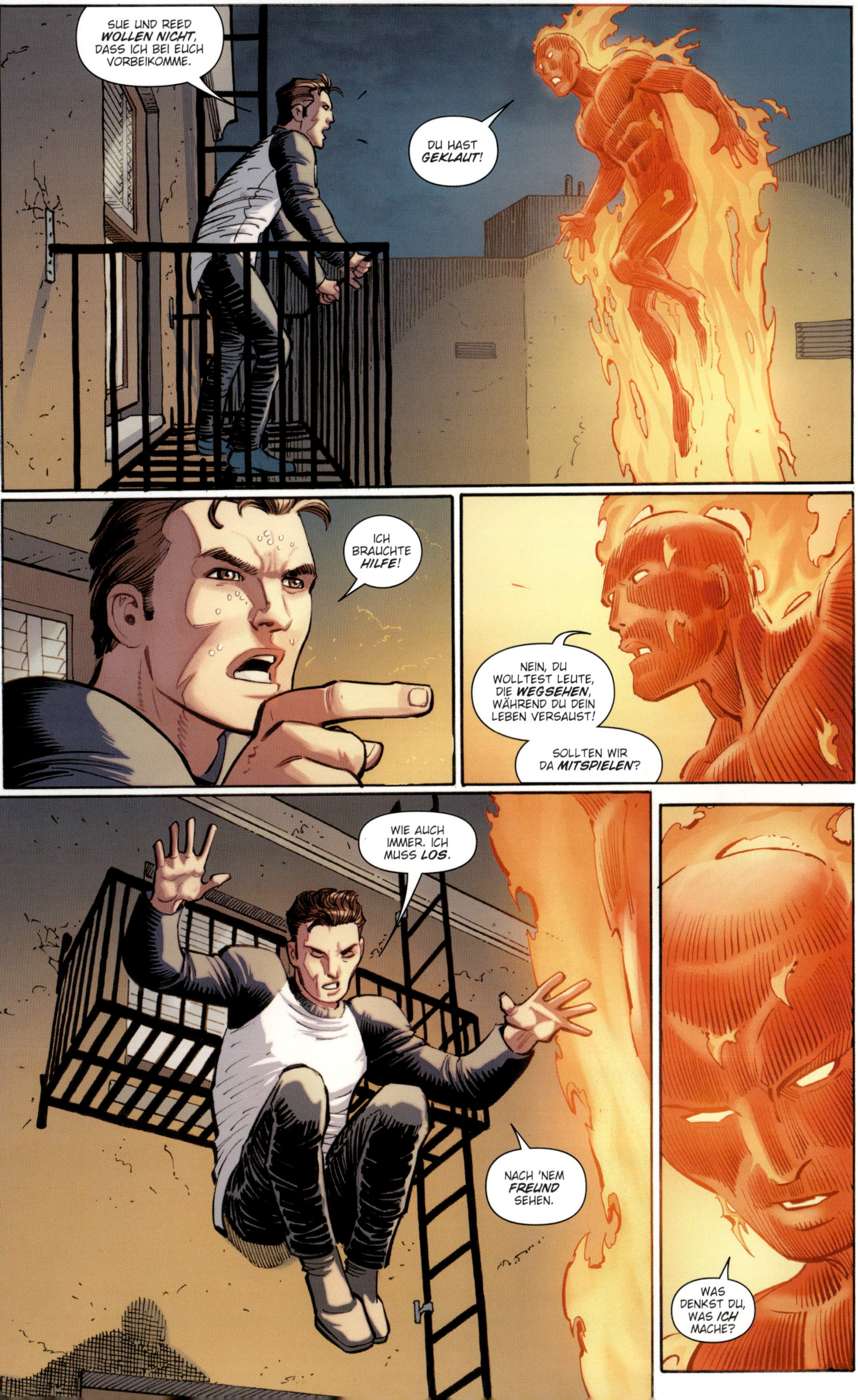

SUE UND REED *WOLLEN NICHT*, DASS ICH BEI EUCH VORBEIKOMME.
DU HAST *GEKLAUT*!

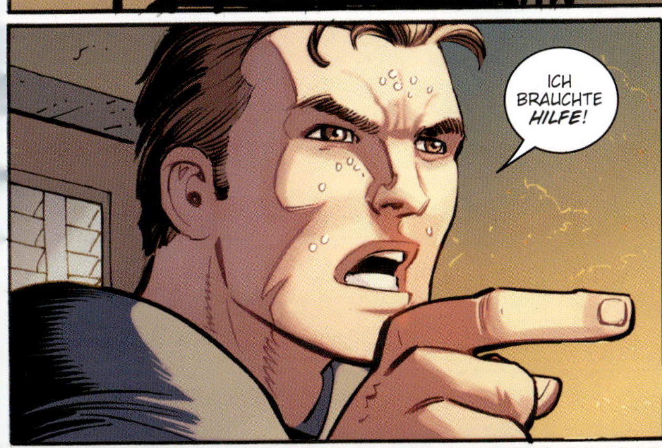
ICH BRAUCHTE *HILFE*!

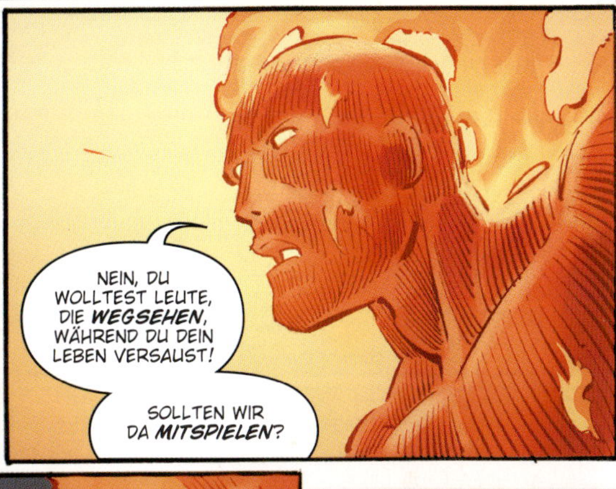
NEIN, DU WOLLTEST LEUTE, DIE *WEGSEHEN*, WÄHREND DU DEIN LEBEN VERSAUST!
SOLLTEN WIR DA *MITSPIELEN*?

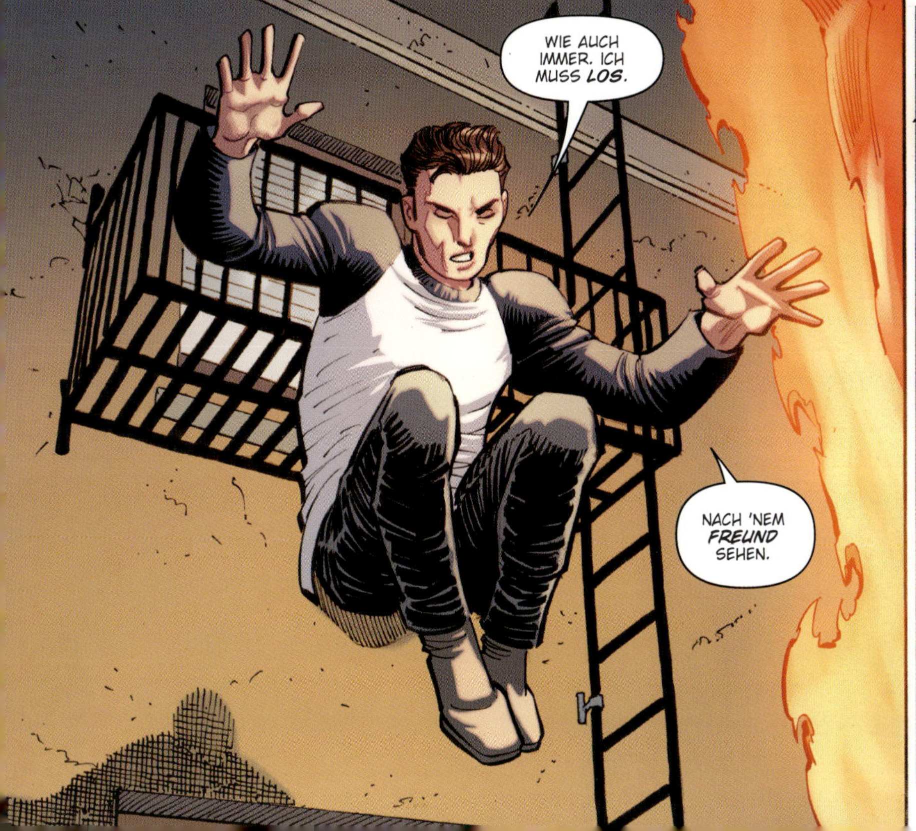
WIE AUCH IMMER. ICH MUSS *LOS*.
NACH 'NEM *FREUND* SEHEN.

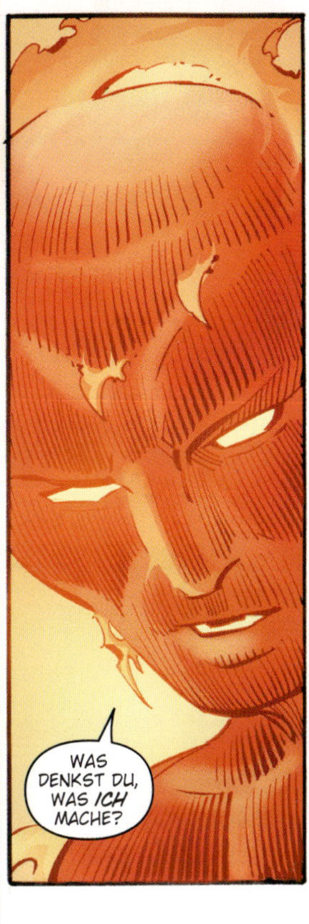
WAS DENKST DU, WAS *ICH* MACHE?

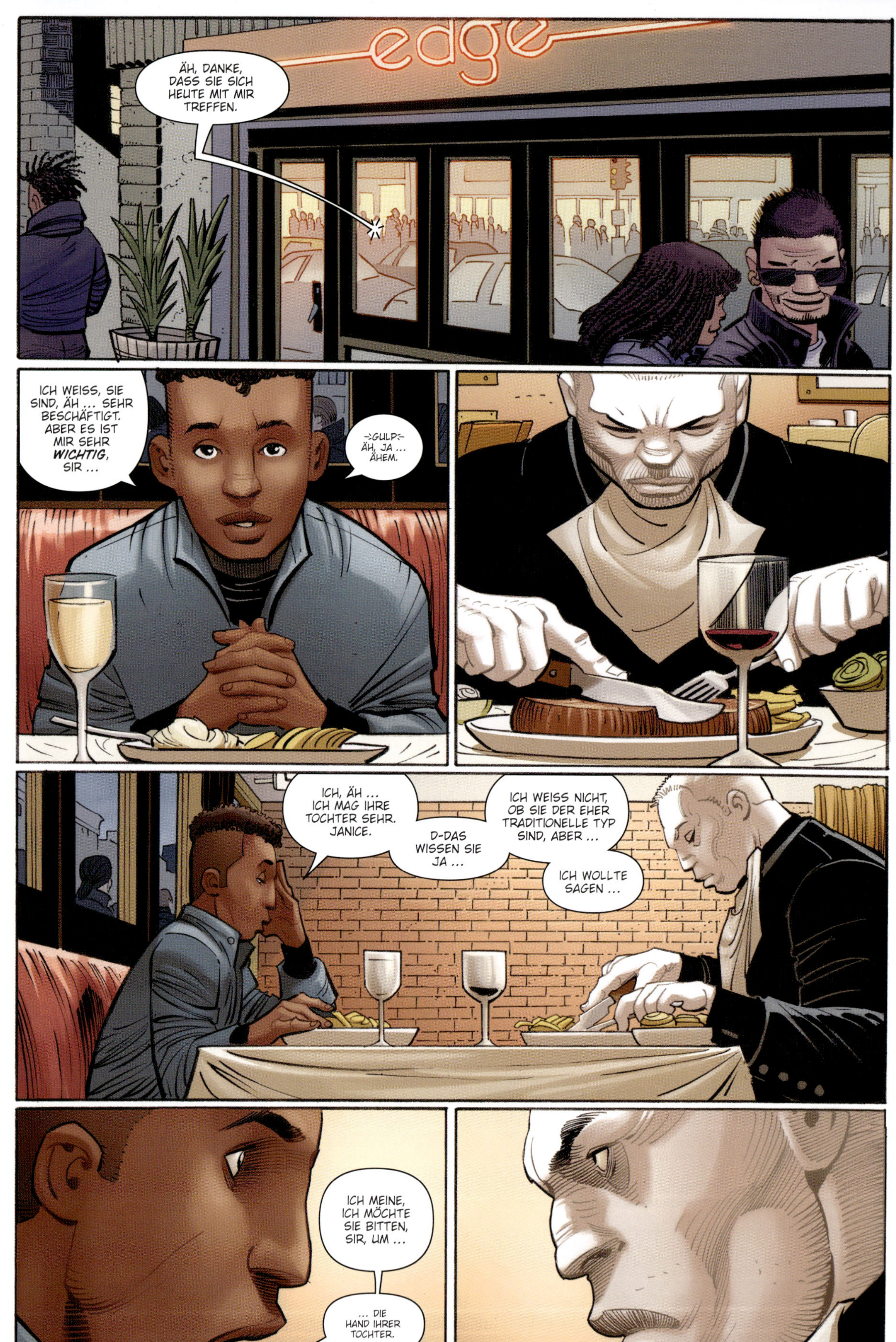
edge
ÄH, DANKE, DASS SIE SICH HEUTE MIT MIR TREFFEN.
ICH WEISS, SIE SIND, ÄH ... SEHR BESCHÄFTIGT. ABER ES IST MIR SEHR *WICHTIG*, SIR ...
-:-GULP-:- ÄH, JA ... ÄHEM.
ICH, ÄH ... ICH MAG IHRE TOCHTER SEHR. JANICE.
D-DAS WISSEN SIE JA ...
ICH WEISS NICHT, OB SIE DER EHER TRADITIONELLE TYP SIND, ABER ...
ICH WOLLTE SAGEN ...
ICH MEINE, ICH MÖCHTE SIE BITTEN, SIR, UM ...
... DIE HAND IHRER TOCHTER.

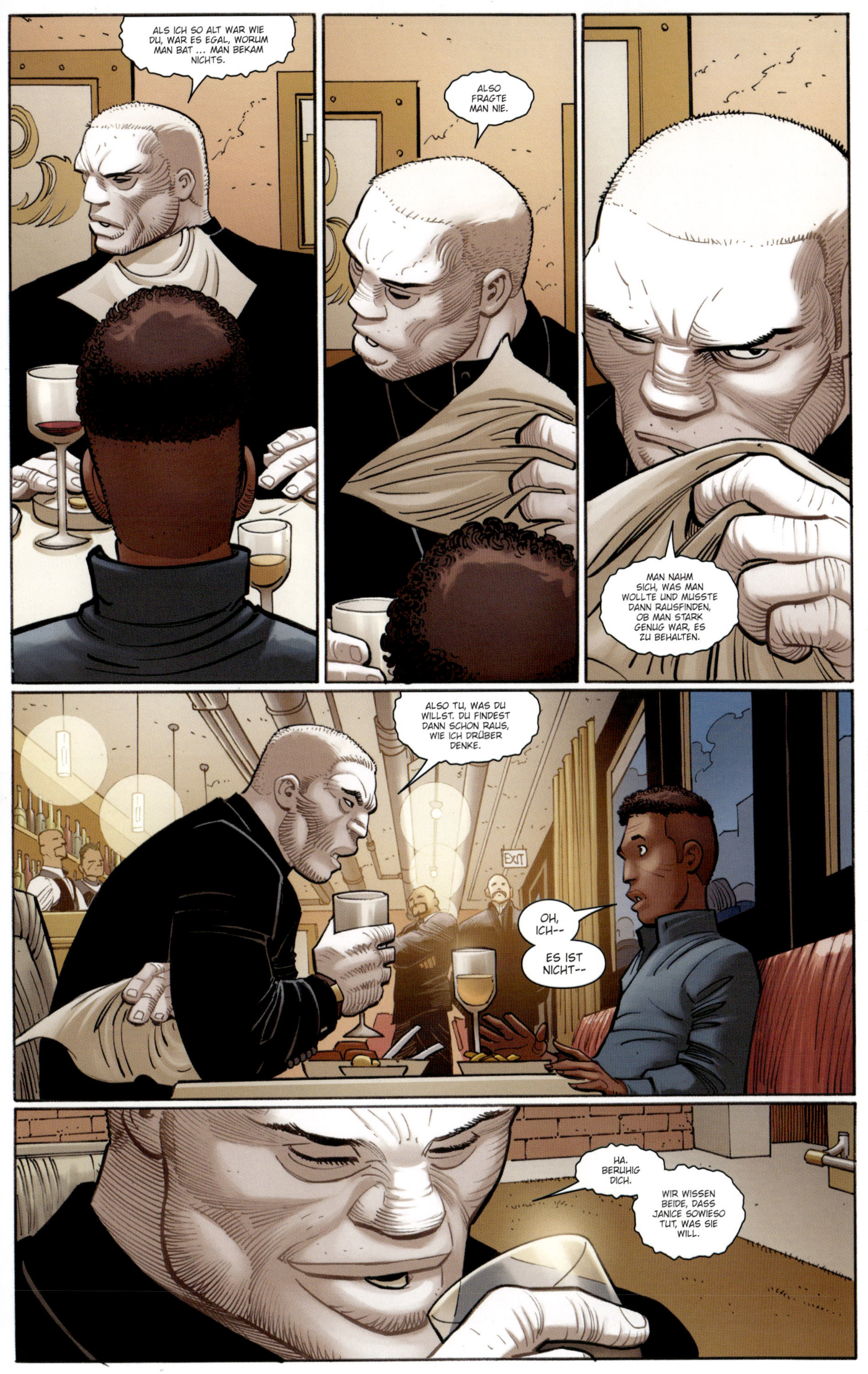
ALS ICH SO ALT WAR WIE DU, WAR ES EGAL, WORUM MAN BAT ... MAN BEKAM NICHTS.
ALSO FRAGTE MAN NIE.
MAN NAHM SICH, WAS MAN WOLLTE UND MUSSTE DANN RAUSFINDEN, OB MAN STARK GENUG WAR, ES ZU BEHALTEN.
ALSO TU, WAS DU WILLST. DU FINDEST DANN SCHON RAUS, WIE ICH DRÜBER DENKE.
EXIT
OH, ICH--
ES IST NICHT--
HA. BERUHIG DICH.
WIR WISSEN BEIDE, DASS JANICE SOWIESO TUT, WAS SIE WILL.

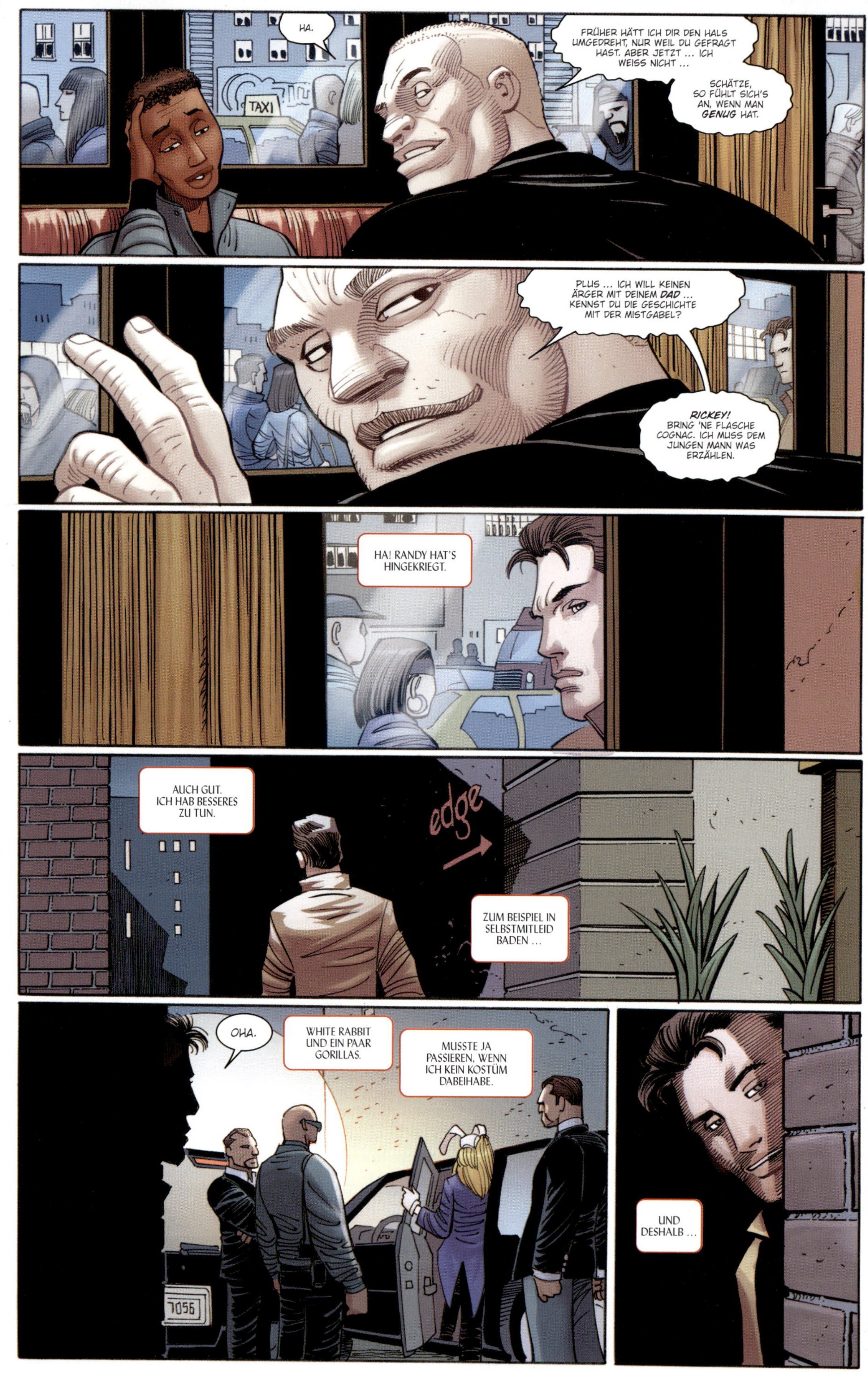
HA.
FRÜHER HÄTT ICH DIR DEN HALS UMGEDREHT, NUR WEIL DU GEFRAGT HAST. ABER JETZT … ICH WEISS NICHT …
SCHÄTZE, SO FÜHLT SICH'S AN, WENN MAN GENUG HAT.
TAXI
PLUS … ICH WILL KEINEN ÄRGER MIT DEINEM DAD … KENNST DU DIE GESCHICHTE MIT DER MISTGABEL?
RICKEY! BRING 'NE FLASCHE COGNAC. ICH MUSS DEM JUNGEN MANN WAS ERZÄHLEN.
HA! RANDY HAT'S HINGEKRIEGT.
AUCH GUT. ICH HAB BESSERES ZU TUN.
edge
ZUM BEISPIEL IN SELBSTMITLEID BADEN …
OHA.
WHITE RABBIT UND EIN PAAR GORILLAS.
MUSSTE JA PASSIEREN, WENN ICH KEIN KOSTÜM DABEIHABE.
UND DESHALB …

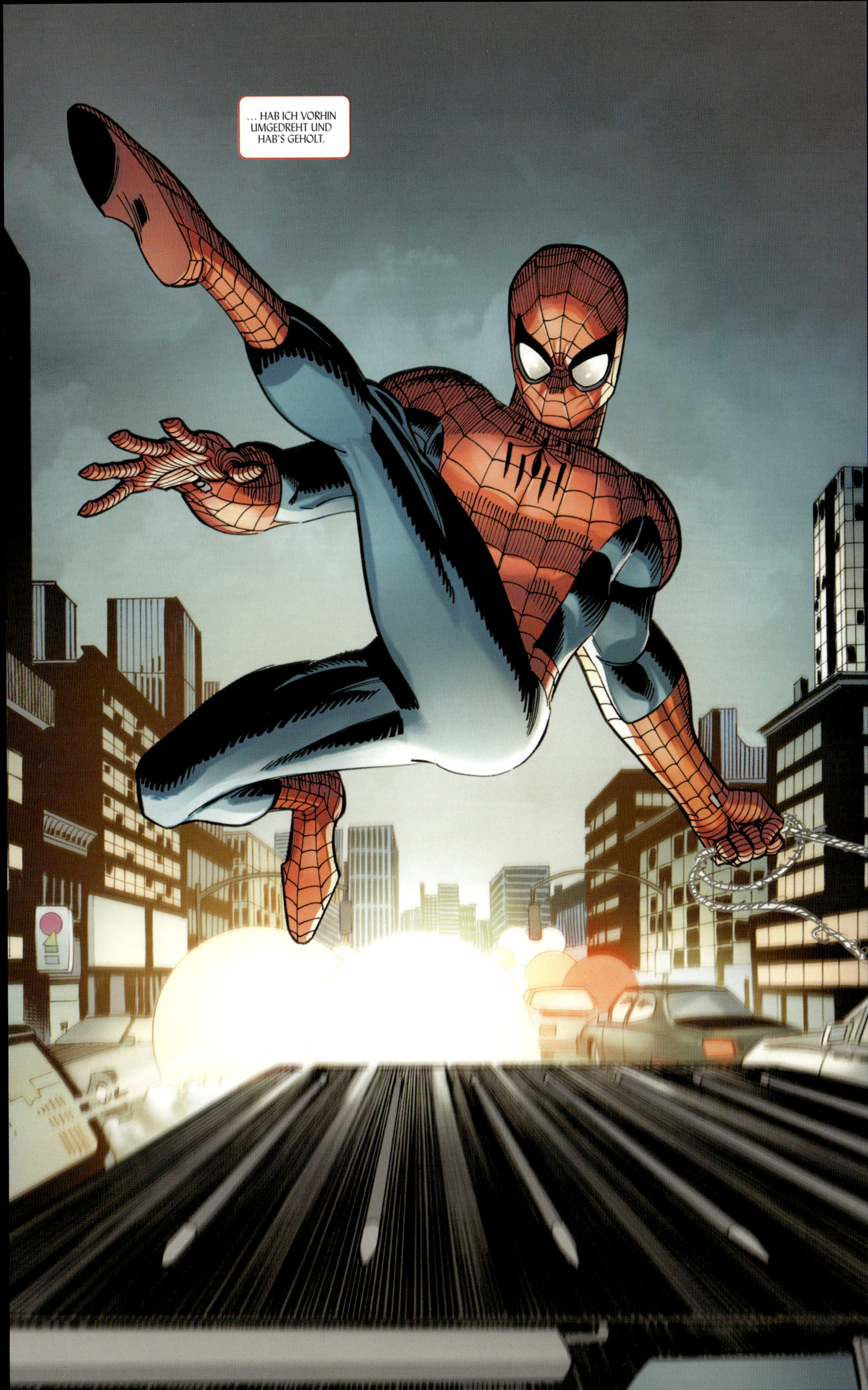
… HAB ICH VORHIN UMGEDREHT UND HAB'S GEHOLT.

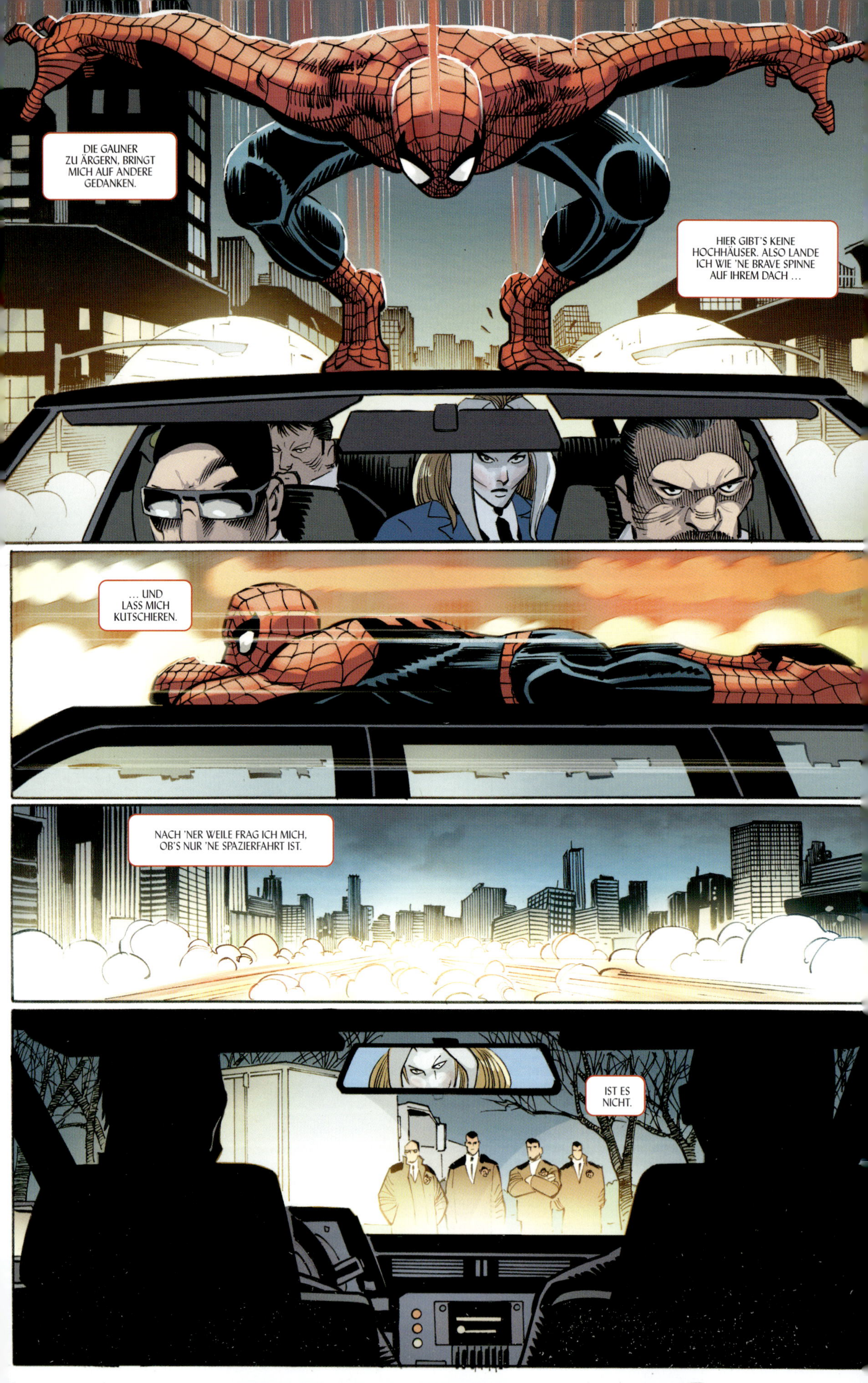
DIE GAUNER ZU ÄRGERN, BRINGT MICH AUF ANDERE GEDANKEN.
HIER GIBT'S KEINE HOCHHÄUSER. ALSO LANDE ICH WIE 'NE BRAVE SPINNE AUF IHREM DACH …
… UND LASS MICH KUTSCHIEREN.
NACH 'NER WEILE FRAG ICH MICH, OB'S NUR 'NE SPAZIERFAHRT IST.
IST ES NICHT.

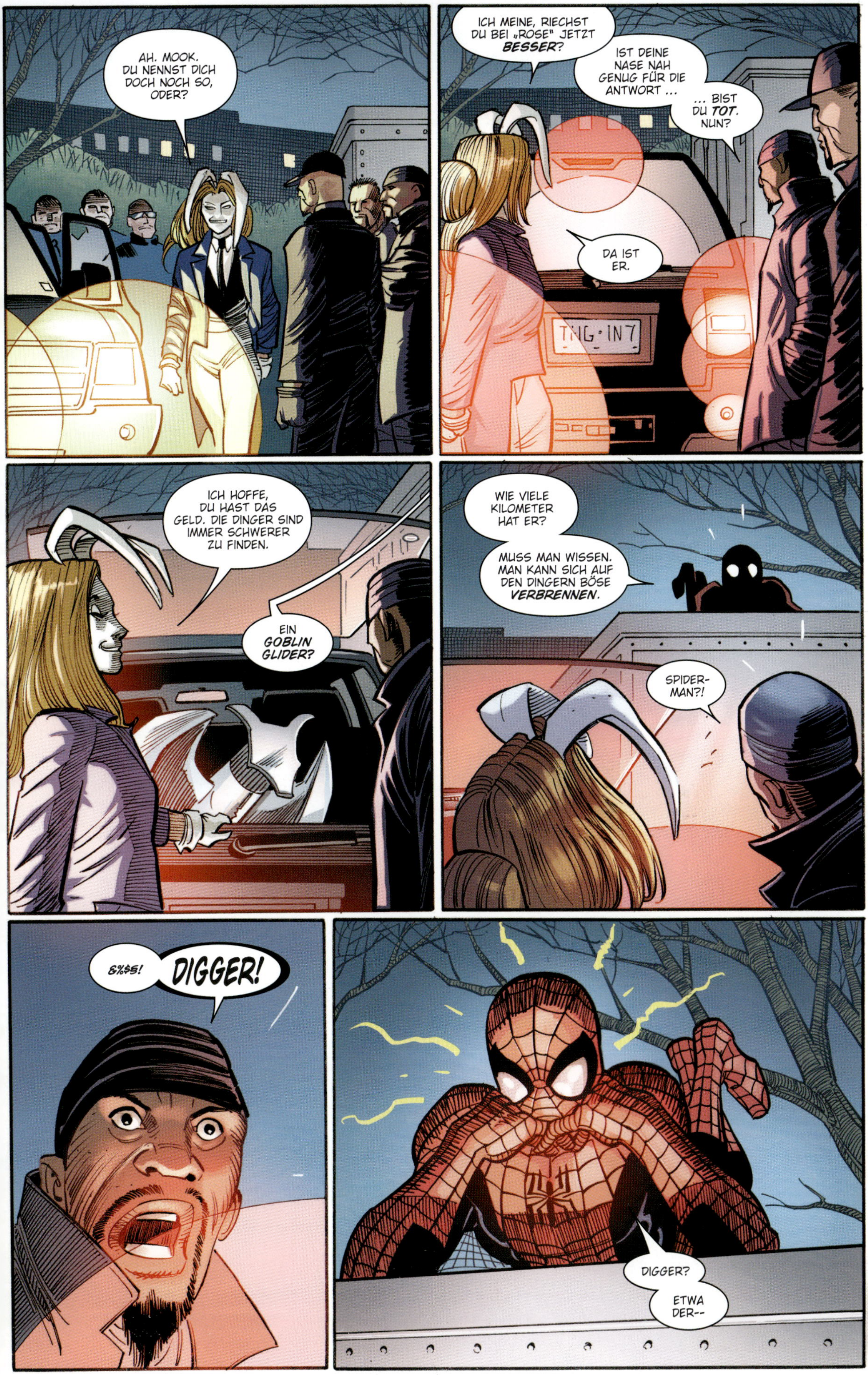

AH. MOOK.
DU NENNST DICH DOCH NOCH SO, ODER?

ICH MEINE, RIECHST DU BEI „ROSE" JETZT ***BESSER***?

IST DEINE NASE NAH GENUG FÜR DIE ANTWORT ...

... BIST DU ***TOT***. NUN?

DA IST ER.

ICH HOFFE, DU HAST DAS GELD. DIE DINGER SIND IMMER SCHWERER ZU FINDEN.

EIN ***GOBLIN GLIDER?***

WIE VIELE KILOMETER HAT ER?

MUSS MAN WISSEN. MAN KANN SICH AUF DEN DINGERN BÖSE ***VERBRENNEN.***

SPIDER-MAN?!

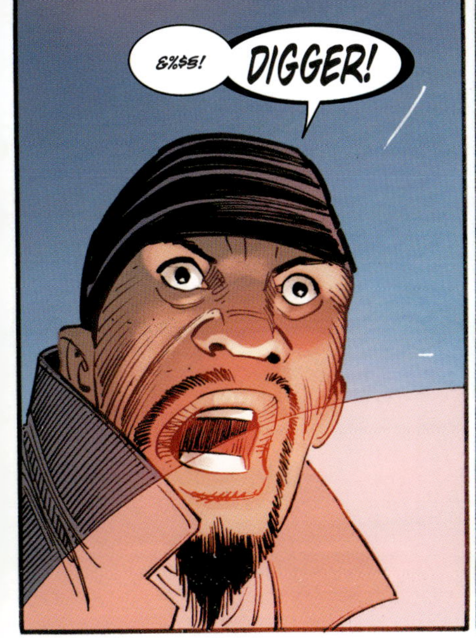

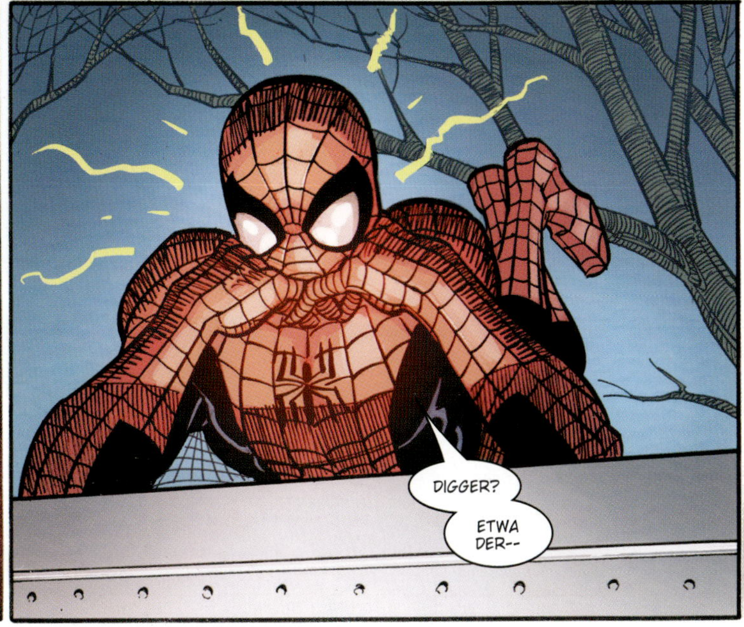

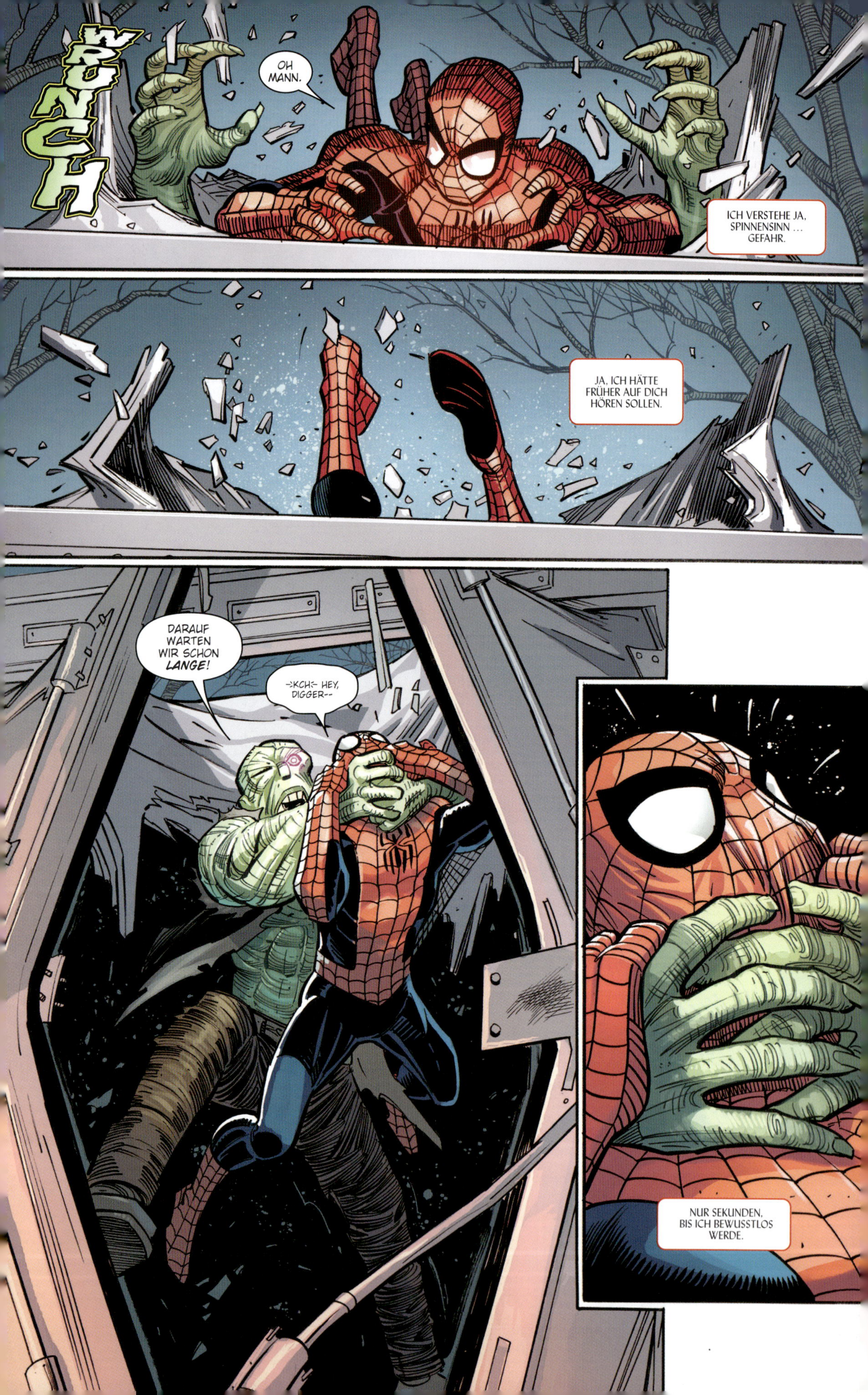
WRUNCH
OH MANN.
ICH VERSTEHE JA, SPINNENSINN … GEFAHR.
JA, ICH HÄTTE FRÜHER AUF DICH HÖREN SOLLEN.
DARAUF WARTEN WIR SCHON LANGE!
-KCH- HEY, DIGGER--
NUR SEKUNDEN, BIS ICH BEWUSSTLOS WERDE.

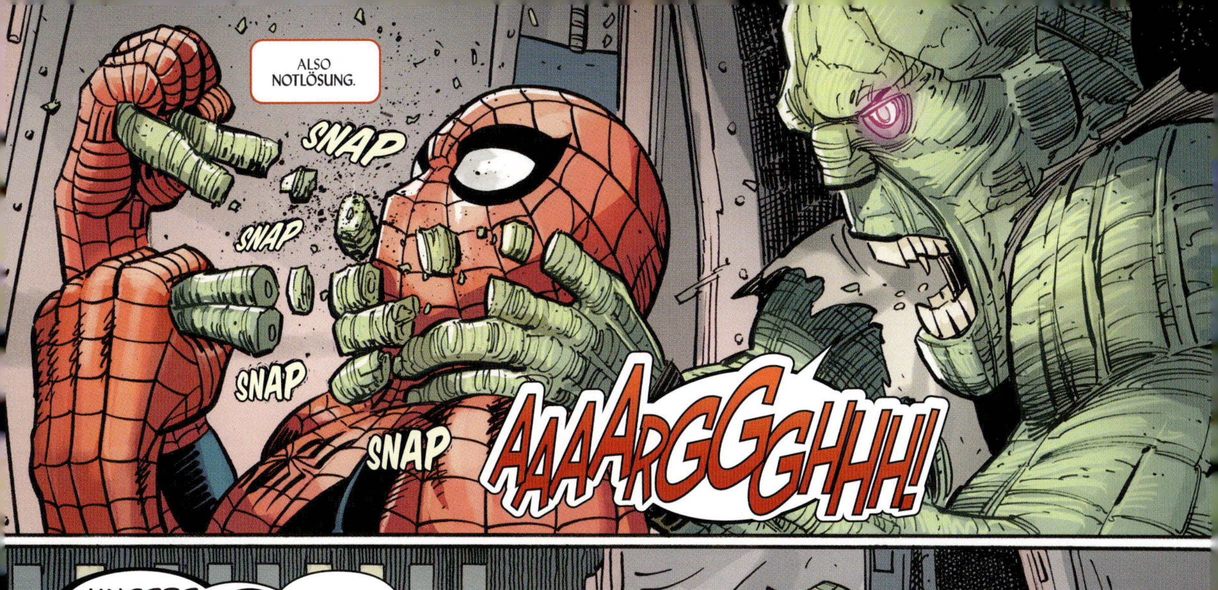
ALSO NOTLÖSUNG.
SNAP
SNAP
SNAP
SNAP
AAAARGGGHHH!

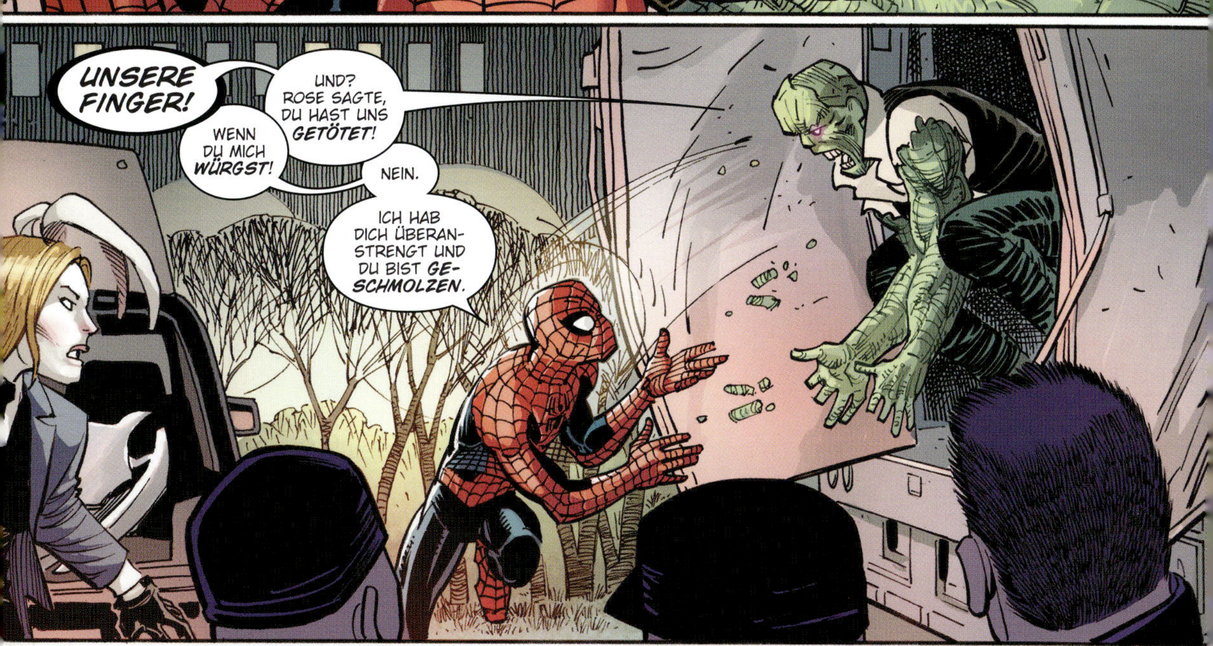
UNSERE FINGER!
UND? ROSE SAGTE, DU HAST UNS GETÖTET!
WENN DU MICH WÜRGST!
NEIN.
ICH HAB DICH ÜBERANSTRENGT UND DU BIST GESCHMOLZEN.

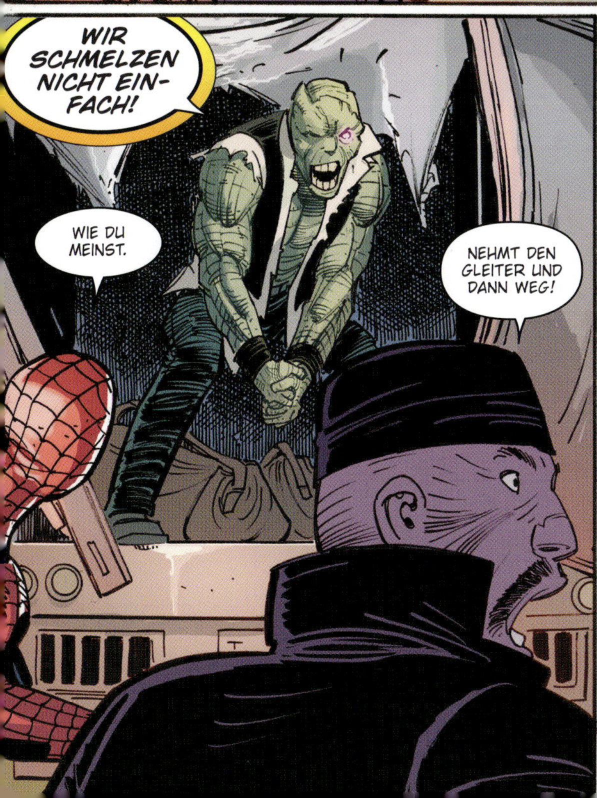
WIR SCHMELZEN NICHT EINFACH!
WIE DU MEINST.
NEHMT DEN GLEITER UND DANN WEG!

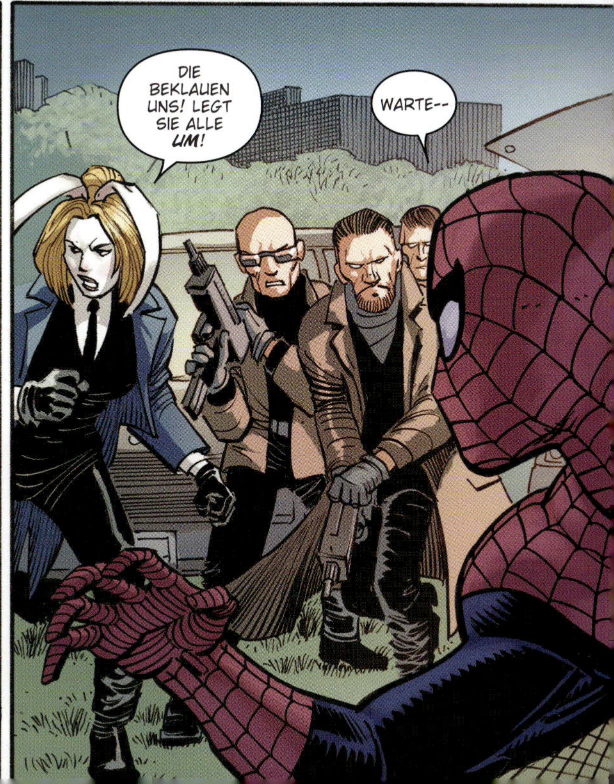
DIE BEKLAUEN UNS! LEGT SIE ALLE UM!
WARTE--

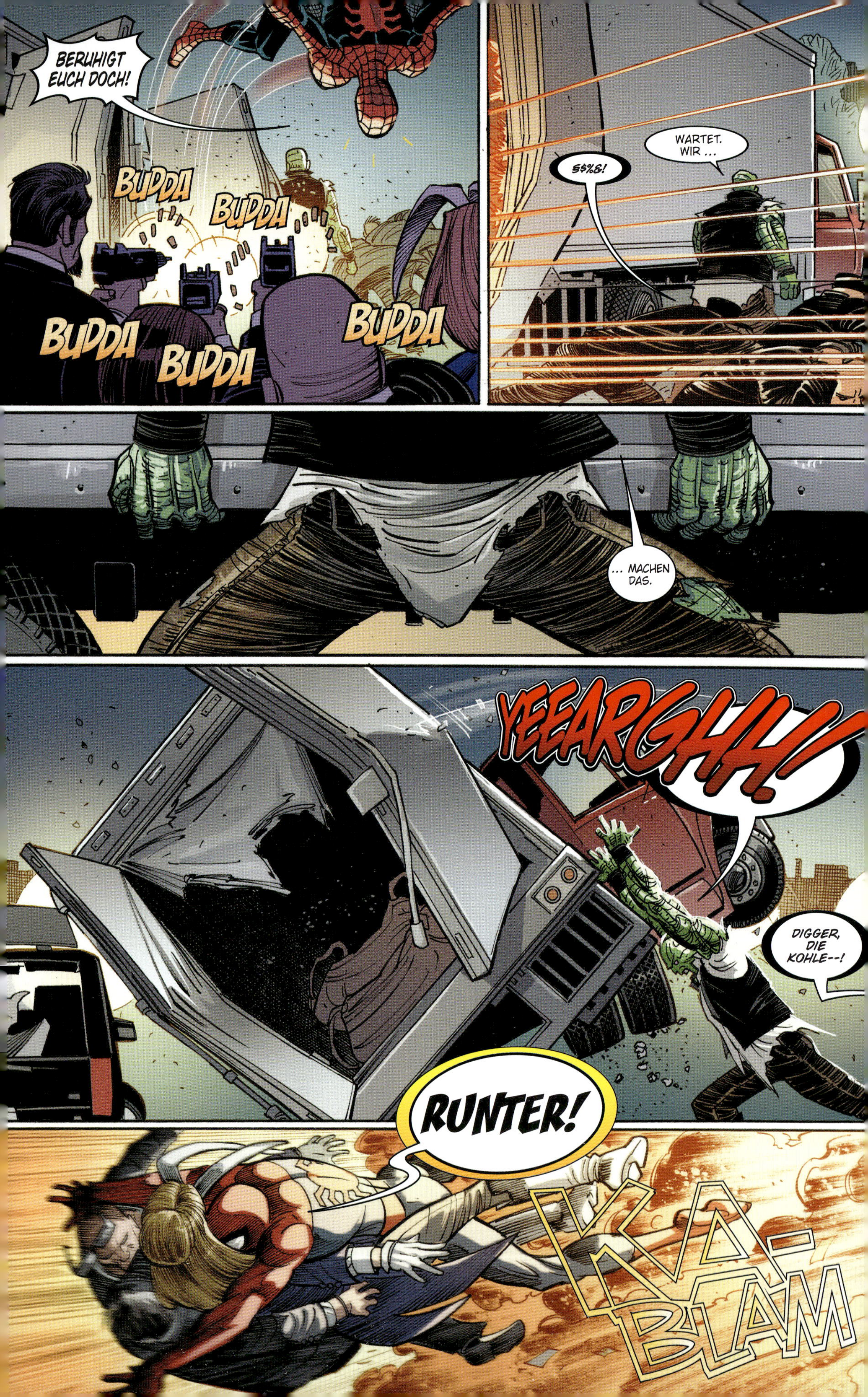
BERUHIGT EUCH DOCH!
BUDDA
BUDDA
BUDDA
BUDDA
BUDDA
WARTET. WIR …
§$%&!
… MACHEN DAS.
YEEARGHH!!
DIGGER, DIE KOHLE--!
RUNTER!
KA-BLAM

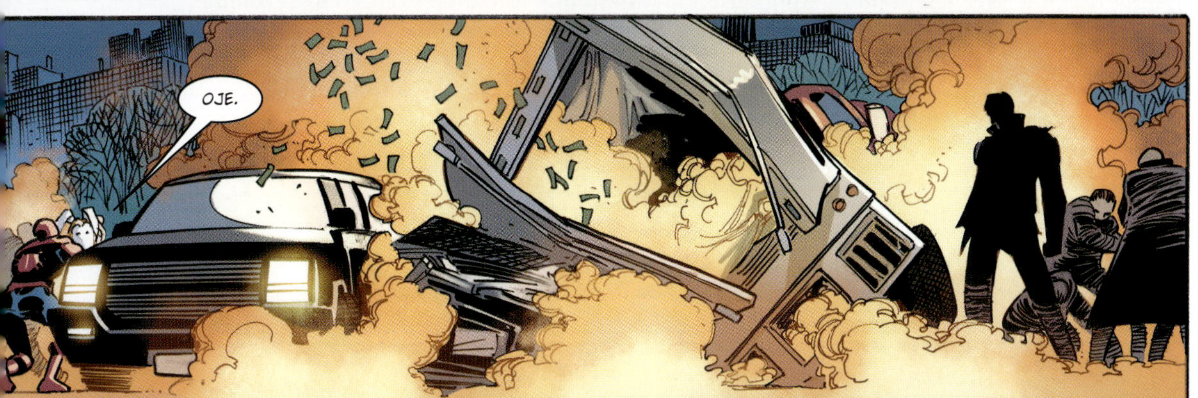
OJE.

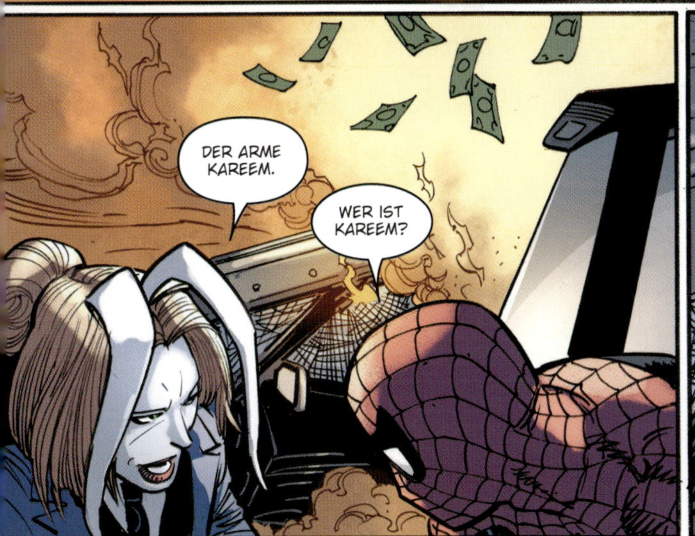
DER ARME KAREEM.
WER IST KAREEM?

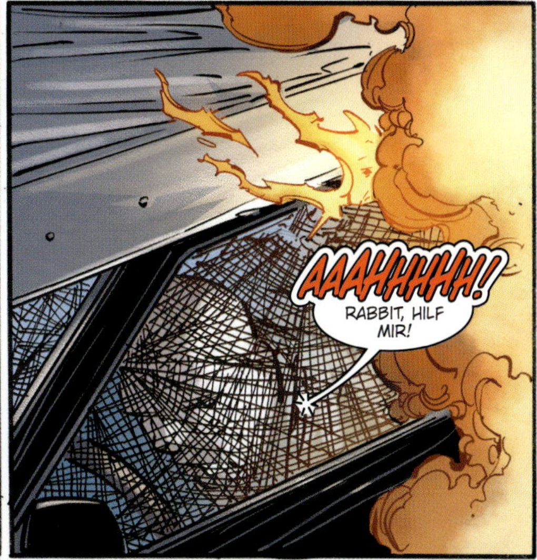
AAAHHHHH!
RABBIT, HILF MIR!

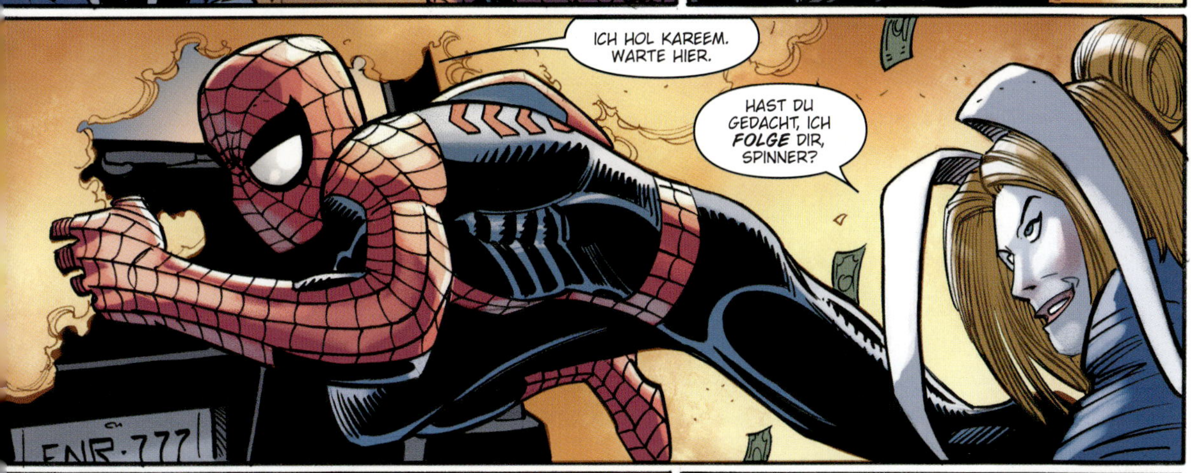
ICH HOL KAREEM. WARTE HIER.
HAST DU GEDACHT, ICH *FOLGE* DIR, SPINNER?

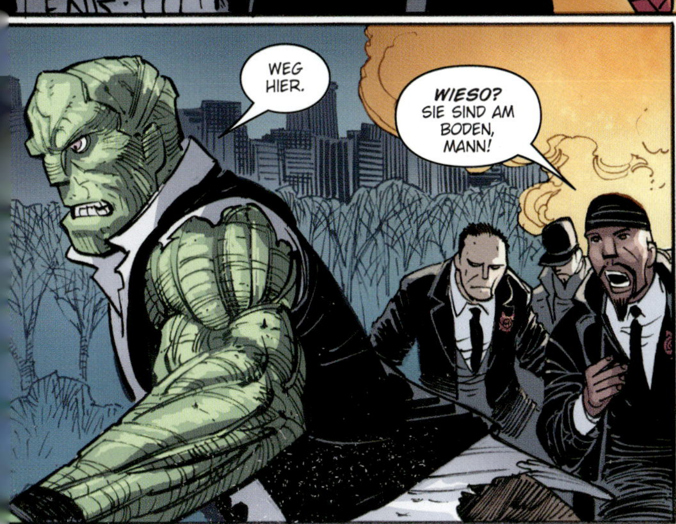
WEG HIER.
WIESO? SIE SIND AM BODEN, MANN!

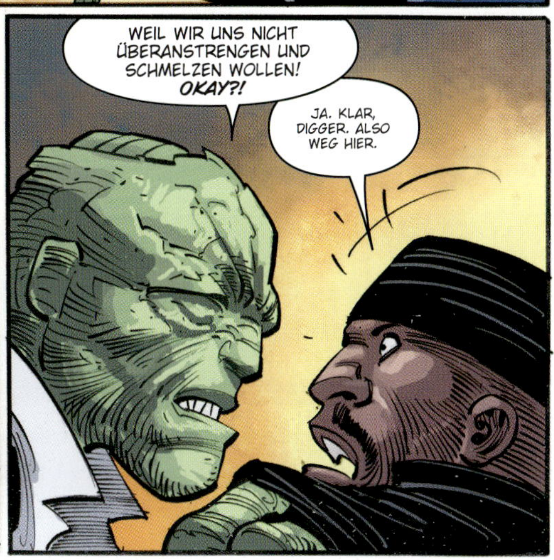
WEIL WIR UNS NICHT ÜBERANSTRENGEN UND SCHMELZEN WOLLEN! *OKAY?!*
JA. KLAR, DIGGER. ALSO WEG HIER.

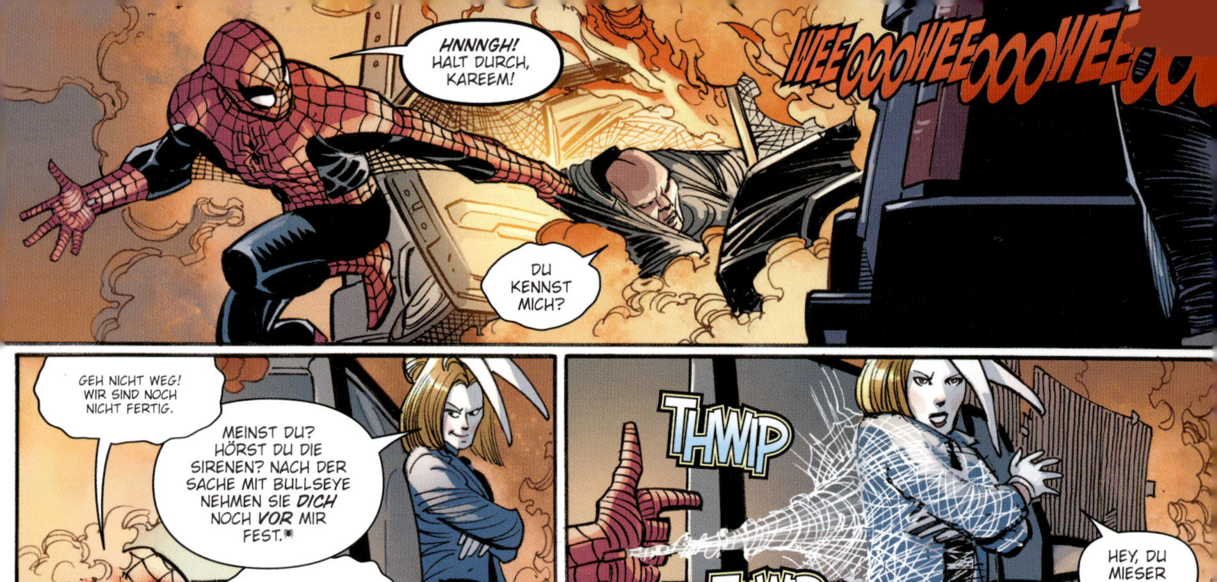
HNNNGH! HALT DURCH, KAREEM!
WEEOOOWEEOOOWEEOO
DU KENNST MICH?

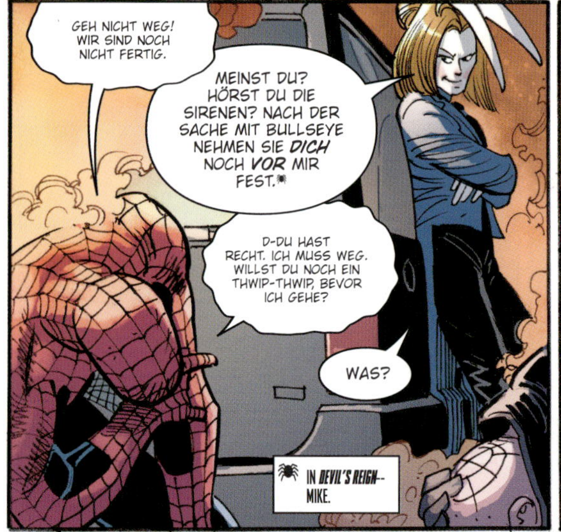
GEH NICHT WEG! WIR SIND NOCH NICHT FERTIG.
MEINST DU? HÖRST DU DIE SIRENEN? NACH DER SACHE MIT BULLSEYE NEHMEN SIE DICH NOCH VOR MIR FEST.*
D-DU HAST RECHT. ICH MUSS WEG. WILLST DU NOCH EIN THWIP-THWIP, BEVOR ICH GEHE?
WAS?
* IN DEVIL'S REIGN-- MIKE.

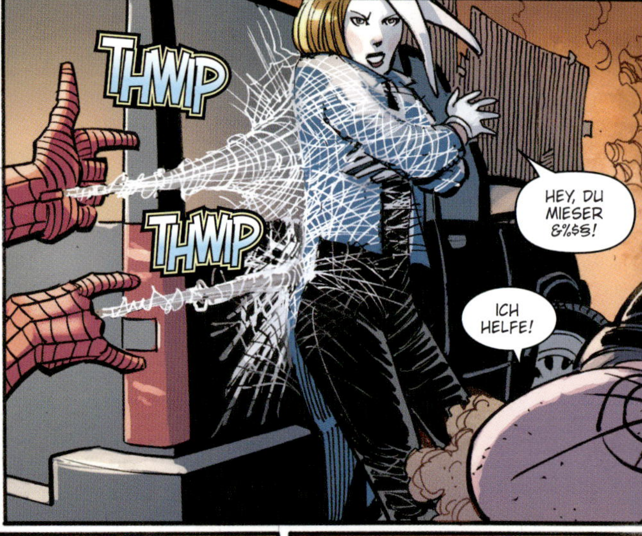
THWIP
THWIP
HEY, DU MIESER &%$§!
ICH HELFE!

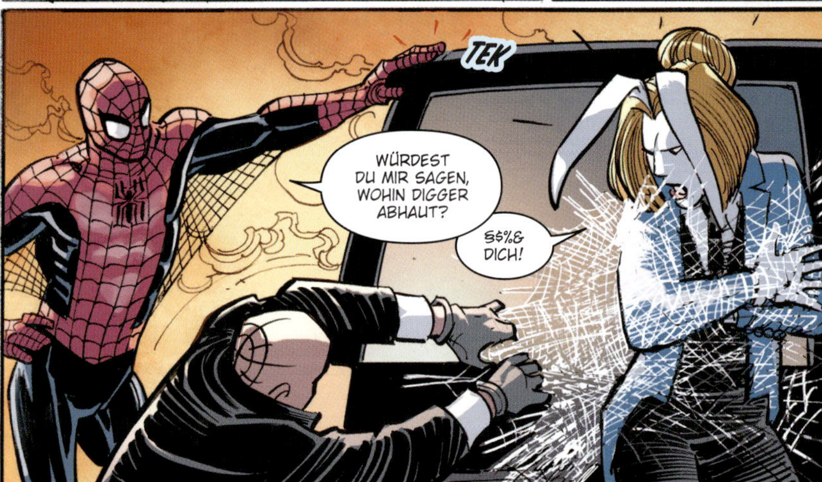
TEK
WÜRDEST DU MIR SAGEN, WOHIN DIGGER ABHAUT?
§$%& DICH!

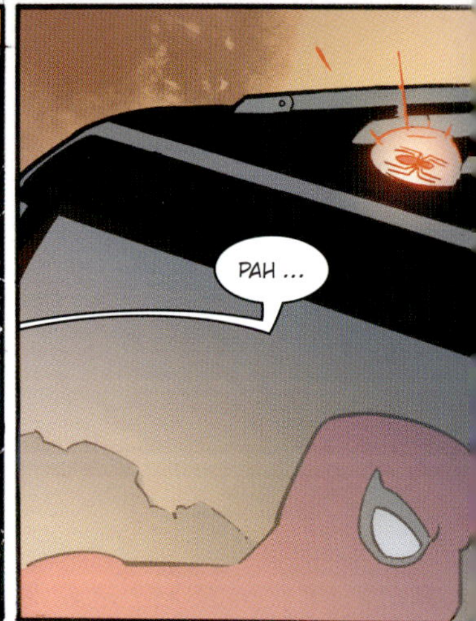
PAH ...

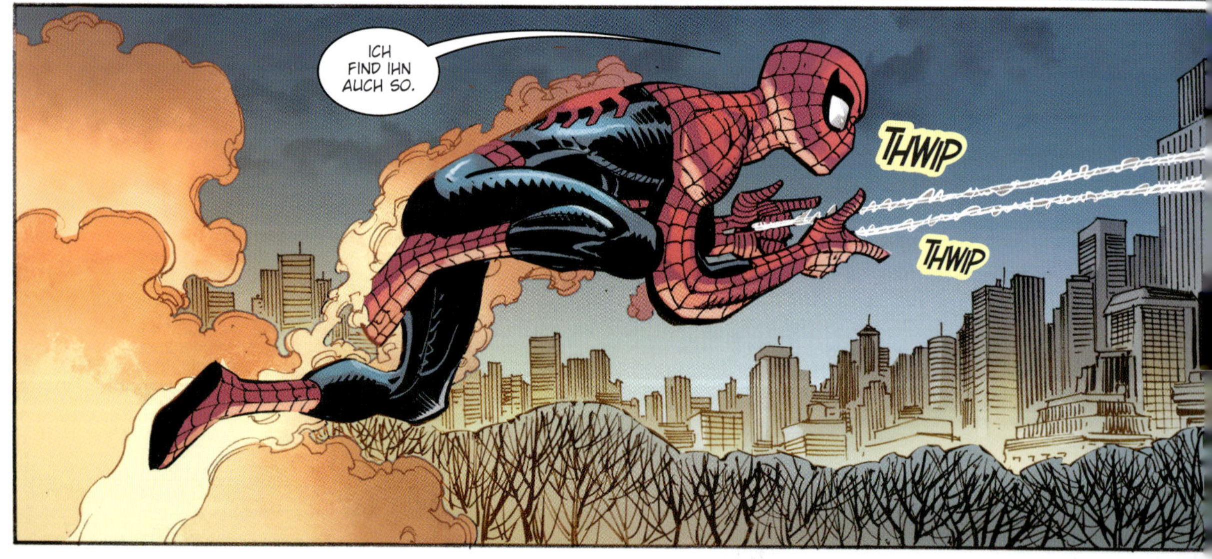
ICH FIND IHN AUCH SO.
THWIP
THWIP

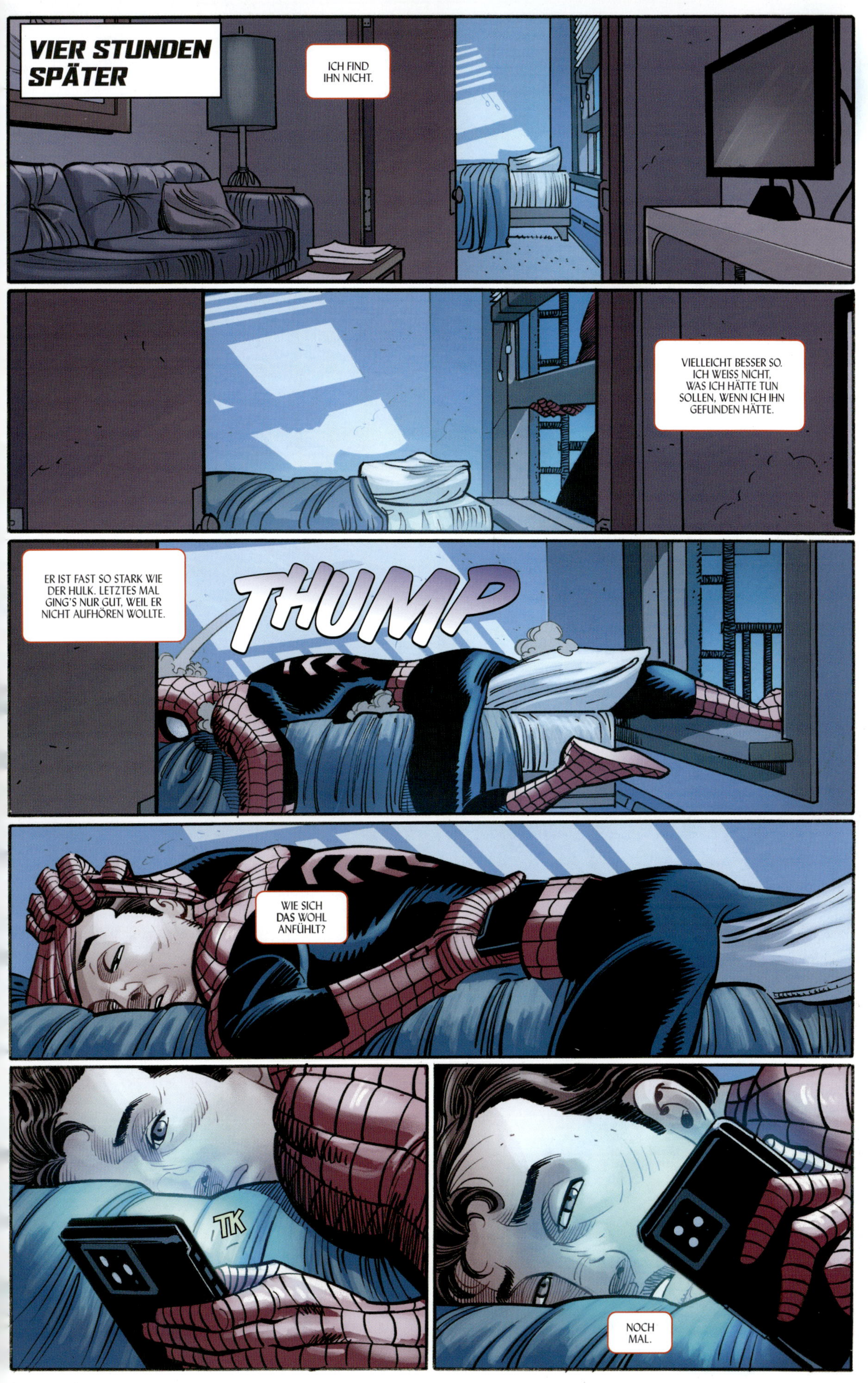
VIER STUNDEN SPÄTER
ICH FIND IHN NICHT.
VIELLEICHT BESSER SO. ICH WEISS NICHT, WAS ICH HÄTTE TUN SOLLEN, WENN ICH IHN GEFUNDEN HÄTTE.
ER IST FAST SO STARK WIE DER HULK. LETZTES MAL GING'S NUR GUT, WEIL ER NICHT AUFHÖREN WOLLTE.
THUMP
WIE SICH DAS WOHL ANFÜHLT?
TK
NOCH MAL.

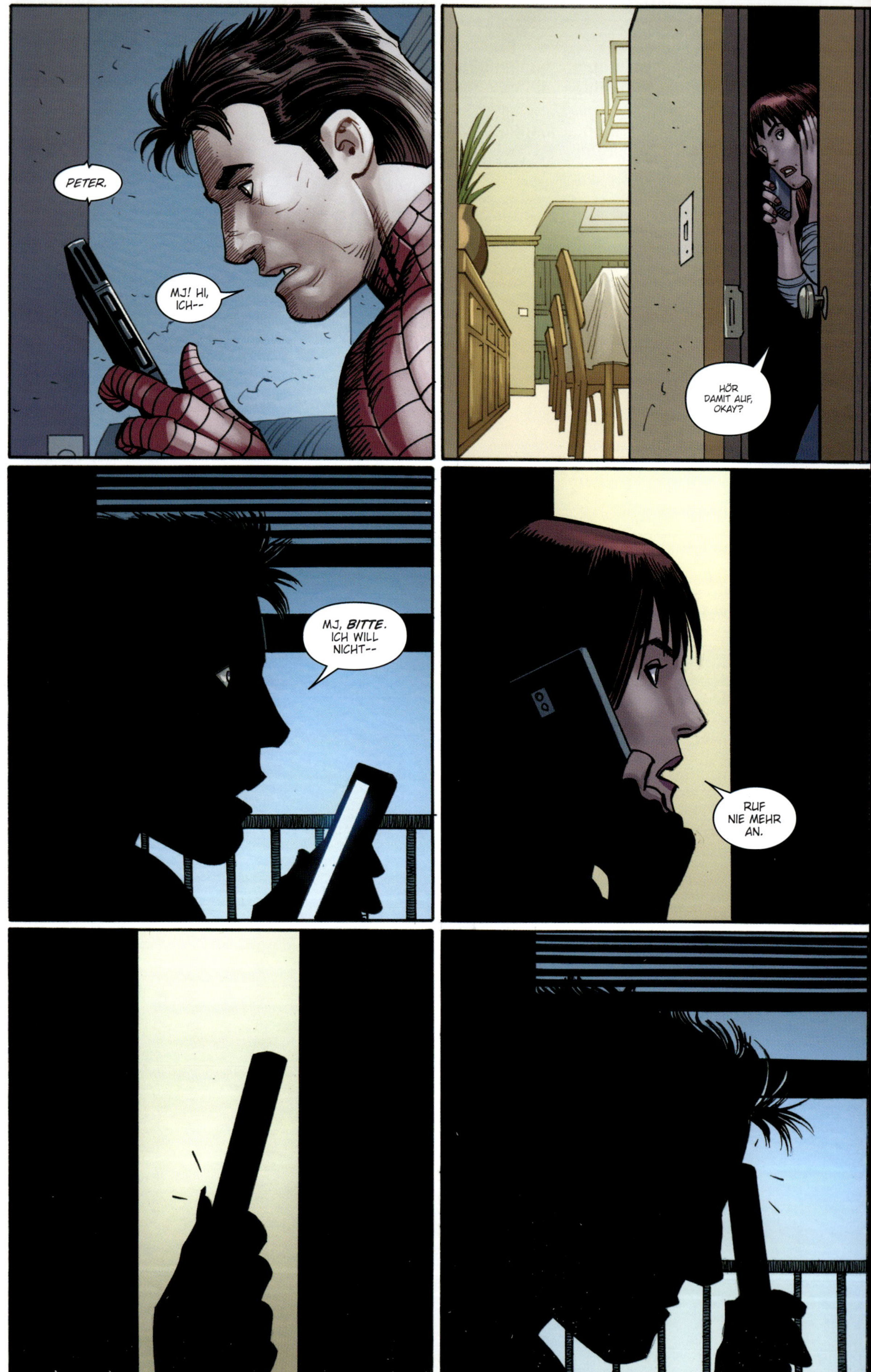
PETER.
MJ! HI, ICH--
HÖR DAMIT AUF, OKAY?
MJ, BITTE. ICH WILL NICHT--
RUF NIE MEHR AN.

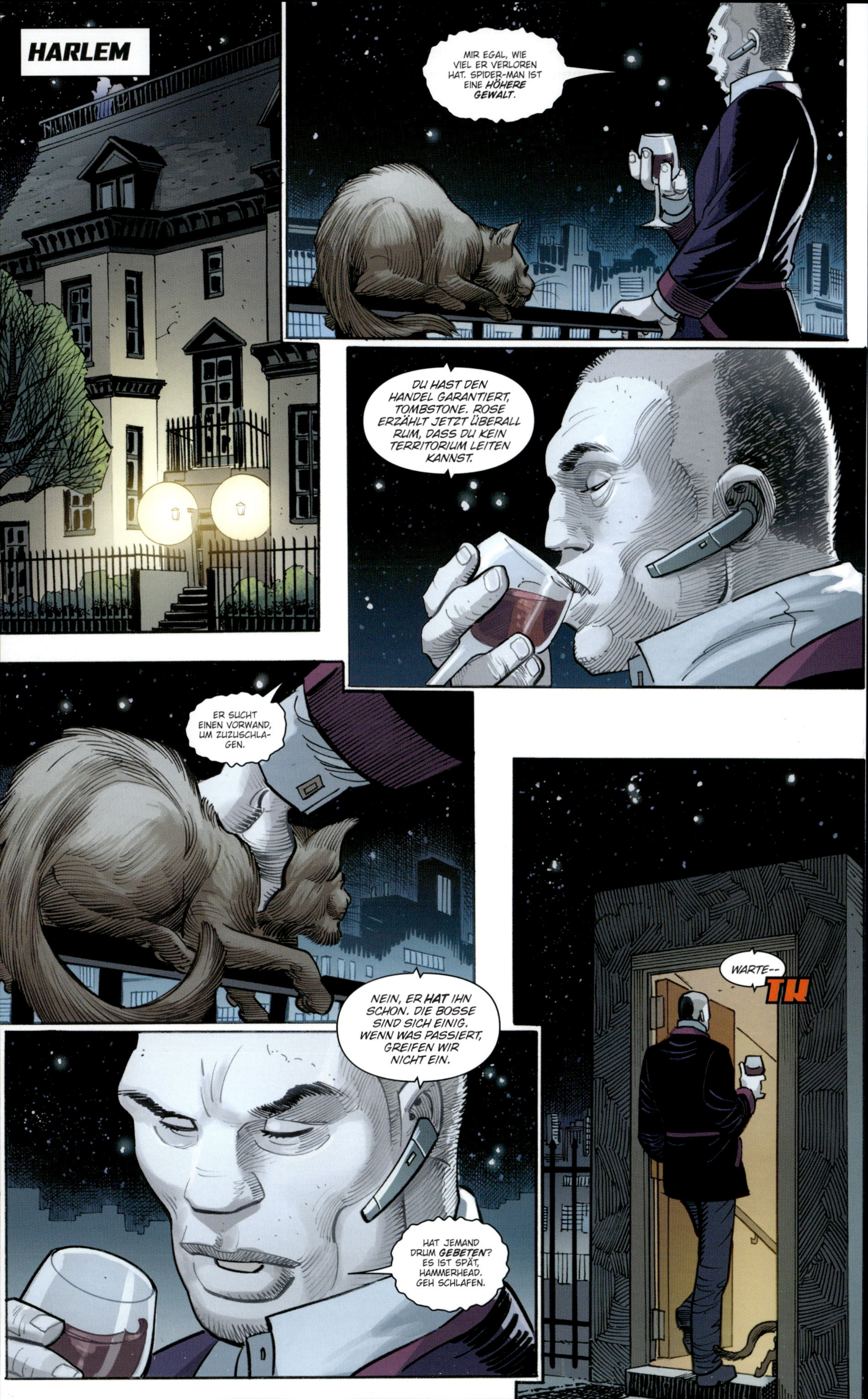
HARLEM
MIR EGAL, WIE VIEL ER VERLOREN HAT. SPIDER-MAN IST EINE HÖHERE GEWALT.
DU HAST DEN HANDEL GARANTIERT, TOMBSTONE. ROSE ERZÄHLT JETZT ÜBERALL RUM, DASS DU KEIN TERRITORIUM LEITEN KANNST.
ER SUCHT EINEN VORWAND, UM ZUZUSCHLA-GEN.
NEIN, ER HAT IHN SCHON. DIE BOSSE SIND SICH EINIG. WENN WAS PASSIERT, GREIFEN WIR NICHT EIN.
HAT JEMAND DRUM GEBETEN? ES IST SPÄT, HAMMERHEAD. GEH SCHLAFEN.
WARTE--
TK

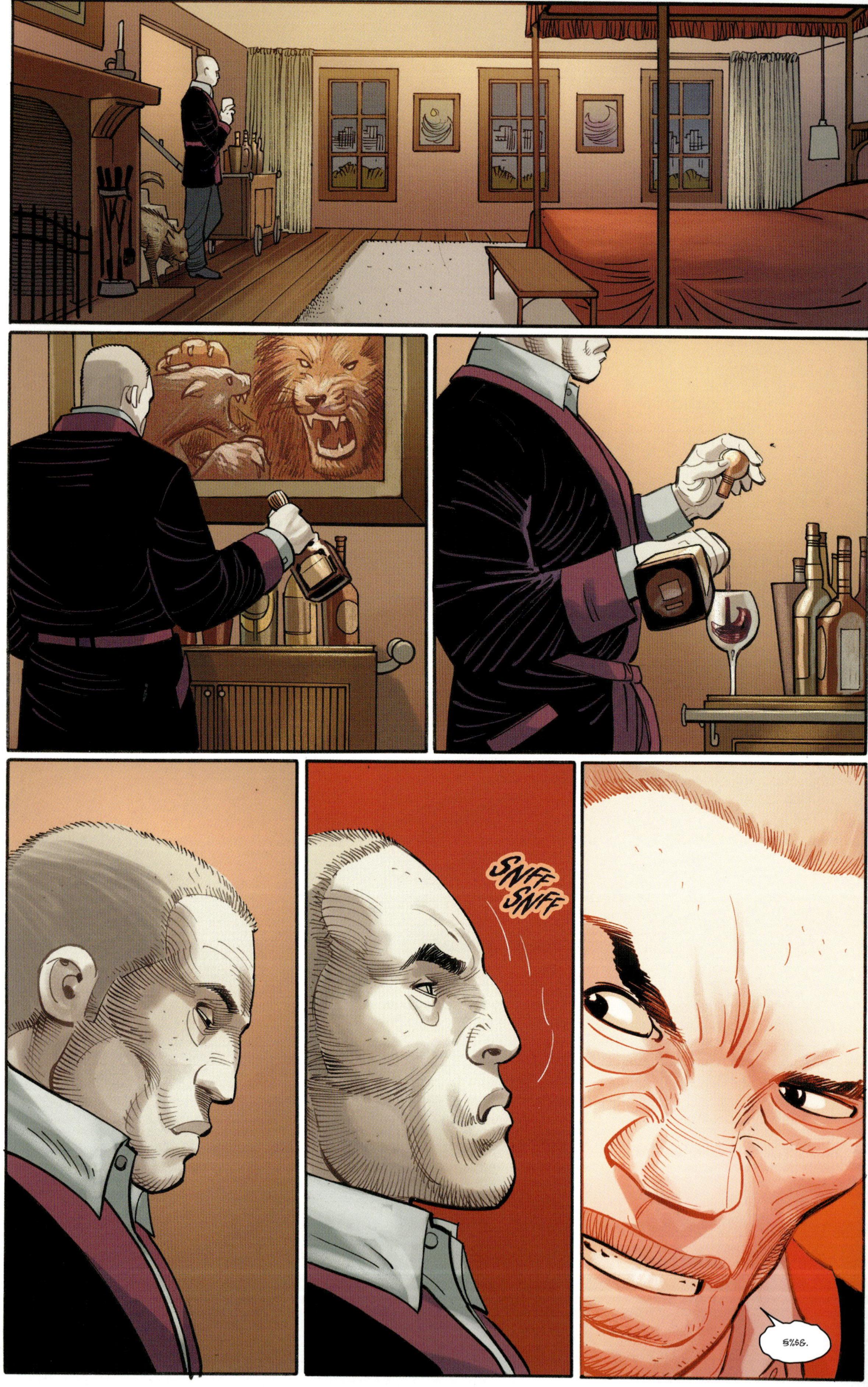
SNIFF SNIFF
§%$&.

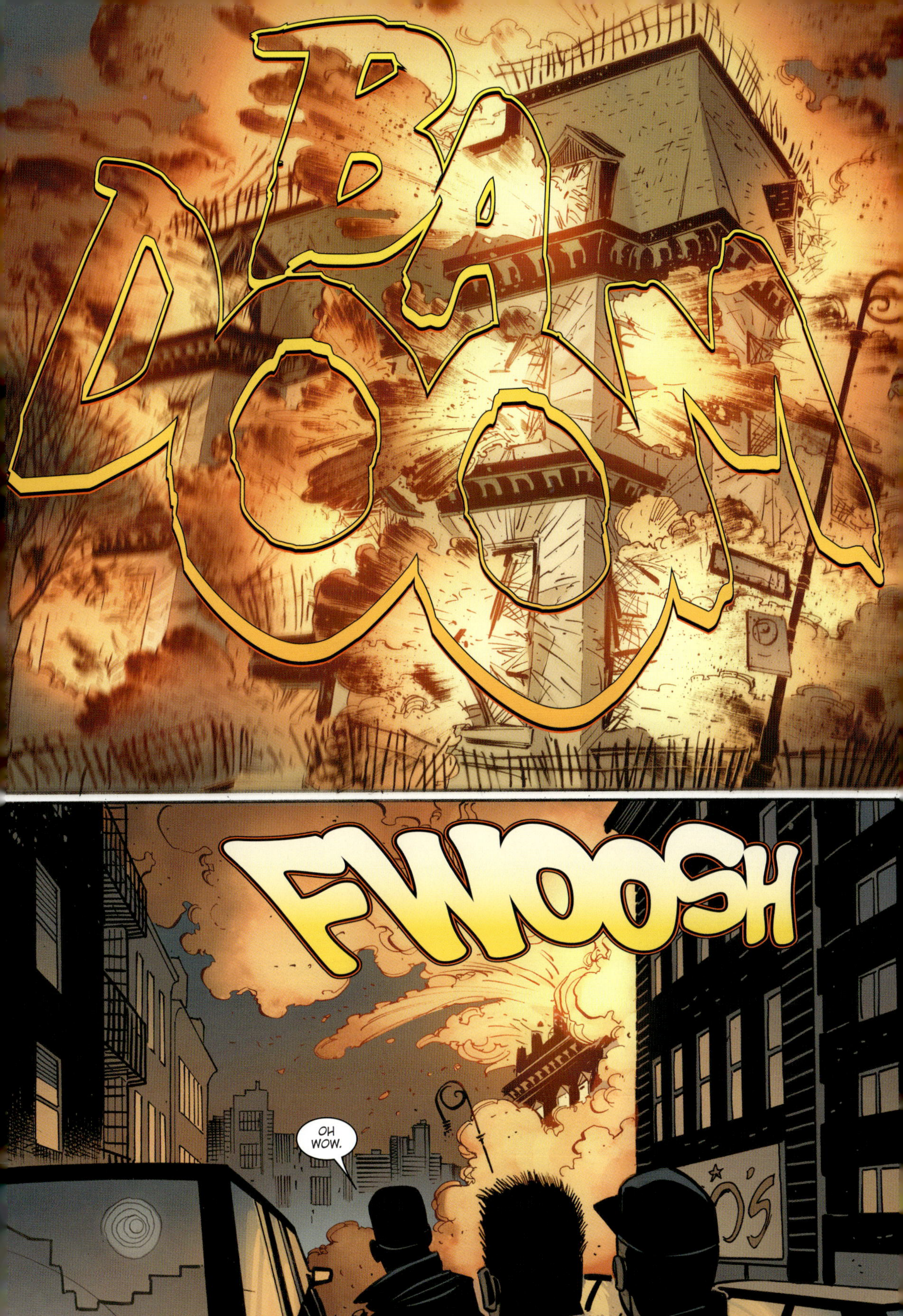
BADOOM
FWOOSH
OH WOW.

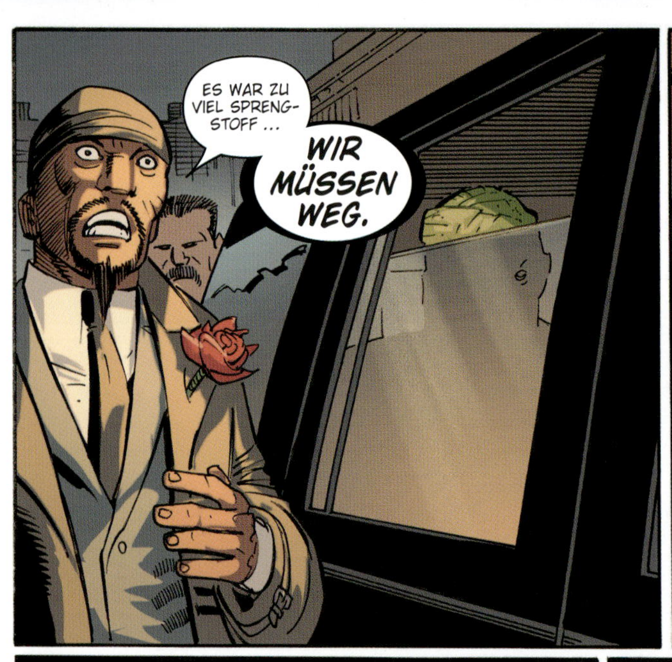
ES WAR ZU VIEL SPRENG-STOFF ...
WIR MÜSSEN WEG.

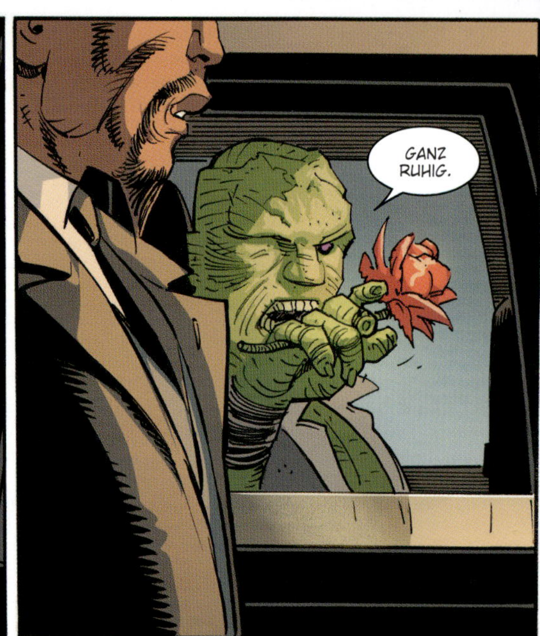
GANZ RUHIG.

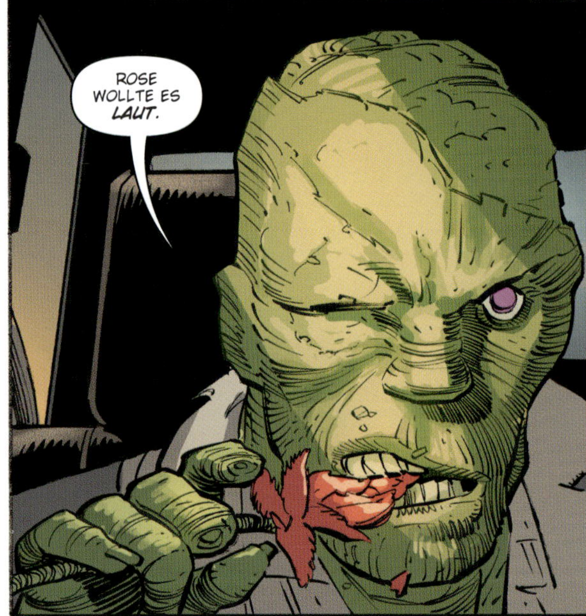
ROSE WOLLTE ES *LAUT*.

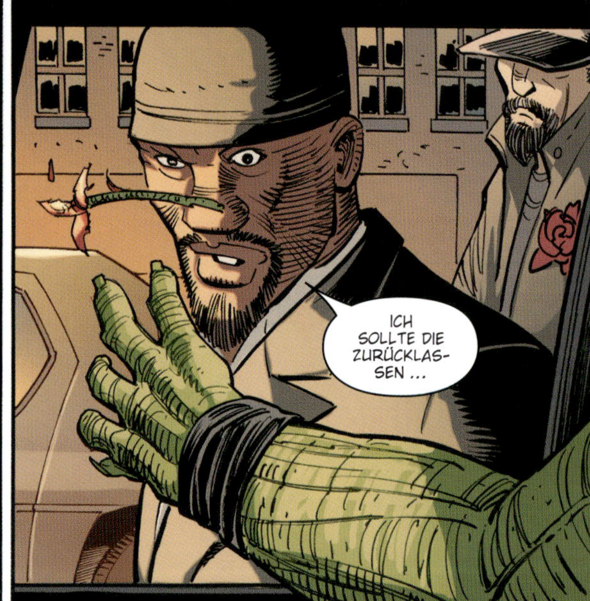
ICH SOLLTE DIE ZURÜCKLAS-SEN ...

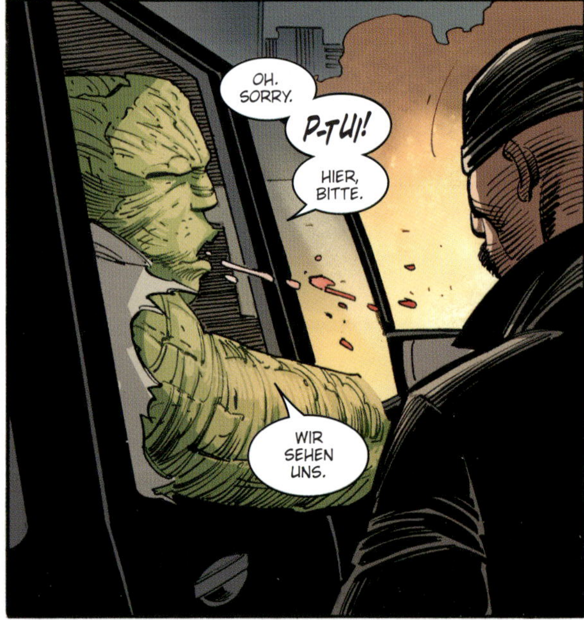
OH. SORRY.
P-TUI!
HIER, BITTE.
WIR SEHEN UNS.

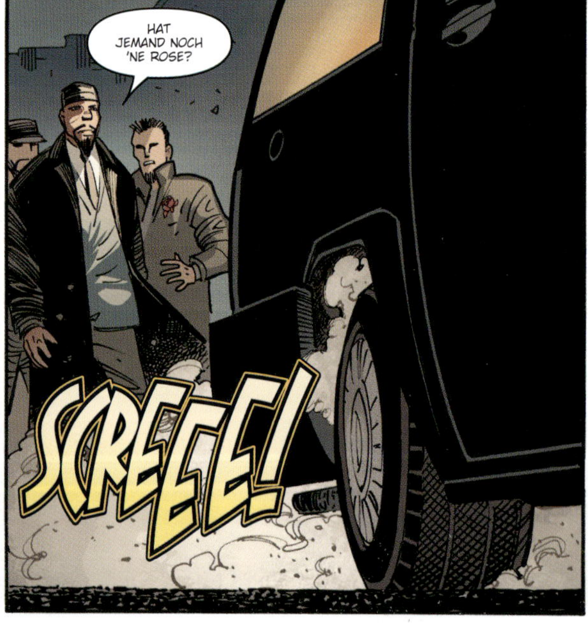
HAT JEMAND NOCH 'NE ROSE?
SCREEEE!

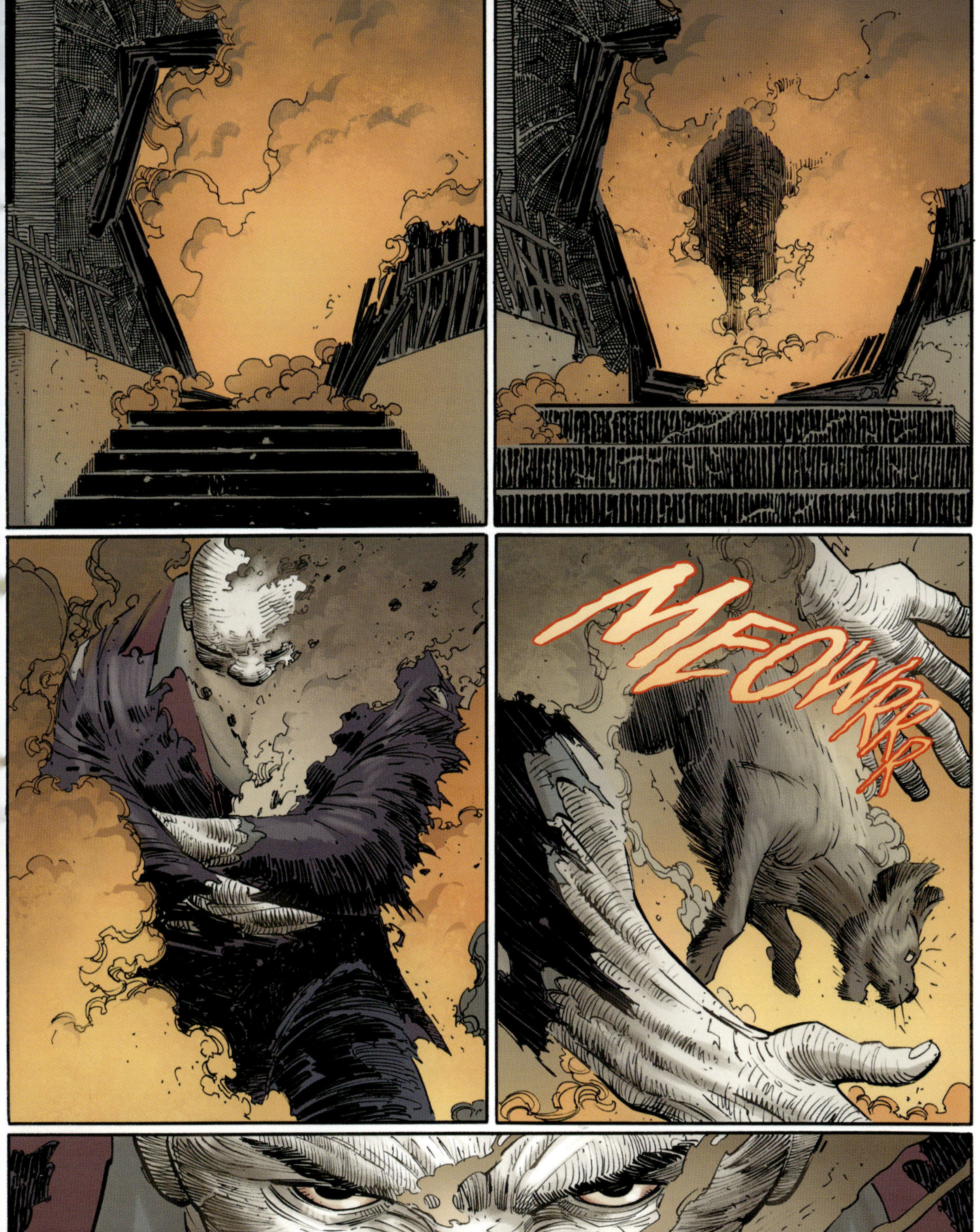
MEOWRR

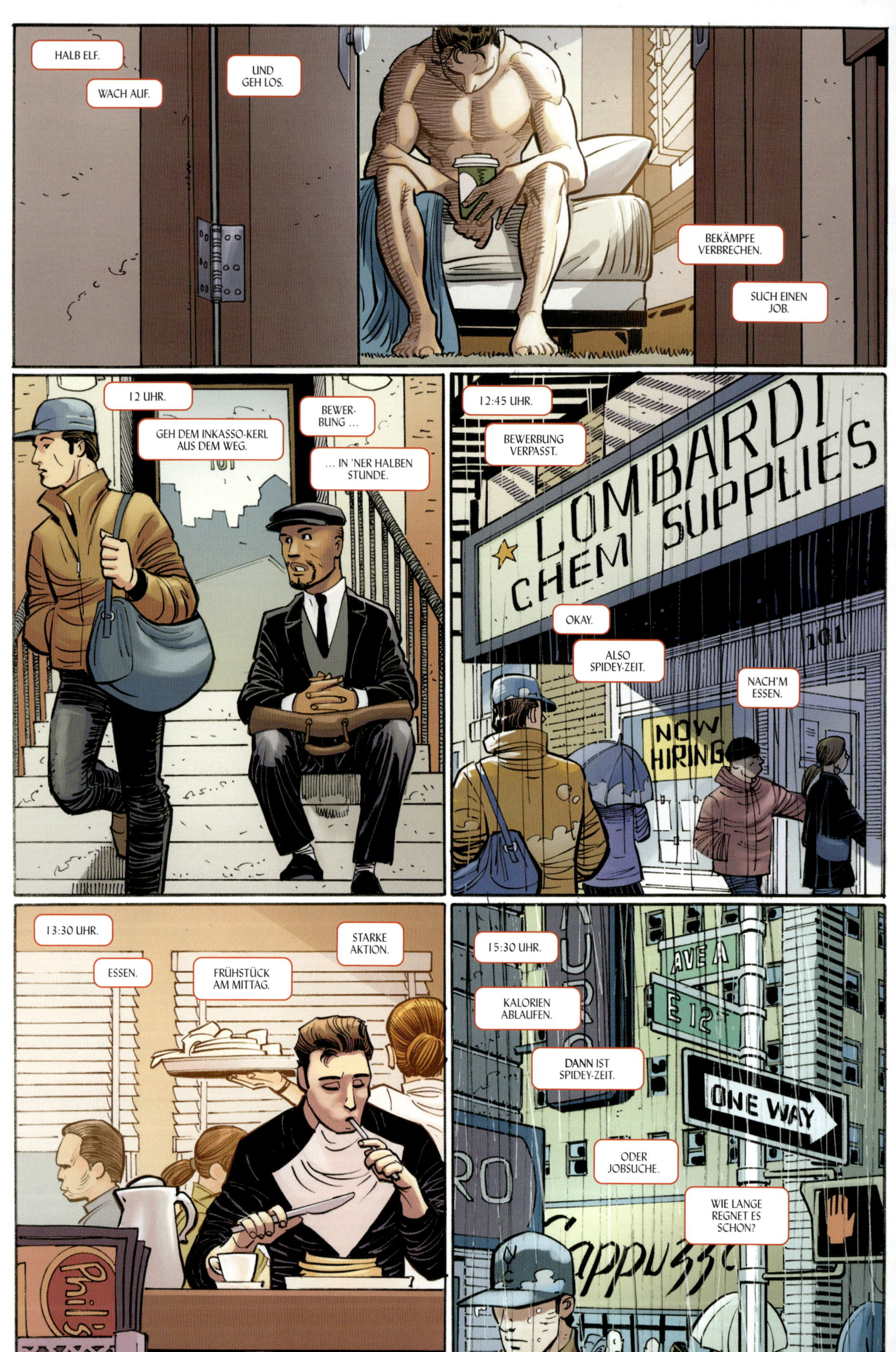
HALB ELF.
WACH AUF.
UND GEH LOS.
BEKÄMPFE VERBRECHEN.
SUCH EINEN JOB.
12 UHR.
GEH DEM INKASSO-KERL AUS DEM WEG.
BEWER-BUNG ...
... IN 'NER HALBEN STUNDE.
12:45 UHR.
BEWERBUNG VERPASST.
LOMBARDI CHEM SUPPLIES
OKAY.
ALSO SPIDEY-ZEIT.
NACH'M ESSEN.
NOW HIRING
13:30 UHR.
ESSEN.
FRÜHSTÜCK AM MITTAG.
STARKE AKTION.
Phil's
15:30 UHR.
KALORIEN ABLAUFEN.
DANN IST SPIDEY-ZEIT.
AVE A
E 12
ONE WAY
ODER JOBSUCHE.
WIE LANGE REGNET ES SCHON?

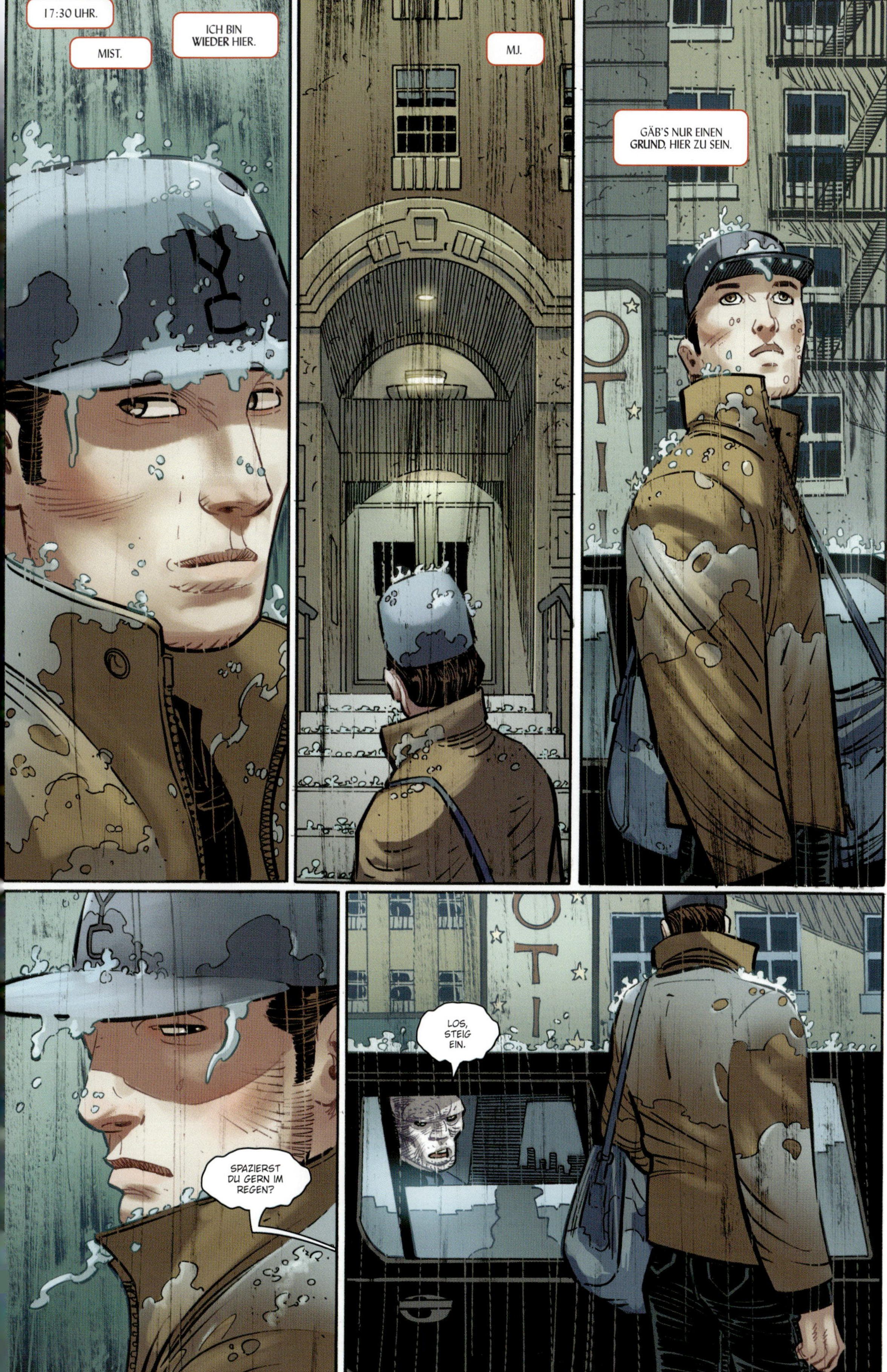
17:30 UHR.
MIST.
ICH BIN WIEDER HIER.
MJ.
GÄB'S NUR EINEN GRUND, HIER ZU SEIN.
SPAZIERST DU GERN IM REGEN?
LOS, STEIG EIN.

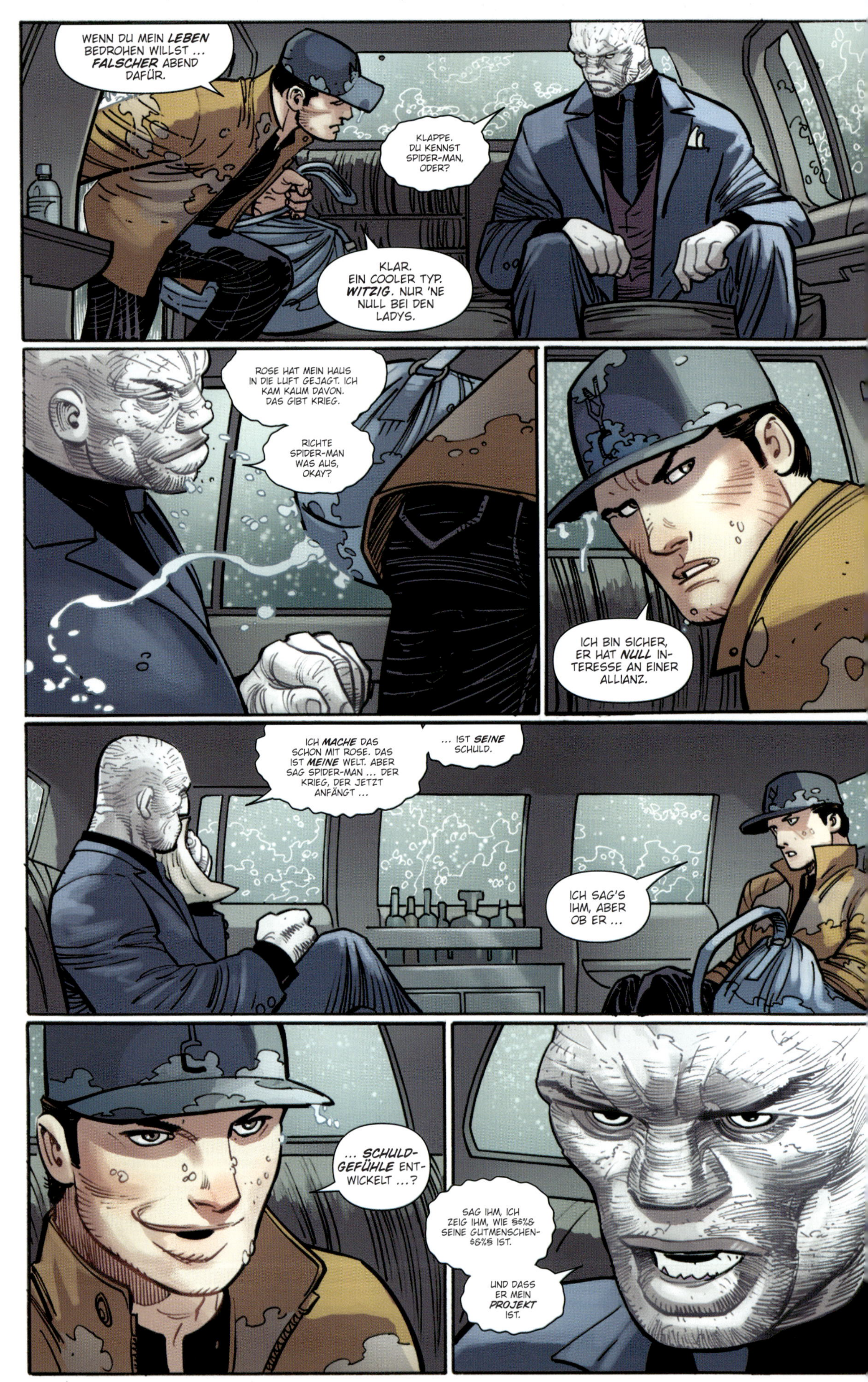
WENN DU MEIN LEBEN BEDROHEN WILLST ... FALSCHER ABEND DAFÜR.
KLAPPE. DU KENNST SPIDER-MAN, ODER?
KLAR. EIN COOLER TYP. WITZIG. NUR 'NE NULL BEI DEN LADYS.
ROSE HAT MEIN HAUS IN DIE LUFT GEJAGT. ICH KAM KAUM DAVON. DAS GIBT KRIEG.
RICHTE SPIDER-MAN WAS AUS, OKAY?
ICH BIN SICHER, ER HAT NULL INTERESSE AN EINER ALLIANZ.
ICH MACHE DAS SCHON MIT ROSE. DAS IST MEINE WELT. ABER SAG SPIDER-MAN ... DER KRIEG, DER JETZT ANFÄNGT ...
... IST SEINE SCHULD.
ICH SAG'S IHM, ABER OB ER ...
... SCHULDGEFÜHLE ENTWICKELT ...?
SAG IHM, ICH ZEIG IHM, WIE $§%& SEINE GUTMENSCHEN-$§%$ IST.
UND DASS ER MEIN PROJEKT IST.

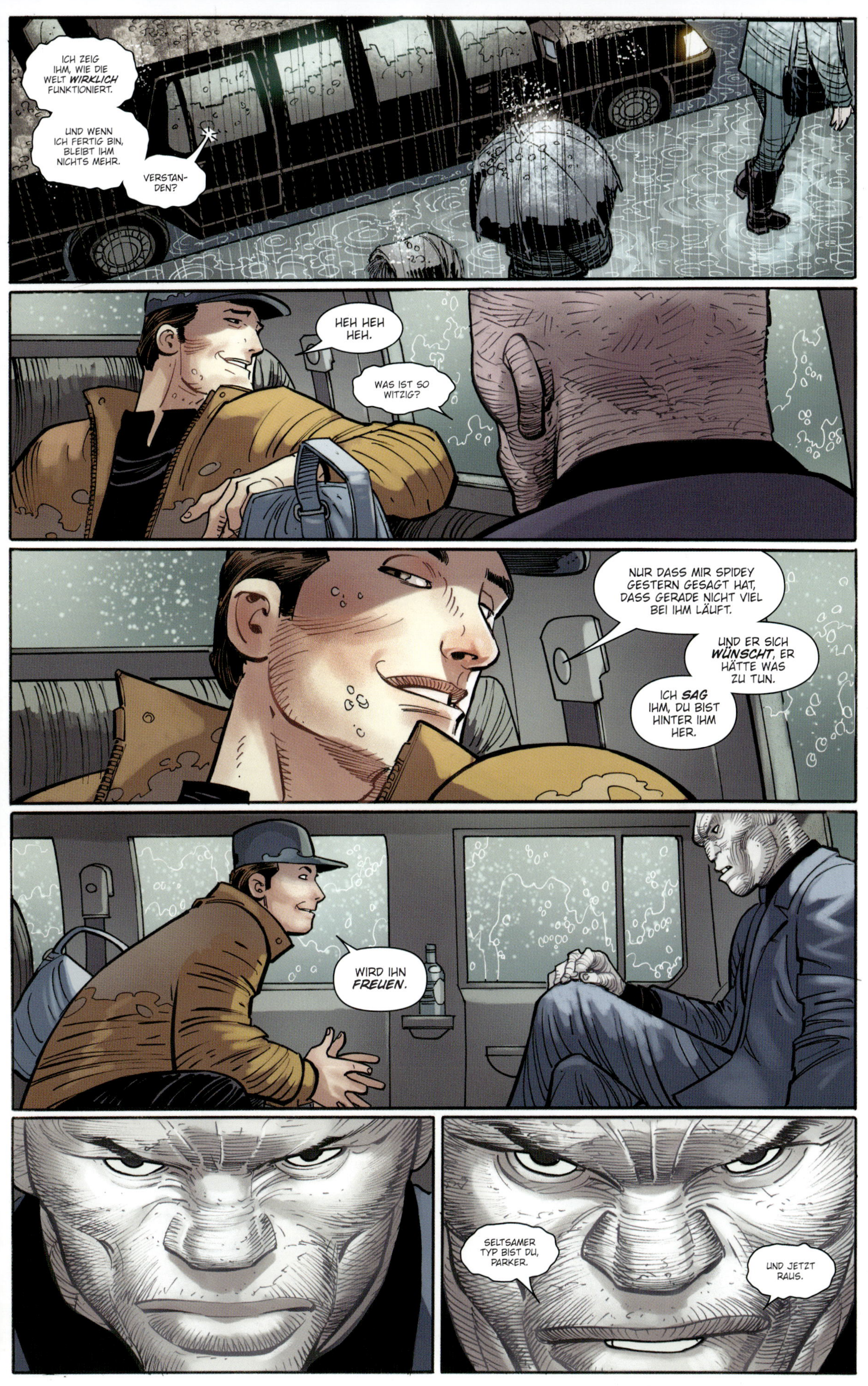
ICH ZEIG IHM, WIE DIE WELT WIRKLICH FUNKTIONIERT.
UND WENN ICH FERTIG BIN, BLEIBT IHM NICHTS MEHR.
VERSTAN-DEN?
HEH HEH HEH.
WAS IST SO WITZIG?
NUR DASS MIR SPIDEY GESTERN GESAGT HAT, DASS GERADE NICHT VIEL BEI IHM LÄUFT.
UND ER SICH WÜNSCHT, ER HÄTTE WAS ZU TUN.
ICH SAG IHM, DU BIST HINTER IHM HER.
WIRD IHN FREUEN.
SELTSAMER TYP BIST DU, PARKER.
UND JETZT RAUS.

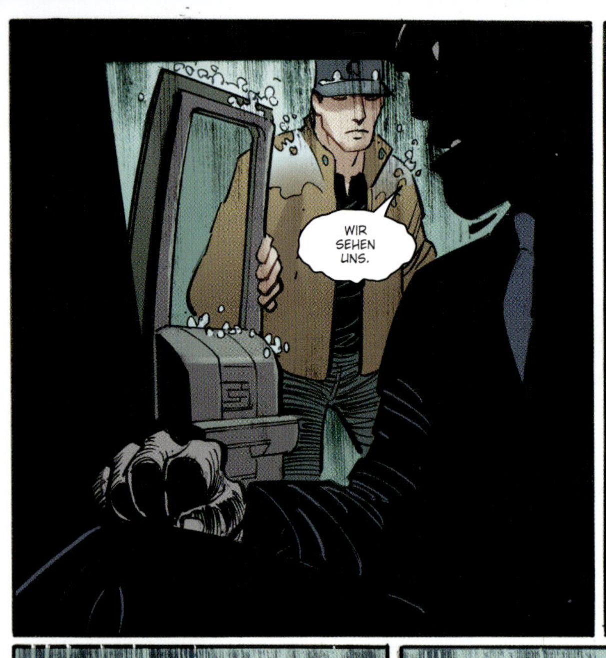
WIR
SEHEN
UNS.

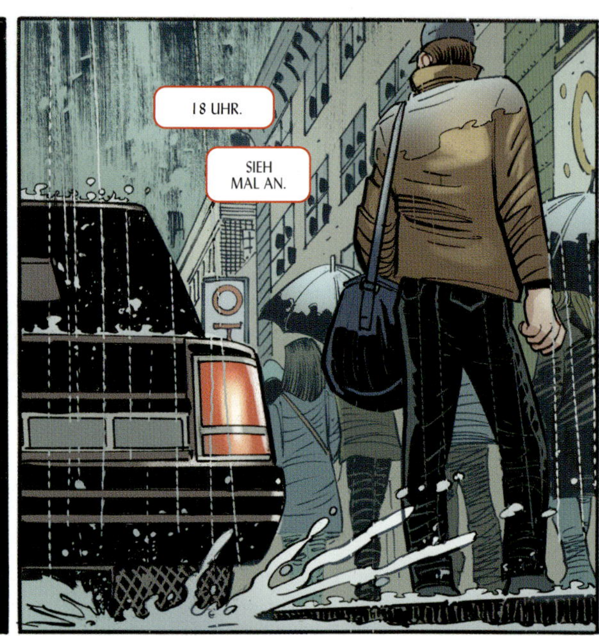
18 UHR.
SIEH
MAL AN.

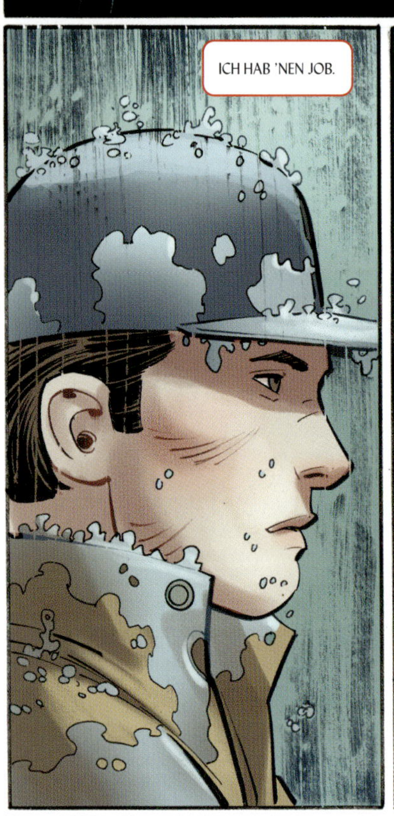
ICH HAB 'NEN JOB.

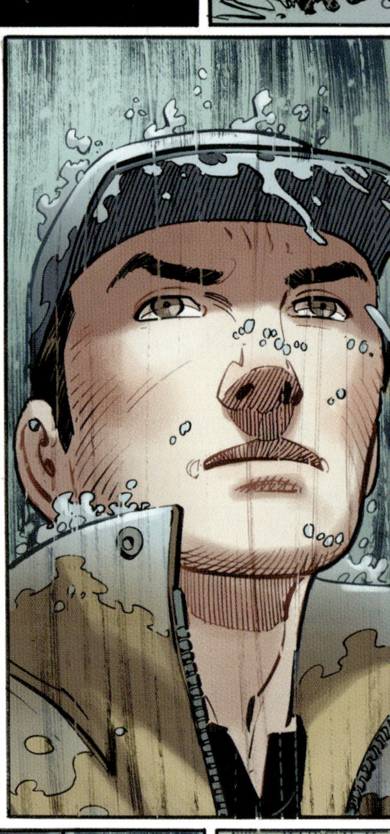

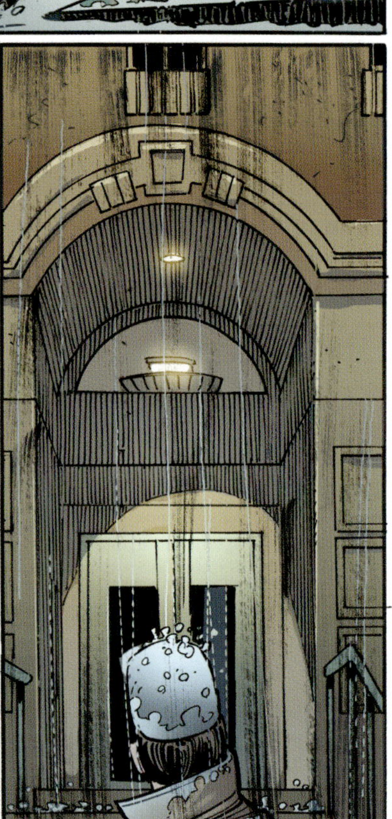

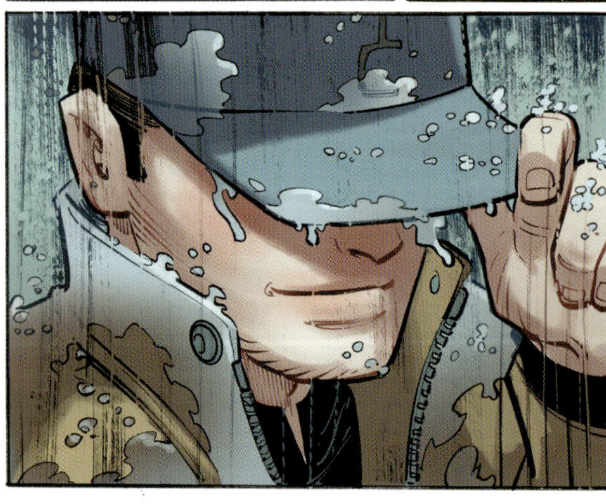

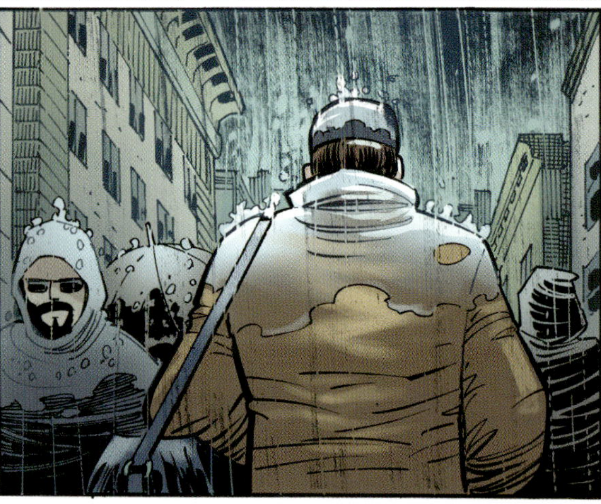

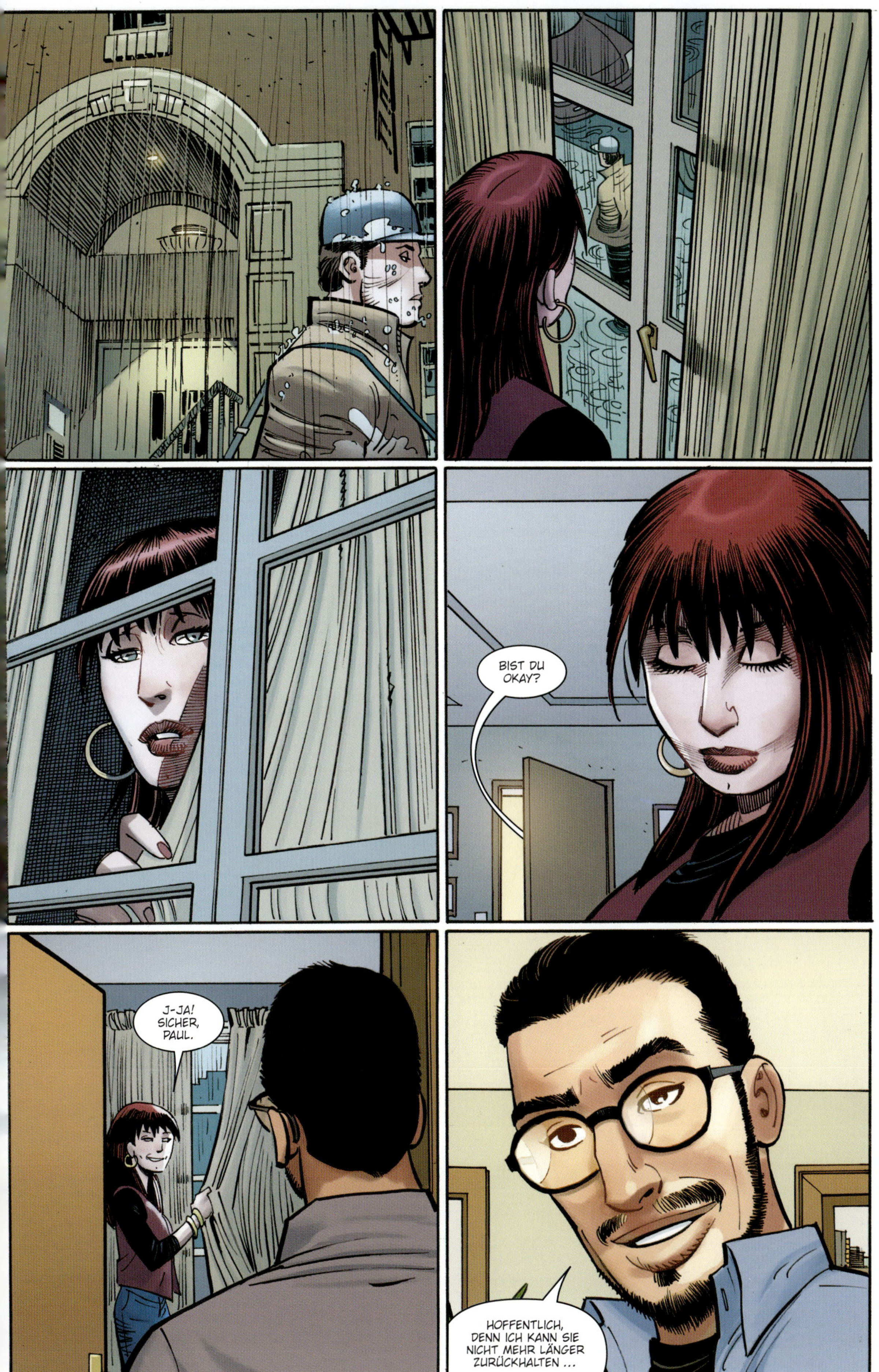
BIST DU
OKAY?
J-JA!
SICHER,
PAUL.
HOFFENTLICH,
DENN ICH KANN SIE
NICHT MEHR LÄNGER
ZURÜCKHALTEN ...

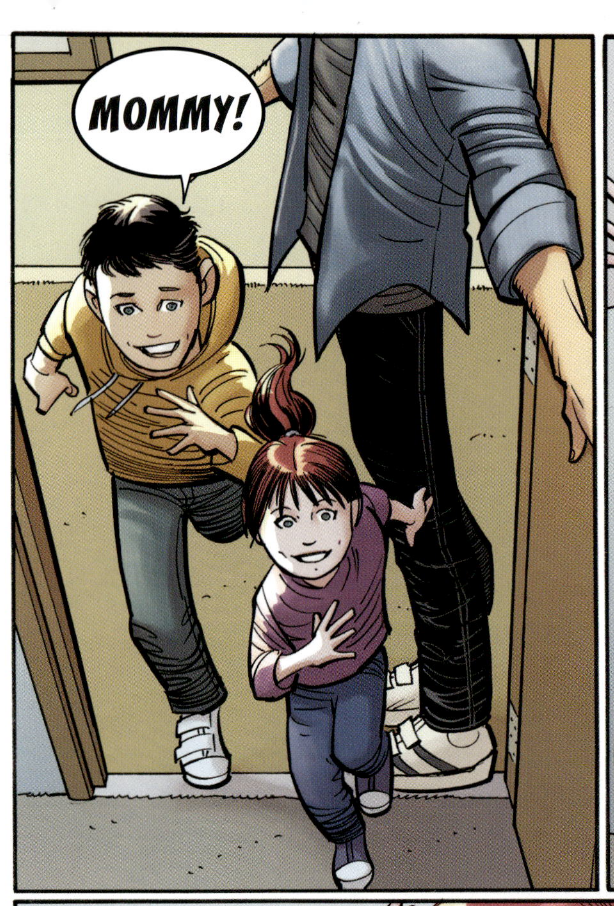
MOMMY!

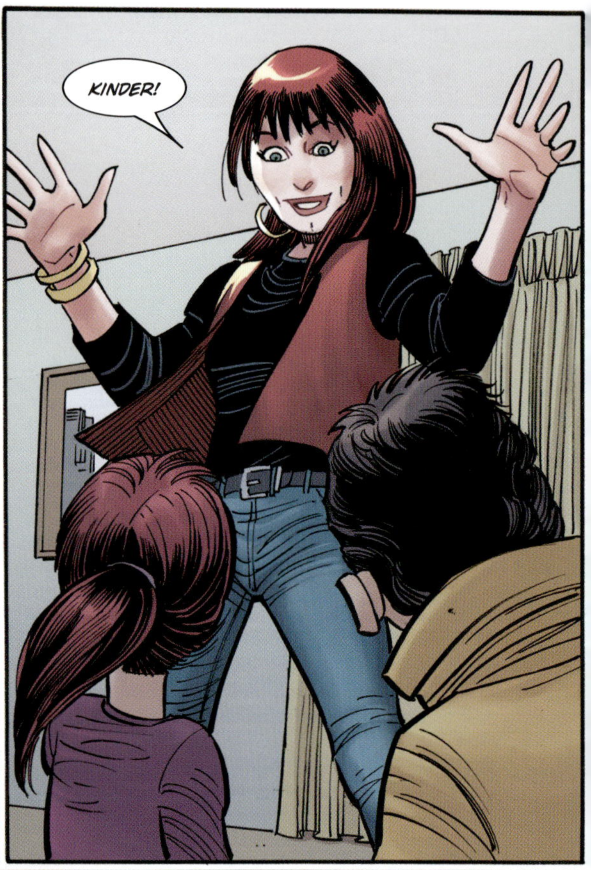
KINDER!

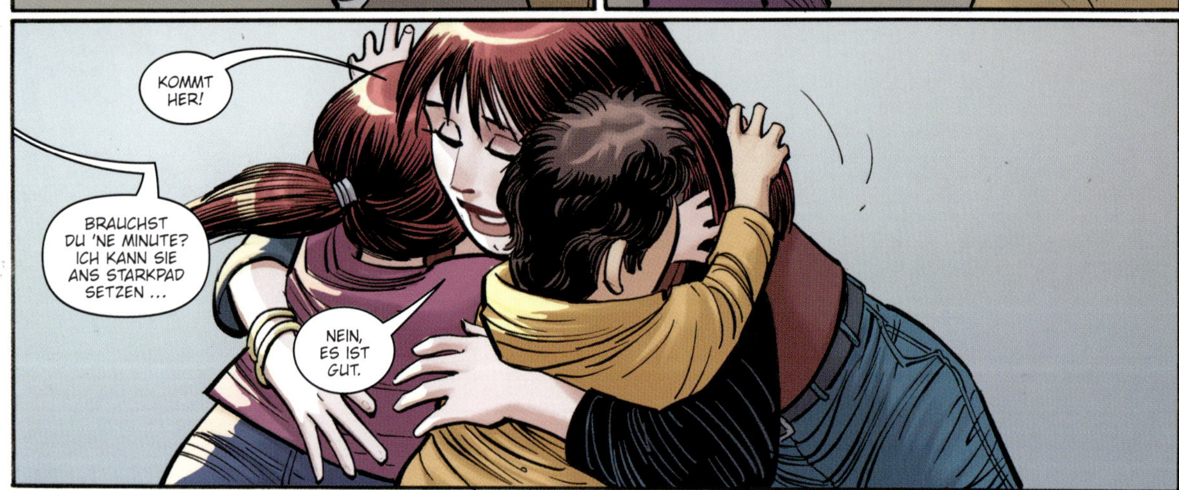
KOMMT HER!
BRAUCHST DU 'NE MINUTE? ICH KANN SIE ANS STARKPAD SETZEN …
NEIN, ES IST GUT.

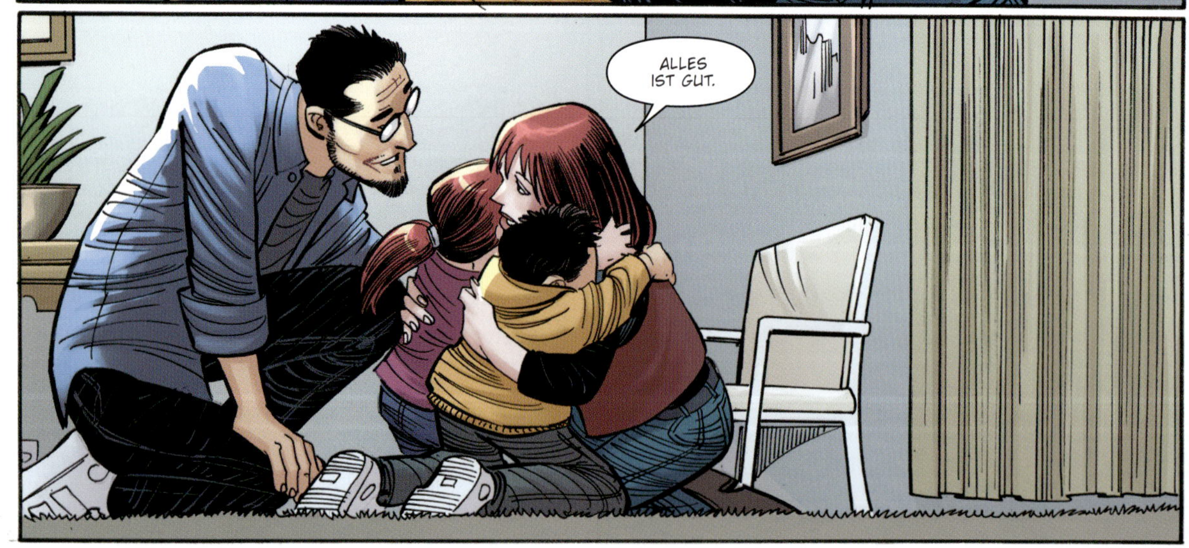
ALLES IST GUT.

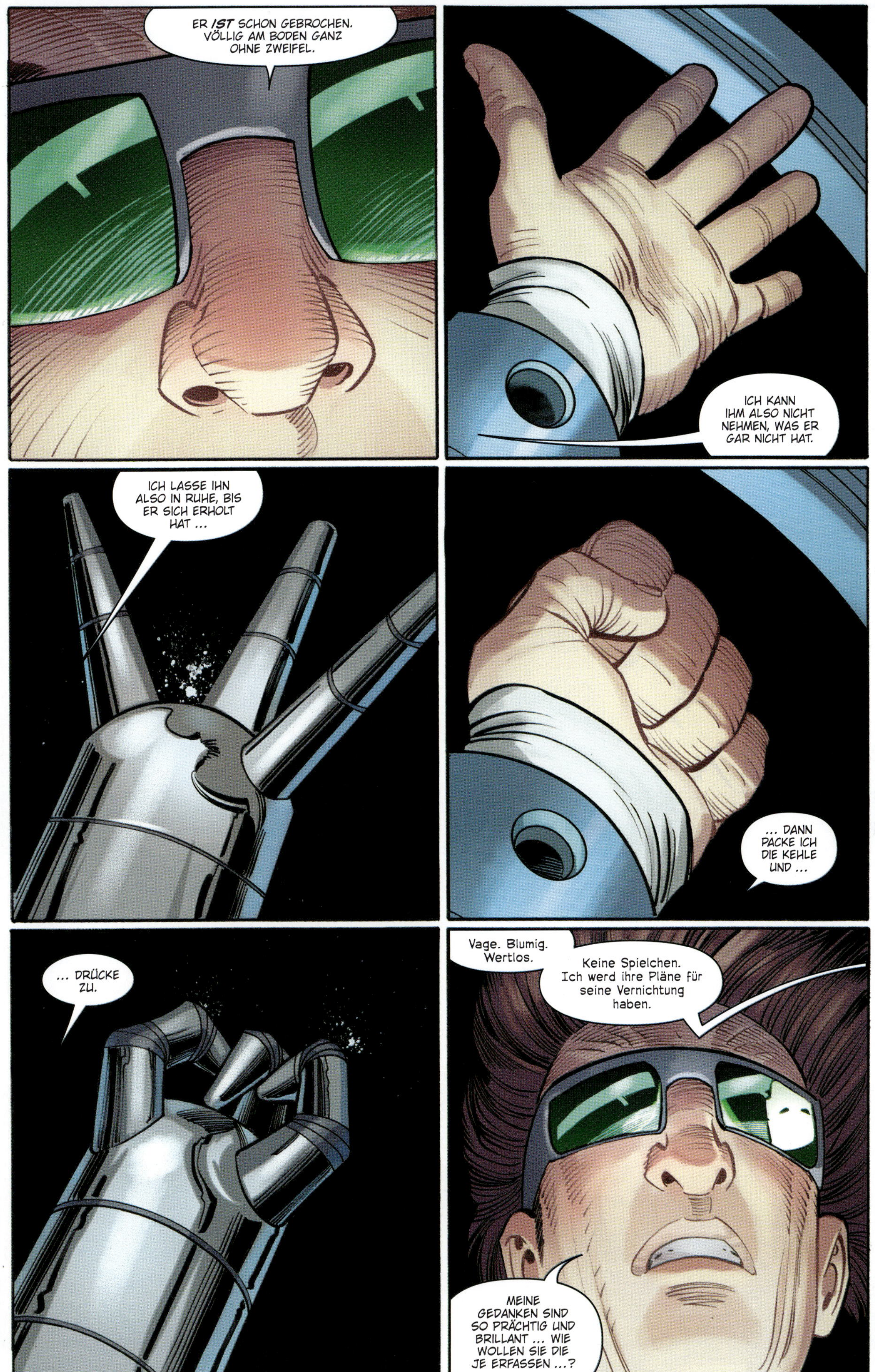
ER *IST* SCHON GEBROCHEN. VÖLLIG AM BODEN GANZ OHNE ZWEIFEL.
ICH KANN IHM ALSO NICHT NEHMEN, WAS ER GAR NICHT HAT.
ICH LASSE IHN ALSO IN RUHE, BIS ER SICH ERHOLT HAT ...
... DANN PACKE ICH DIE KEHLE UND ...
... DRÜCKE ZU.
Vage. Blumig. Wertlos.
Keine Spielchen. Ich werd ihre Pläne für seine Vernichtung haben.
MEINE GEDANKEN SIND SO PRÄCHTIG UND BRILLANT ... WIE WOLLEN SIE DIE JE ERFASSEN ...?

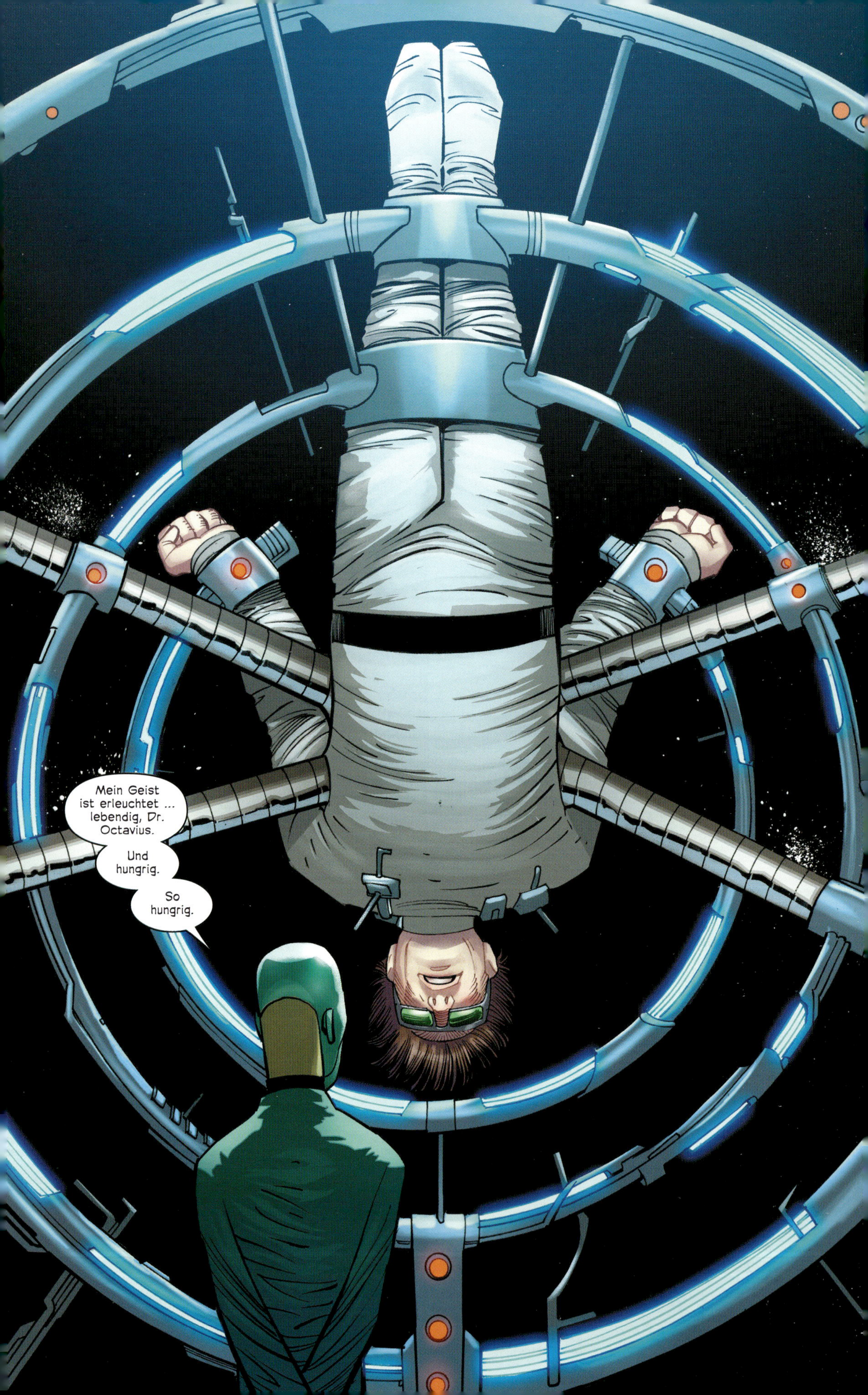
Mein Geist ist erleuchtet ... lebendig, Dr. Octavius.
Und hungrig.
So hungrig.

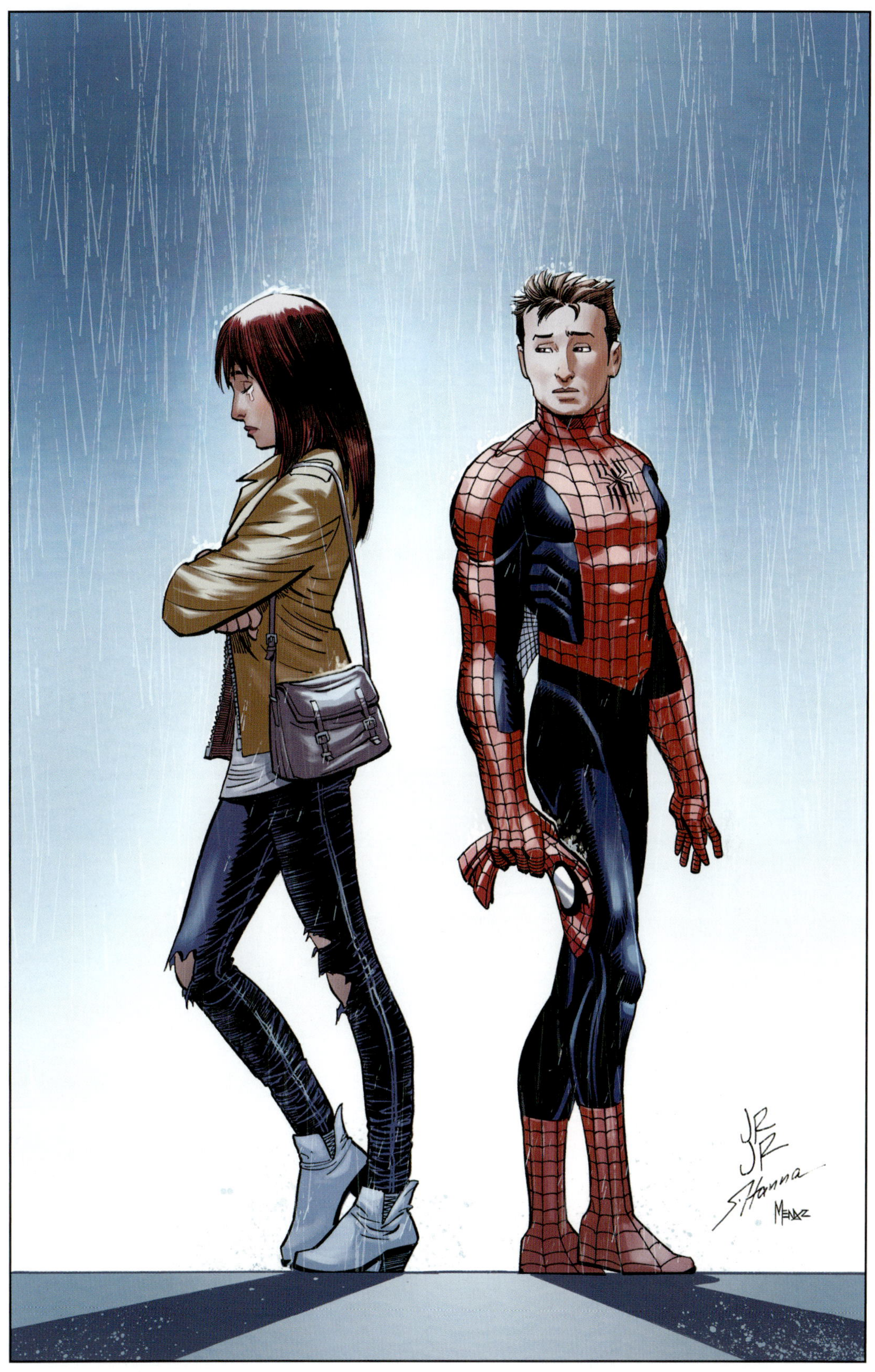

Amazing Spider-Man (2022) 2
Cover von **JOHN ROMITA JR.**

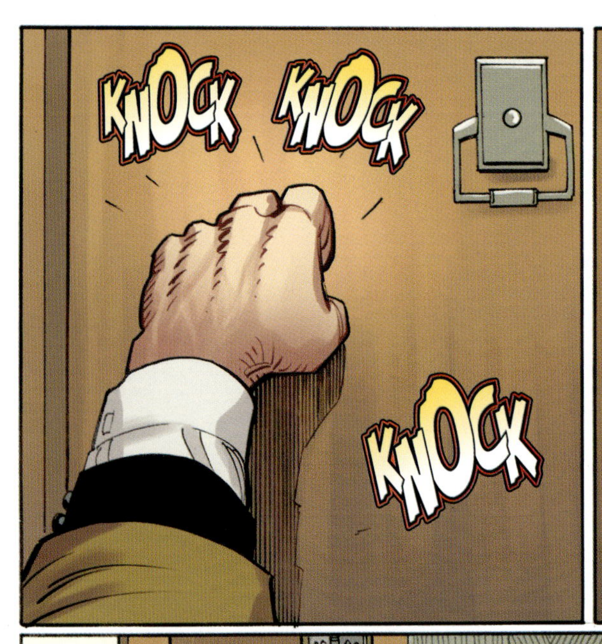
KNOCK KNOCK
KNOCK

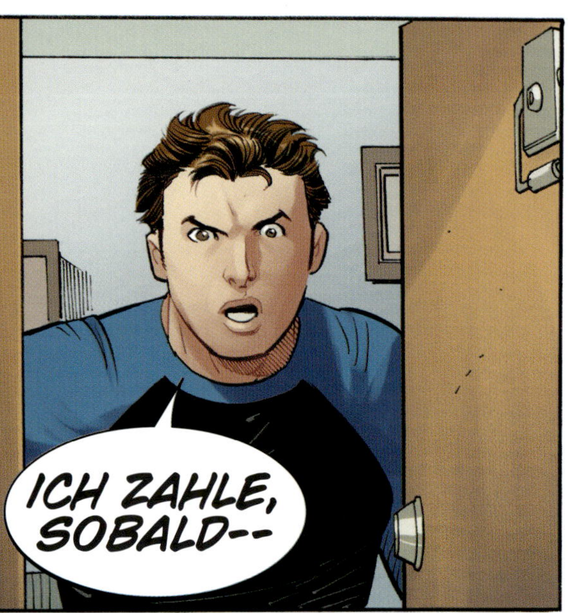
ICH ZAHLE, SOBALD--

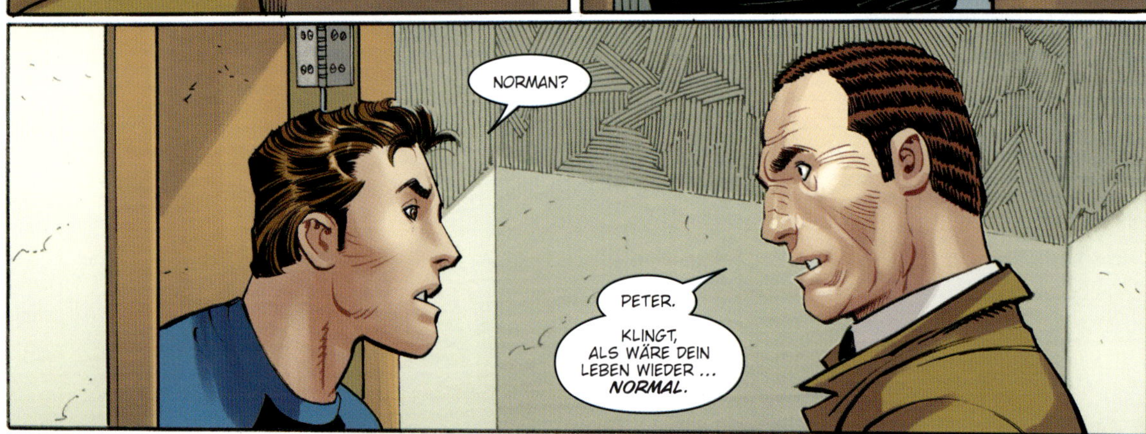
NORMAN?
PETER.
KLINGT, ALS WÄRE DEIN LEBEN WIEDER … *NORMAL*.

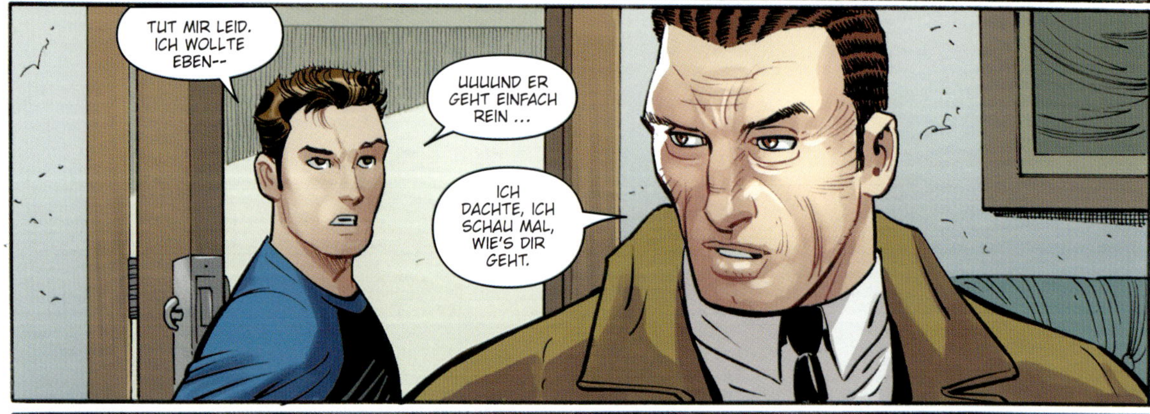
TUT MIR LEID. ICH WOLLTE EBEN--
UUUUND ER GEHT EINFACH REIN …
ICH DACHTE, ICH SCHAU MAL, WIE'S DIR GEHT.

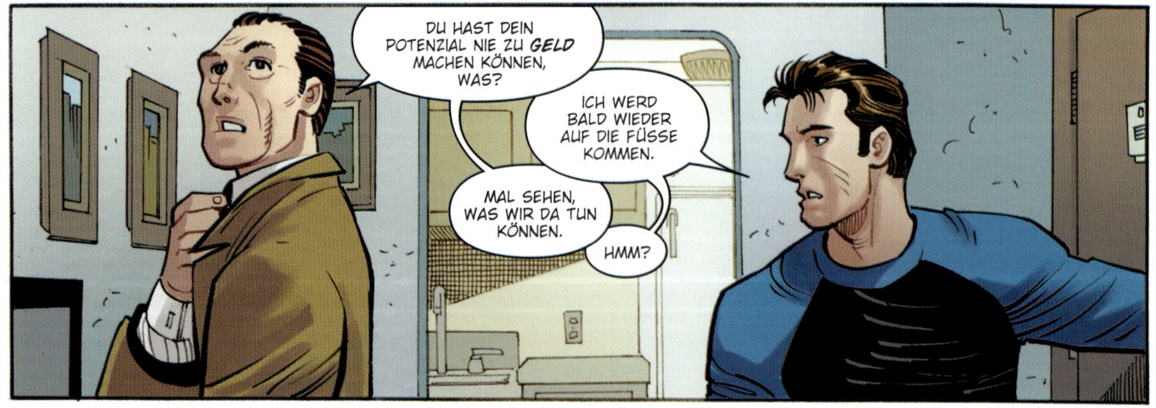
DU HAST DEIN POTENZIAL NIE ZU *GELD* MACHEN KÖNNEN, WAS?
ICH WERD BALD WIEDER AUF DIE FÜSSE KOMMEN.
MAL SEHEN, WAS WIR DA TUN KÖNNEN.
HMM?

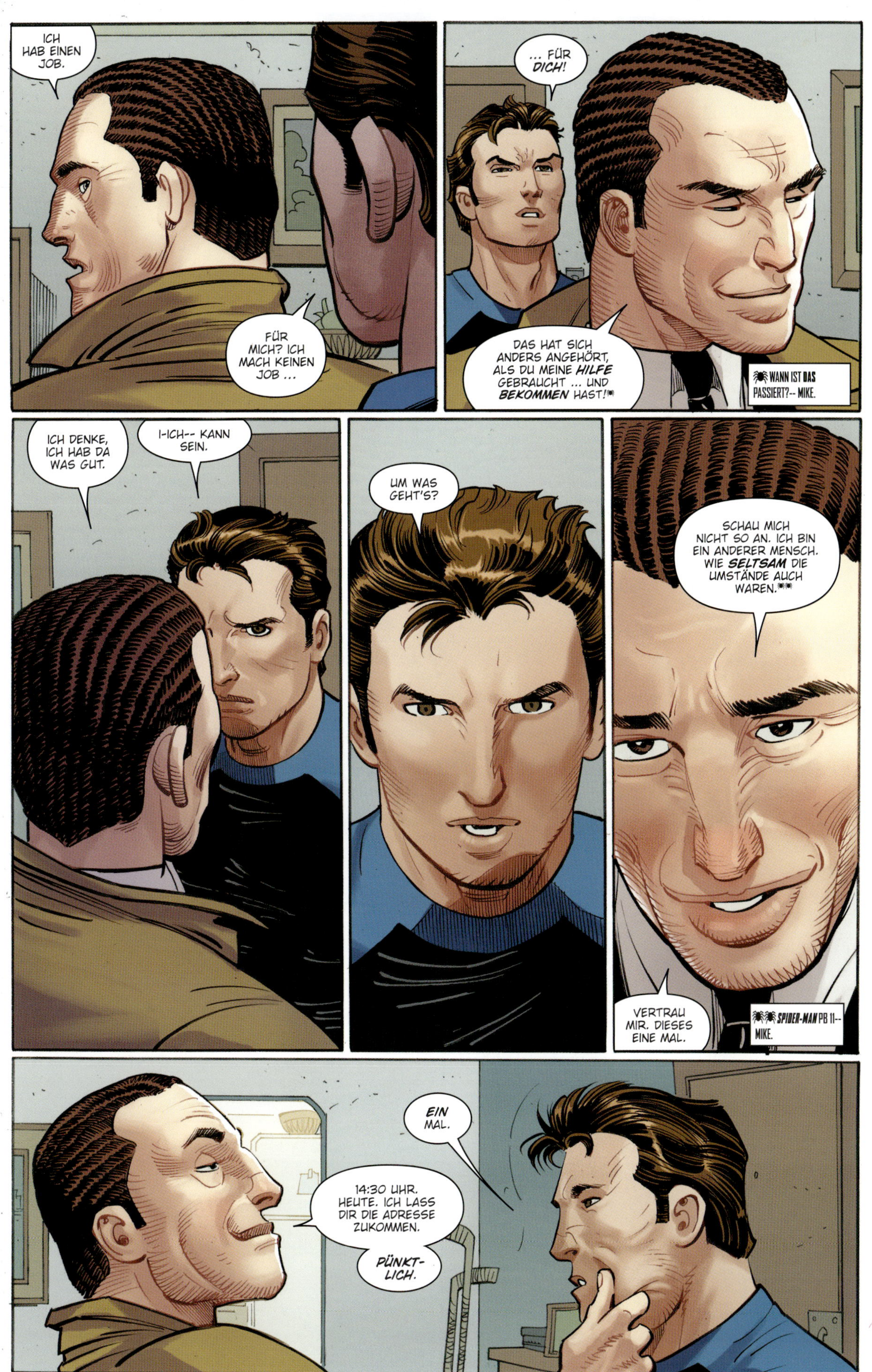
ICH HAB EINEN JOB.
FÜR MICH? ICH MACH KEINEN JOB ...
... FÜR DICH!
DAS HAT SICH ANDERS ANGEHÖRT, ALS DU MEINE HILFE GEBRAUCHT ... UND BEKOMMEN HAST!
WANN IST DAS PASSIERT?-- MIKE.
ICH DENKE, ICH HAB DA WAS GUT.
I-ICH-- KANN SEIN.
UM WAS GEHT'S?
SCHAU MICH NICHT SO AN. ICH BIN EIN ANDERER MENSCH. WIE SELTSAM DIE UMSTÄNDE AUCH WAREN.
VERTRAU MIR. DIESES EINE MAL.
SPIDER-MAN PB 11-- MIKE.
EIN MAL.
14:30 UHR. HEUTE. ICH LASS DIR DIE ADRESSE ZUKOMMEN.
PÜNKT-LICH.

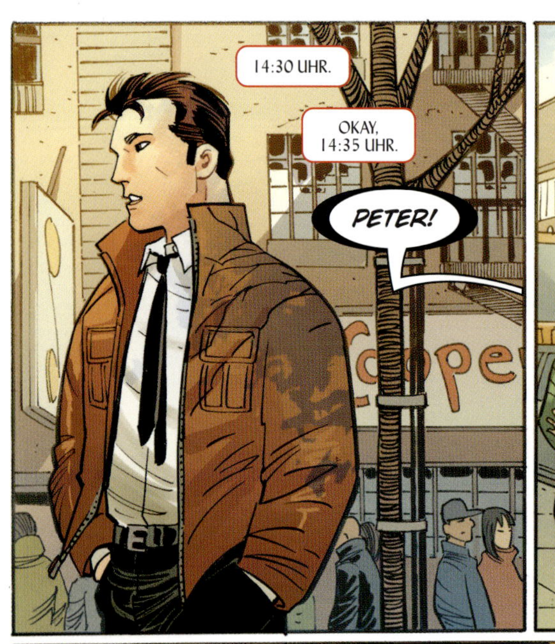
14:30 UHR.
OKAY, 14:35 UHR.
PETER!

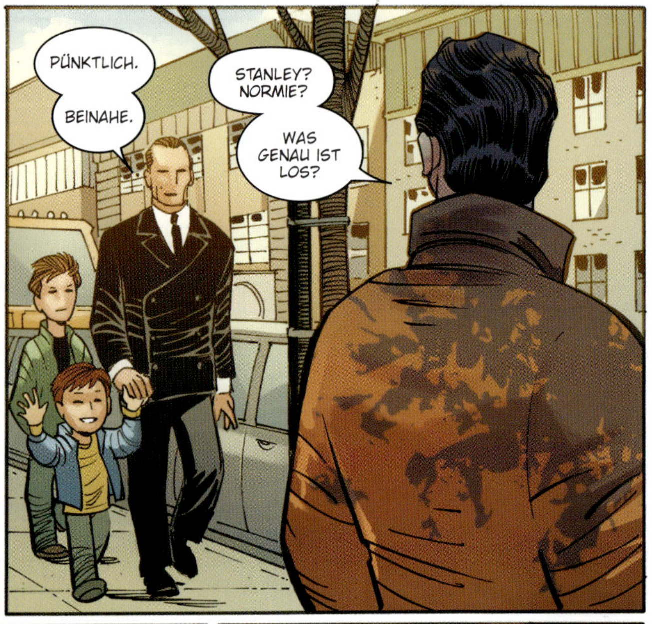
PÜNKTLICH.
BEINAHE.
STANLEY? NORMIE?
WAS GENAU IST LOS?

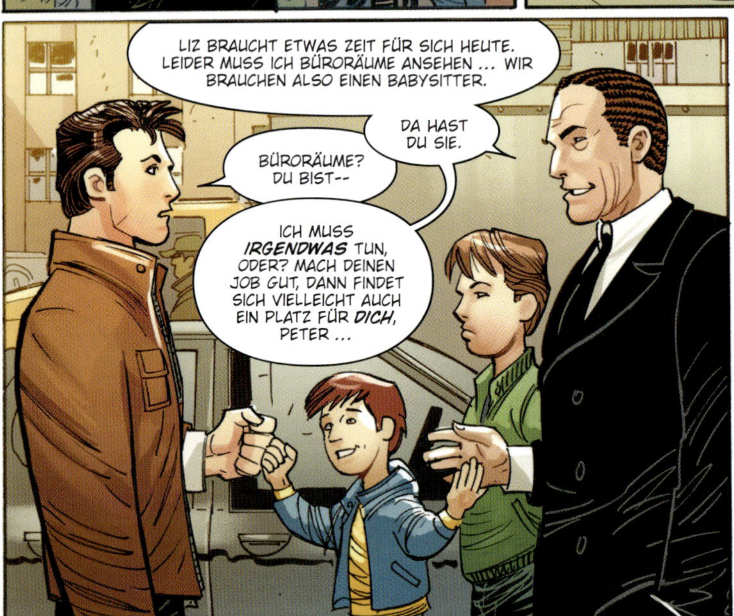
LIZ BRAUCHT ETWAS ZEIT FÜR SICH HEUTE. LEIDER MUSS ICH BÜRORÄUME ANSEHEN ... WIR BRAUCHEN ALSO EINEN BABYSITTER.
DA HAST DU SIE.
BÜRORÄUME? DU BIST--
ICH MUSS IRGENDWAS TUN, ODER? MACH DEINEN JOB GUT, DANN FINDET SICH VIELLEICHT AUCH EIN PLATZ FÜR DICH, PETER ...

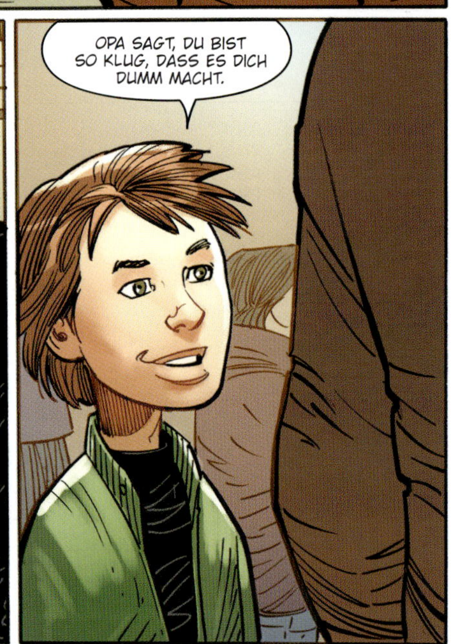
OPA SAGT, DU BIST SO KLUG, DASS ES DICH DUMM MACHT.

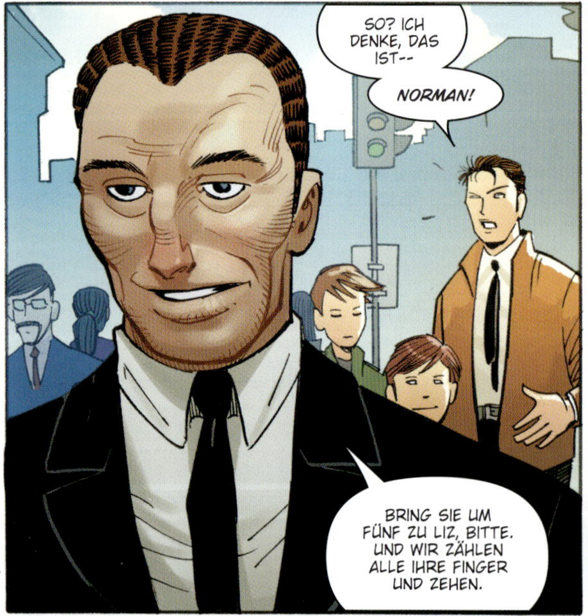
SO? ICH DENKE, DAS IST--
NORMAN!
BRING SIE UM FÜNF ZU LIZ, BITTE. UND WIR ZÄHLEN ALLE IHRE FINGER UND ZEHEN.

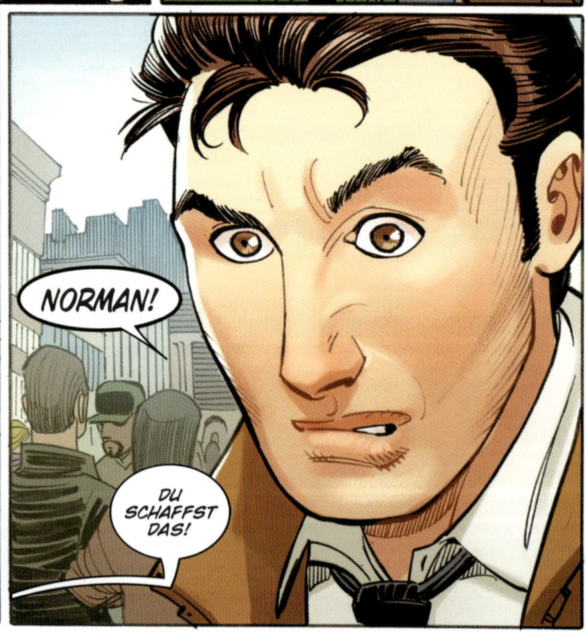
NORMAN!
DU SCHAFFST DAS!

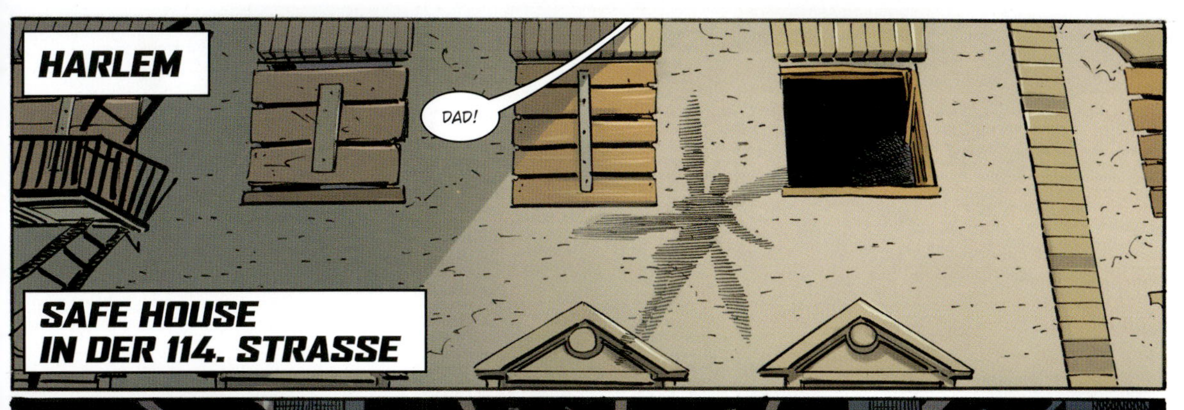
HARLEM
DAD!
SAFE HOUSE IN DER 114. STRASSE

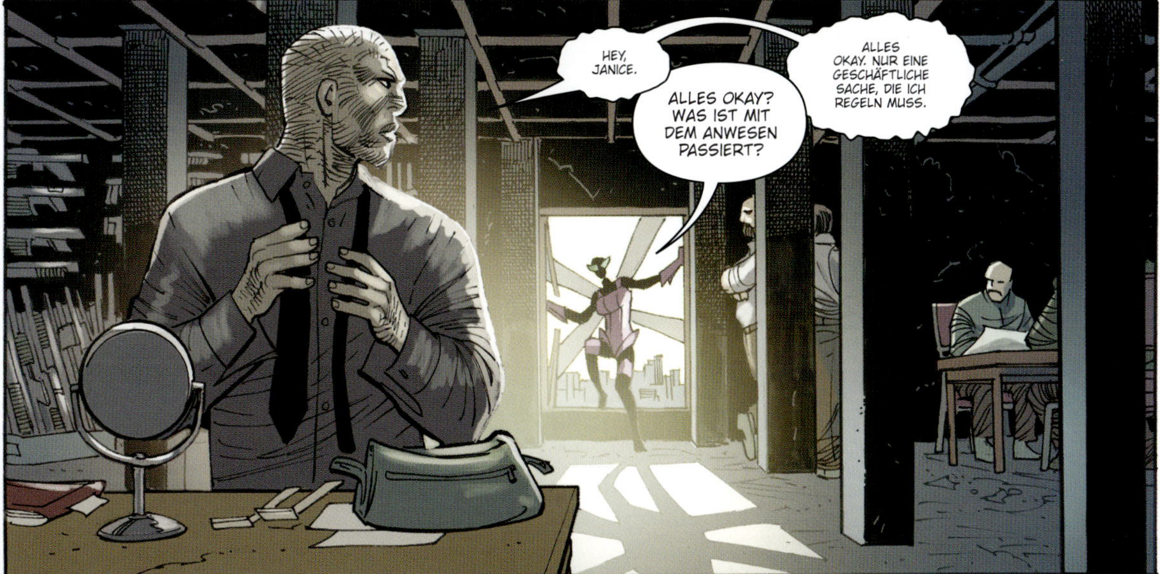
HEY, JANICE.
ALLES OKAY? WAS IST MIT DEM ANWESEN PASSIERT?
ALLES OKAY. NUR EINE GESCHÄFTLICHE SACHE, DIE ICH REGELN MUSS.

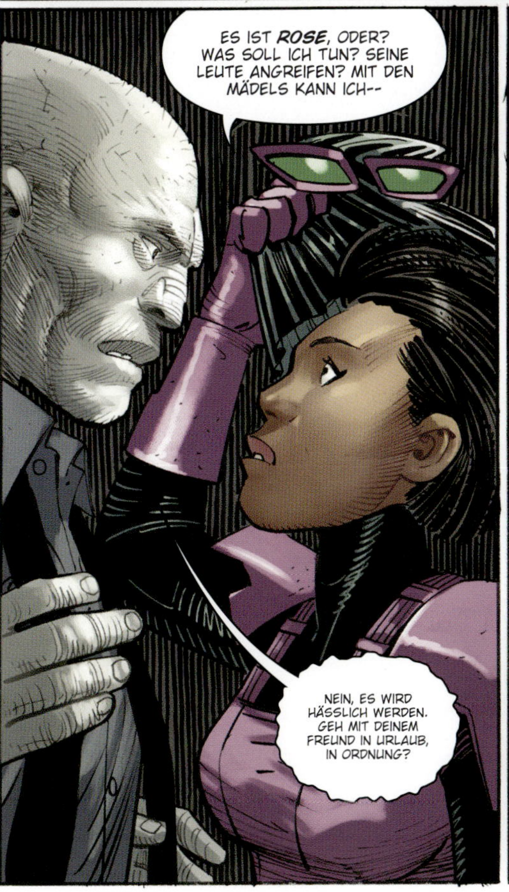
ES IST ROSE, ODER? WAS SOLL ICH TUN? SEINE LEUTE ANGREIFEN? MIT DEN MÄDELS KANN ICH--
NEIN, ES WIRD HÄSSLICH WERDEN. GEH MIT DEINEM FREUND IN URLAUB, IN ORDNUNG?

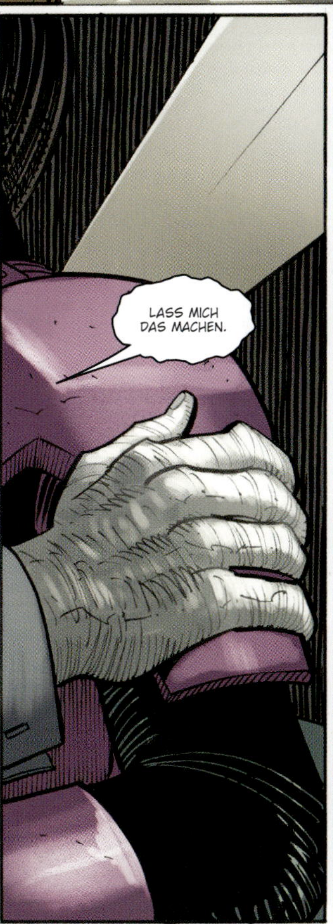
LASS MICH DAS MACHEN.

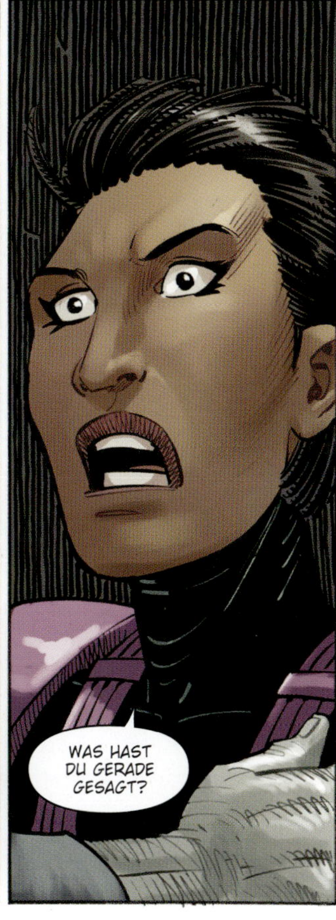
WAS HAST DU GERADE GESAGT?

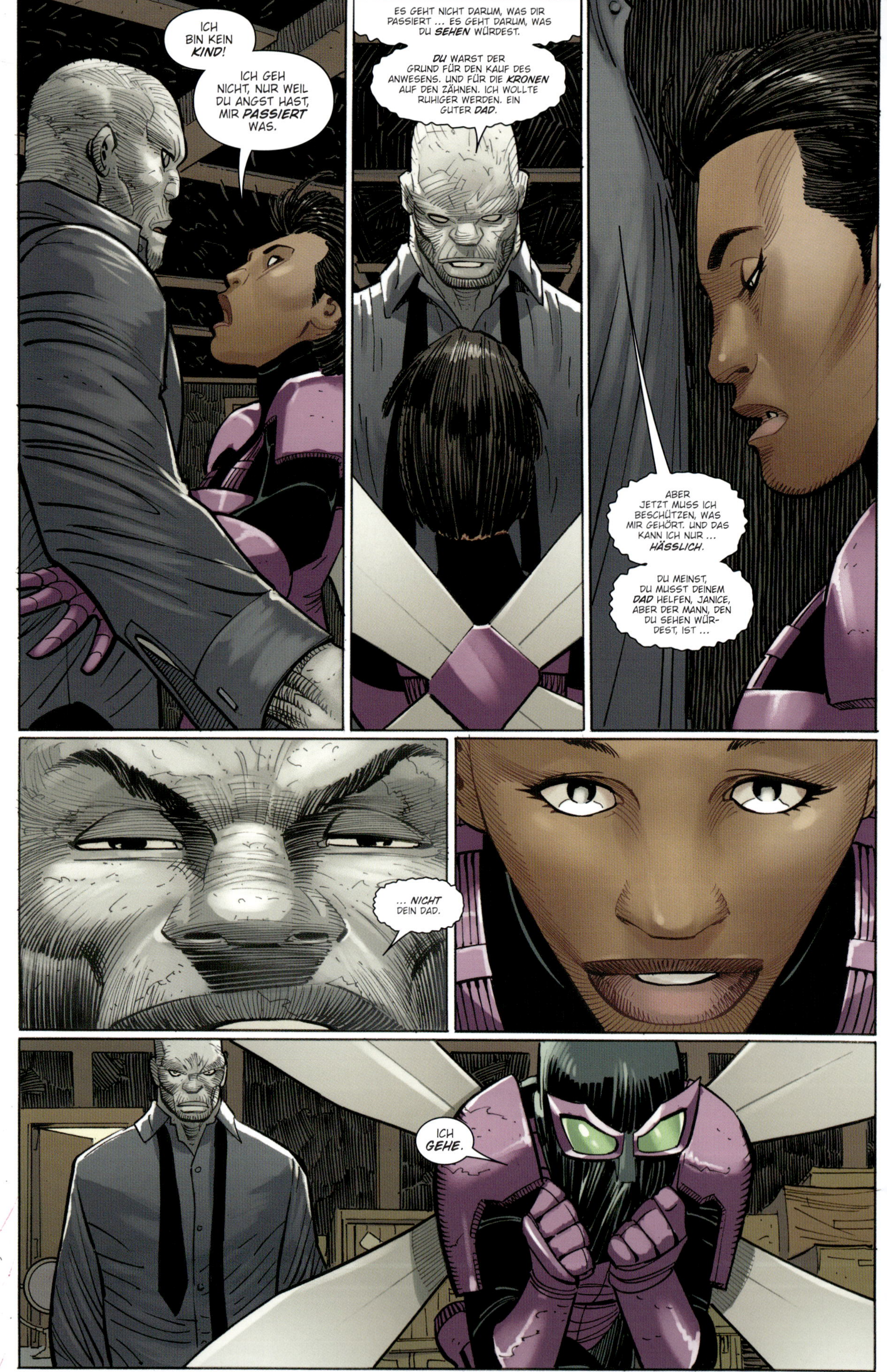
ICH BIN KEIN *KIND*!
ICH GEH NICHT, NUR WEIL DU ANGST HAST, MIR *PASSIERT* WAS.
ES GEHT NICHT DARUM, WAS DIR PASSIERT ... ES GEHT DARUM, WAS DU *SEHEN* WÜRDEST.
DU WARST DER GRUND FÜR DEN KAUF DES ANWESENS. UND FÜR DIE *KRONEN* AUF DEN ZÄHNEN. ICH WOLLTE RUHIGER WERDEN. EIN GUTER *DAD*.
ABER JETZT MUSS ICH BESCHÜTZEN, WAS MIR GEHÖRT. UND DAS KANN ICH NUR ... *HÄSSLICH*.
DU MEINST, DU MUSST DEINEM *DAD* HELFEN, JANICE, ABER DER MANN, DEN DU SEHEN WÜRDEST, IST ...
... *NICHT* DEIN DAD.
ICH *GEHE*.

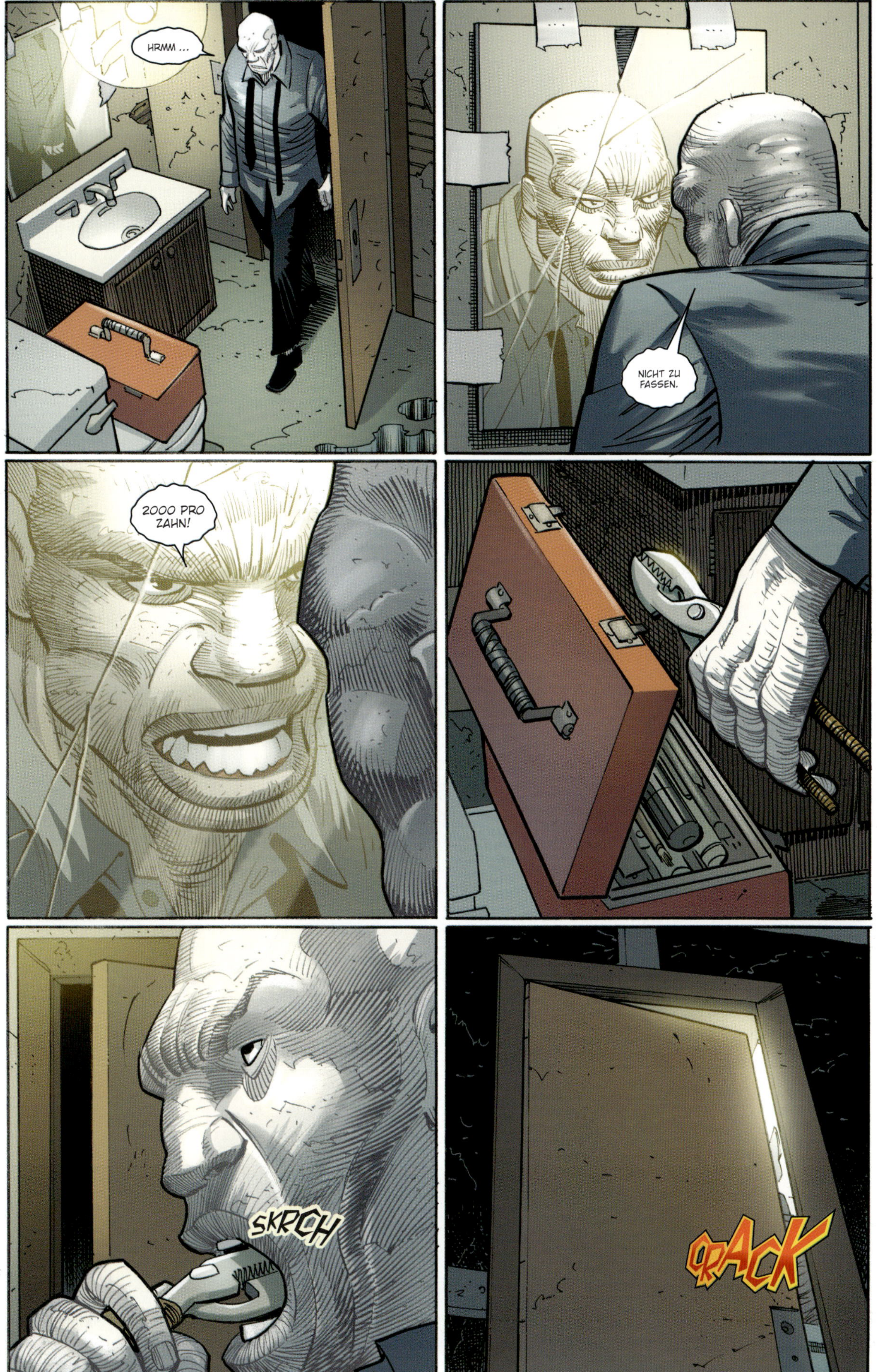
HRMM ...
NICHT ZU FASSEN.
2000 PRO ZAHN!
SKRCH
CRACK

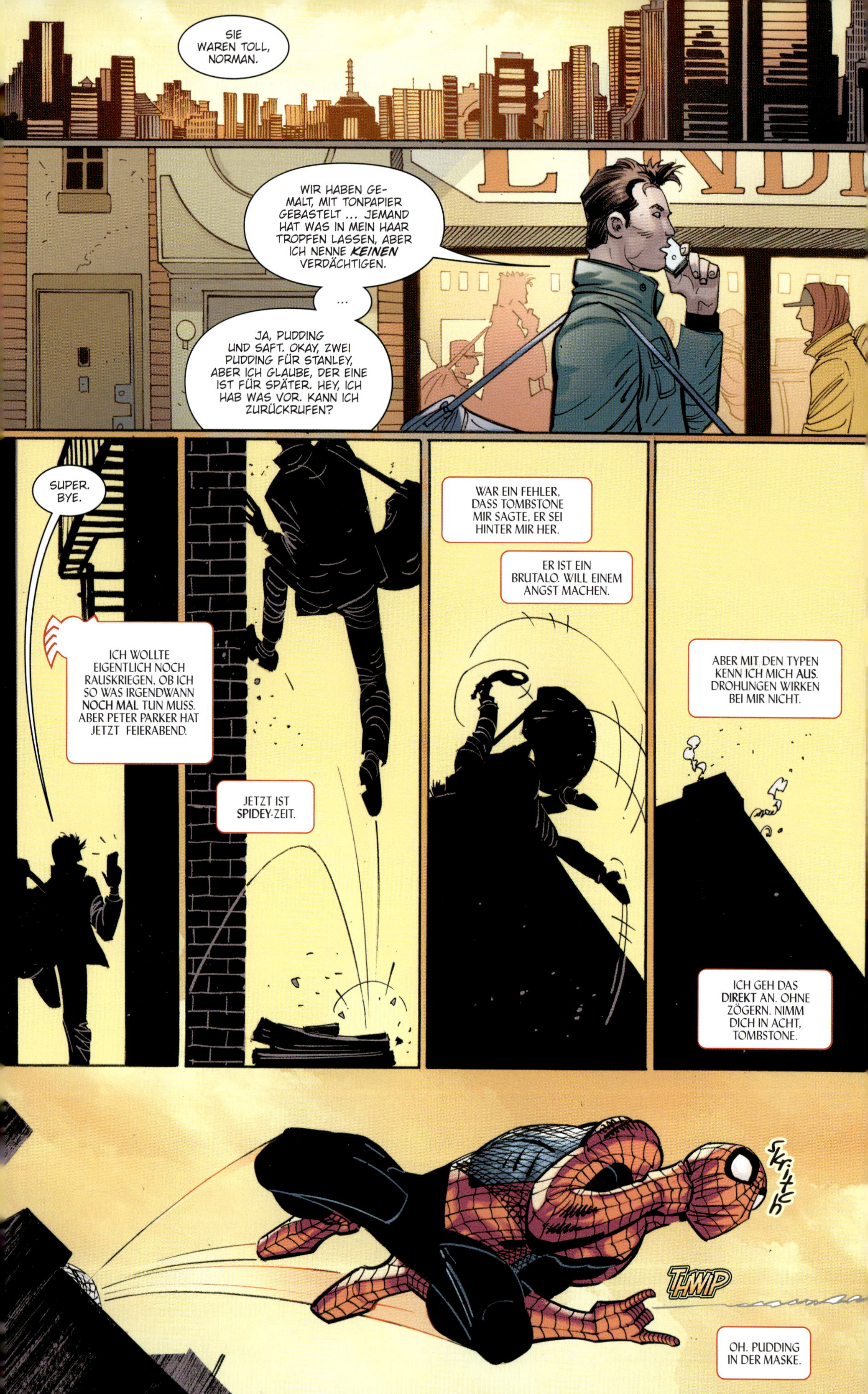

SIE WAREN TOLL, NORMAN.
WIR HABEN GE-MALT, MIT TONPAPIER GEBASTELT ... JEMAND HAT WAS IN MEIN HAAR TROPFEN LASSEN, ABER ICH NENNE KEINEN VERDÄCHTIGEN.
...
JA, PUDDING UND SAFT. OKAY, ZWEI PUDDING FÜR STANLEY, ABER ICH GLAUBE, DER EINE IST FÜR SPÄTER. HEY, ICH HAB WAS VOR. KANN ICH ZURÜCKRUFEN?
SUPER. BYE.
ICH WOLLTE EIGENTLICH NOCH RAUSKRIEGEN, OB ICH SO WAS IRGENDWANN NOCH MAL TUN MUSS. ABER PETER PARKER HAT JETZT FEIERABEND.
JETZT IST SPIDEY-ZEIT.
WAR EIN FEHLER, DASS TOMBSTONE MIR SAGTE, ER SEI HINTER MIR HER.
ER IST EIN BRUTALO. WILL EINEM ANGST MACHEN.
ABER MIT DEN TYPEN KENN ICH MICH AUS. DROHUNGEN WIRKEN BEI MIR NICHT.
ICH GEH DAS DIREKT AN. OHNE ZÖGERN. NIMM DICH IN ACHT, TOMBSTONE.
SKRITCH
THWIP
OH. PUDDING IN DER MASKE.

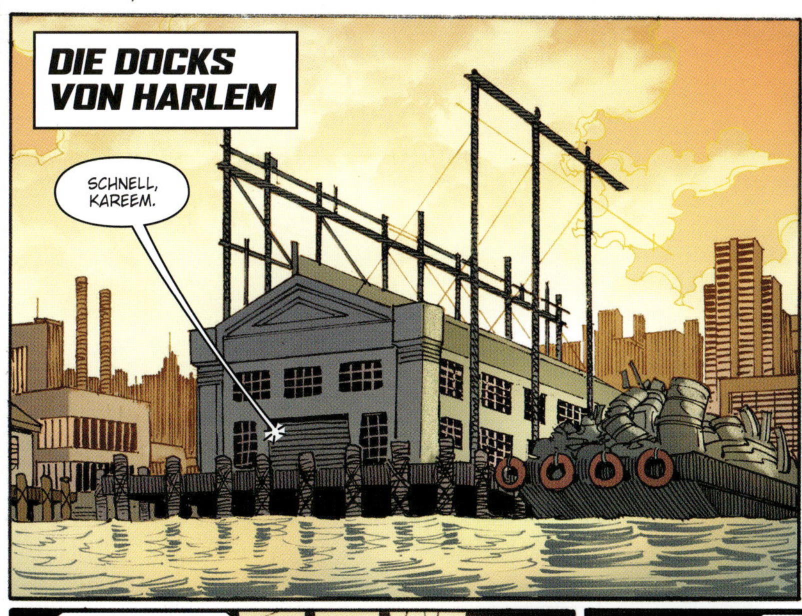
DIE DOCKS VON HARLEM
SCHNELL, KAREEM.

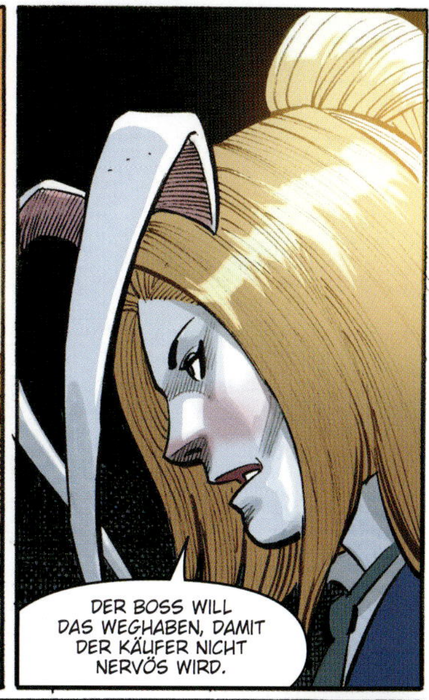
DER BOSS WILL DAS WEGHABEN, DAMIT DER KÄUFER NICHT NERVÖS WIRD.

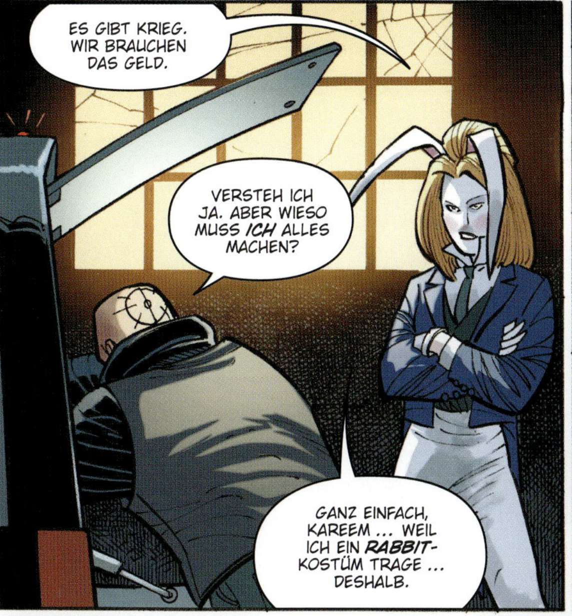
ES GIBT KRIEG. WIR BRAUCHEN DAS GELD.
VERSTEH ICH JA. ABER WIESO MUSS *ICH* ALLES MACHEN?
GANZ EINFACH, KAREEM ... WEIL ICH EIN *RABBIT*-KOSTÜM TRAGE ... DESHALB.

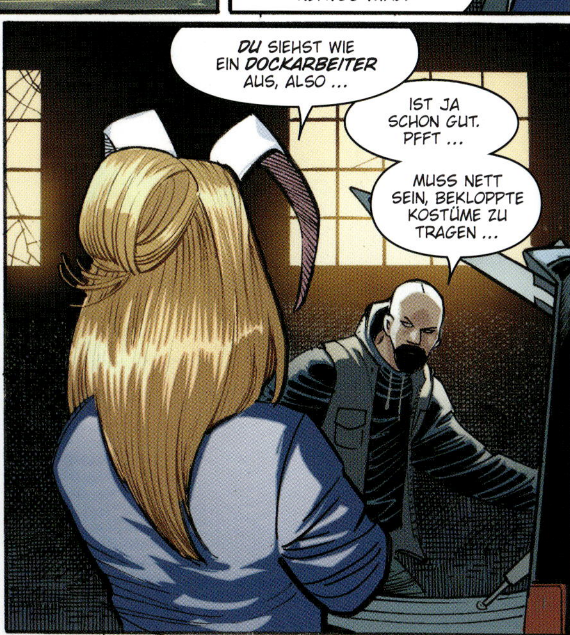
DU SIEHST WIE EIN *DOCKARBEITER* AUS, ALSO ...
IST JA SCHON GUT. PFFT ...
MUSS NETT SEIN, BEKLOPPTE KOSTÜME ZU TRAGEN ...

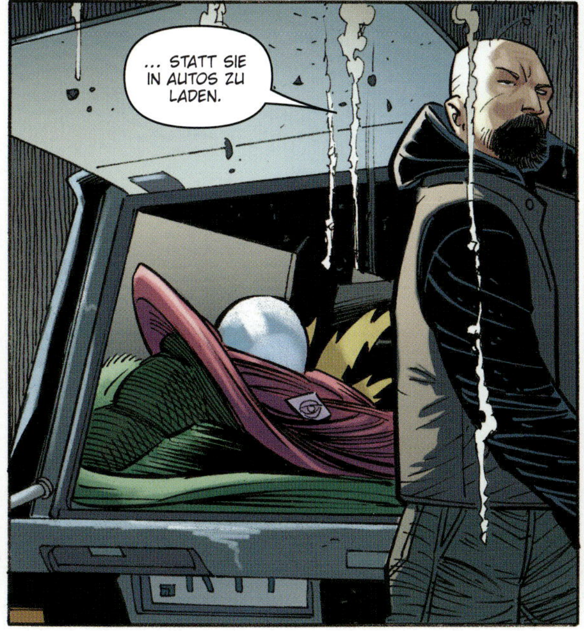
... STATT SIE IN AUTOS ZU LADEN.

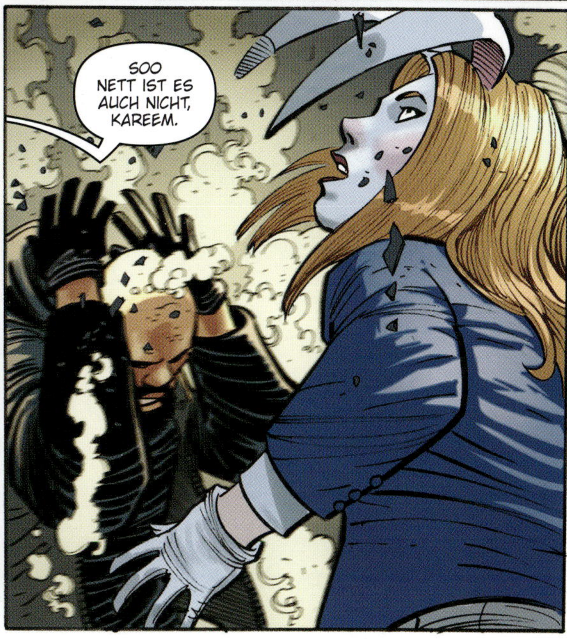
SOO NETT IST ES AUCH NICHT, KAREEM.

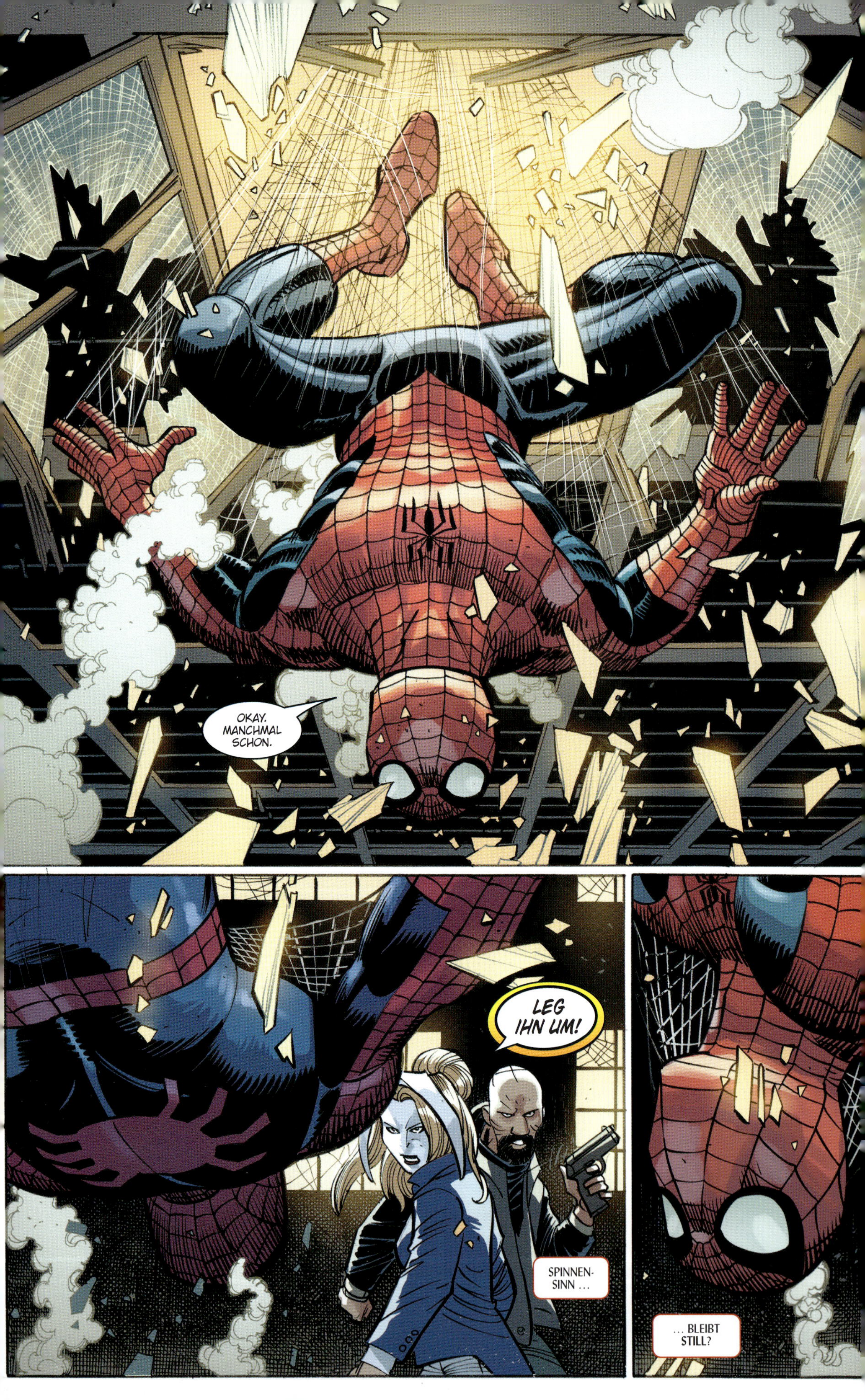

OKAY. MANCHMAL SCHON.

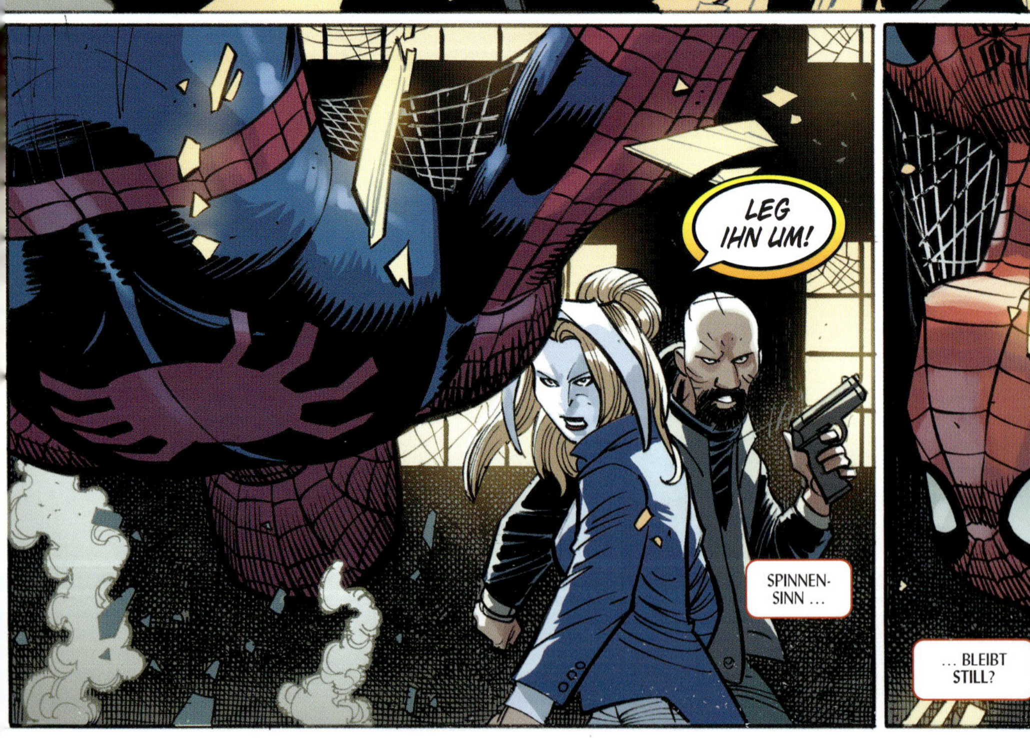

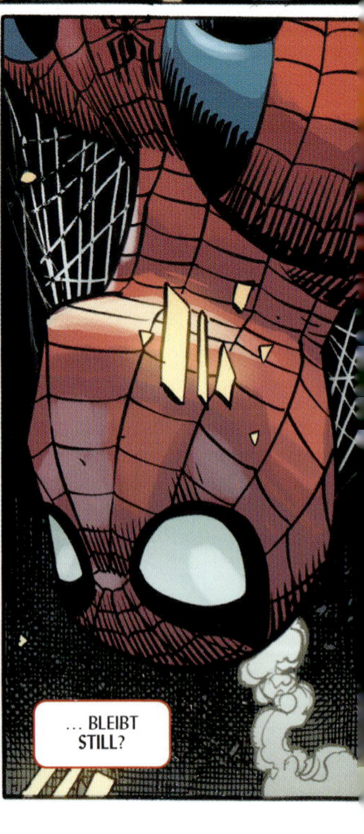

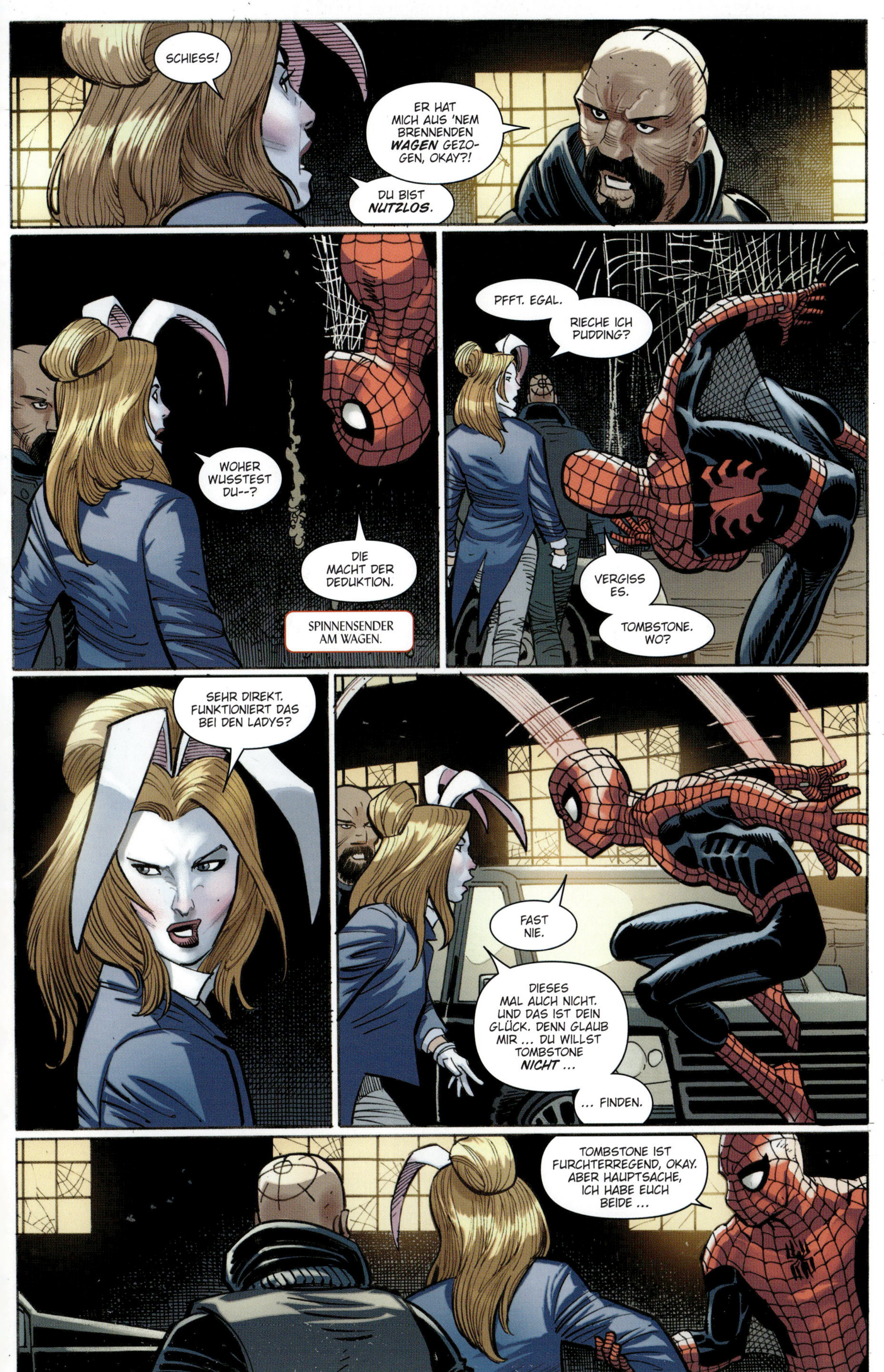
SCHIESS!
ER HAT MICH AUS 'NEM BRENNENDEN WAGEN GEZOGEN, OKAY?!
DU BIST NUTZLOS.
WOHER WUSSTEST DU--?
DIE MACHT DER DEDUKTION.
SPINNENSENDER AM WAGEN.
PFFT. EGAL.
RIECHE ICH PUDDING?
VERGISS ES.
TOMBSTONE. WO?
SEHR DIREKT. FUNKTIONIERT DAS BEI DEN LADYS?
FAST NIE.
DIESES MAL AUCH NICHT. UND DAS IST DEIN GLÜCK. DENN GLAUB MIR ... DU WILLST TOMBSTONE NICHT ...
... FINDEN.
TOMBSTONE IST FURCHTERREGEND, OKAY. ABER HAUPTSACHE, ICH HABE EUCH BEIDE ...

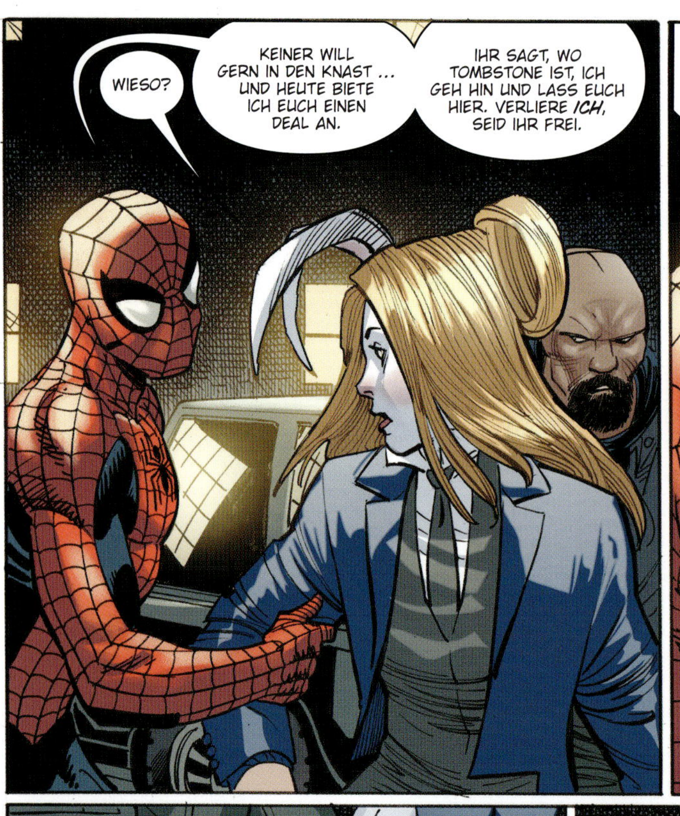
WIESO?
KEINER WILL GERN IN DEN KNAST ... UND HEUTE BIETE ICH EUCH EINEN DEAL AN.
IHR SAGT, WO TOMBSTONE IST, ICH GEH HIN UND LASS EUCH HIER. VERLIERE ICH, SEID IHR FREI.

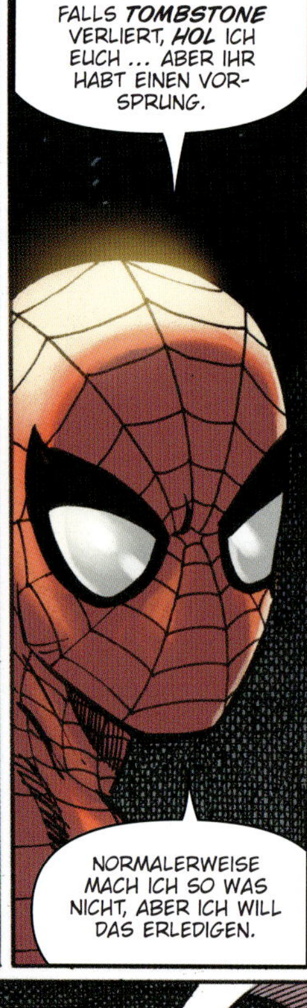
FALLS TOMBSTONE VERLIERT, HOL ICH EUCH ... ABER IHR HABT EINEN VORSPRUNG.
NORMALERWEISE MACH ICH SO WAS NICHT, ABER ICH WILL DAS ERLEDIGEN.

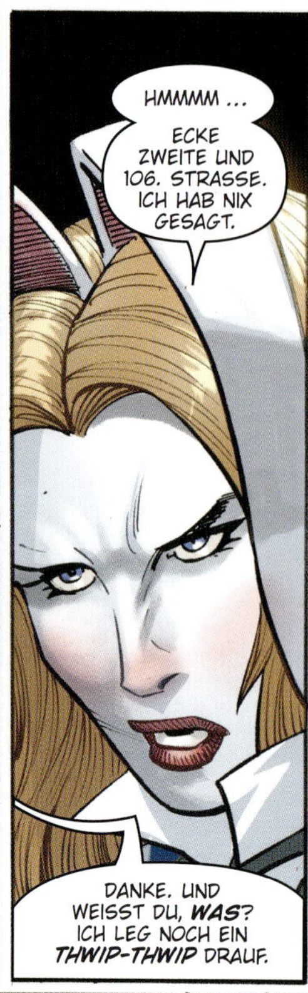
HMMMM ...
ECKE ZWEITE UND 106. STRASSE. ICH HAB NIX GESAGT.
DANKE. UND WEISST DU, WAS? ICH LEG NOCH EIN THWIP-THWIP DRAUF.

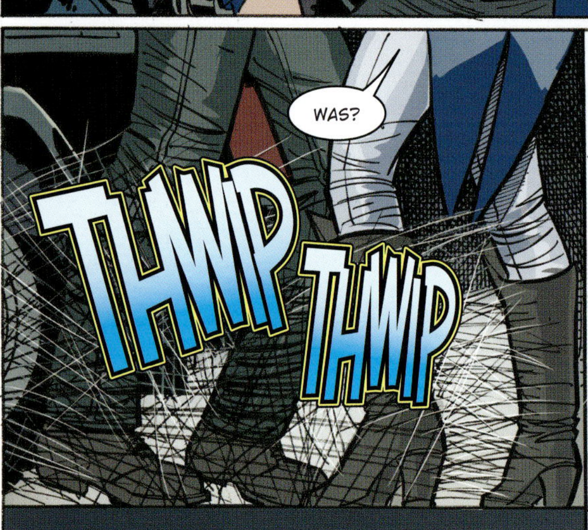
WAS?
THWIP
THWIP

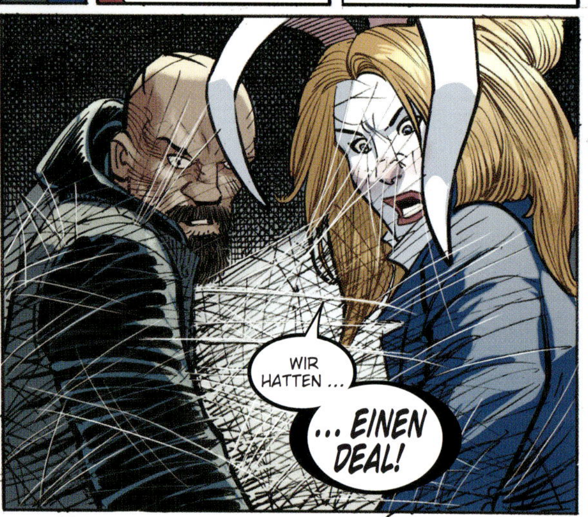
WIR HATTEN ...
... EINEN DEAL!

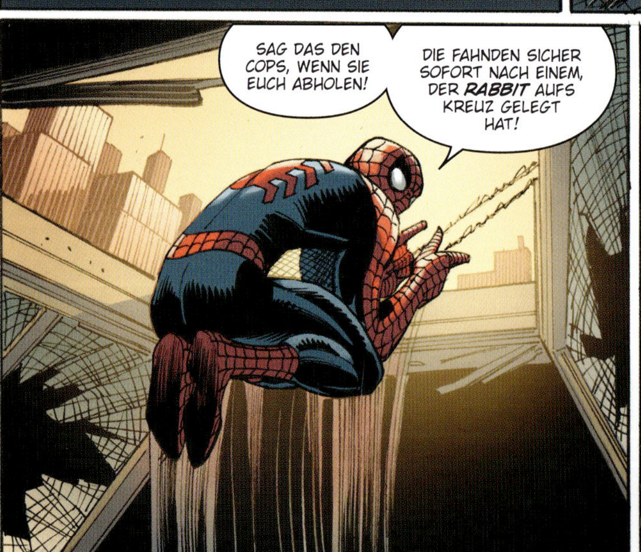
SAG DAS DEN COPS, WENN SIE EUCH ABHOLEN!
DIE FAHNDEN SICHER SOFORT NACH EINEM, DER RABBIT AUFS KREUZ GELEGT HAT!

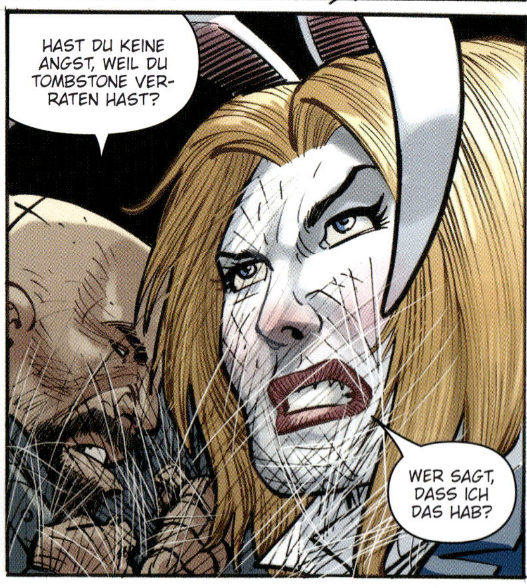
HAST DU KEINE ANGST, WEIL DU TOMBSTONE VERRATEN HAST?
WER SAGT, DASS ICH DAS HAB?

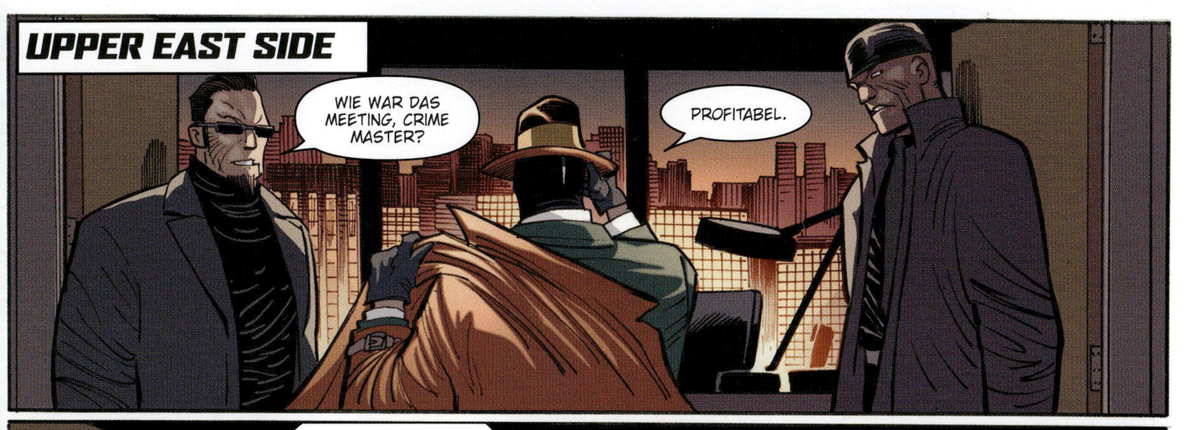
UPPER EAST SIDE
WIE WAR DAS MEETING, CRIME MASTER?
PROFITABEL.

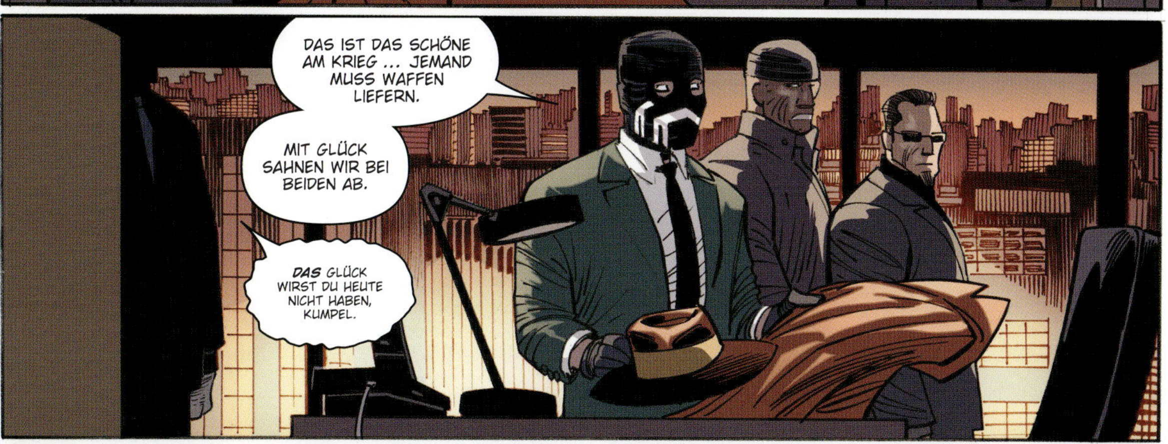
DAS IST DAS SCHÖNE AM KRIEG ... JEMAND MUSS WAFFEN LIEFERN.
MIT GLÜCK SAHNEN WIR BEI BEIDEN AB.
DAS GLÜCK WIRST DU HEUTE NICHT HABEN, KUMPEL.

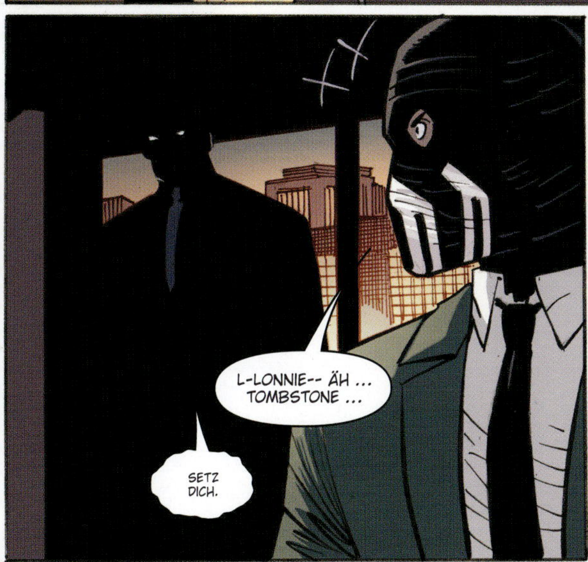
L-LONNIE-- ÄH ... TOMBSTONE ...
SETZ DICH.

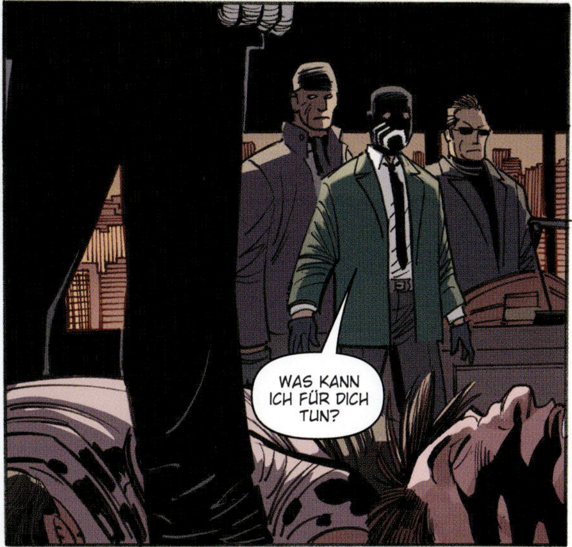
WAS KANN ICH FÜR DICH TUN?

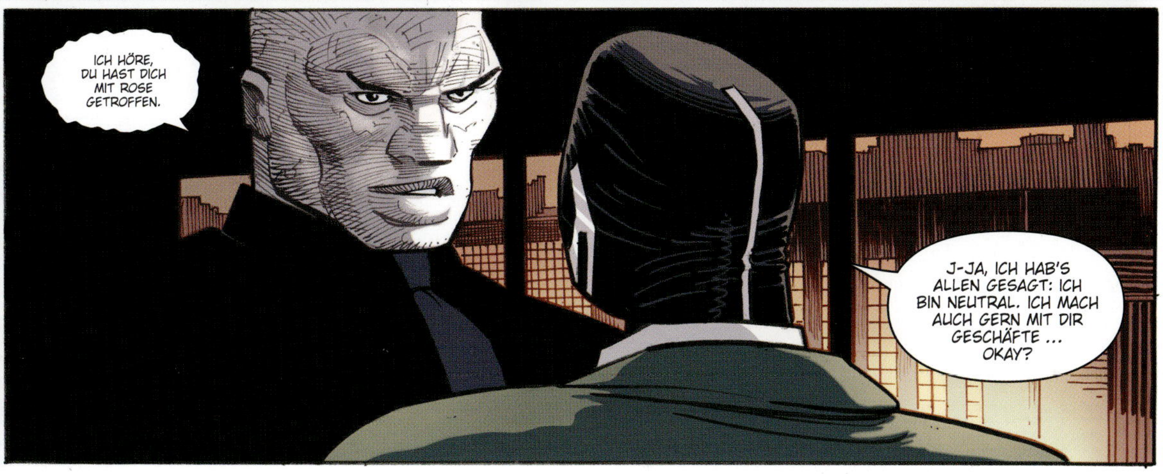
ICH HÖRE, DU HAST DICH MIT ROSE GETROFFEN.
J-JA, ICH HAB'S ALLEN GESAGT: ICH BIN NEUTRAL. ICH MACH AUCH GERN MIT DIR GESCHÄFTE ... OKAY?

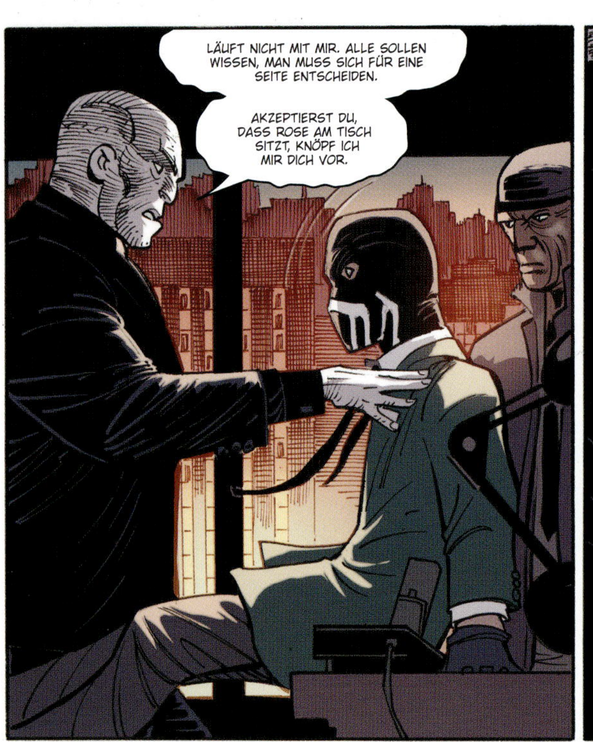
LÄUFT NICHT MIT MIR. ALLE SOLLEN WISSEN, MAN MUSS SICH FÜR EINE SEITE ENTSCHEIDEN.
AKZEPTIERST DU, DASS ROSE AM TISCH SITZT, KNÖPF ICH MIR DICH VOR.

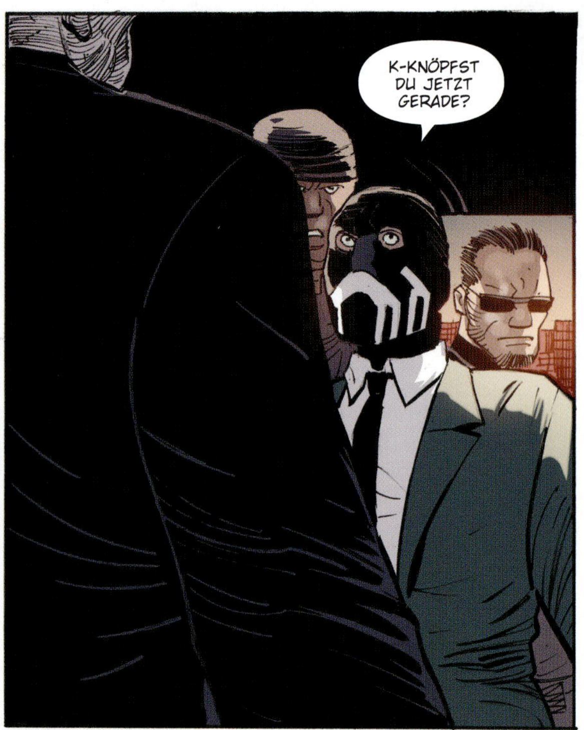
K-KNÖPFST DU JETZT GERADE?

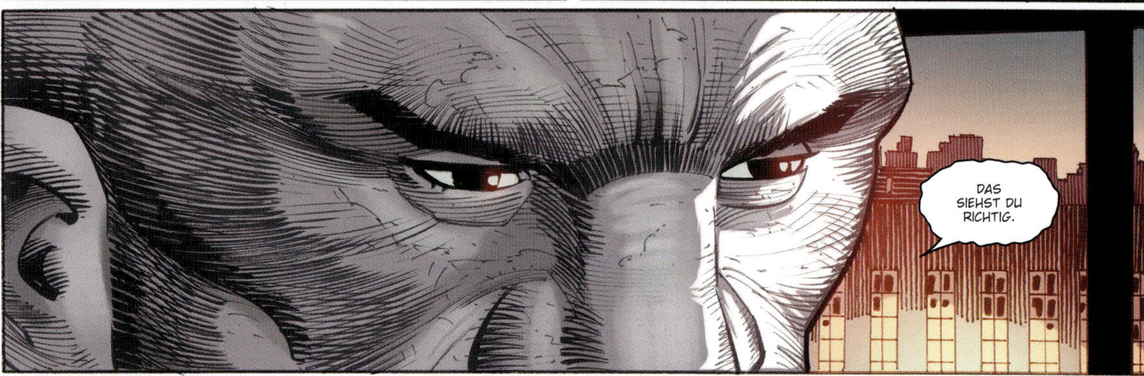
DAS SIEHST DU RICHTIG.

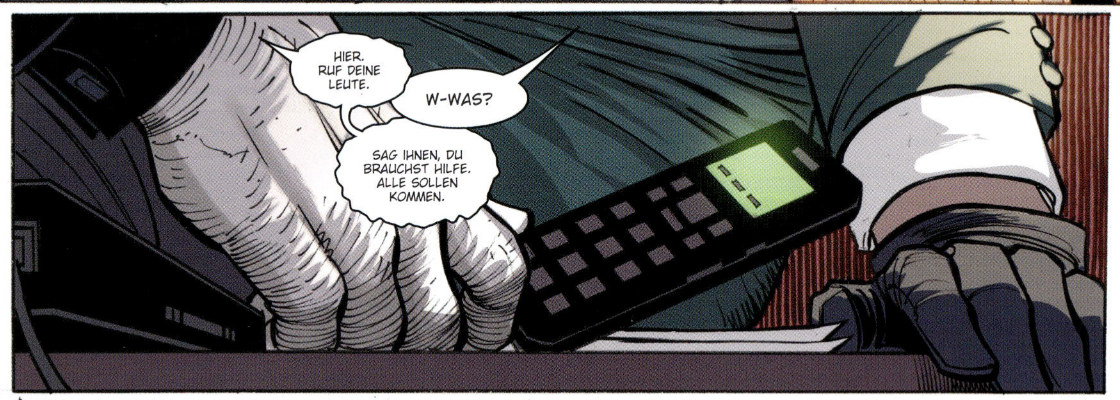
HIER. RUF DEINE LEUTE.
W-WAS?
SAG IHNEN, DU BRAUCHST HILFE. ALLE SOLLEN KOMMEN.

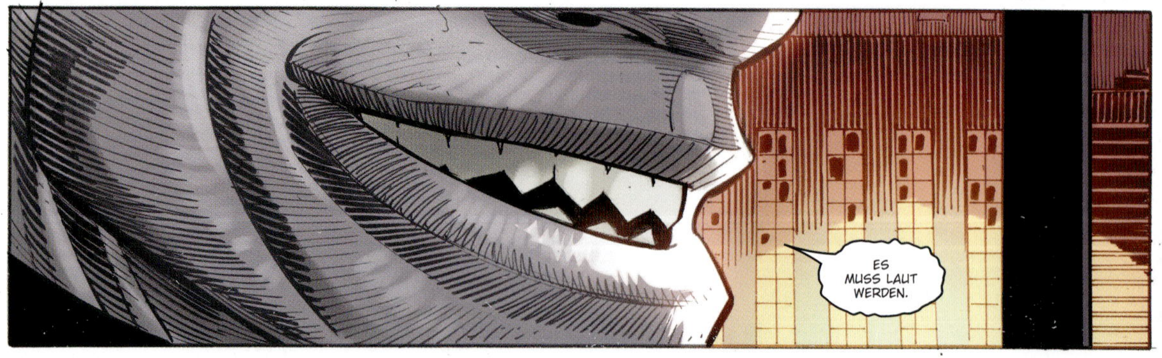
ES MUSS LAUT WERDEN.

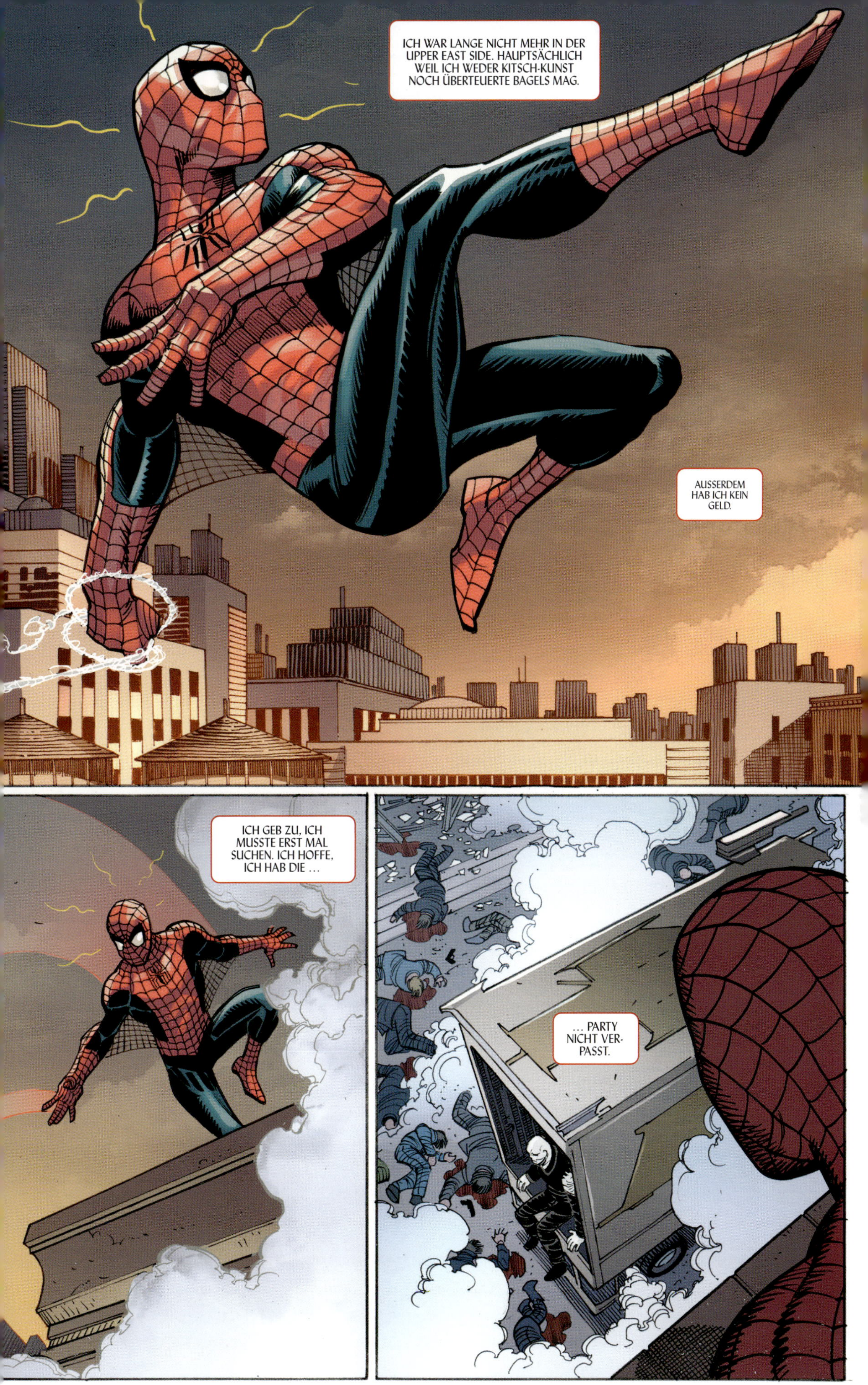

ICH WAR LANGE NICHT MEHR IN DER UPPER EAST SIDE. HAUPTSÄCHLICH WEIL ICH WEDER KITSCH-KUNST NOCH ÜBERTEUERTE BAGELS MAG.

AUSSERDEM HAB ICH KEIN GELD.

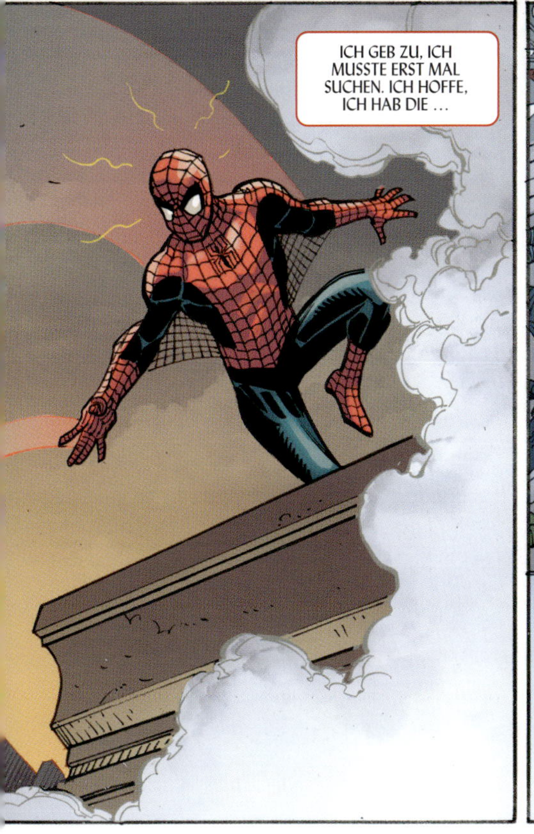

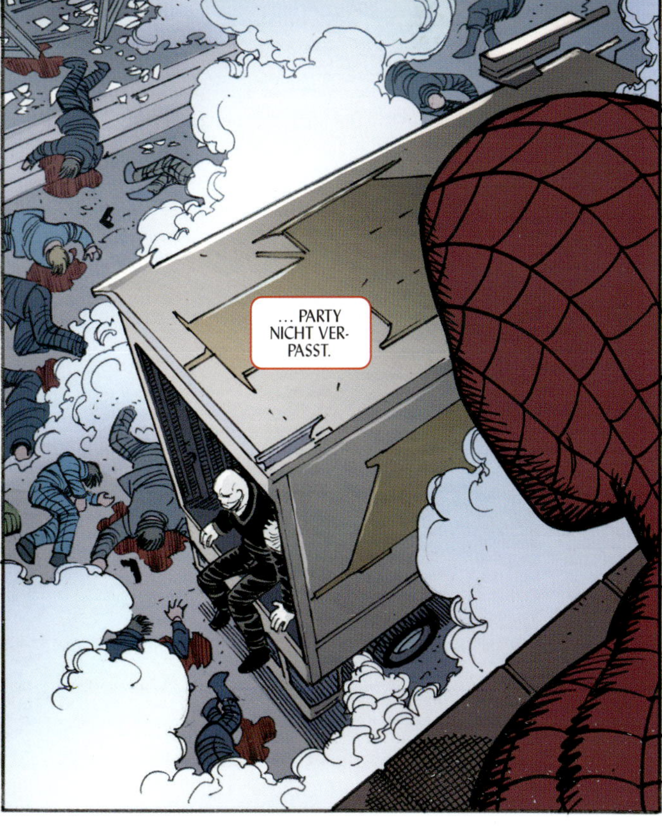

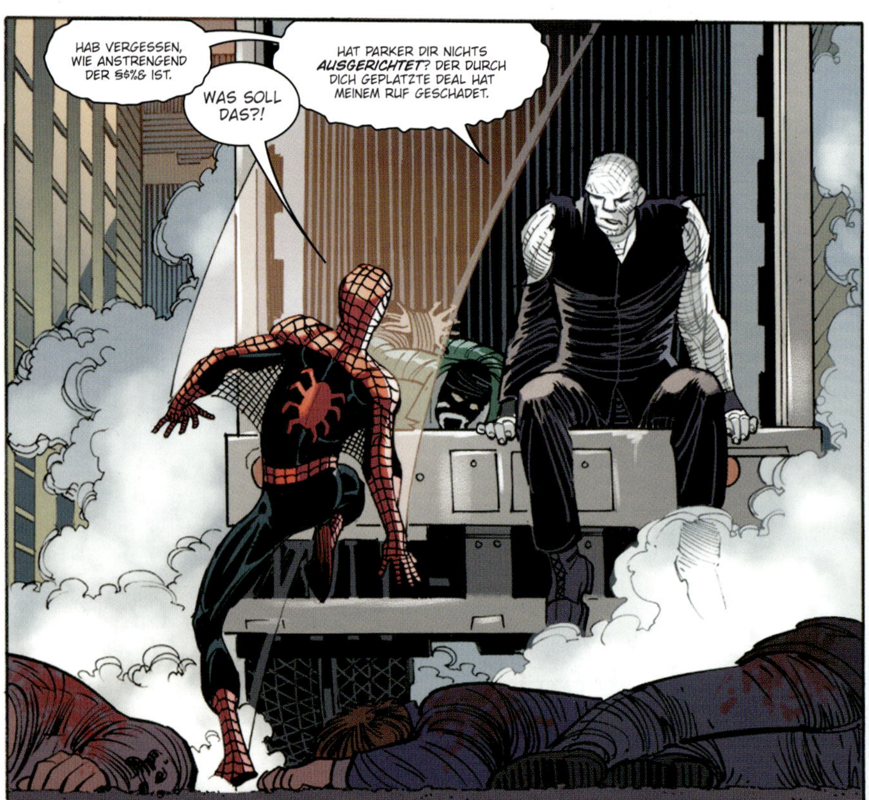
HAB VERGESSEN, WIE ANSTRENGEND DER §$%& IST.
WAS SOLL DAS?!
HAT PARKER DIR NICHTS AUSGERICHTET? DER DURCH DICH GEPLATZTE DEAL HAT MEINEM RUF GESCHADET.
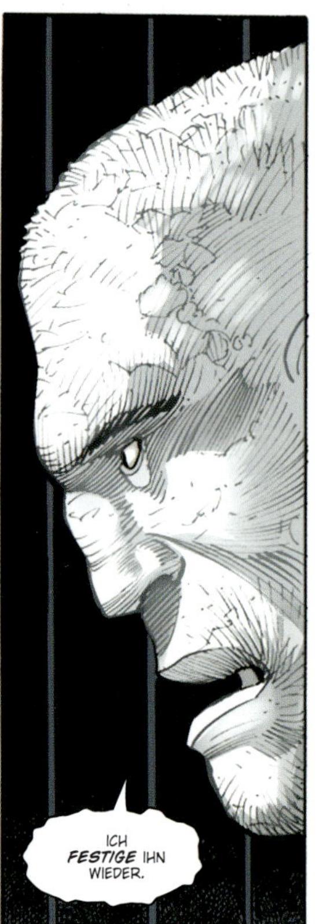
ICH FESTIGE IHN WIEDER.
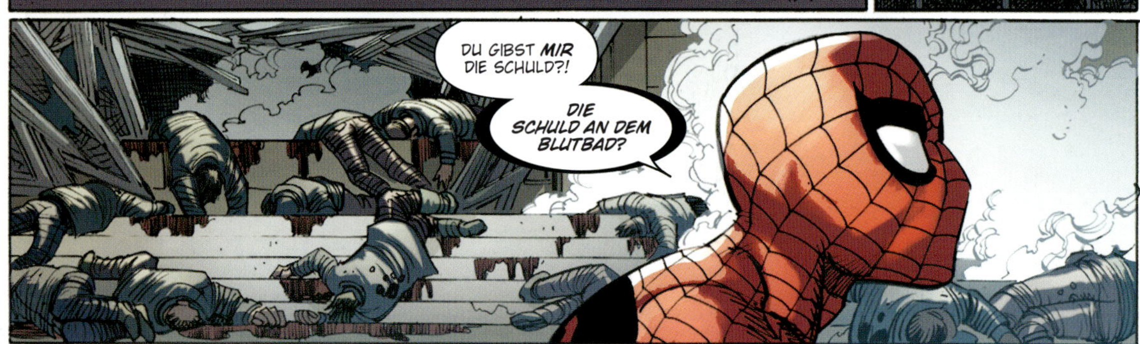
DU GIBST MIR DIE SCHULD?!
DIE SCHULD AN DEM BLUTBAD?
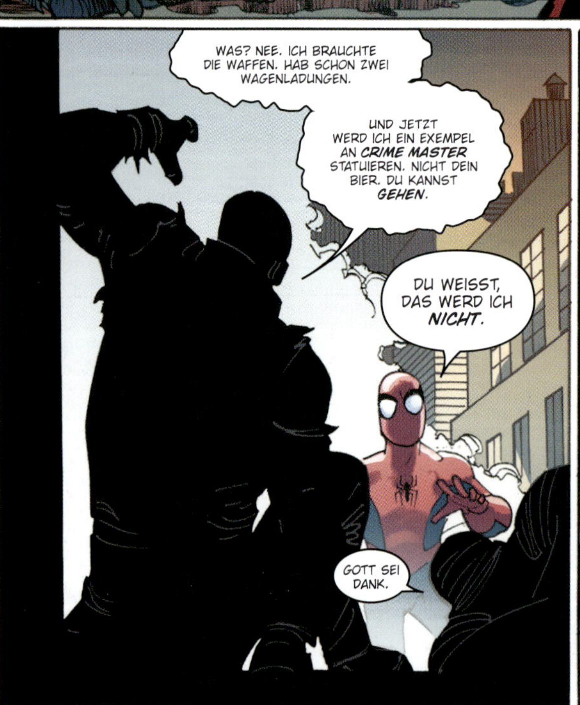
WAS? NEE. ICH BRAUCHTE DIE WAFFEN. HAB SCHON ZWEI WAGENLADUNGEN.
UND JETZT WERD ICH EIN EXEMPEL AN CRIME MASTER STATUIEREN. NICHT DEIN BIER. DU KANNST GEHEN.
DU WEISST, DAS WERD ICH NICHT.
GOTT SEI DANK.
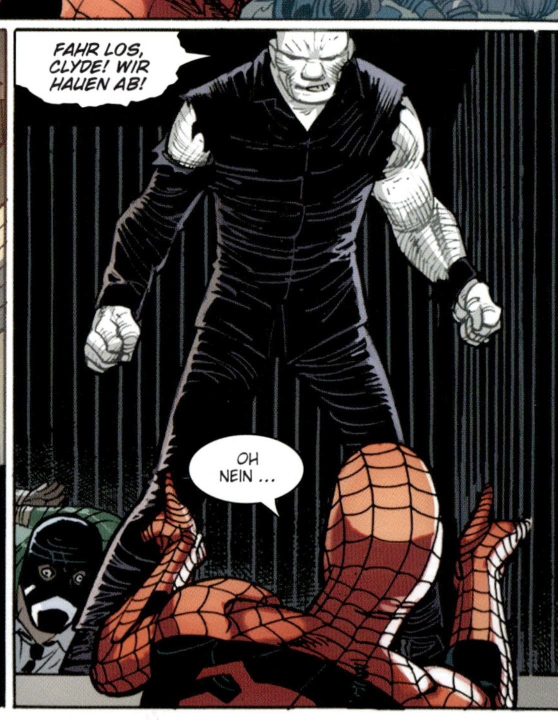
FAHR LOS, CLYDE! WIR HAUEN AB!
OH NEIN ...

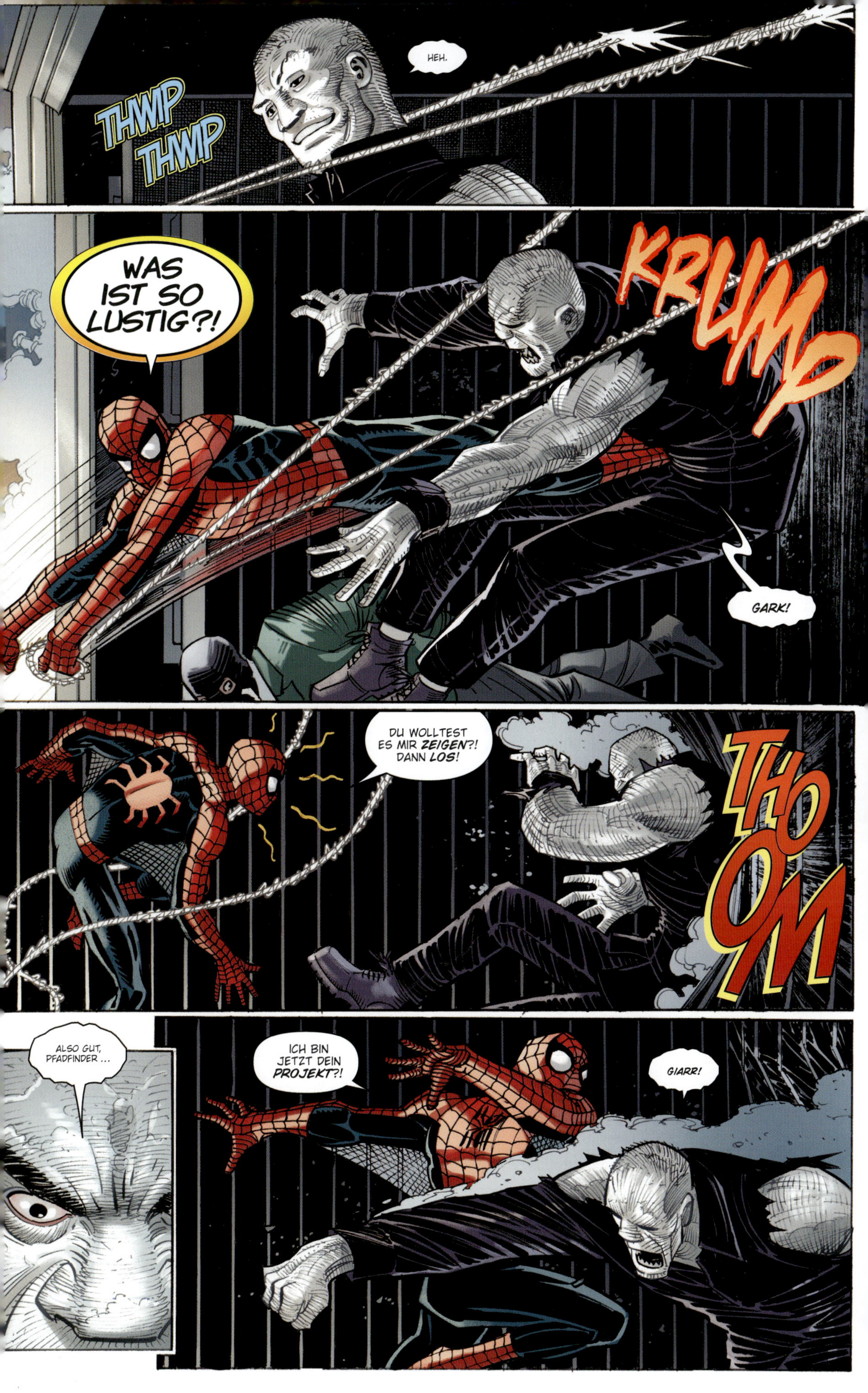
THWIP THWIP
HEH.
WAS IST SO LUSTIG?!
KRUMP
GARK!
DU WOLLTEST ES MIR *ZEIGEN*?! DANN *LOS*!
THOOM
ALSO GUT, PFADFINDER ...
ICH BIN JETZT DEIN *PROJEKT*?!
GIARR!

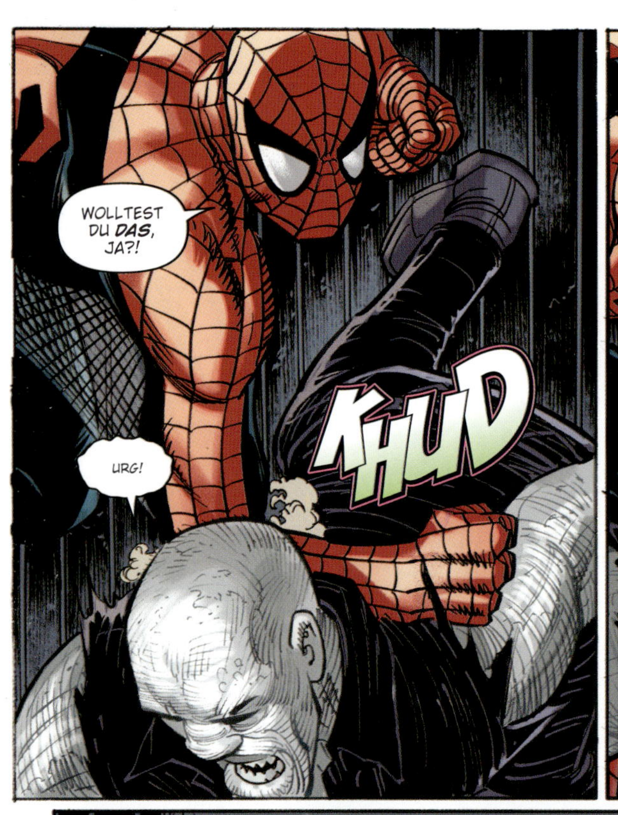
WOLLTEST DU *DAS*, JA?!
KHUD
URG!
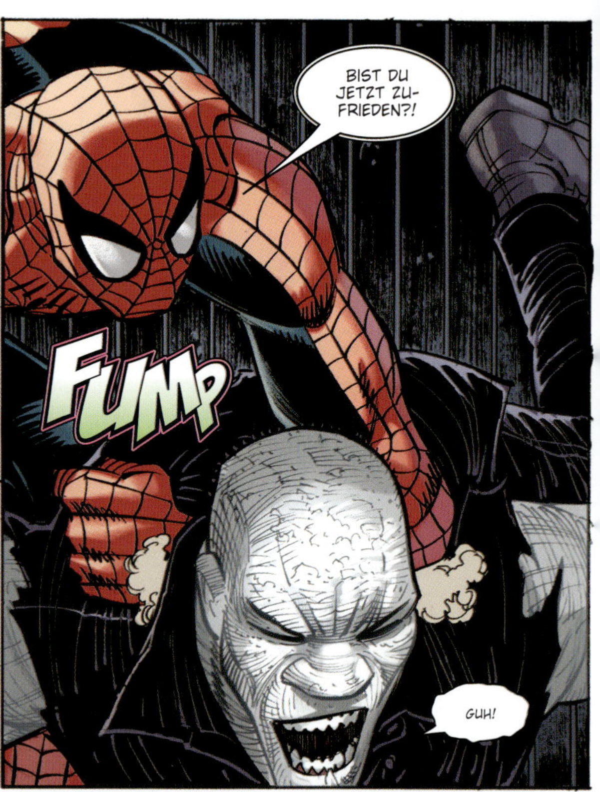
BIST DU JETZT ZU-FRIEDEN?!
FUMP
GUH!
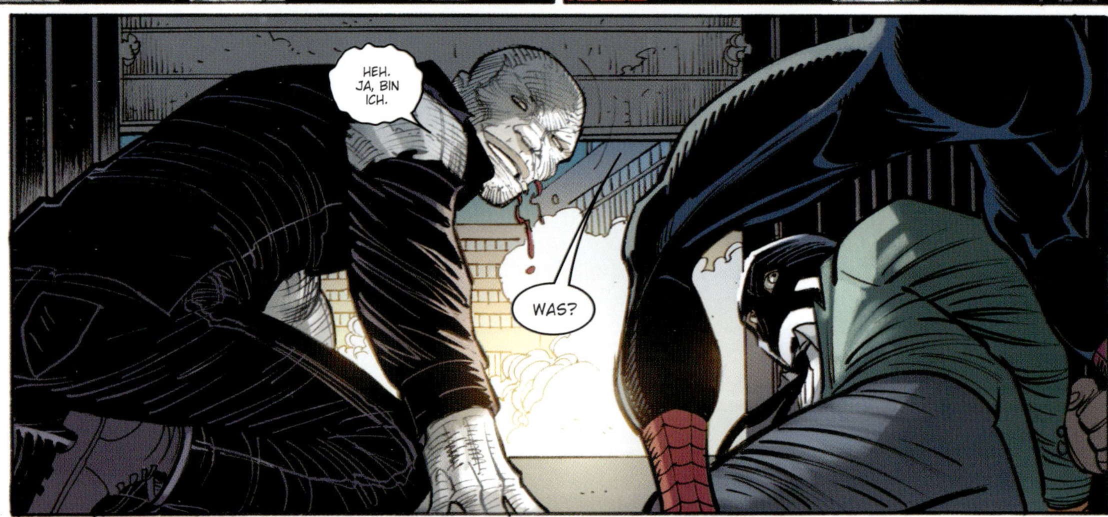
HEH. JA, BIN ICH.
WAS?
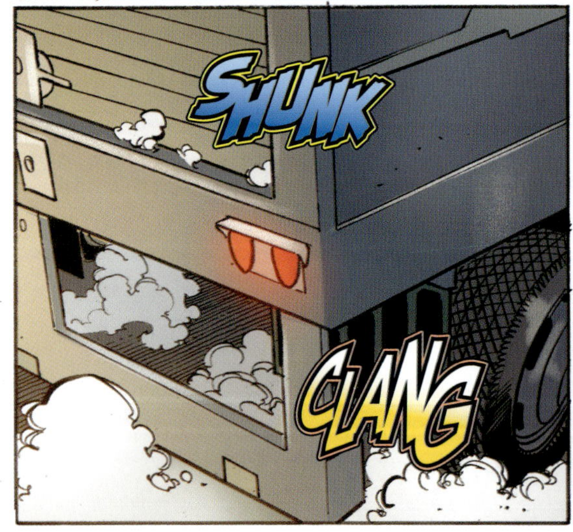
SHUNK
CLANG
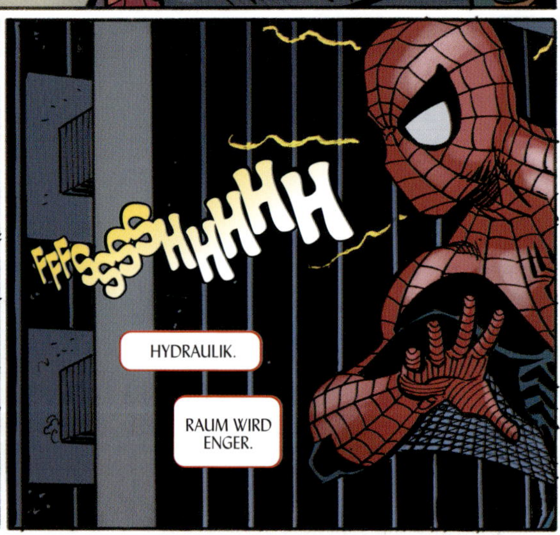
FFFSSSSHHHHHH
HYDRAULIK.
RAUM WIRD ENGER.

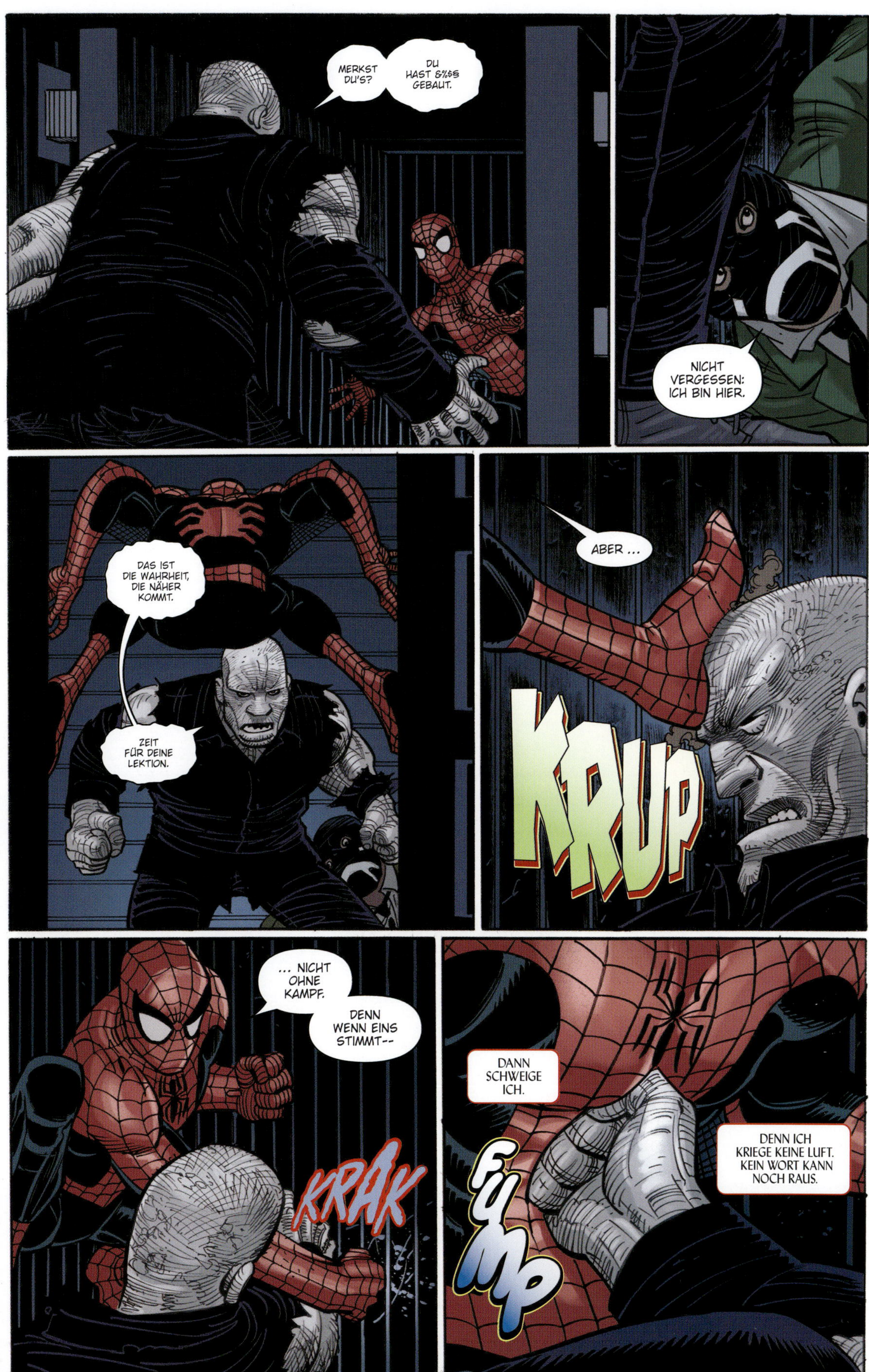
MERKST DU'S?
DU HAST &%$§ GEBAUT.
NICHT VERGESSEN: ICH BIN HIER.
DAS IST DIE WAHRHEIT, DIE NÄHER KOMMT.
ZEIT FÜR DEINE LEKTION.
ABER ...
KRUP
... NICHT OHNE KAMPF.
DENN WENN EINS STIMMT--
KRAK
DANN SCHWEIGE ICH.
FUMP
DENN ICH KRIEGE KEINE LUFT. KEIN WORT KANN NOCH RAUS.

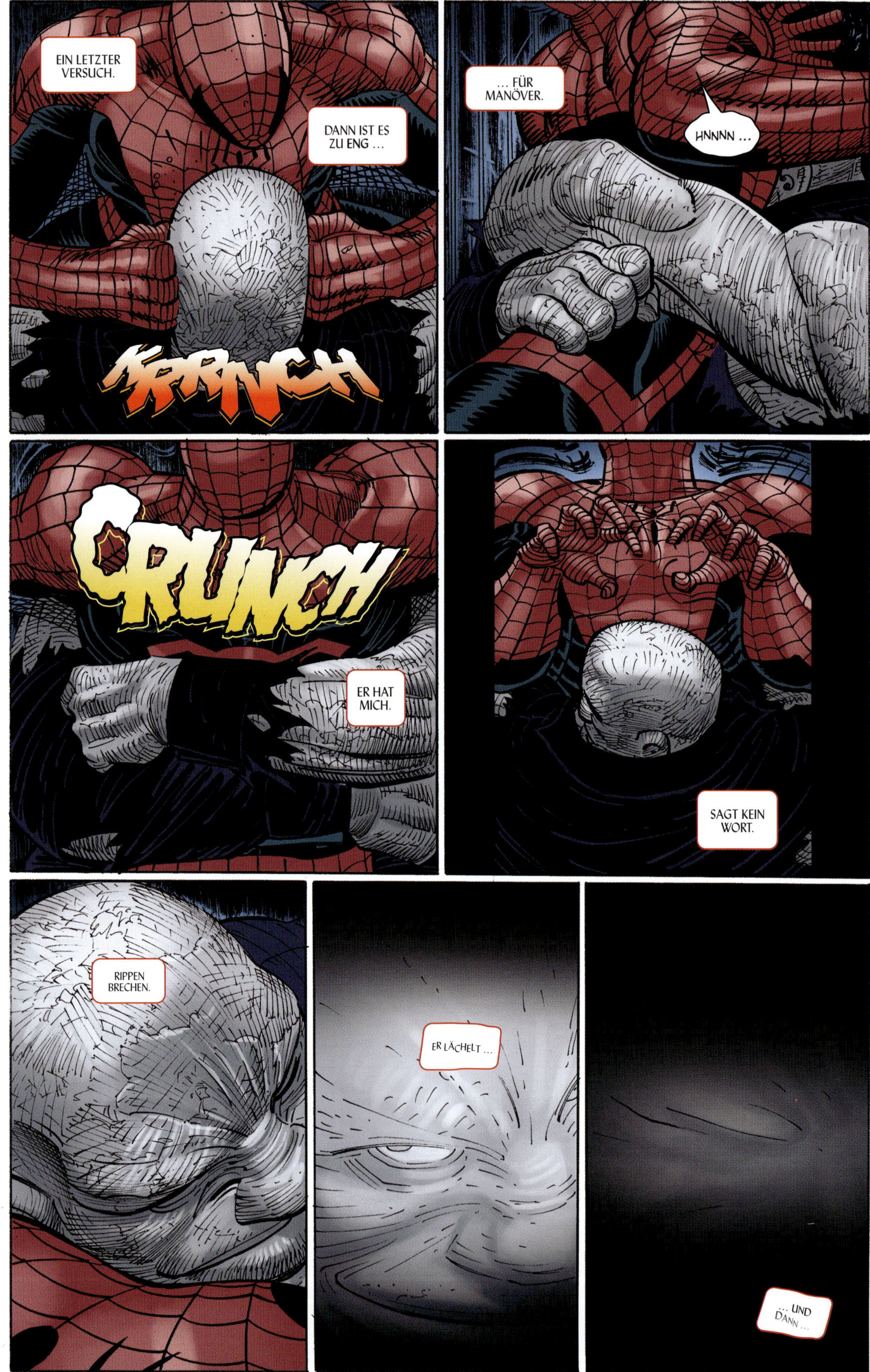
EIN LETZTER VERSUCH.
DANN IST ES ZU ENG …
KRRRNCH
… FÜR MANÖVER.
HNNNN …
CRUNCH
ER HAT MICH.
SAGT KEIN WORT.
RIPPEN BRECHEN.
ER LÄCHELT …
… UND DANN …

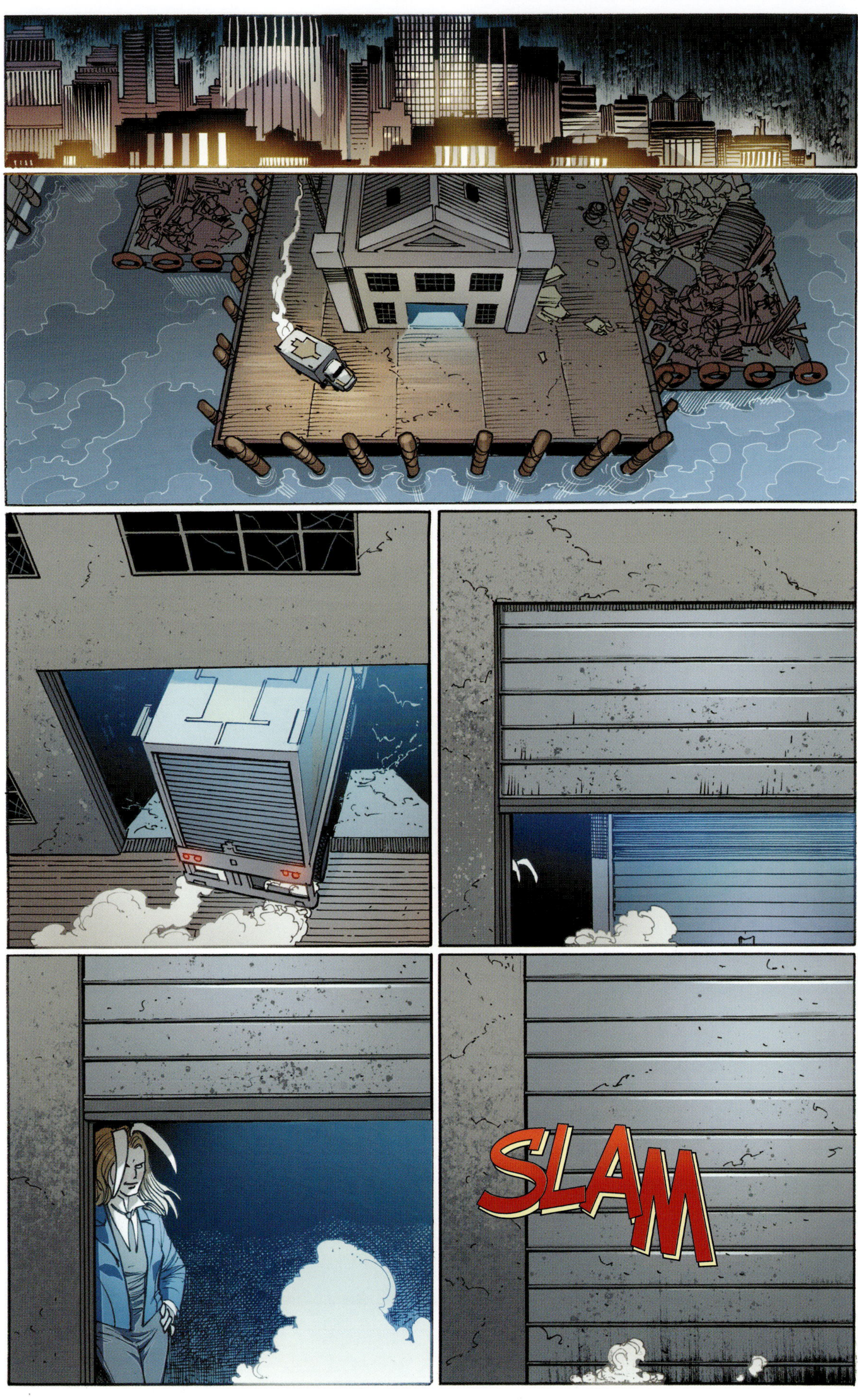
SLAM

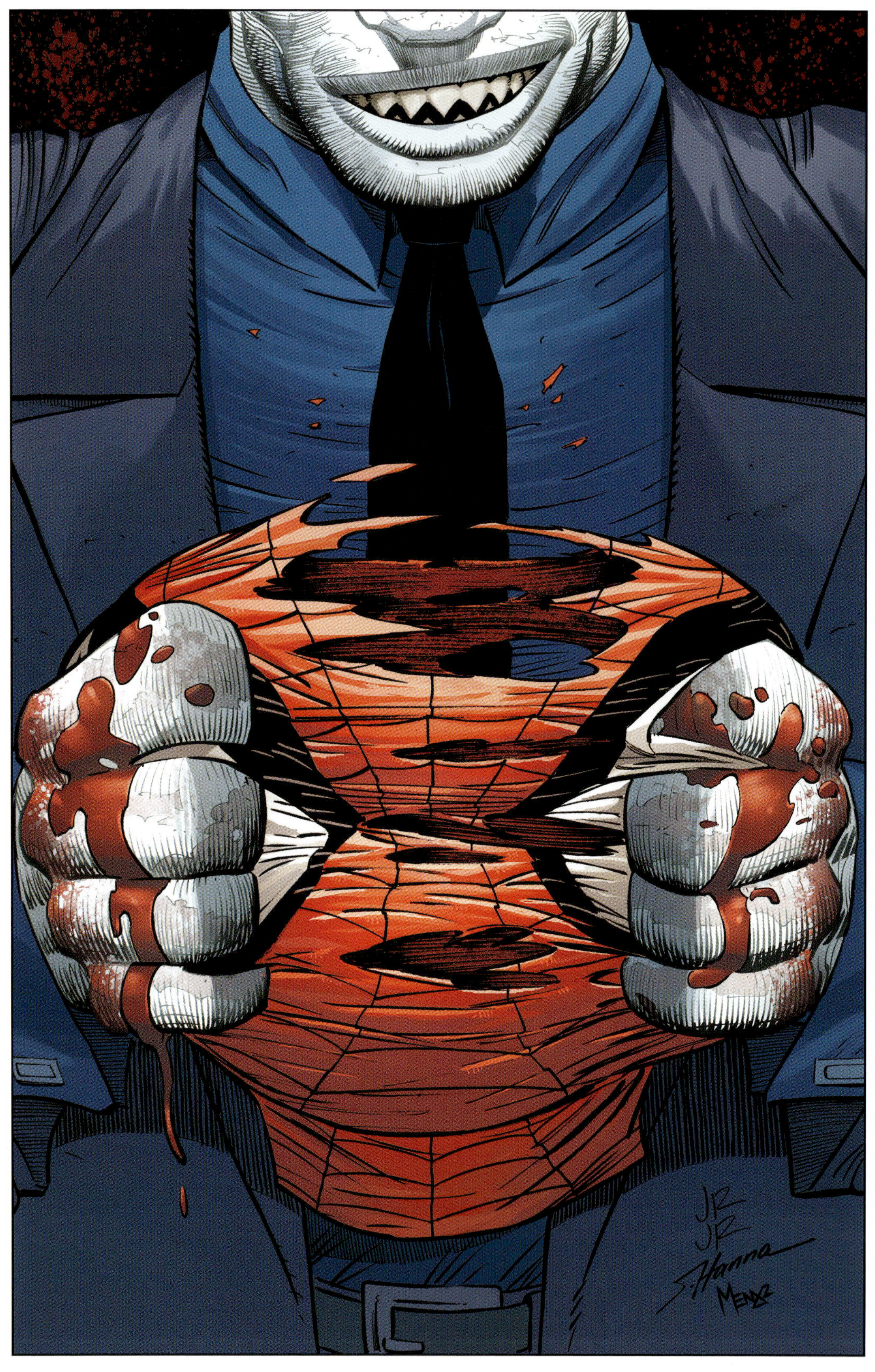

Amazing Spider-Man (2022) 3
Cover von **JOHN ROMITA JR.**

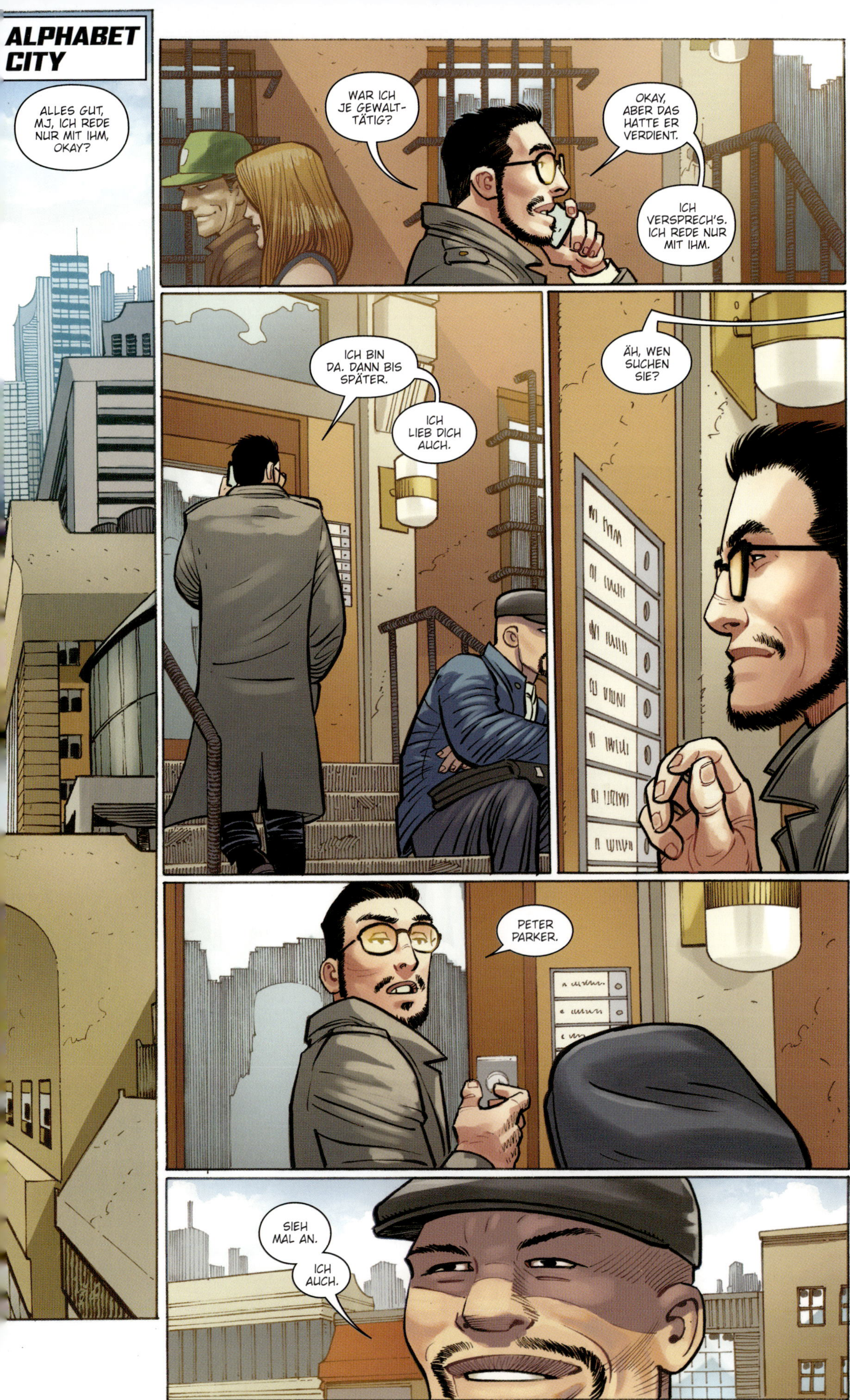
ALPHABET CITY
ALLES GUT, MJ, ICH REDE NUR MIT IHM, OKAY?
WAR ICH JE GEWALT-TÄTIG?
OKAY, ABER DAS HATTE ER VERDIENT.
ICH VERSPRECH'S. ICH REDE NUR MIT IHM.
ICH BIN DA. DANN BIS SPÄTER.
ICH LIEB DICH AUCH.
ÄH, WEN SUCHEN SIE?
PETER PARKER.
SIEH MAL AN.
ICH AUCH.

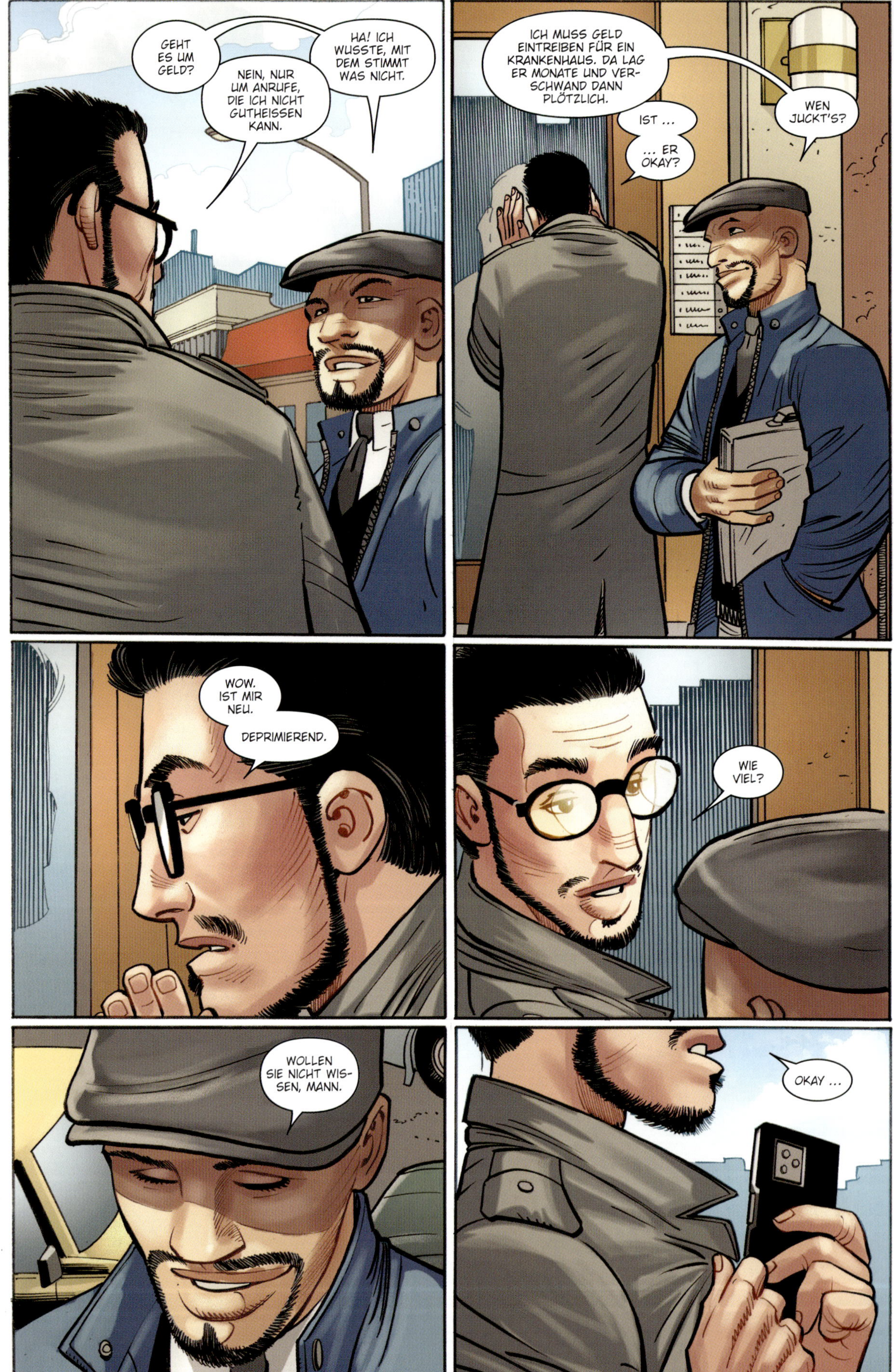
GEHT ES UM GELD?
NEIN, NUR UM ANRUFE, DIE ICH NICHT GUTHEISSEN KANN.
HA! ICH WUSSTE, MIT DEM STIMMT WAS NICHT.
ICH MUSS GELD EINTREIBEN FÜR EIN KRANKENHAUS. DA LAG ER MONATE UND VERSCHWAND DANN PLÖTZLICH.
IST ...
... ER OKAY?
WEN JUCKT'S?
WOW. IST MIR NEU.
DEPRIMIEREND.
WIE VIEL?
WOLLEN SIE NICHT WISSEN, MANN.
OKAY ...

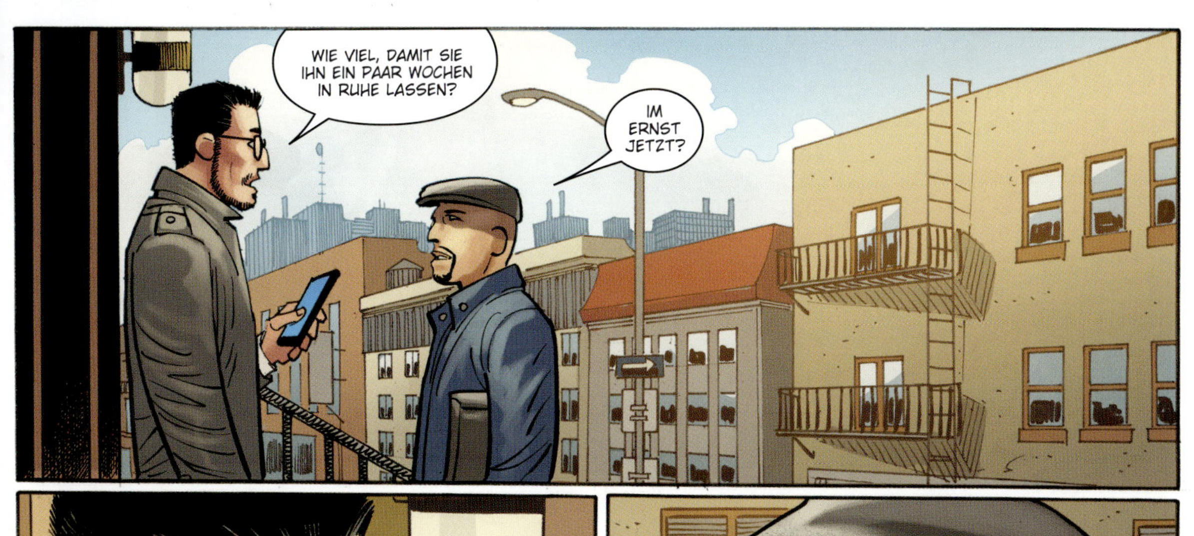
WIE VIEL, DAMIT SIE IHN EIN PAAR WOCHEN IN RUHE LASSEN?
IM ERNST JETZT?

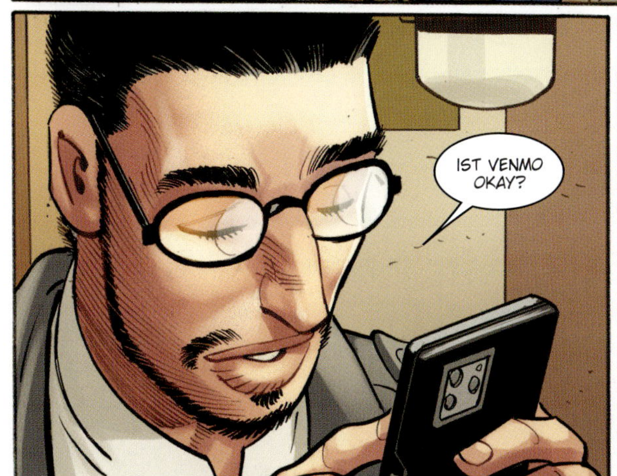
IST VENMO OKAY?

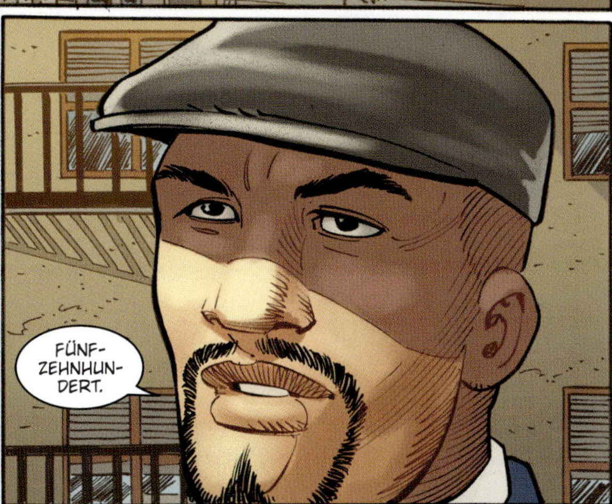
FÜNF-ZEHNHUN-DERT.

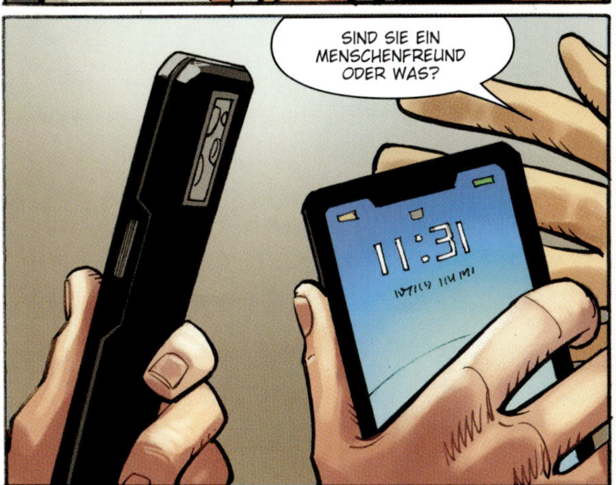
SIND SIE EIN MENSCHENFREUND ODER WAS?
11:31

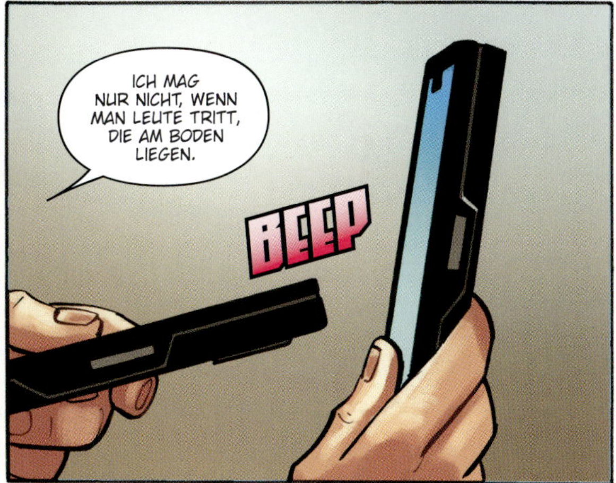
ICH MAG NUR NICHT, WENN MAN LEUTE TRITT, DIE AM BODEN LIEGEN.
BEEP

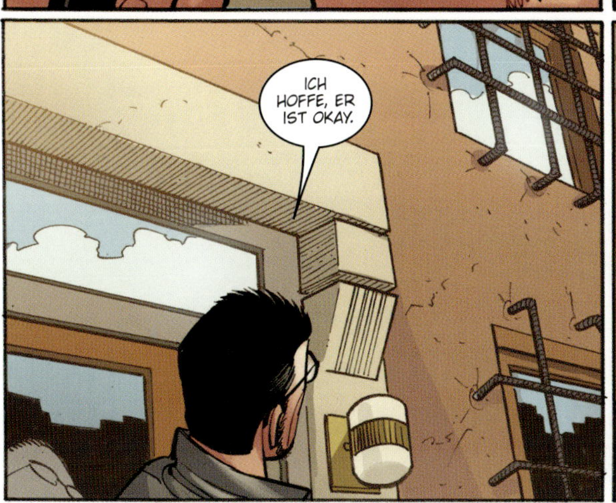
ICH HOFFE, ER IST OKAY.

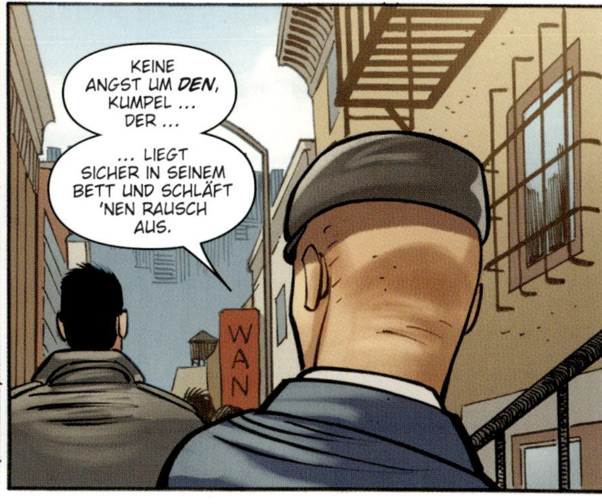
KEINE ANGST UM *DEN*, KUMPEL ... DER ...
... LIEGT SICHER IN SEINEM BETT UND SCHLÄFT 'NEN RAUSCH AUS.
WAN

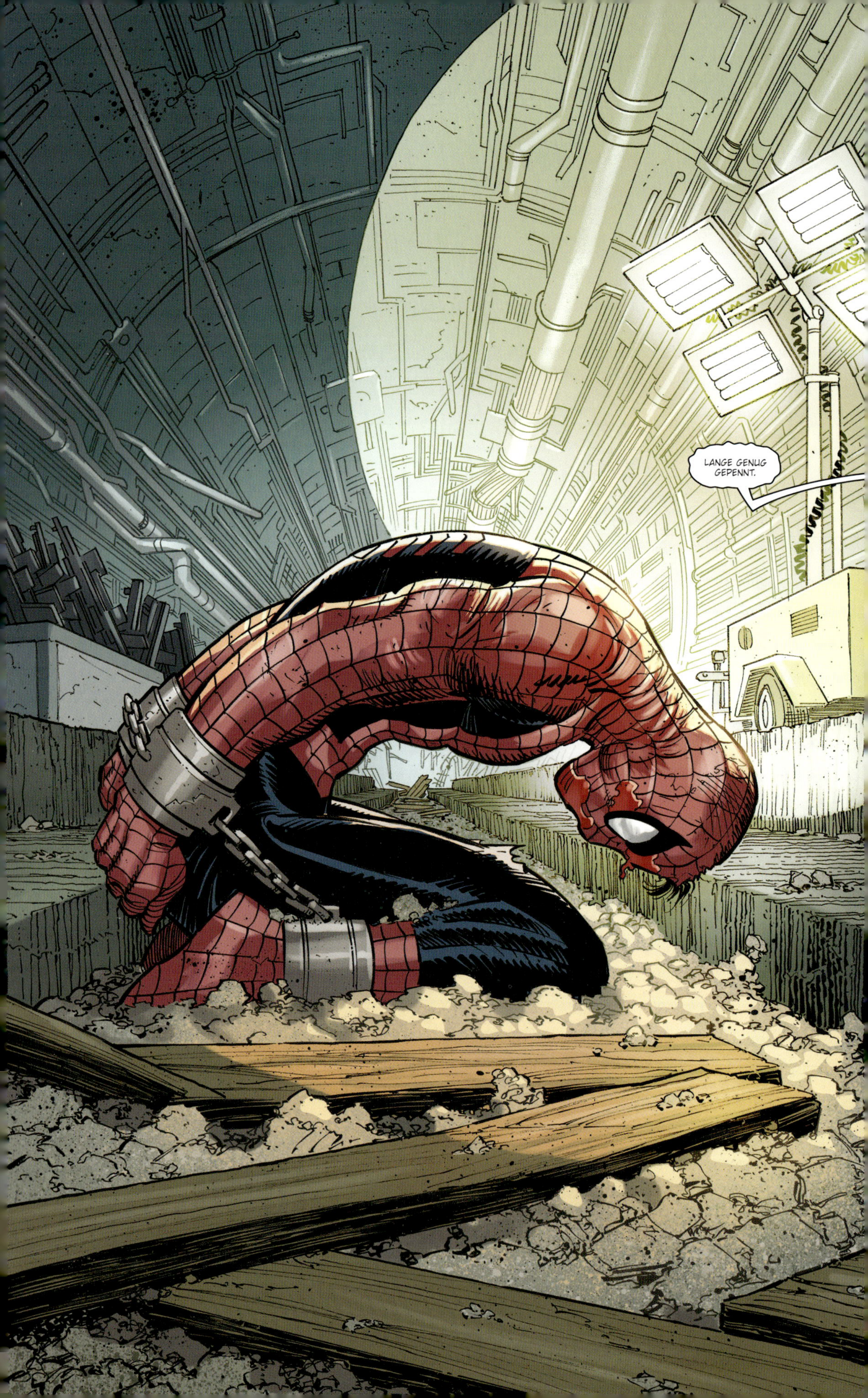
LANGE GENUG GEPENNT.

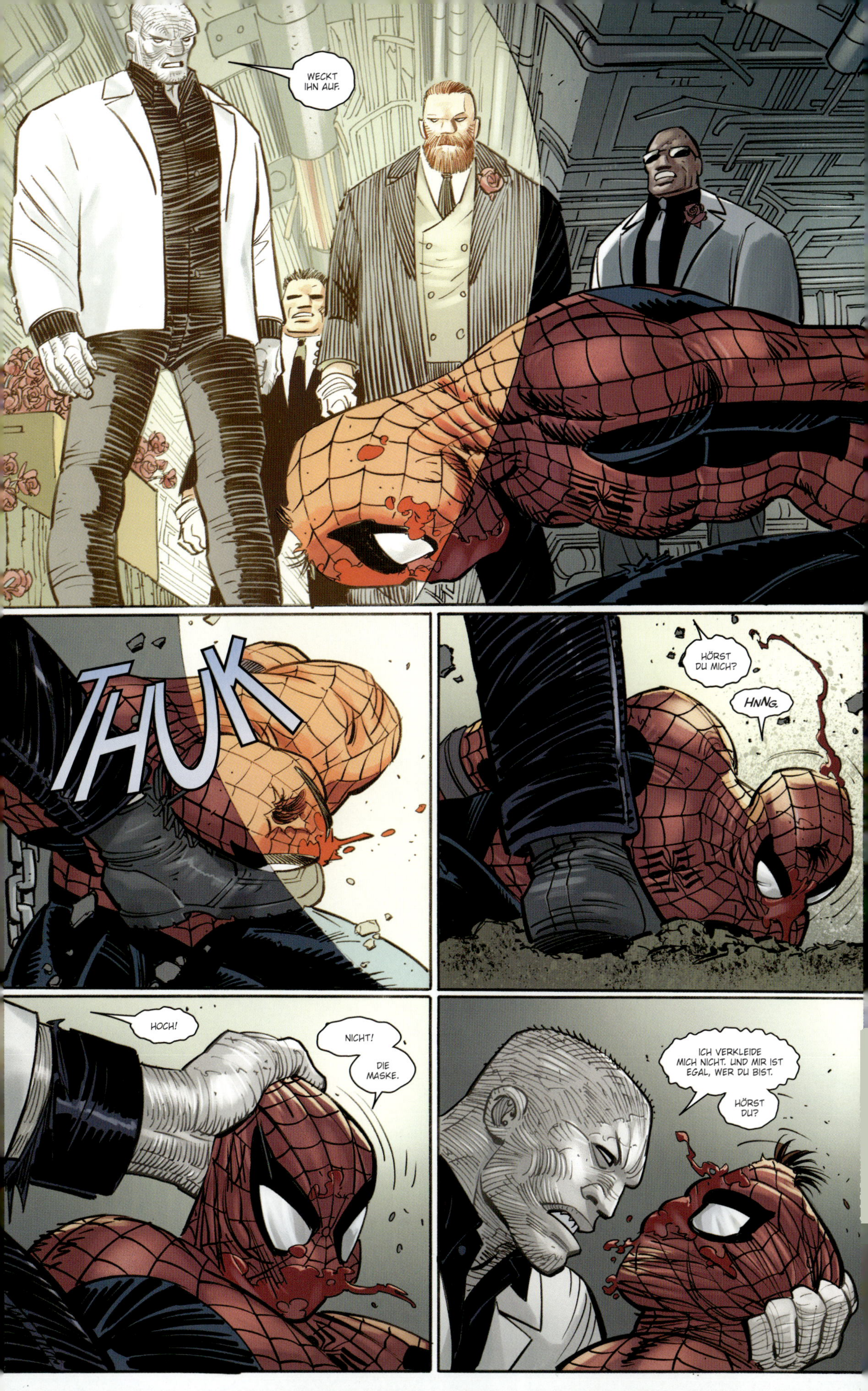
WECKT IHN AUF.
THUK
HÖRST DU MICH?
HNNG.
HOCH!
NICHT!
DIE MASKE.
ICH VERKLEIDE MICH NICHT. UND MIR IST EGAL, WER DU BIST.
HÖRST DU?

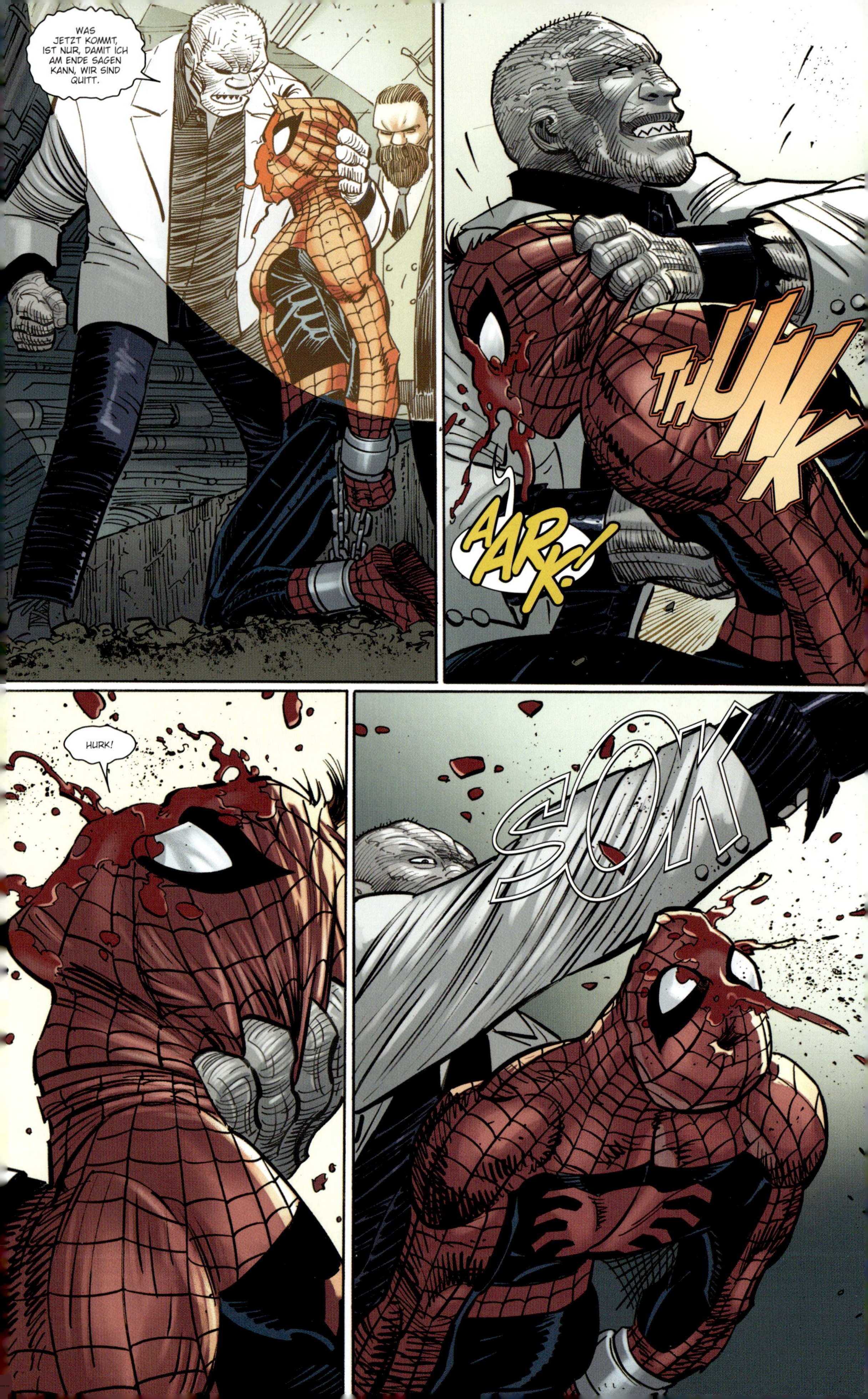

WAS JETZT KOMMT, IST NUR, DAMIT ICH AM ENDE SAGEN KANN, WIR SIND QUITT.

THUNK

AARK!

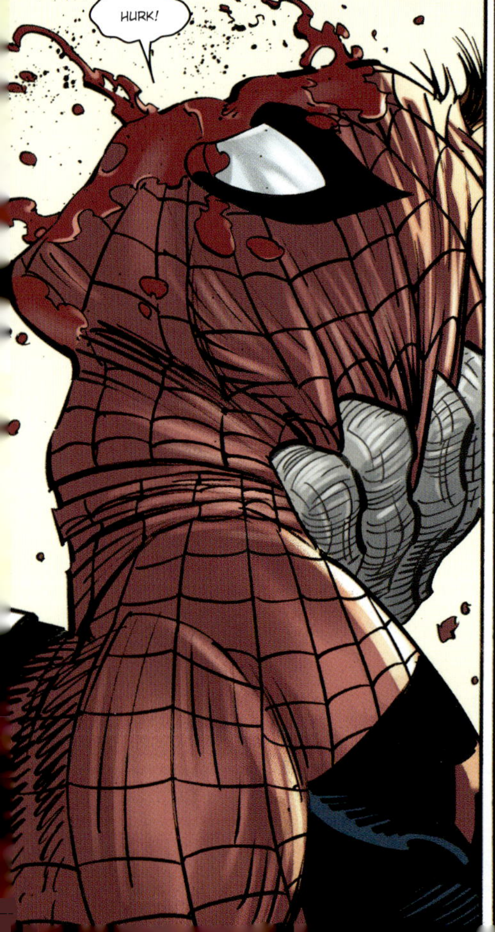

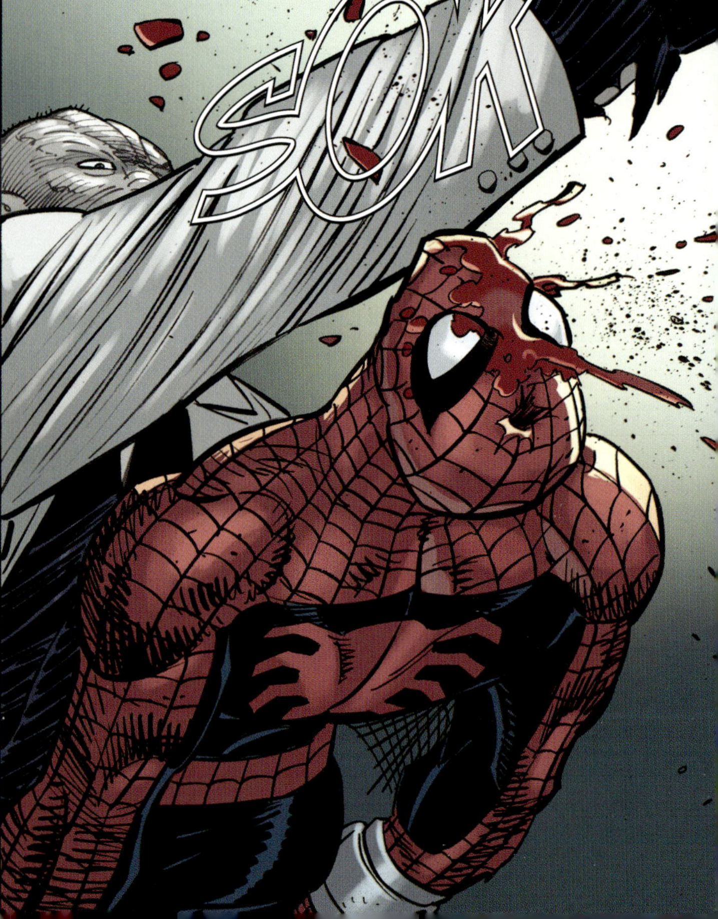

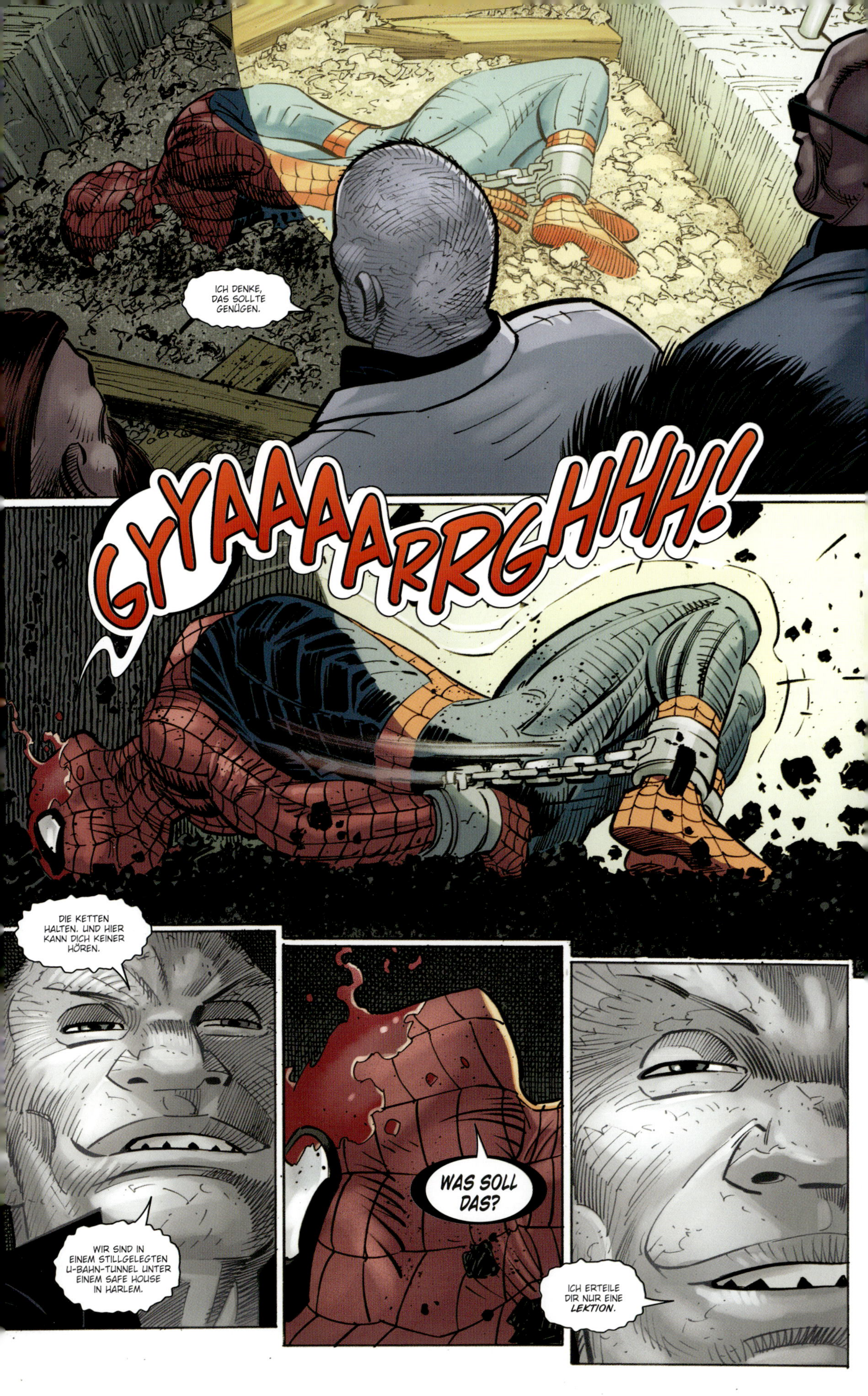
ICH DENKE, DAS SOLLTE GENÜGEN.
GYYAAAARRGHHH!
DIE KETTEN HALTEN. UND HIER KANN DICH KEINER HÖREN.
WIR SIND IN EINEM STILLGELEGTEN U-BAHN-TUNNEL UNTER EINEM SAFE HOUSE IN HARLEM.
WAS SOLL DAS?
ICH ERTEILE DIR NUR EINE LEKTION.

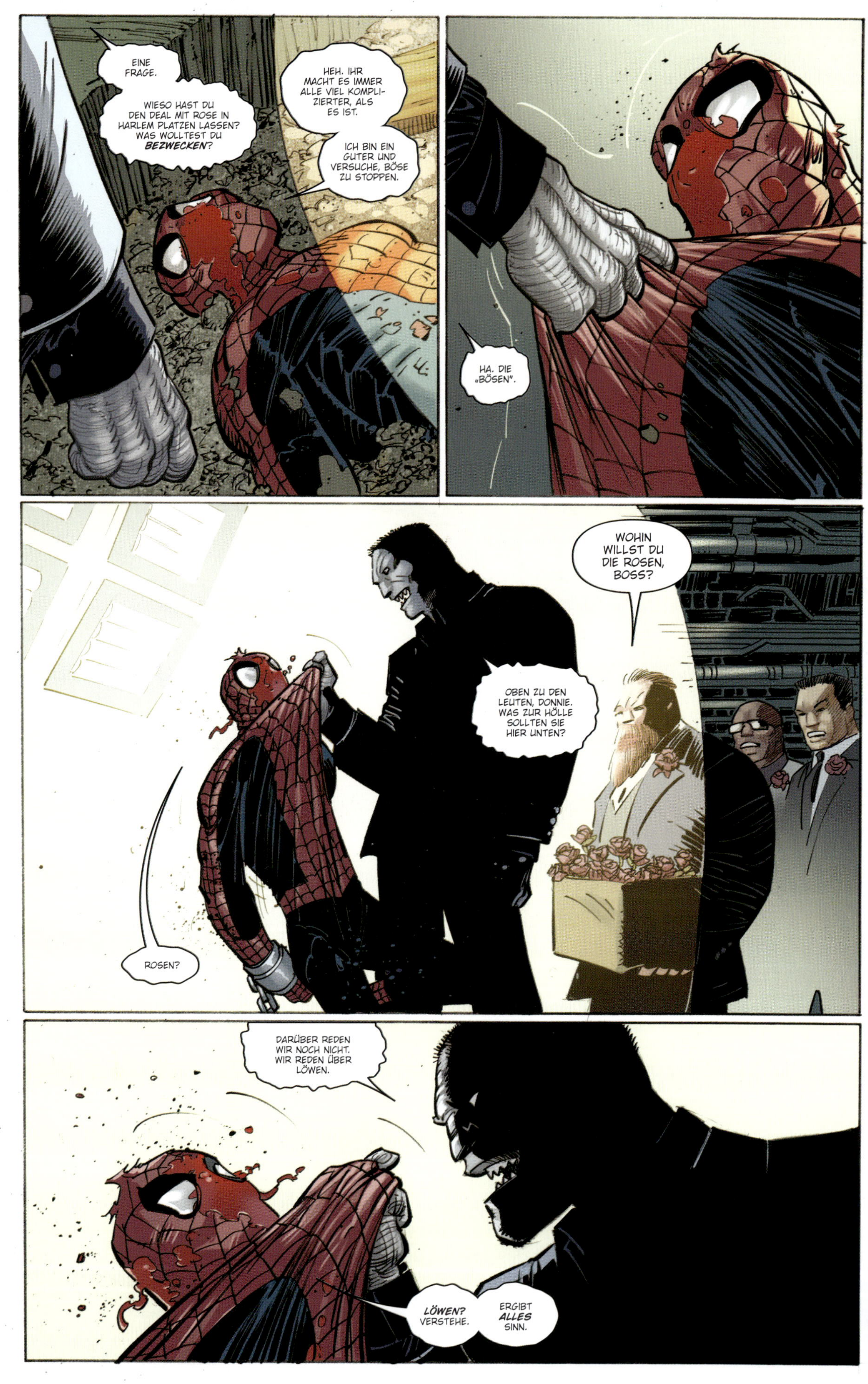
EINE FRAGE.
WIESO HAST DU DEN DEAL MIT ROSE IN HARLEM PLATZEN LASSEN? WAS WOLLTEST DU **BEZWECKEN**?
HEH. IHR MACHT ES IMMER ALLE VIEL KOMPLIZIERTER, ALS ES IST.
ICH BIN EIN GUTER UND VERSUCHE, BÖSE ZU STOPPEN.
HA. DIE »BÖSEN«.
WOHIN WILLST DU DIE ROSEN, BOSS?
OBEN ZU DEN LEUTEN, DONNIE. WAS ZUR HÖLLE SOLLTEN SIE HIER UNTEN?
ROSEN?
DARÜBER REDEN WIR NOCH NICHT. WIR REDEN ÜBER LÖWEN.
LÖWEN? VERSTEHE.
ERGIBT ***ALLES*** SINN.

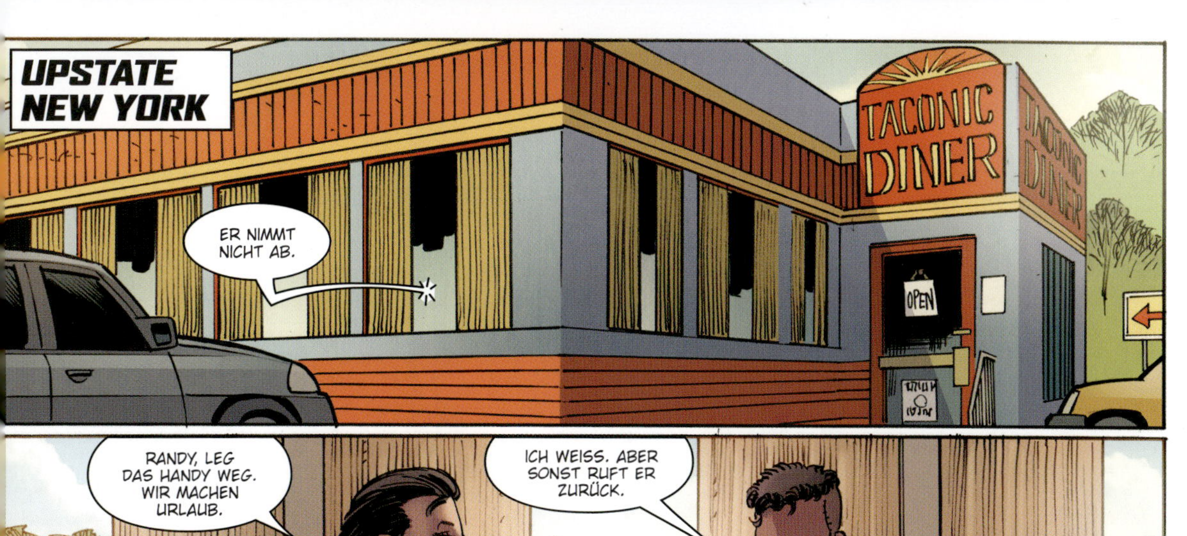
UPSTATE NEW YORK
TACONIC DINER
OPEN
ER NIMMT NICHT AB.

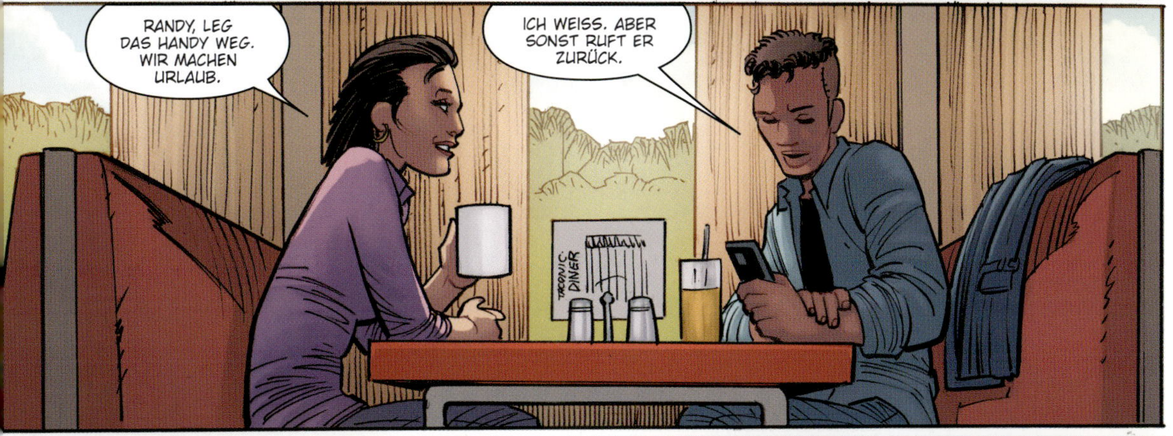
RANDY, LEG DAS HANDY WEG. WIR MACHEN URLAUB.
ICH WEISS. ABER SONST RUFT ER ZURÜCK.

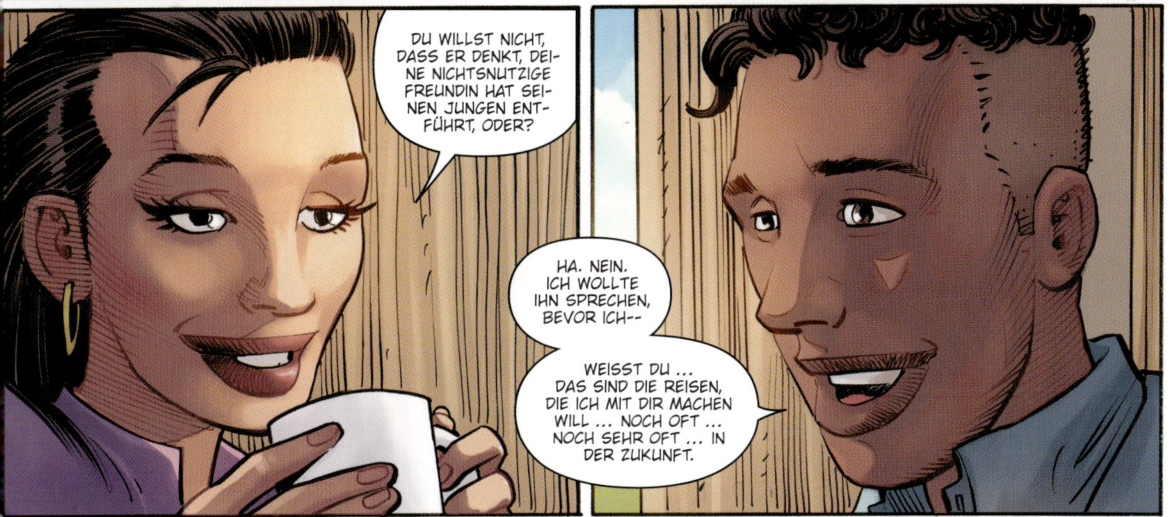
DU WILLST NICHT, DASS ER DENKT, DEINE NICHTSNUTZIGE FREUNDIN HAT SEINEN JUNGEN ENTFÜHRT, ODER?
HA. NEIN. ICH WOLLTE IHN SPRECHEN, BEVOR ICH--
WEISST DU ... DAS SIND DIE REISEN, DIE ICH MIT DIR MACHEN WILL ... NOCH OFT ... NOCH SEHR OFT ... IN DER ZUKUNFT.

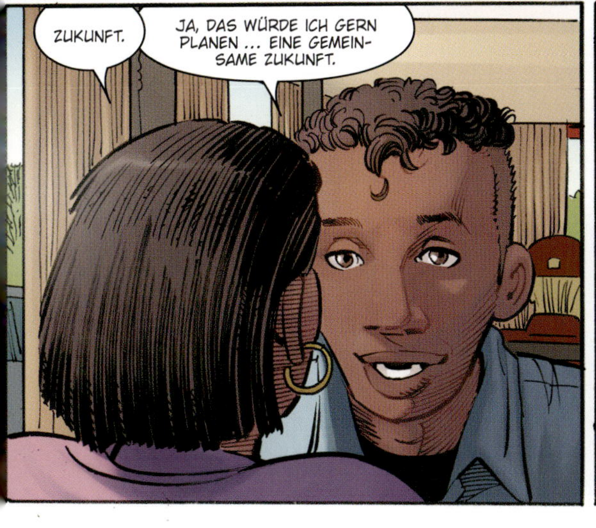
ZUKUNFT.
JA, DAS WÜRDE ICH GERN PLANEN ... EINE GEMEINSAME ZUKUNFT.

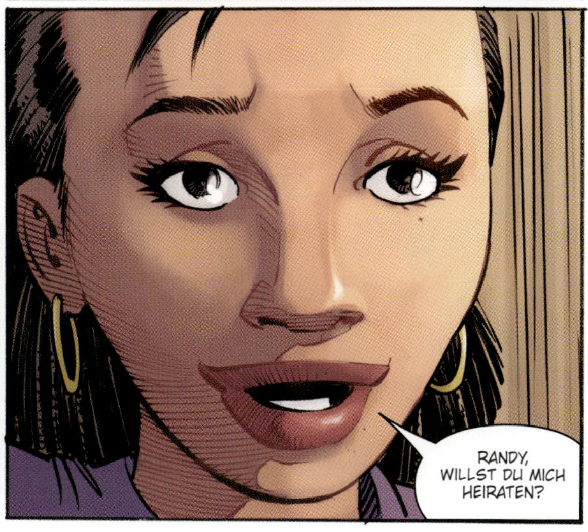
RANDY, WILLST DU MICH HEIRATEN?

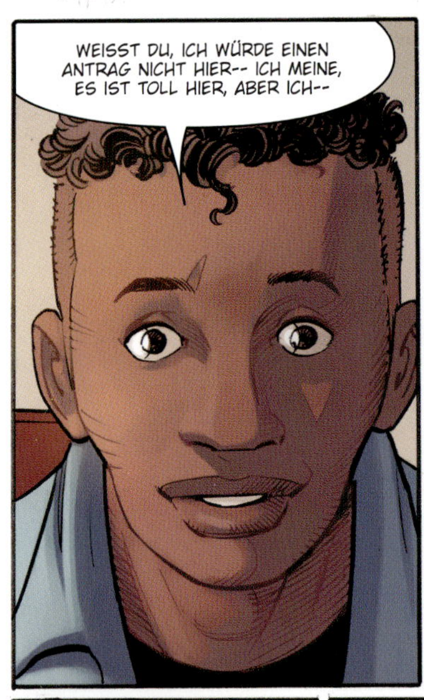
WEISST DU, ICH WÜRDE EINEN ANTRAG NICHT HIER-- ICH MEINE, ES IST TOLL HIER, ABER ICH--
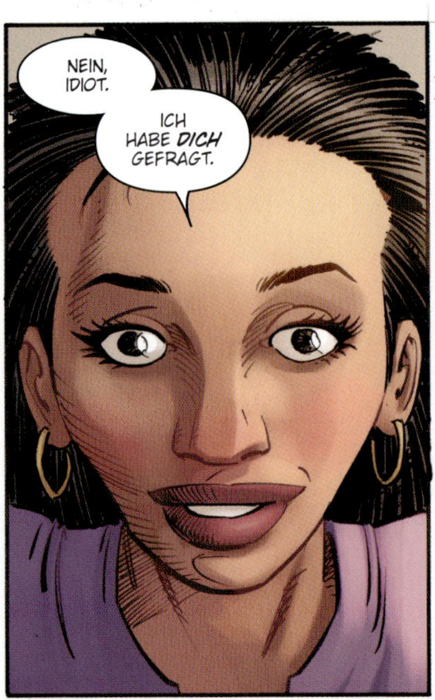
NEIN, IDIOT.
ICH HABE DICH GEFRAGT.
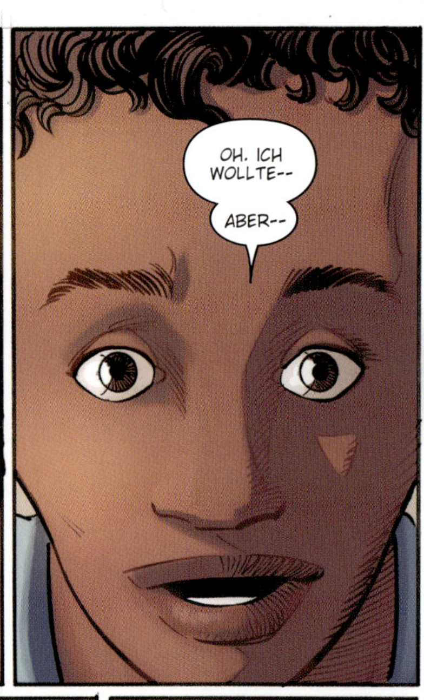
OH. ICH WOLLTE--
ABER--
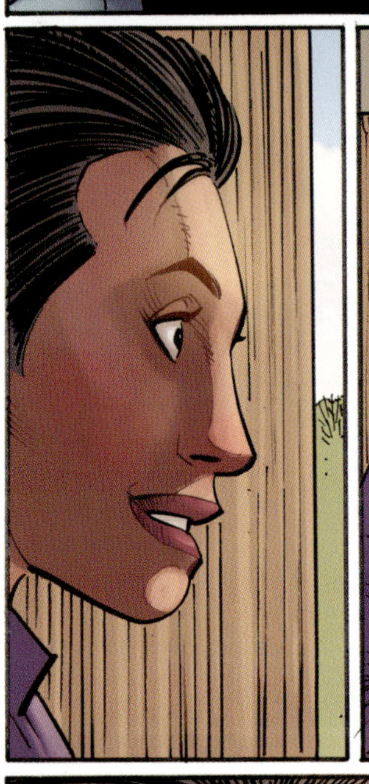
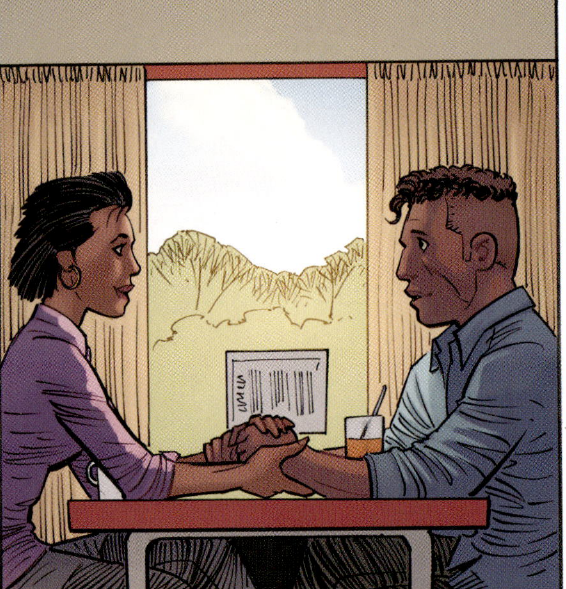
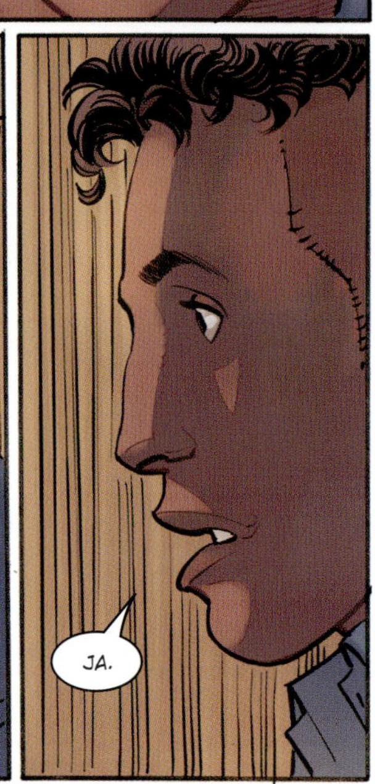
JA.
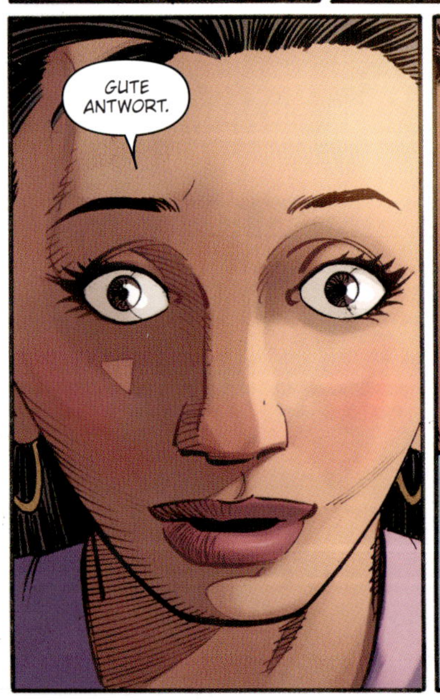
GUTE ANTWORT.
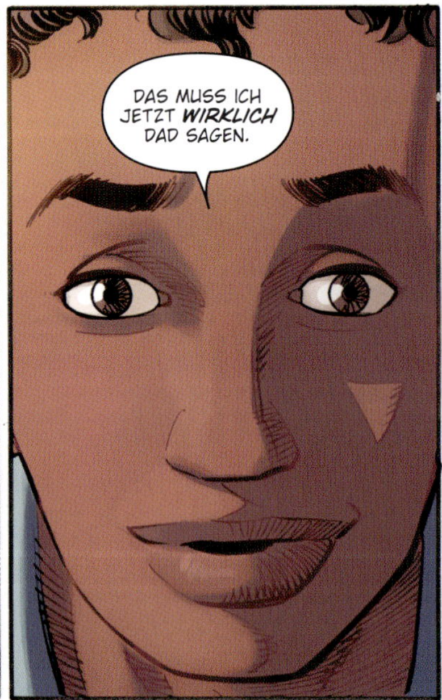
DAS MUSS ICH JETZT WIRKLICH DAD SAGEN.
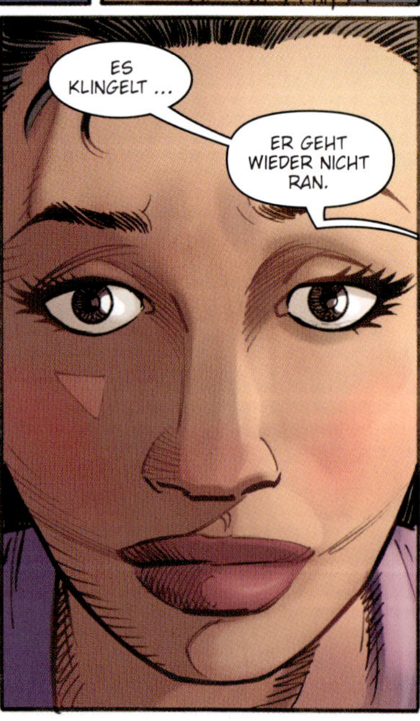
ES KLINGELT ...
ER GEHT WIEDER NICHT RAN.

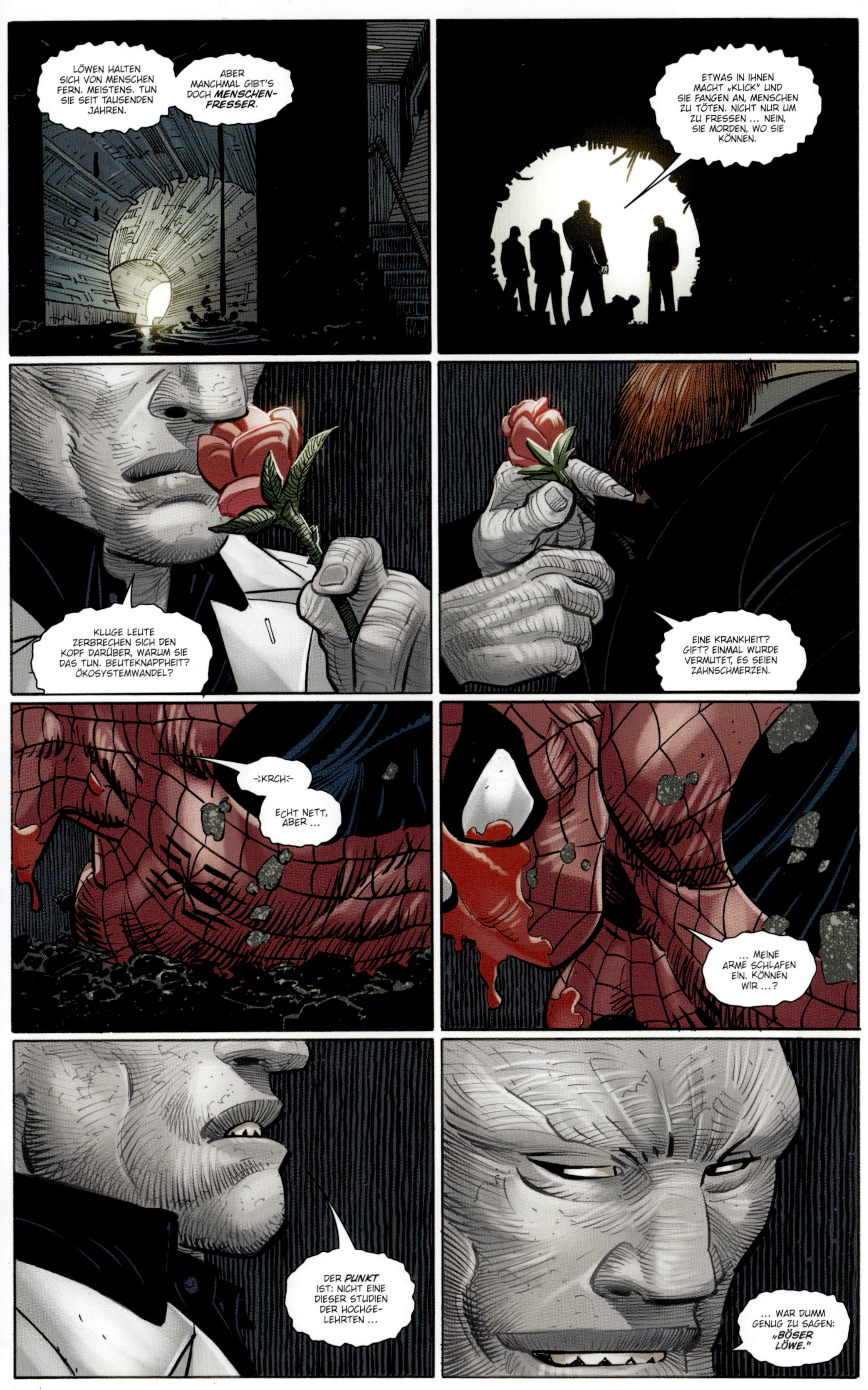
LÖWEN HALTEN SICH VON MENSCHEN FERN. MEISTENS. TUN SIE SEIT TAUSENDEN JAHREN.
ABER MANCHMAL GIBT'S DOCH MENSCHEN-FRESSER.
ETWAS IN IHNEN MACHT „KLICK" UND SIE FANGEN AN, MENSCHEN ZU TÖTEN. NICHT NUR UM ZU FRESSEN ... NEIN, SIE MORDEN, WO SIE KÖNNEN.
KLUGE LEUTE ZERBRECHEN SICH DEN KOPF DARÜBER, WARUM SIE DAS TUN. BEUTEKNAPPHEIT? ÖKOSYSTEMWANDEL?
EINE KRANKHEIT? GIFT? EINMAL WURDE VERMUTET, ES SEIEN ZAHNSCHMERZEN.
-KRCH-
ECHT NETT, ABER ...
... MEINE ARME SCHLAFEN EIN. KÖNNEN WIR ...?
DER PUNKT IST: NICHT EINE DIESER STUDIEN DER HOCHGE-LEHRTEN ...
... WAR DUMM GENUG ZU SAGEN: „BÖSER LÖWE."

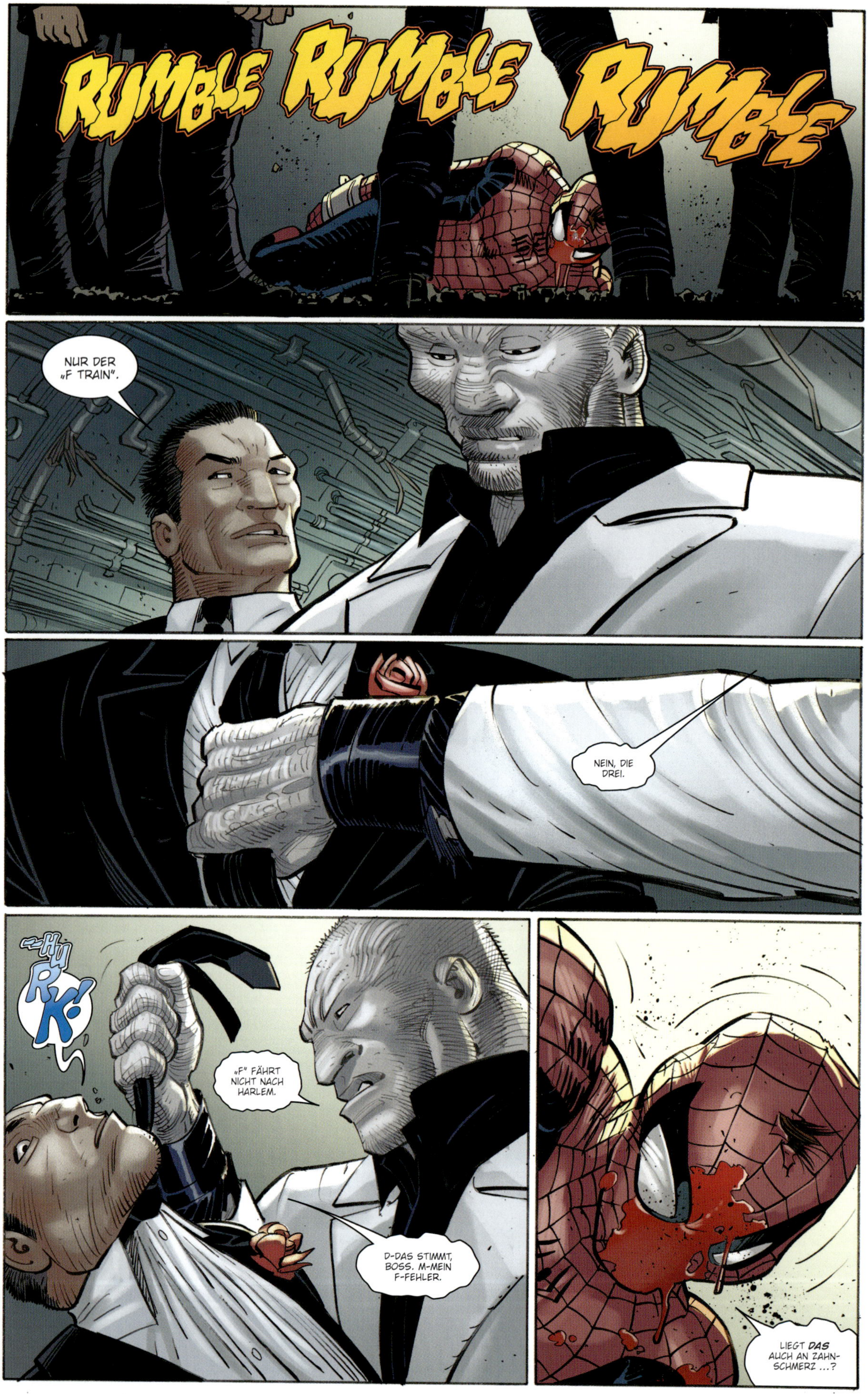

RUMBLE RUMBLE RUMBLE

NUR DER „F TRAIN“.

NEIN, DIE DREI.

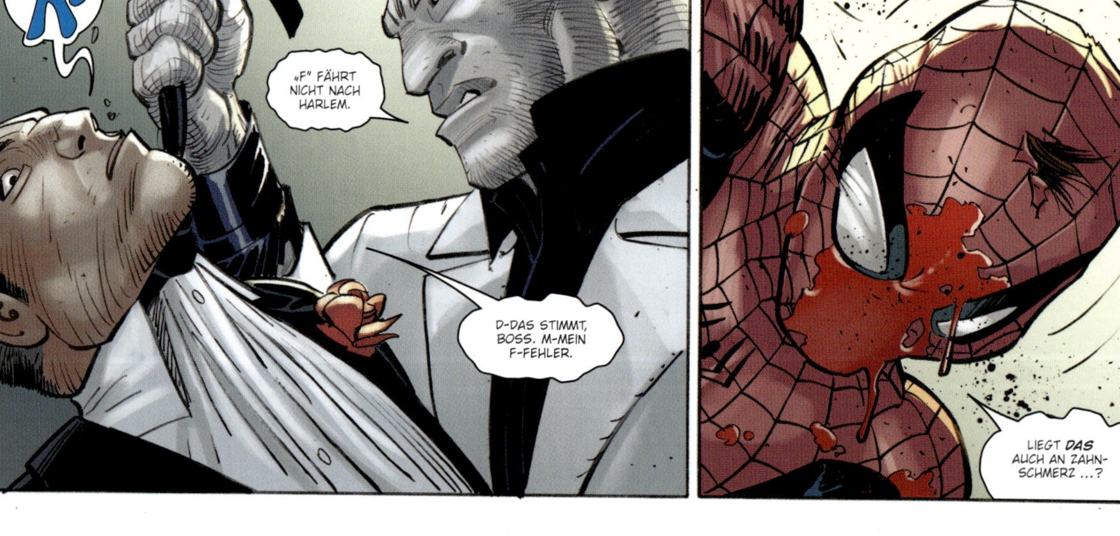

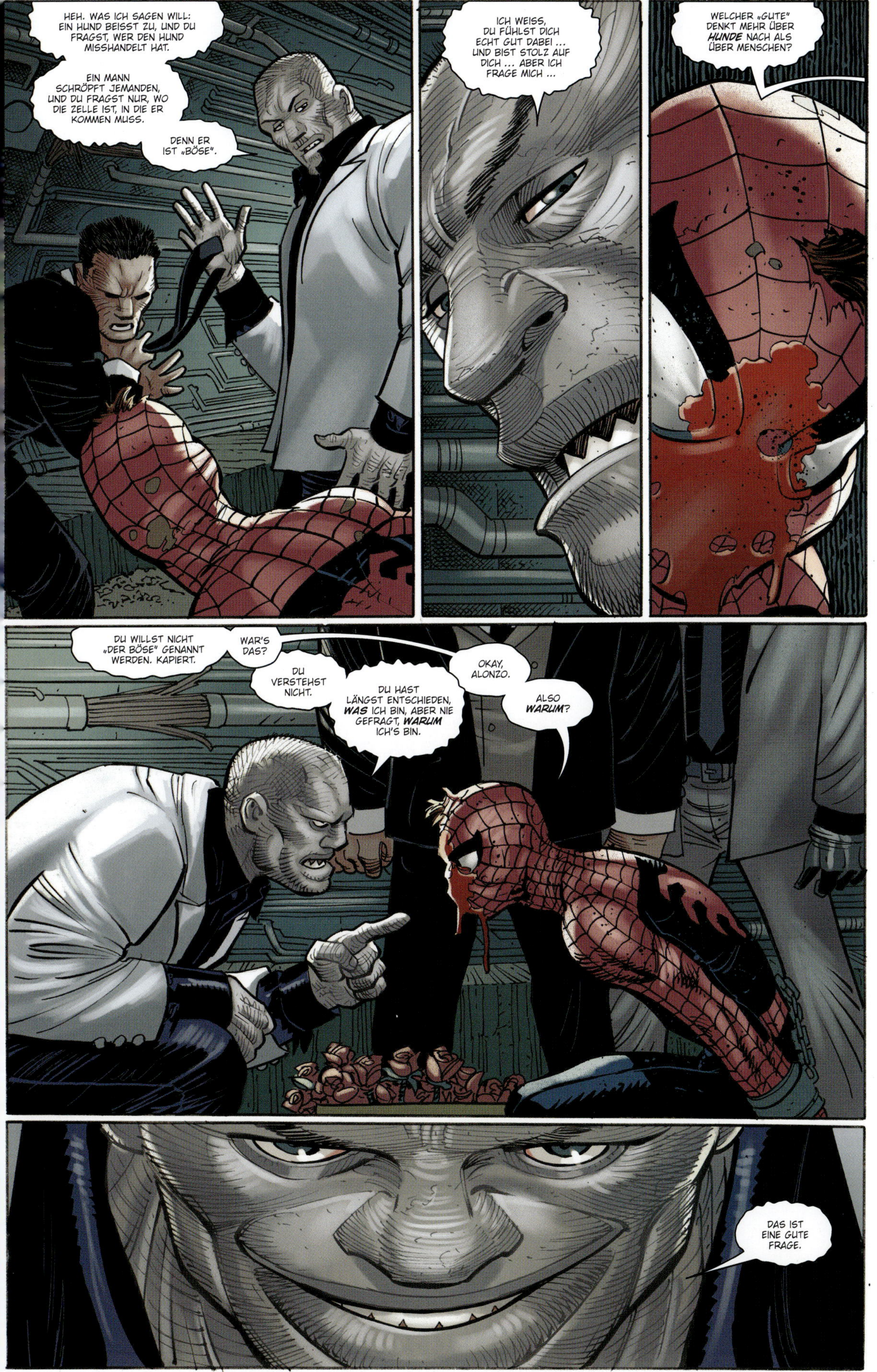
HEH. WAS ICH SAGEN WILL: EIN HUND BEISST ZU, UND DU FRAGST, WER DEN HUND MISSHANDELT HAT.
EIN MANN SCHRÖPFT JEMANDEN, UND DU FRAGST NUR, WO DIE ZELLE IST, IN DIE ER KOMMEN MUSS.
DENN ER IST „BÖSE".
ICH WEISS, DU FÜHLST DICH ECHT GUT DABEI … UND BIST STOLZ AUF DICH … ABER ICH FRAGE MICH …
WELCHER „GUTE" DENKT MEHR ÜBER ***HUNDE*** NACH ALS ÜBER MENSCHEN?
DU WILLST NICHT „DER BÖSE" GENANNT WERDEN. KAPIERT.
WAR'S DAS?
DU VERSTEHST NICHT.
DU HAST LÄNGST ENTSCHIEDEN, ***WAS*** ICH BIN, ABER NIE GEFRAGT, ***WARUM*** ICH'S BIN.
OKAY, ALONZO.
ALSO ***WARUM***?
DAS IST EINE GUTE FRAGE.

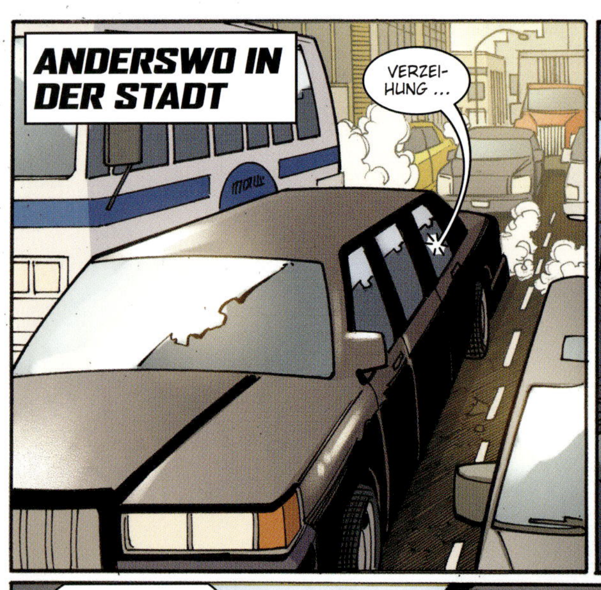
ANDERSWO IN DER STADT
VERZEIHUNG ...

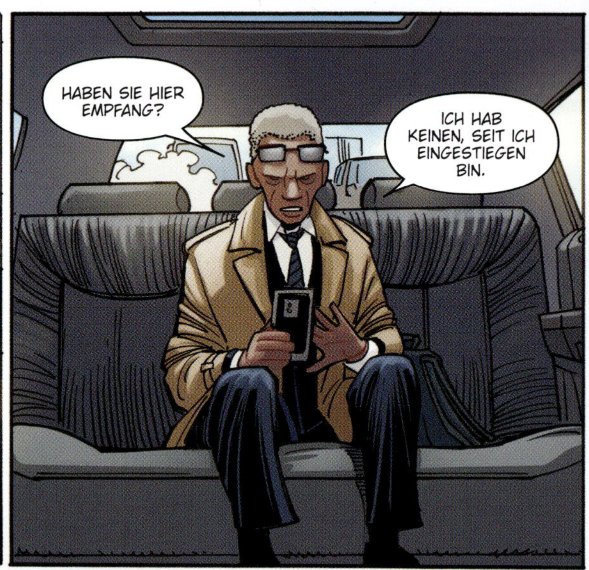
HABEN SIE HIER EMPFANG?
ICH HAB KEINEN, SEIT ICH EINGESTIEGEN BIN.

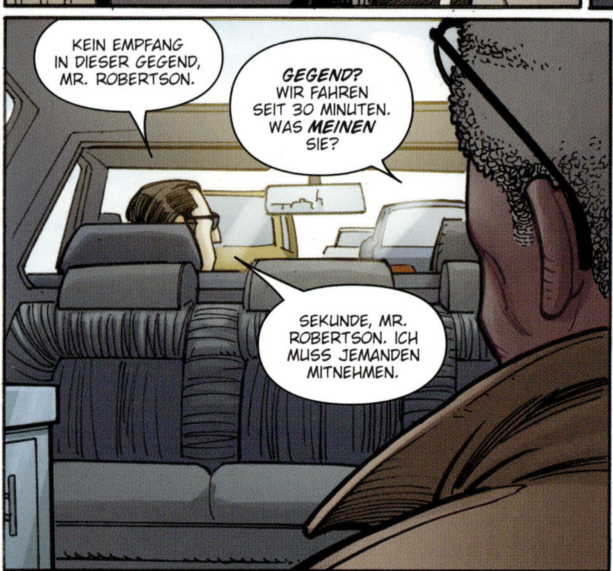
KEIN EMPFANG IN DIESER GEGEND, MR. ROBERTSON.
GEGEND? WIR FAHREN SEIT 30 MINUTEN. WAS MEINEN SIE?
SEKUNDE, MR. ROBERTSON. ICH MUSS JEMANDEN MITNEHMEN.

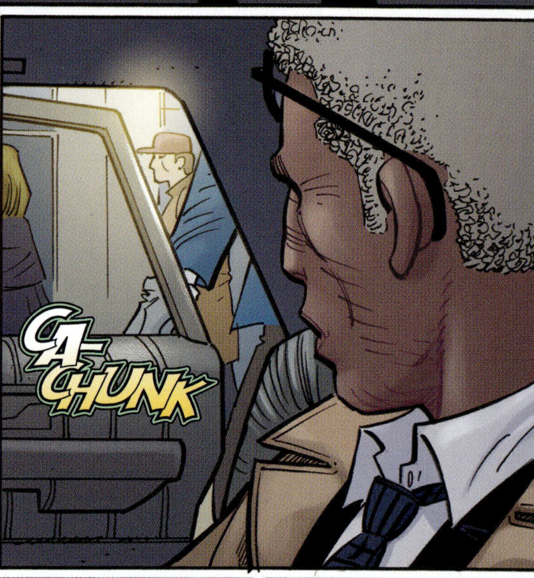
CA-CHUNK

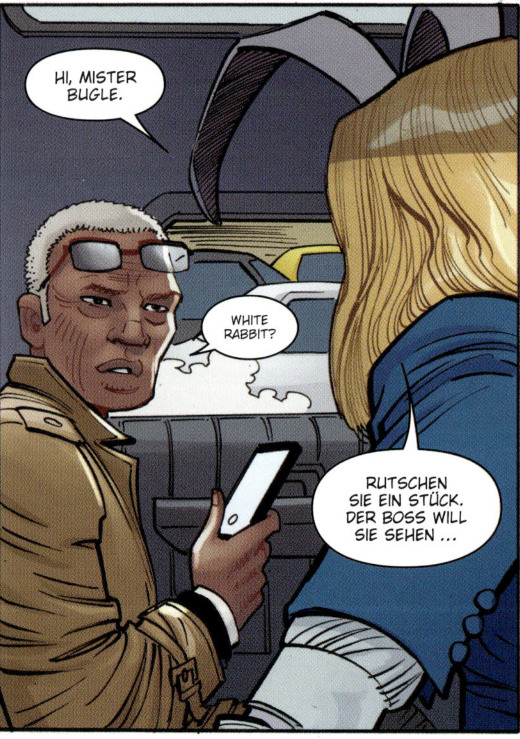
HI, MISTER BUGLE.
WHITE RABBIT?
RUTSCHEN SIE EIN STÜCK. DER BOSS WILL SIE SEHEN ...

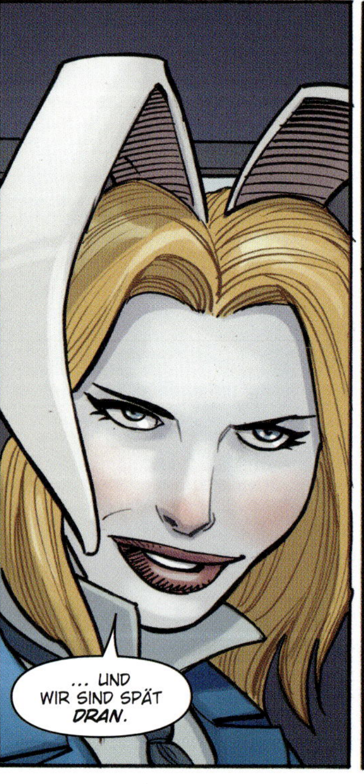
... UND WIR SIND SPÄT DRAN.

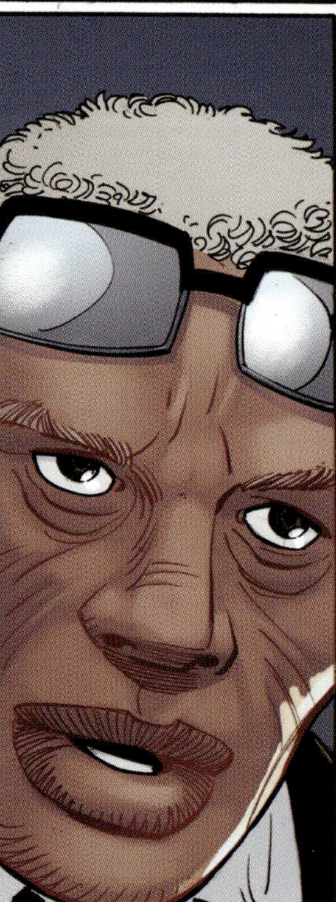

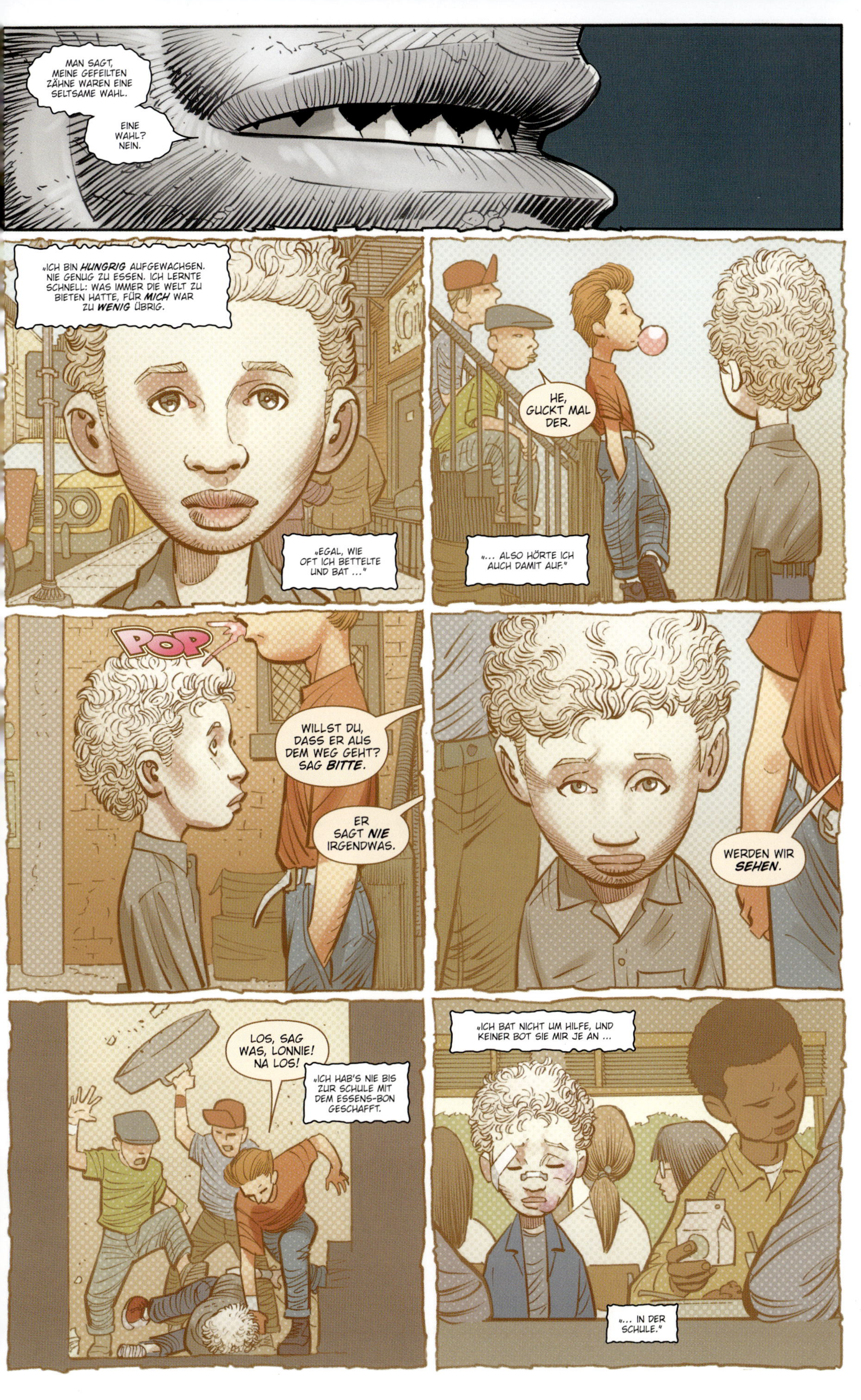
MAN SAGT, MEINE GEFEILTEN ZÄHNE WAREN EINE SELTSAME WAHL.
EINE WAHL? NEIN.
„ICH BIN HUNGRIG AUFGEWACHSEN. NIE GENUG ZU ESSEN. ICH LERNTE SCHNELL: WAS IMMER DIE WELT ZU BIETEN HATTE, FÜR MICH WAR ZU WENIG ÜBRIG.
„EGAL, WIE OFT ICH BETTELTE UND BAT ...“
HE, GUCKT MAL DER.
„... ALSO HÖRTE ICH AUCH DAMIT AUF.“
POP
WILLST DU, DASS ER AUS DEM WEG GEHT? SAG BITTE.
ER SAGT NIE IRGENDWAS.
WERDEN WIR SEHEN.
LOS, SAG WAS, LONNIE! NA LOS!
„ICH HAB'S NIE BIS ZUR SCHULE MIT DEM ESSENS-BON GESCHAFFT.
„ICH BAT NICHT UM HILFE, UND KEINER BOT SIE MIR JE AN ...
„... IN DER SCHULE.“

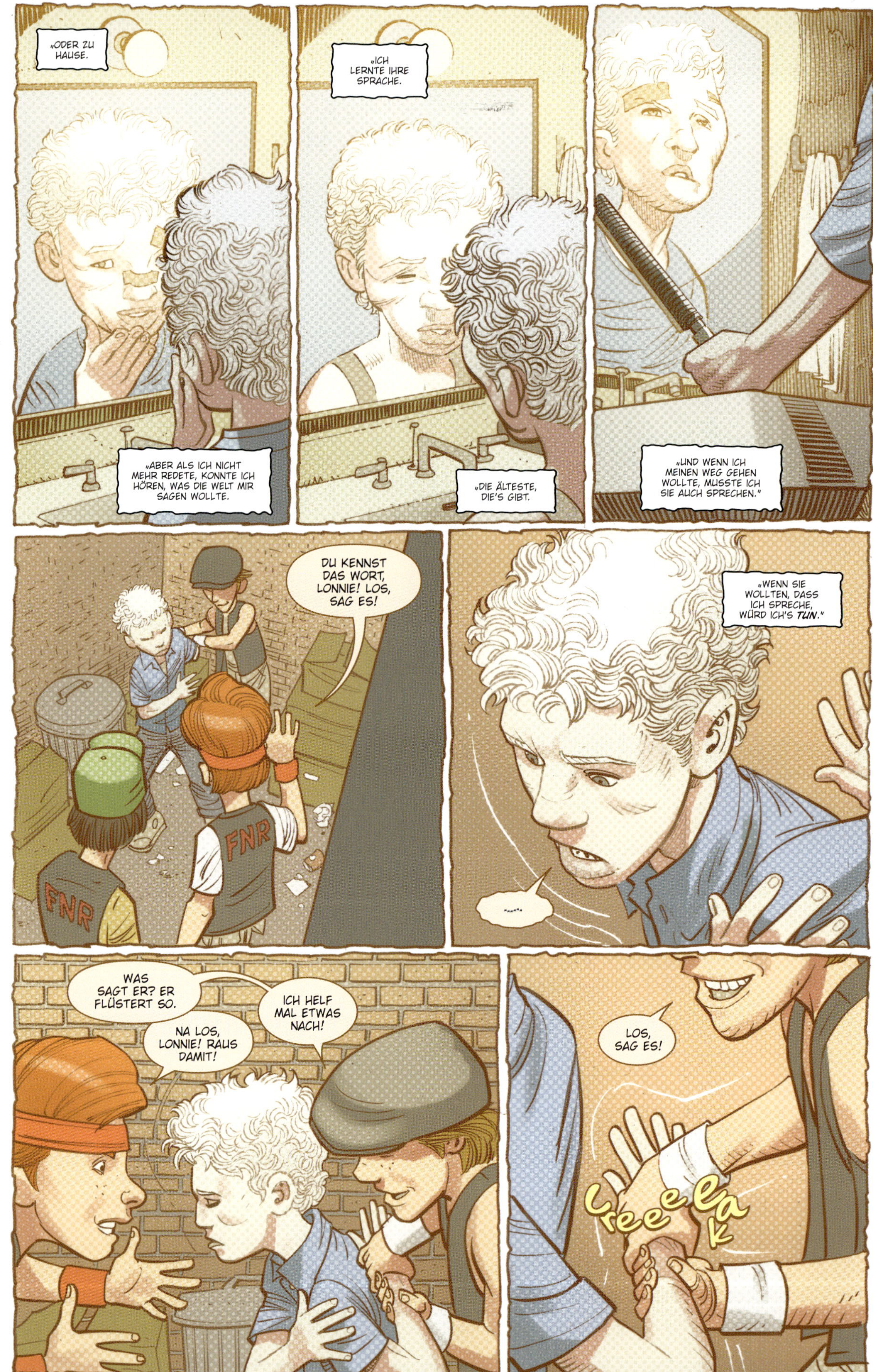
„ODER ZU HAUSE.
„ABER ALS ICH NICHT MEHR REDETE, KONNTE ICH HÖREN, WAS DIE WELT MIR SAGEN WOLLTE.
„ICH LERNTE IHRE SPRACHE.
„DIE ÄLTESTE, DIE'S GIBT.
„UND WENN ICH MEINEN WEG GEHEN WOLLTE, MUSSTE ICH SIE AUCH SPRECHEN."
DU KENNST DAS WORT, LONNIE! LOS, SAG ES!
„WENN SIE WOLLTEN, DASS ICH SPRECHE, WÜRD ICH'S *TUN*."
„...„
WAS SAGT ER? ER FLÜSTERT SO.
NA LOS, LONNIE! RAUS DAMIT!
ICH HELF MAL ETWAS NACH!
LOS, SAG ES!
Creeeak

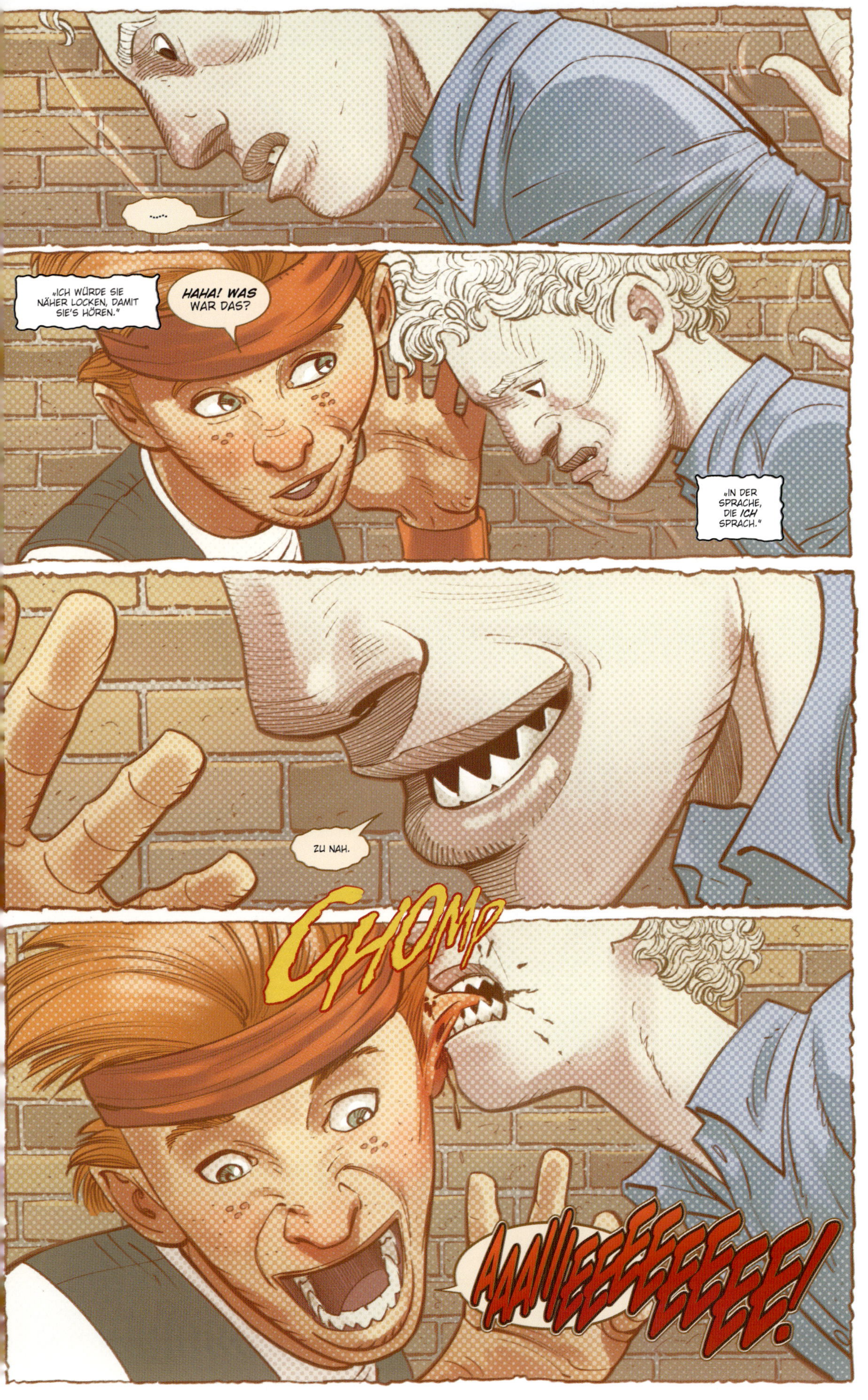
„ICH WÜRDE SIE NÄHER LOCKEN, DAMIT SIE'S HÖREN."
HAHA! WAS WAR DAS?
„IN DER SPRACHE, DIE ICH SPRACH."
ZU NAH.
CHOMP
AAAIIEEEEEEEEEE!

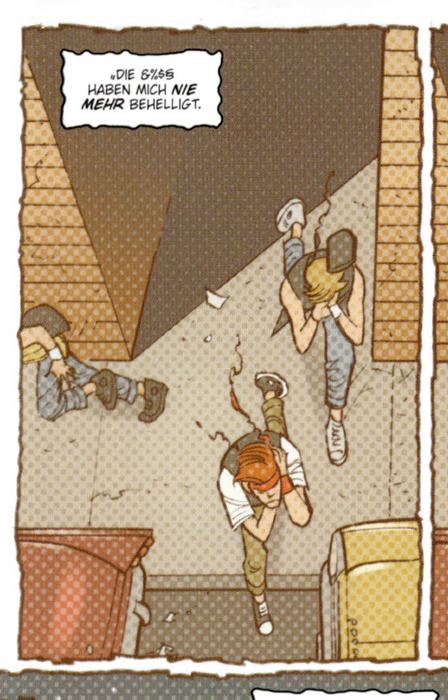
„DIE §%$§ HABEN MICH NIE MEHR BEHELLIGT.

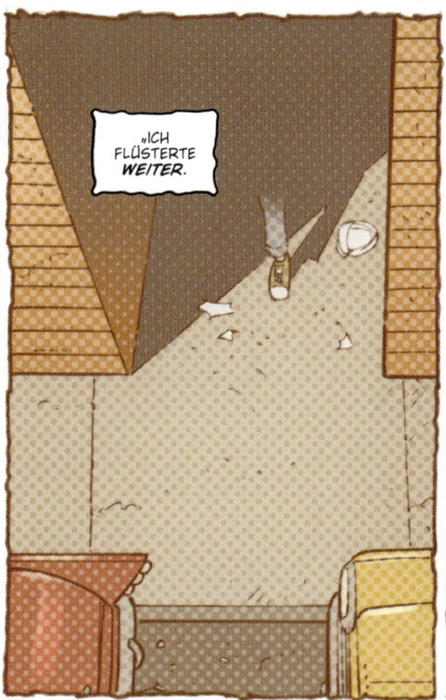
„ICH FLÜSTERTE WEITER.

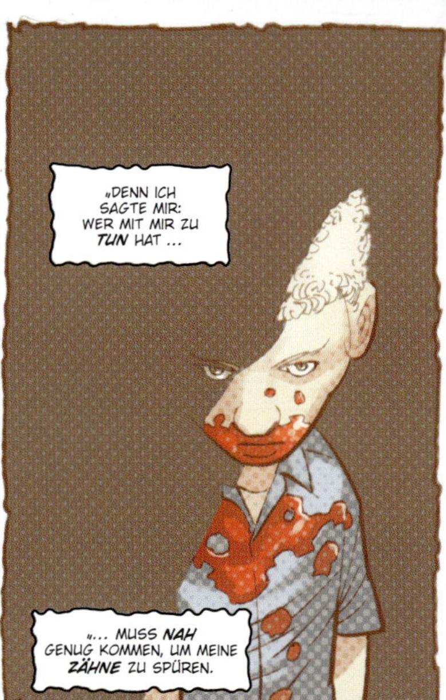
„DENN ICH SAGTE MIR: WER MIT MIR ZU TUN HAT …
„… MUSS NAH GENUG KOMMEN, UM MEINE ZÄHNE ZU SPÜREN.

„AB DA HATTE ICH GENUG ZU ESSEN.

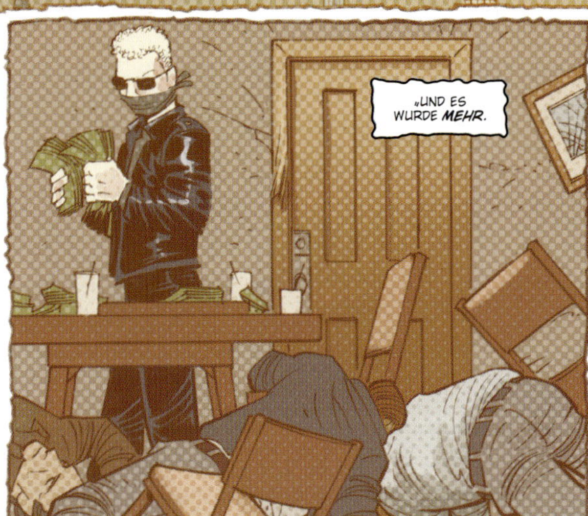
„UND ES WURDE MEHR.

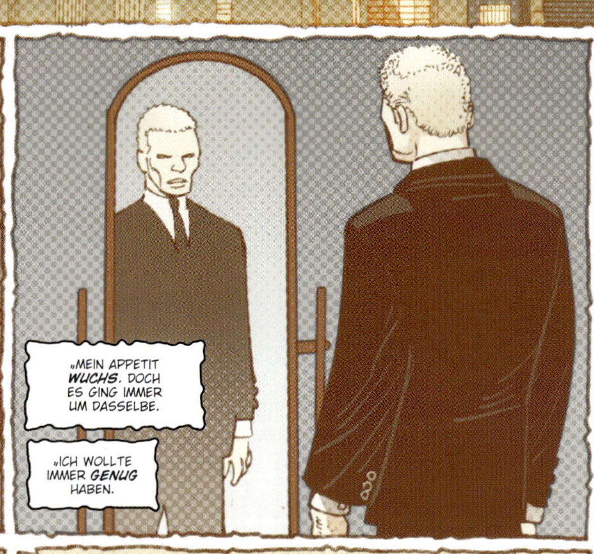
„MEIN APPETIT WUCHS. DOCH ES GING IMMER UM DASSELBE.
„ICH WOLLTE IMMER GENUG HABEN.

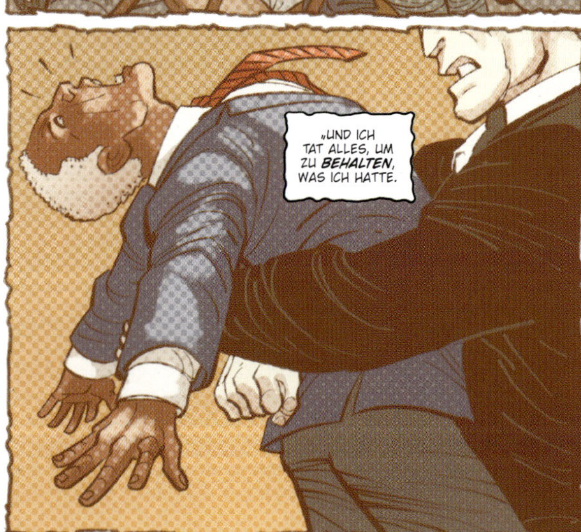
„UND ICH TAT ALLES, UM ZU BEHALTEN, WAS ICH HATTE.

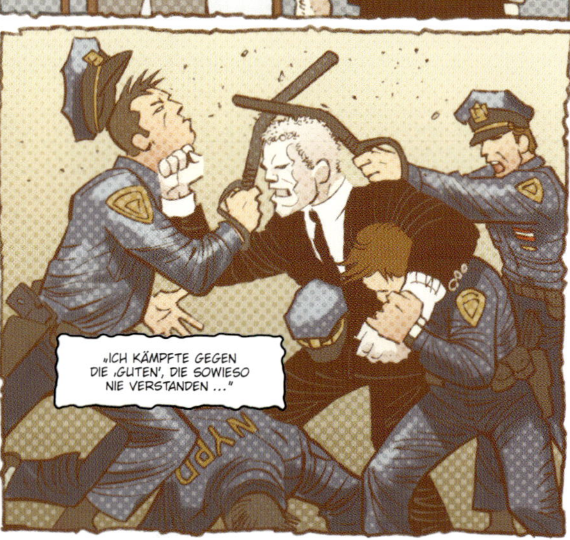
„ICH KÄMPFTE GEGEN DIE ‚GUTEN', DIE SOWIESO NIE VERSTANDEN …"

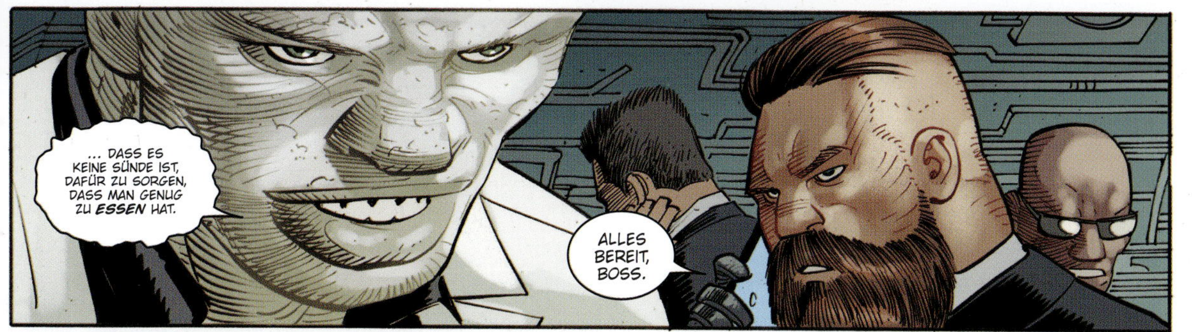
... DASS ES KEINE SÜNDE IST, DAFÜR ZU SORGEN, DASS MAN GENUG ZU ESSEN HAT.
ALLES BEREIT, BOSS.
WAS SOLL DAS? LEUTE VON ROSE?
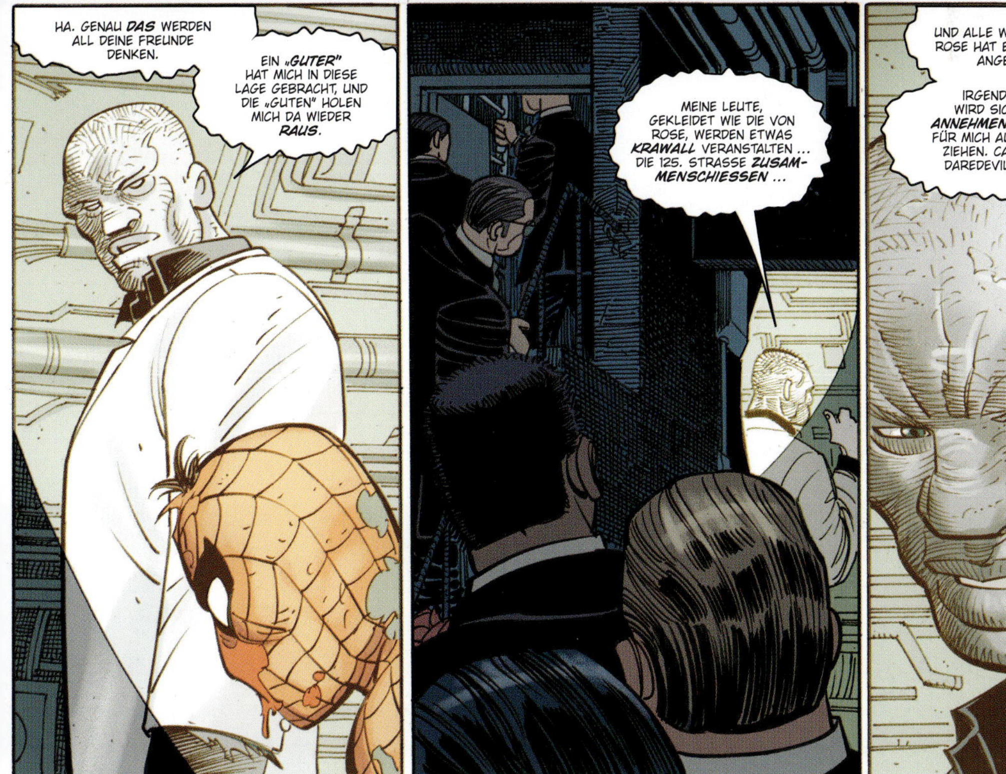
HA. GENAU DAS WERDEN ALL DEINE FREUNDE DENKEN.
EIN „GUTER" HAT MICH IN DIESE LAGE GEBRACHT, UND DIE „GUTEN" HOLEN MICH DA WIEDER RAUS.
MEINE LEUTE, GEKLEIDET WIE DIE VON ROSE, WERDEN ETWAS KRAWALL VERANSTALTEN ... DIE 125. STRASSE ZUSAMMENSCHIESSEN ...
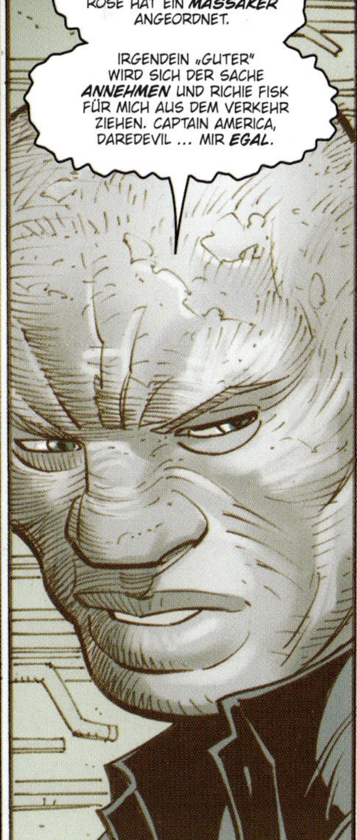
UND ALLE WERDEN DENKEN, ROSE HAT EIN MASSAKER ANGEORDNET.
IRGENDEIN „GUTER" WIRD SICH DER SACHE ANNEHMEN UND RICHIE FISK FÜR MICH AUS DEM VERKEHR ZIEHEN. CAPTAIN AMERICA, DAREDEVIL ... MIR EGAL.

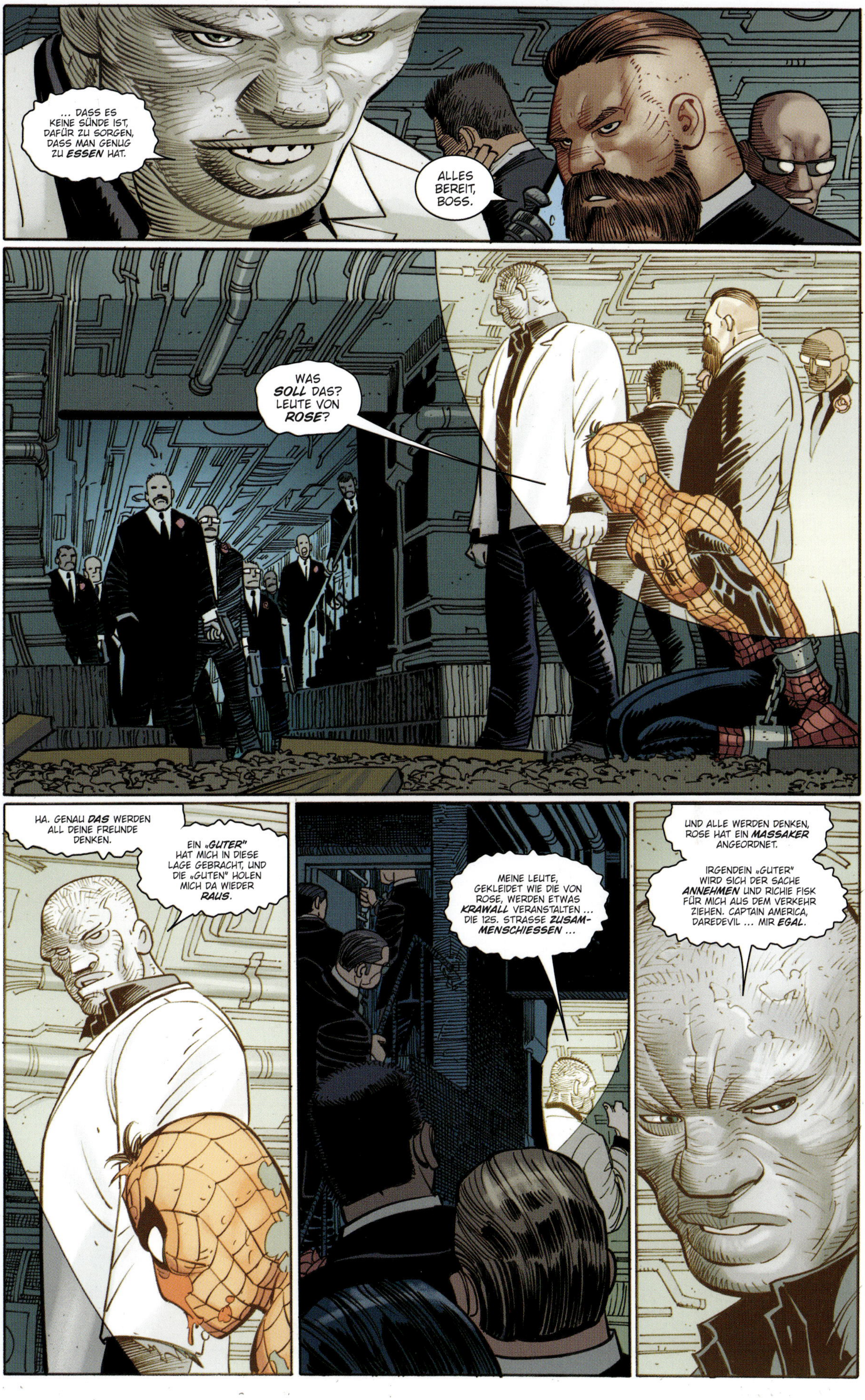

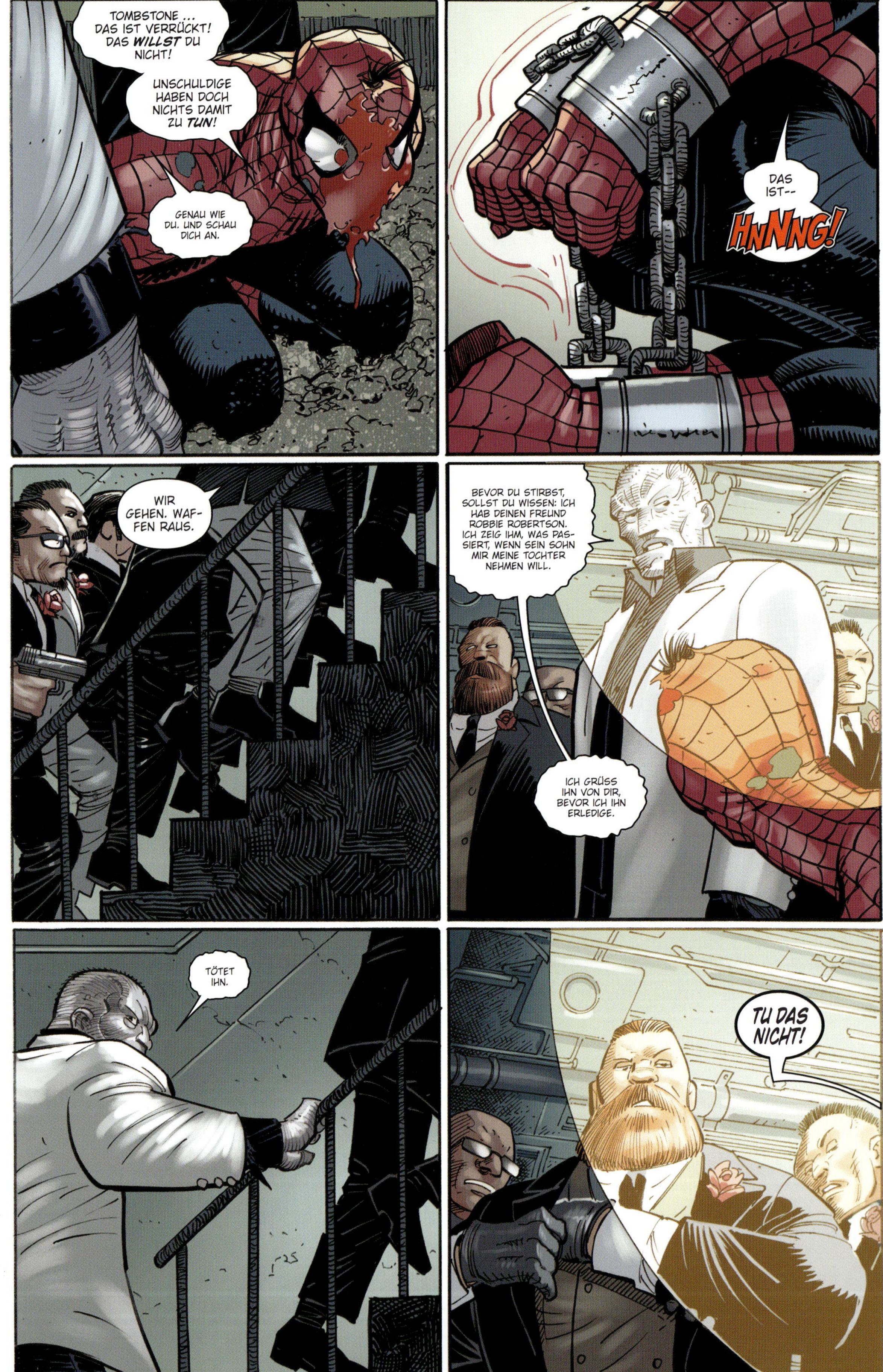
TOMBSTONE ... DAS IST VERRÜCKT! DAS *WILLST* DU NICHT!
UNSCHULDIGE HABEN DOCH NICHTS DAMIT ZU *TUN*!
GENAU WIE DU. UND SCHAU DICH AN.
DAS IST--
HNNNG!
WIR GEHEN. WAFFEN RAUS.
BEVOR DU STIRBST, SOLLST DU WISSEN: ICH HAB DEINEN FREUND ROBBIE ROBERTSON. ICH ZEIG IHM, WAS PASSIERT, WENN SEIN SOHN MIR MEINE TOCHTER NEHMEN WILL.
ICH GRÜSS IHN VON DIR, BEVOR ICH IHN ERLEDIGE.
TÖTET IHN.
TU DAS NICHT!

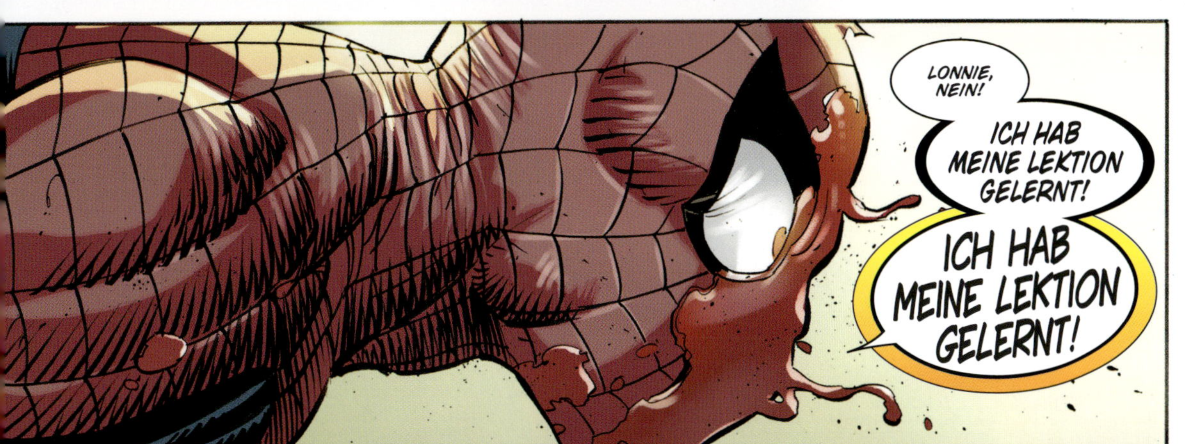
LONNIE, NEIN!
ICH HAB MEINE LEKTION GELERNT!
ICH HAB MEINE LEKTION GELERNT!

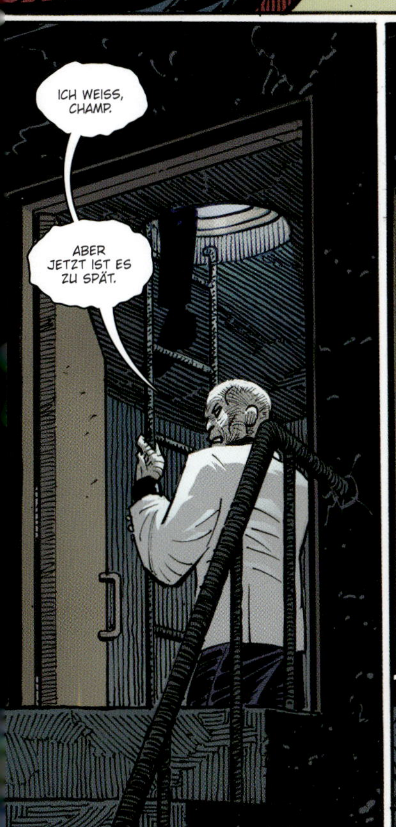
ICH WEISS, CHAMP.
ABER JETZT IST ES ZU SPÄT.

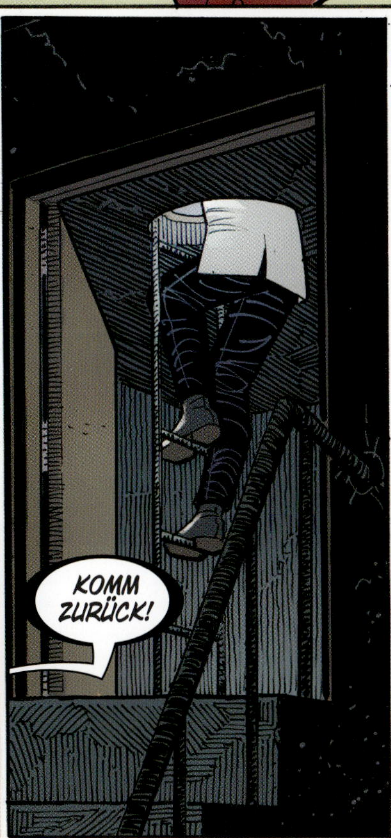
KOMM ZURÜCK!

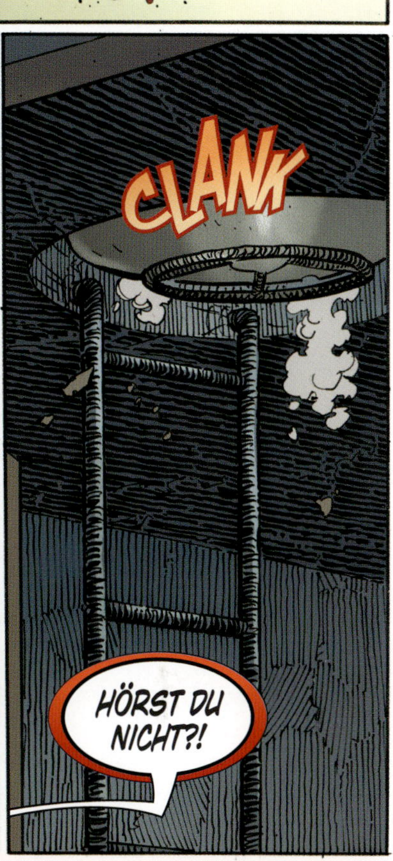
CLANK
HÖRST DU NICHT?!

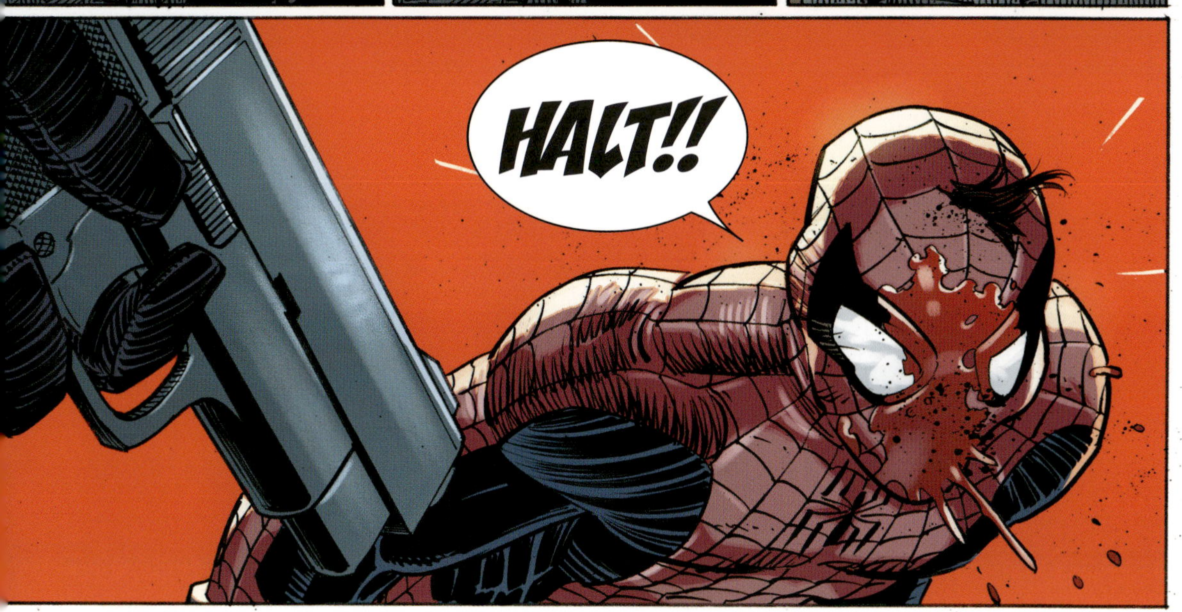
HALT!!

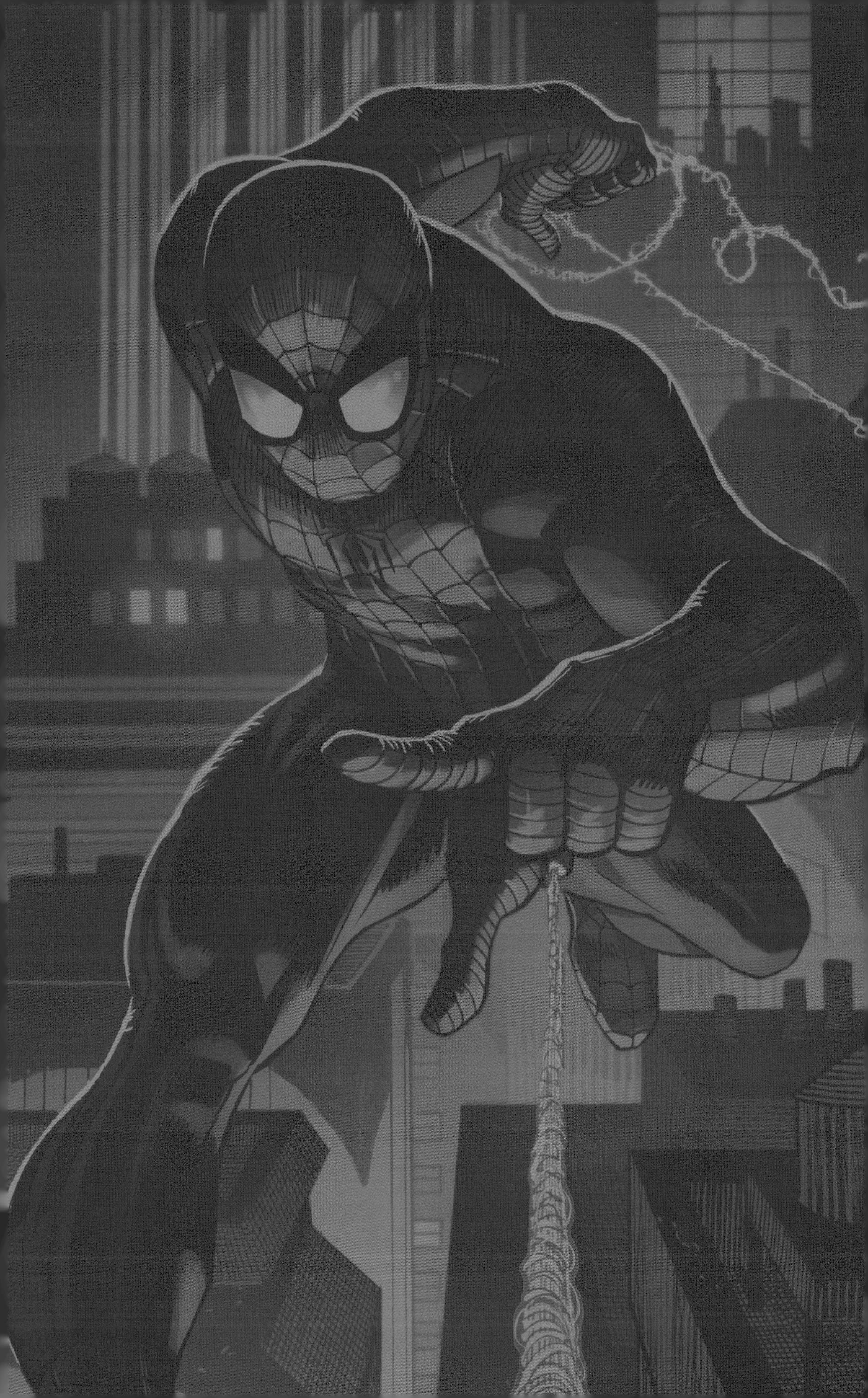

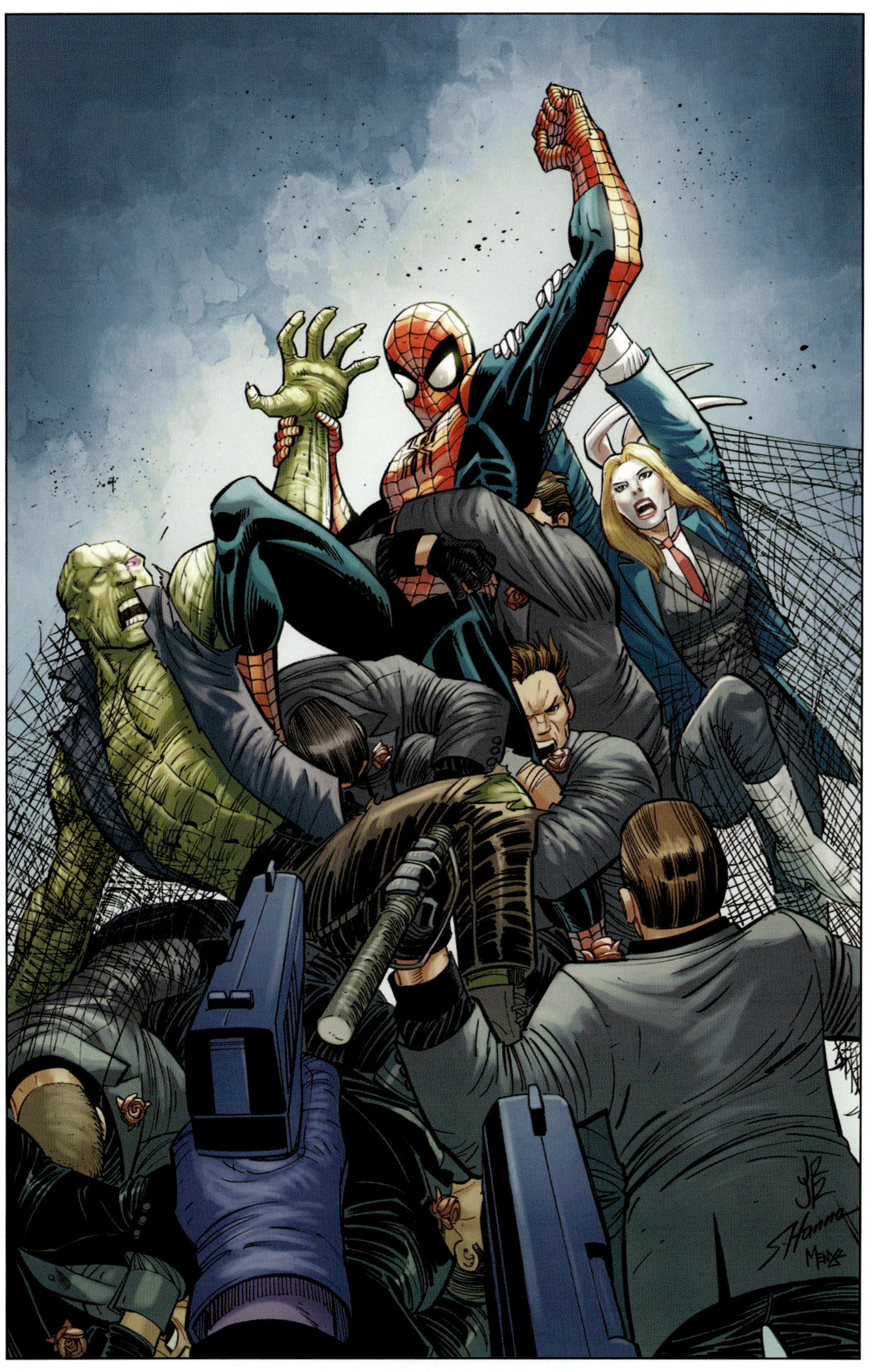

Amazing Spider-Man (2022) 4
Cover von **JOHN ROMITA JR.**

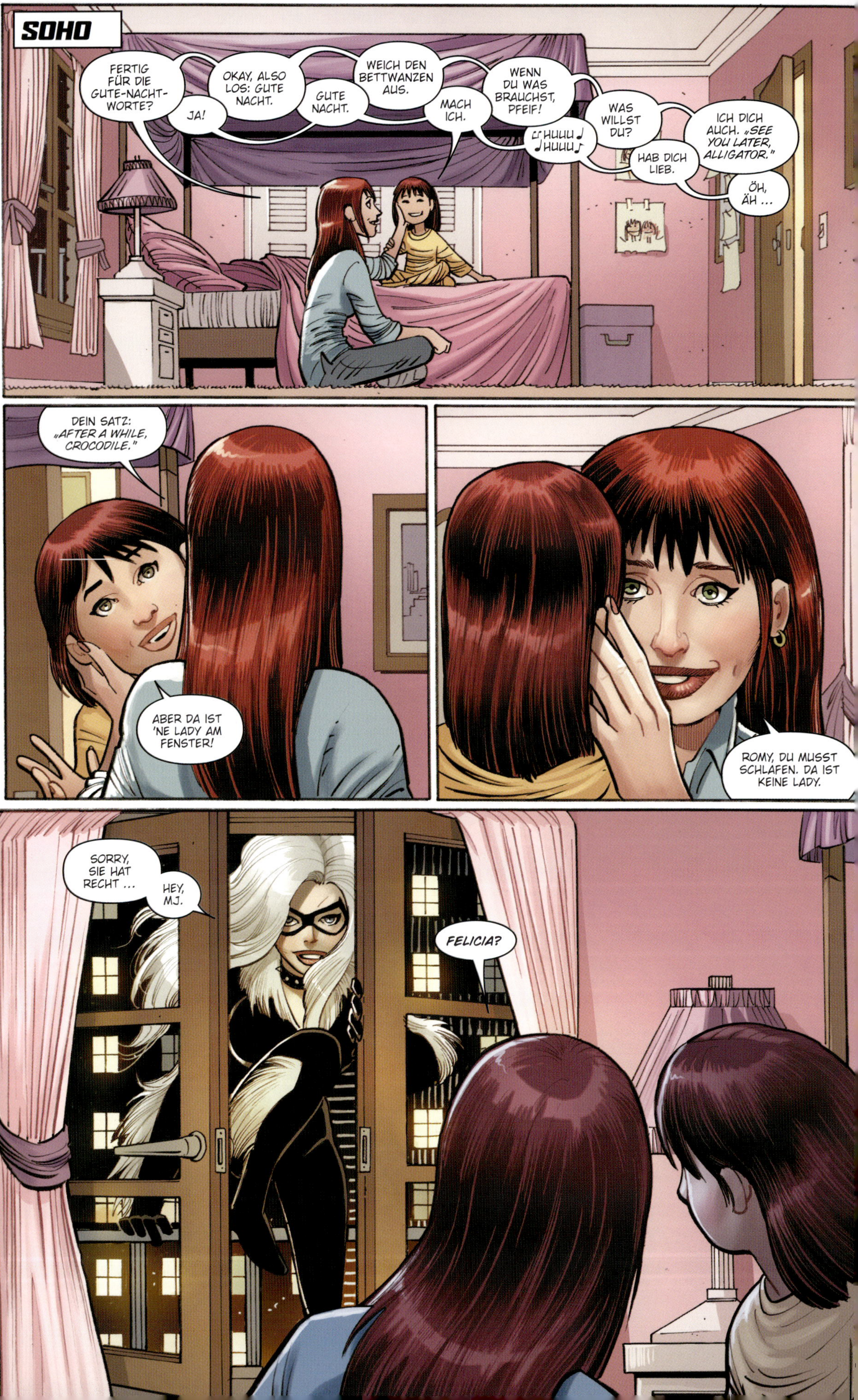

SOHO
FERTIG FÜR DIE GUTE-NACHT-WORTE?
JA!
OKAY, ALSO LOS: GUTE NACHT.
GUTE NACHT.
WEICH DEN BETTWANZEN AUS.
MACH ICH.
WENN DU WAS BRAUCHST, PFEIF!
♫HUUU♩ ♩HUUU♪
WAS WILLST DU?
HAB DICH LIEB.
ICH DICH AUCH. „SEE YOU LATER, ALLIGATOR."
ÖH, ÄH ...

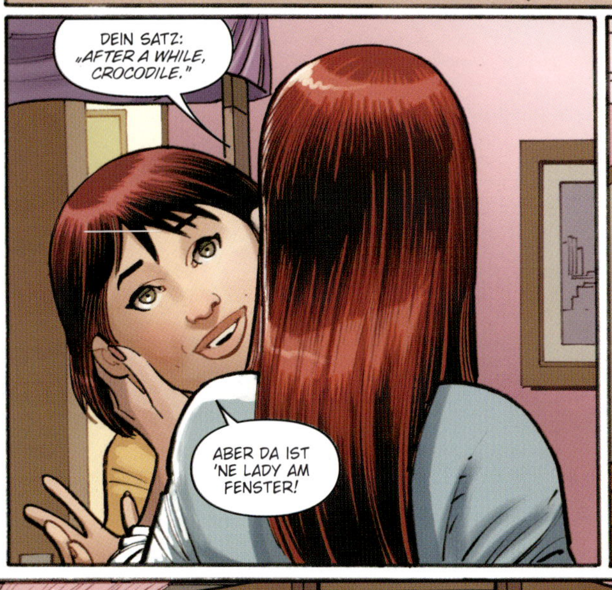
DEIN SATZ: „AFTER A WHILE, CROCODILE."
ABER DA IST 'NE LADY AM FENSTER!

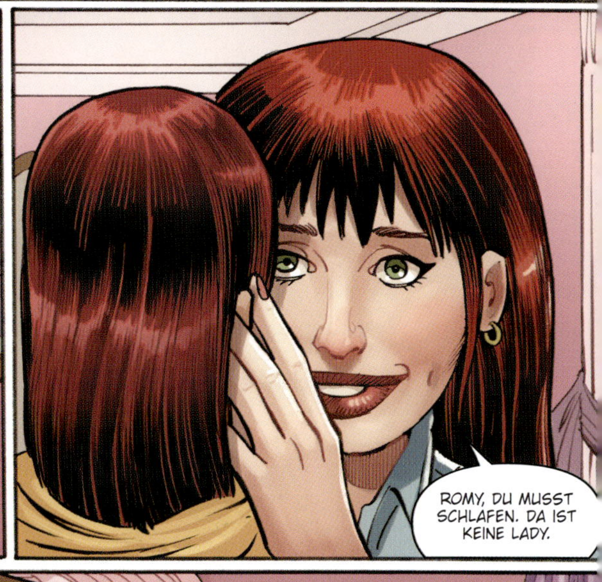
ROMY, DU MUSST SCHLAFEN. DA IST KEINE LADY.

SORRY, SIE HAT RECHT ...
HEY, MJ.
FELICIA?

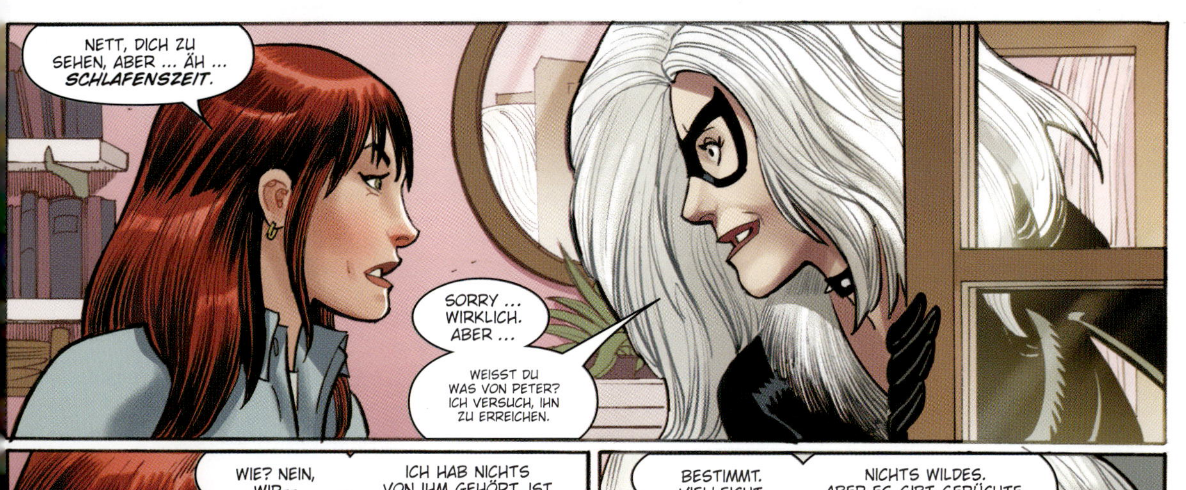
NETT, DICH ZU SEHEN, ABER ... ÄH ... *SCHLAFENSZEIT*.
SORRY ... WIRKLICH. ABER ...
WEISST DU WAS VON PETER? ICH VERSUCH, IHN ZU ERREICHEN.

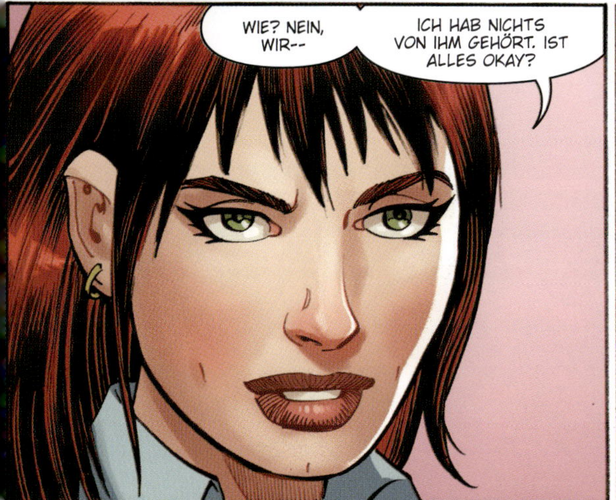
WIE? NEIN, WIR--
ICH HAB NICHTS VON IHM GEHÖRT. IST ALLES OKAY?

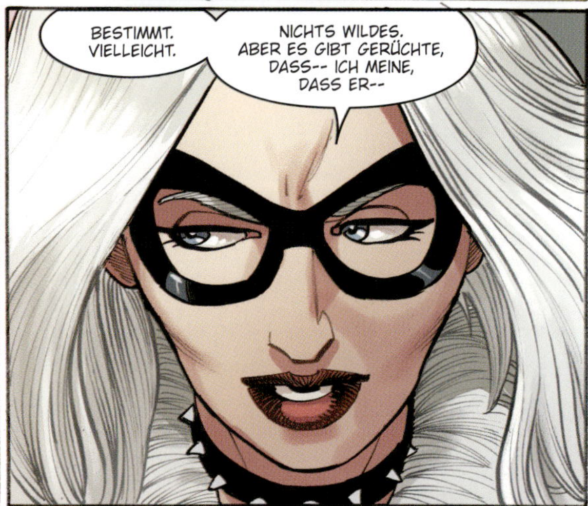
BESTIMMT. VIELLEICHT.
NICHTS WILDES. ABER ES GIBT GERÜCHTE, DASS-- ICH MEINE, DASS ER--

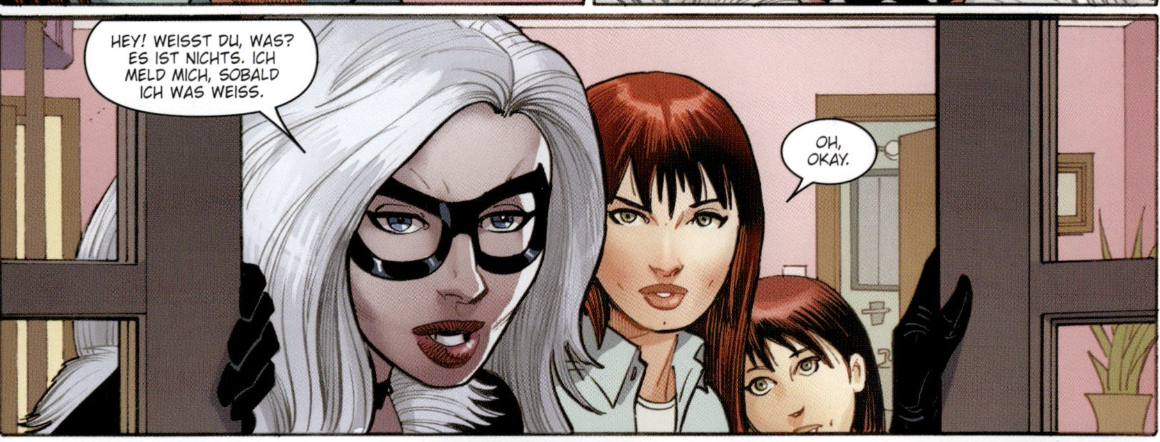
HEY! WEISST DU, WAS? ES IST NICHTS. ICH MELD MICH, SOBALD ICH WAS WEISS.
OH, OKAY.

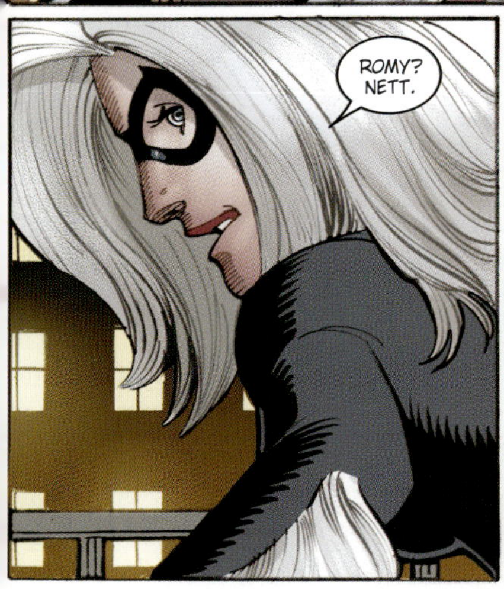
ROMY? NETT.

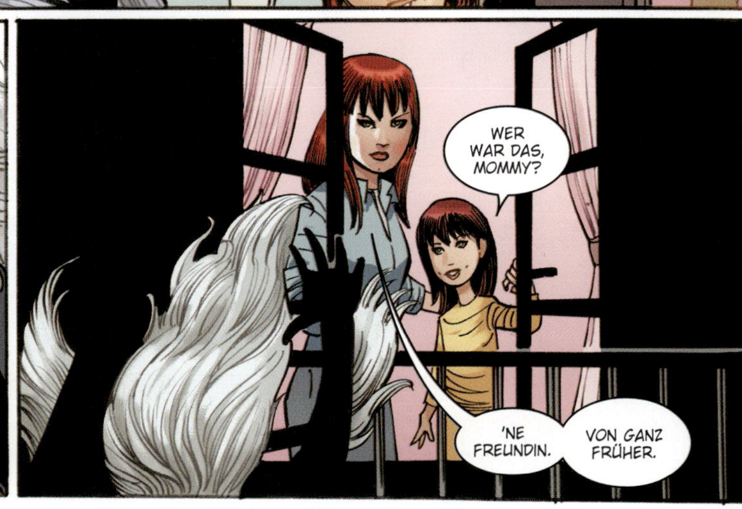
WER WAR DAS, MOMMY?
'NE FREUNDIN.
VON GANZ FRÜHER.

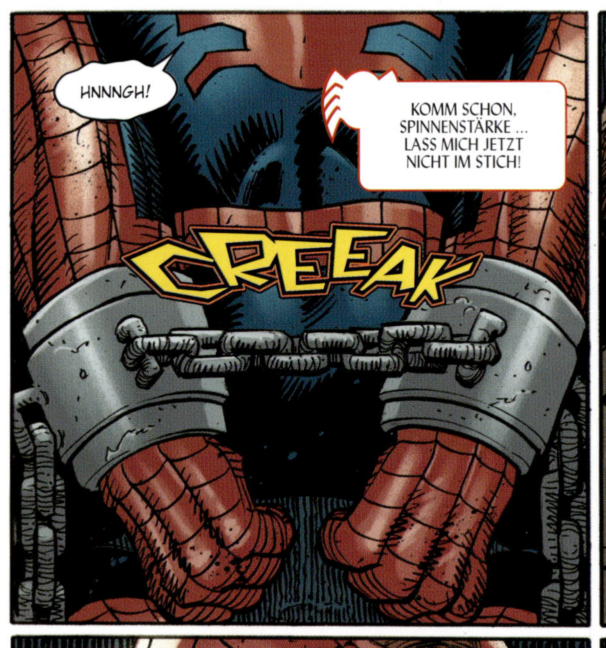
HNNNGH!
KOMM SCHON, SPINNENSTÄRKE ... LASS MICH JETZT NICHT IM STICH!
CREEAK

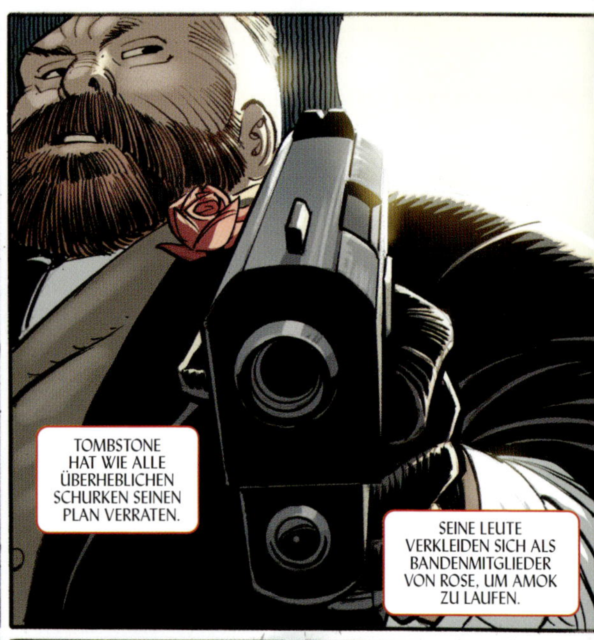
TOMBSTONE HAT WIE ALLE ÜBERHEBLICHEN SCHURKEN SEINEN PLAN VERRATEN.
SEINE LEUTE VERKLEIDEN SICH ALS BANDENMITGLIEDER VON ROSE, UM AMOK ZU LAUFEN.

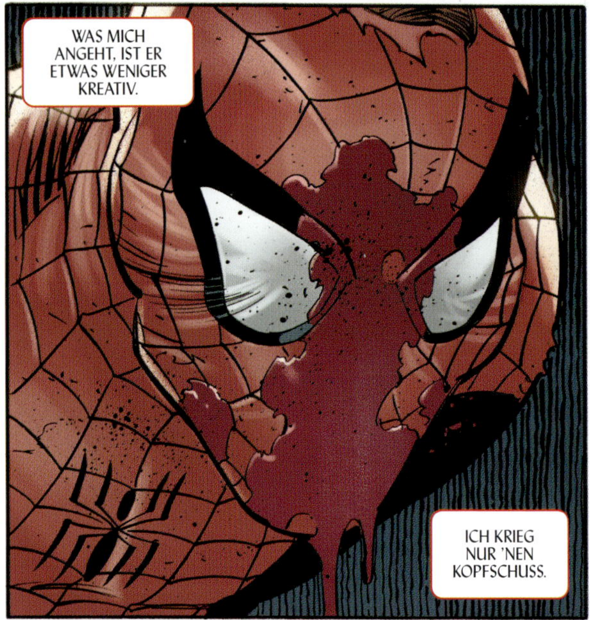
WAS MICH ANGEHT, IST ER ETWAS WENIGER KREATIV.
ICH KRIEG NUR 'NEN KOPFSCHUSS.

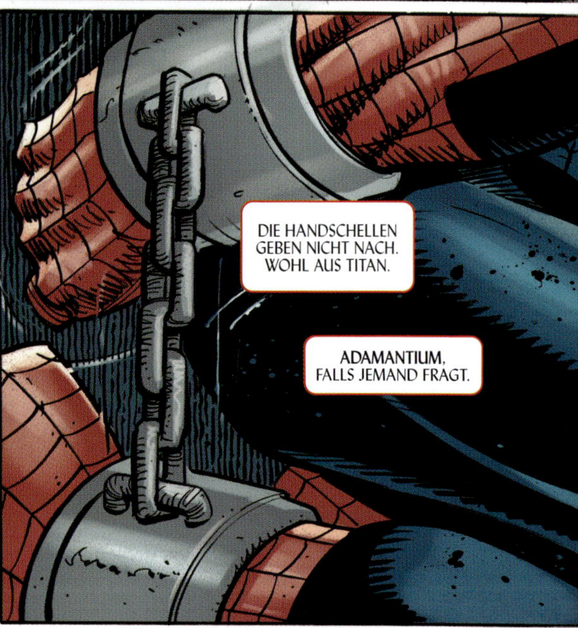
DIE HANDSCHELLEN GEBEN NICHT NACH. WOHL AUS TITAN.
ADAMANTIUM, FALLS JEMAND FRAGT.

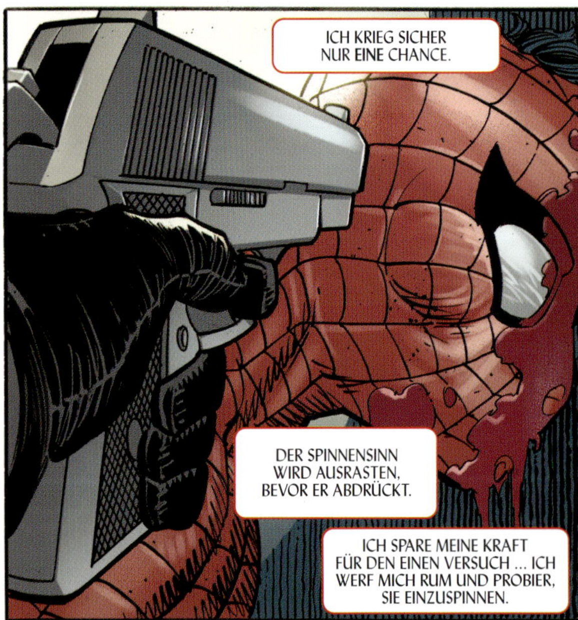
ICH KRIEG SICHER NUR EINE CHANCE.
DER SPINNENSINN WIRD AUSRASTEN, BEVOR ER ABDRÜCKT.
ICH SPARE MEINE KRAFT FÜR DEN EINEN VERSUCH ... ICH WERF MICH RUM UND PROBIER, SIE EINZUSPINNEN.

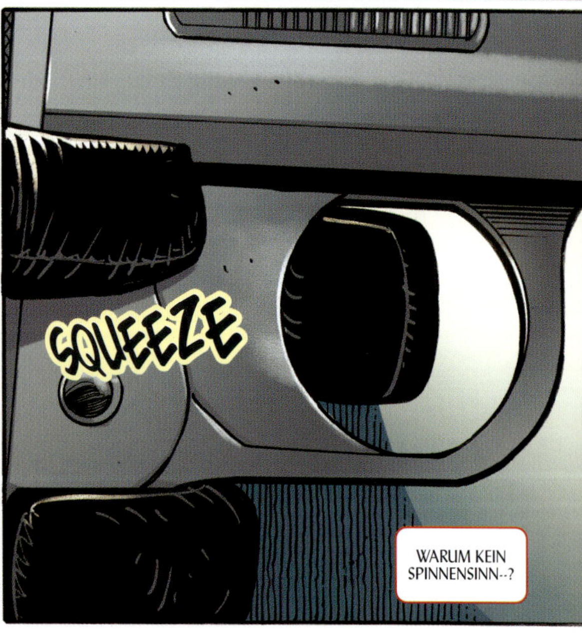
SQUEEZE
WARUM KEIN SPINNENSINN--?

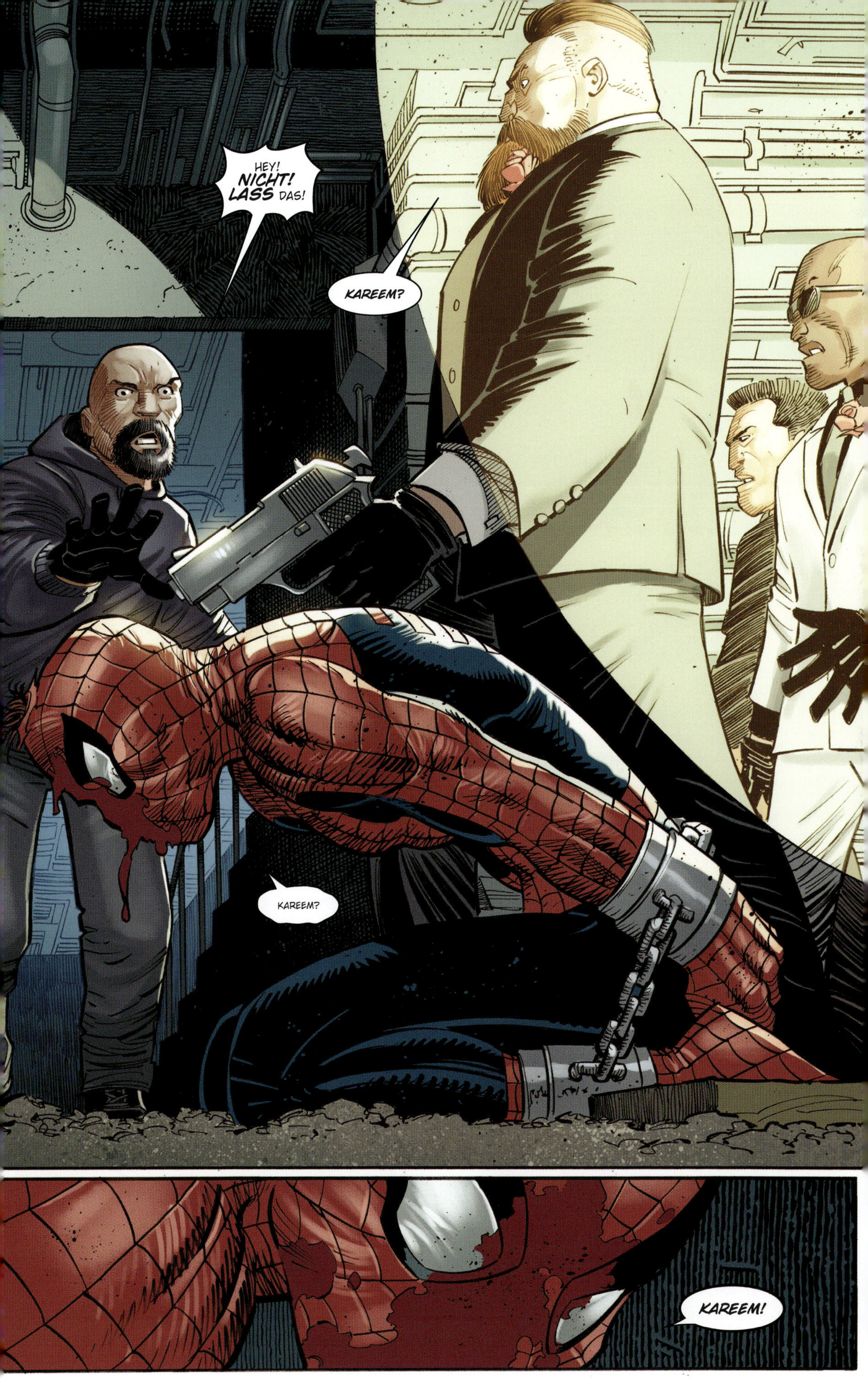
HEY! NICHT! LASS DAS!
KAREEM?
KAREEM?
KAREEM!

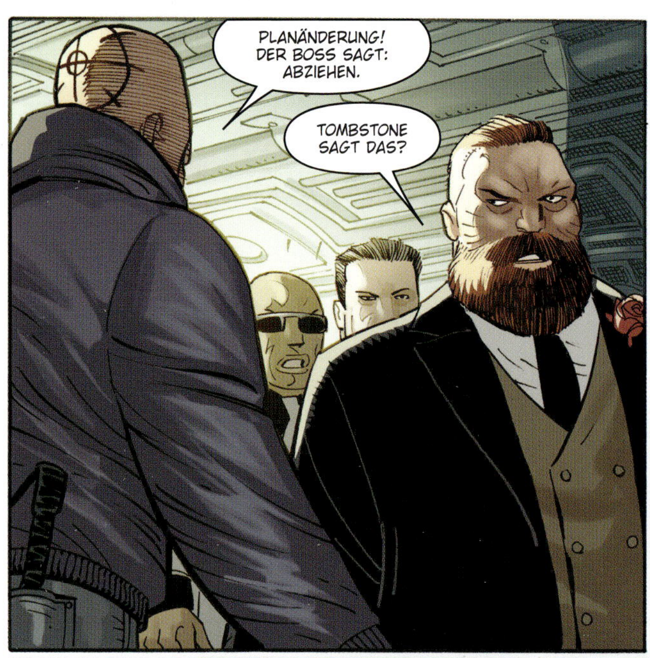
PLANÄNDERUNG! DER BOSS SAGT: ABZIEHEN.
TOMBSTONE SAGT DAS?
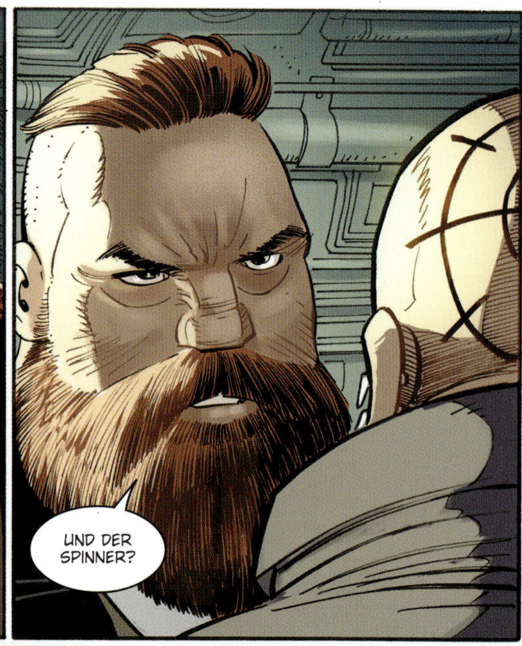
UND DER SPINNER?
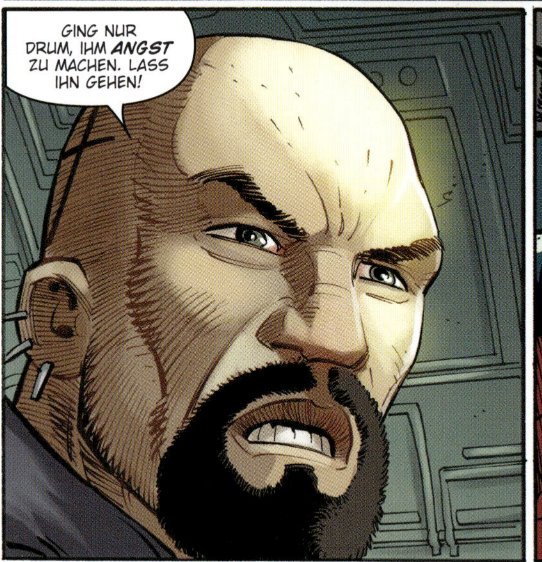
GING NUR DRUM, IHM ANGST ZU MACHEN. LASS IHN GEHEN!
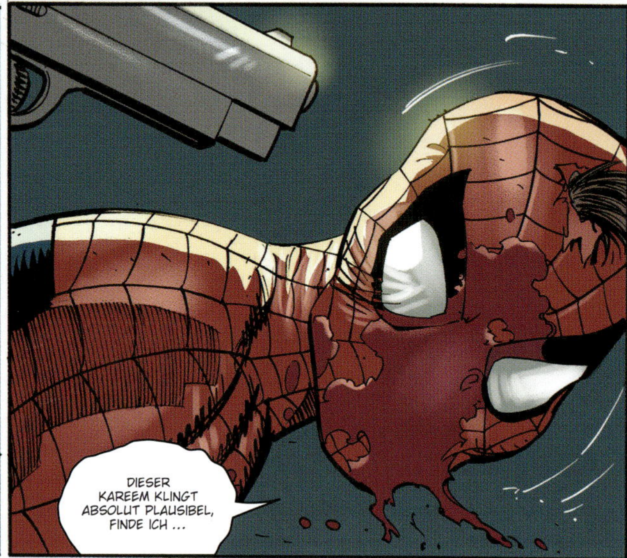
DIESER KAREEM KLINGT ABSOLUT PLAUSIBEL, FINDE ICH ...
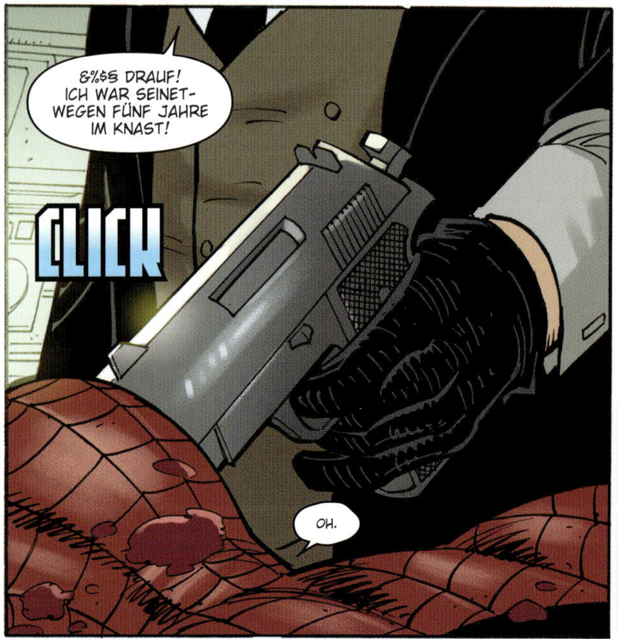
&%$§ DRAUF! ICH WAR SEINET-WEGEN FÜNF JAHRE IM KNAST!
CLICK
OH.
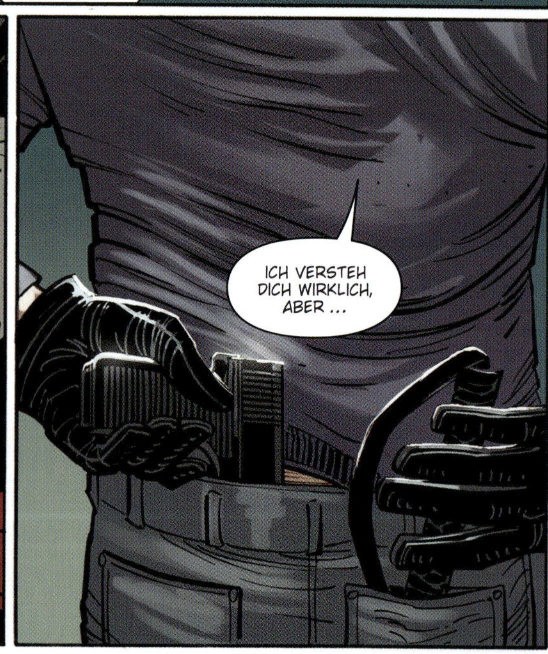
ICH VERSTEH DICH WIRKLICH, ABER ...

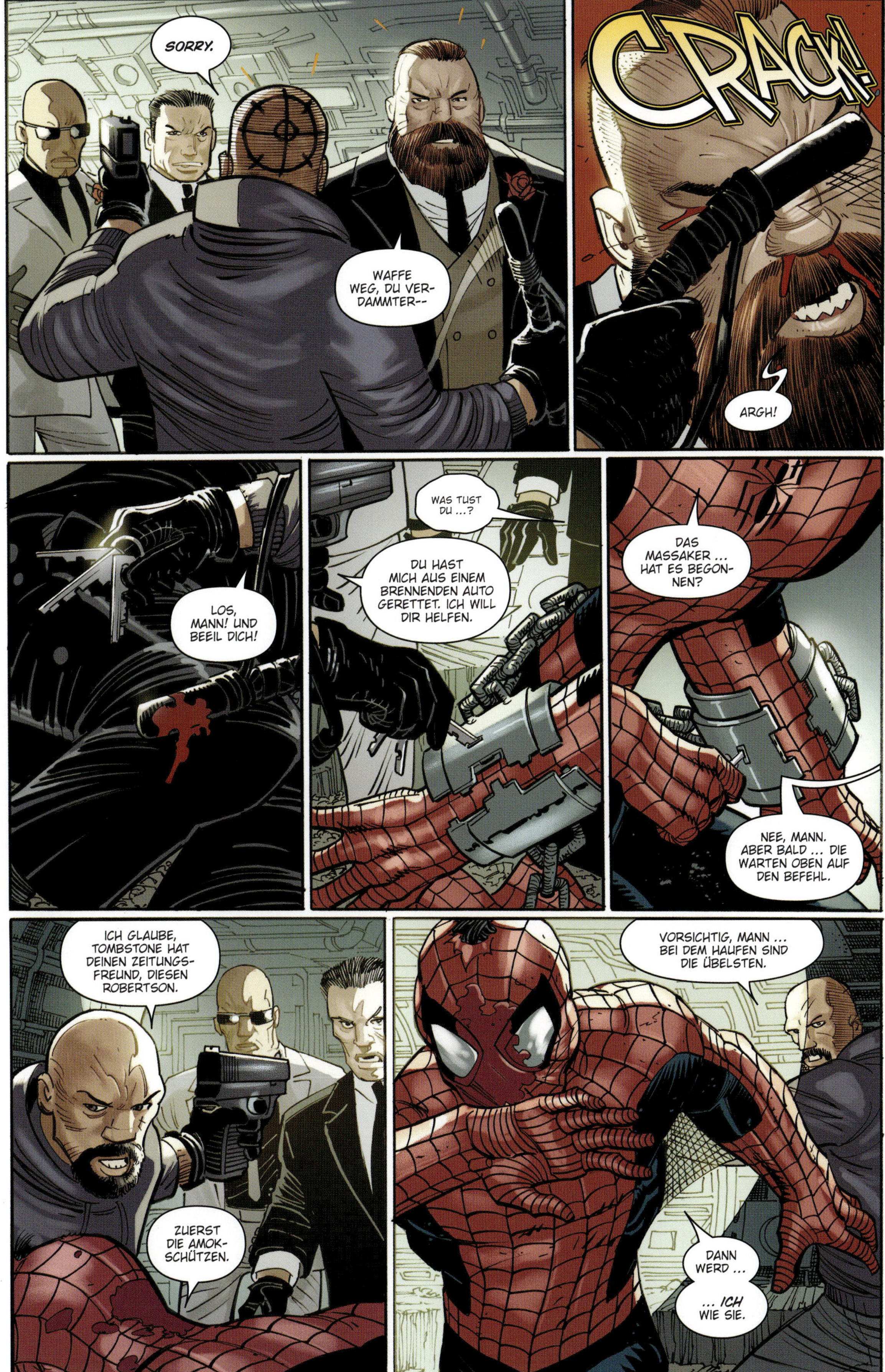
SORRY.
WAFFE WEG, DU VERDAMMTER--
CRACK!
ARGH!
LOS, MANN! UND BEEIL DICH!
WAS TUST DU ...?
DU HAST MICH AUS EINEM BRENNENDEN AUTO GERETTET. ICH WILL DIR HELFEN.
DAS MASSAKER ... HAT ES BEGONNEN?
NEE, MANN. ABER BALD ... DIE WARTEN OBEN AUF DEN BEFEHL.
ICH GLAUBE, TOMBSTONE HAT DEINEN ZEITUNGSFREUND, DIESEN ROBERTSON.
ZUERST DIE AMOKSCHÜTZEN.
VORSICHTIG, MANN ... BEI DEM HAUFEN SIND DIE ÜBELSTEN.
DANN WERD ...
... ICH WIE SIE.

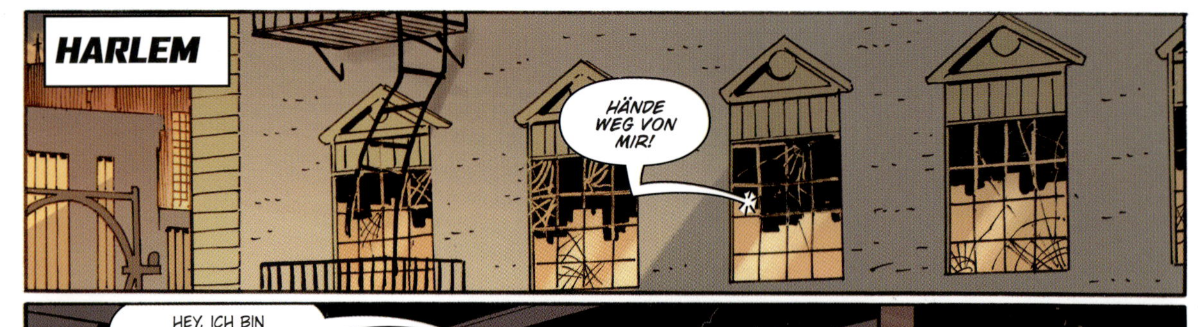

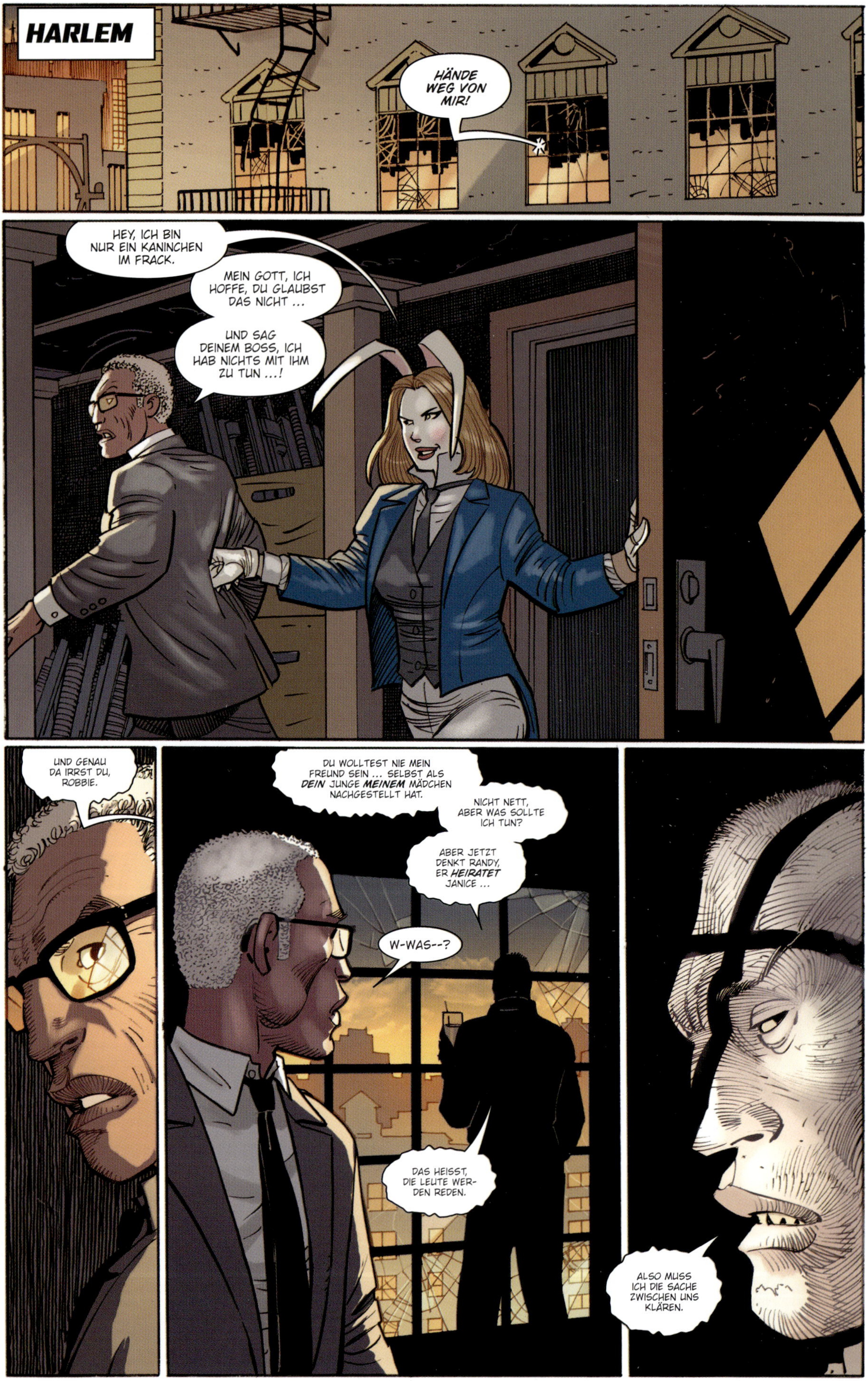

HEY, ICH BIN NUR EIN KANINCHEN IM FRACK.

MEIN GOTT, ICH HOFFE, DU GLAUBST DAS NICHT ...

UND SAG DEINEM BOSS, ICH HAB NICHTS MIT IHM ZU TUN ...!

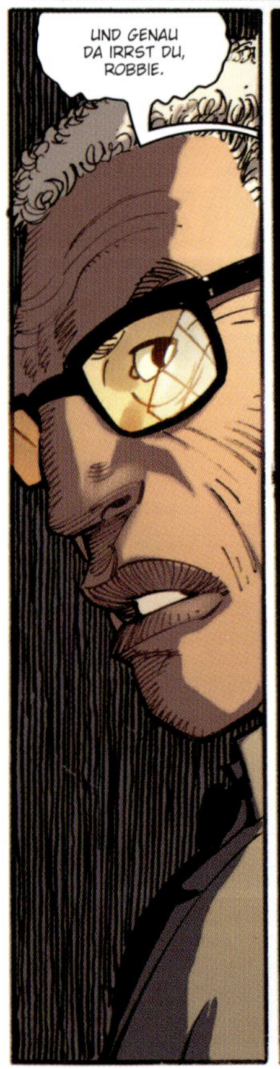

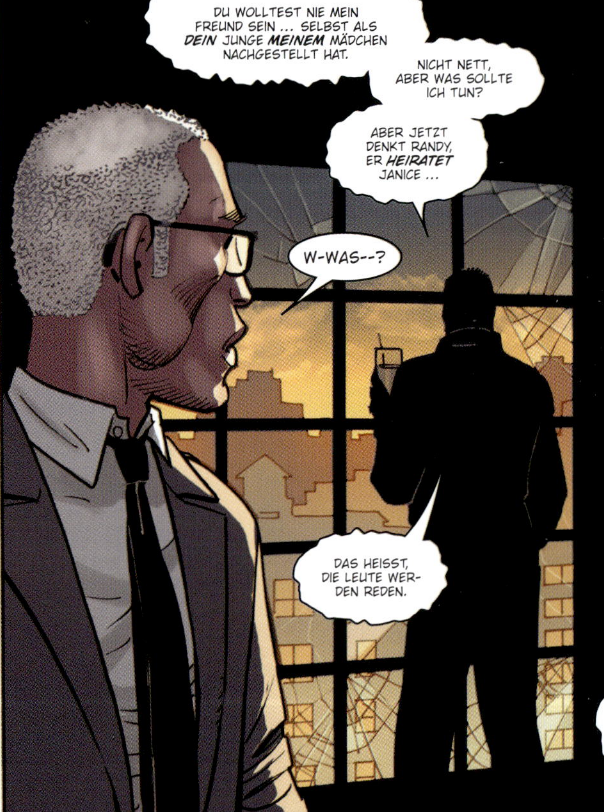

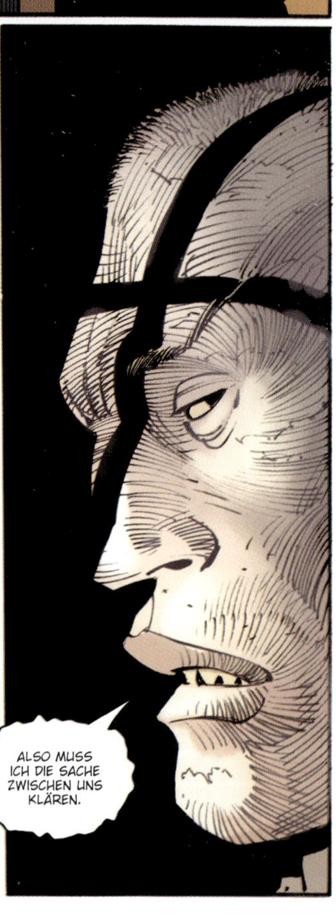

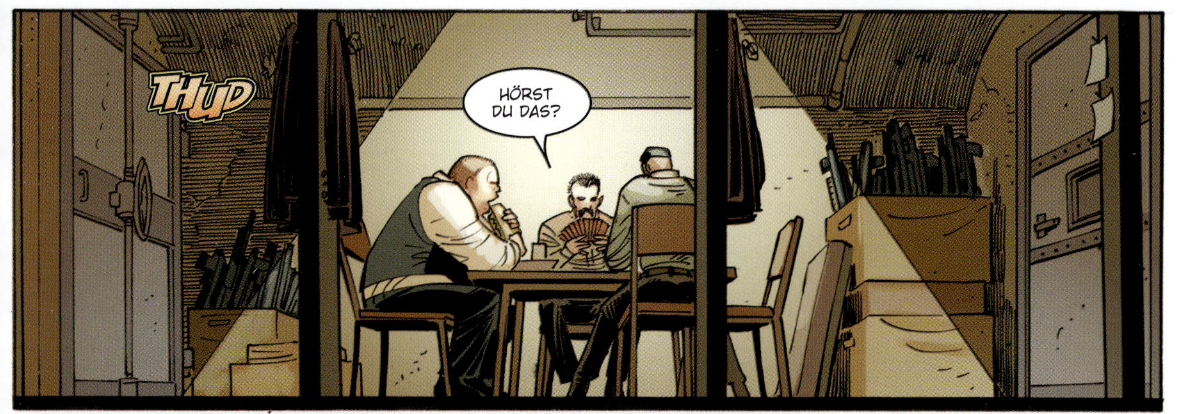
THUD
HÖRST DU DAS?

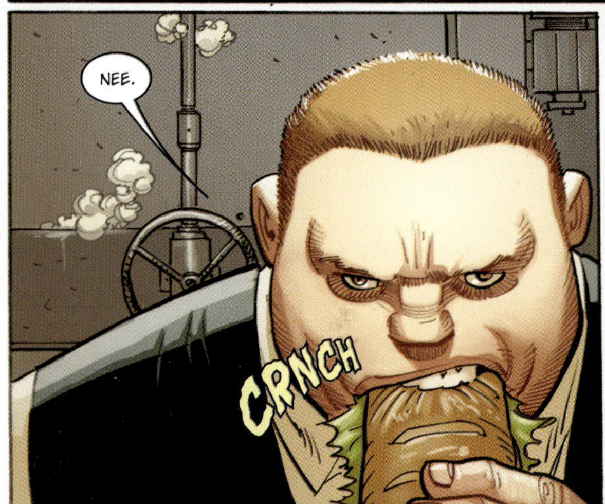
NEE.
CRNCH

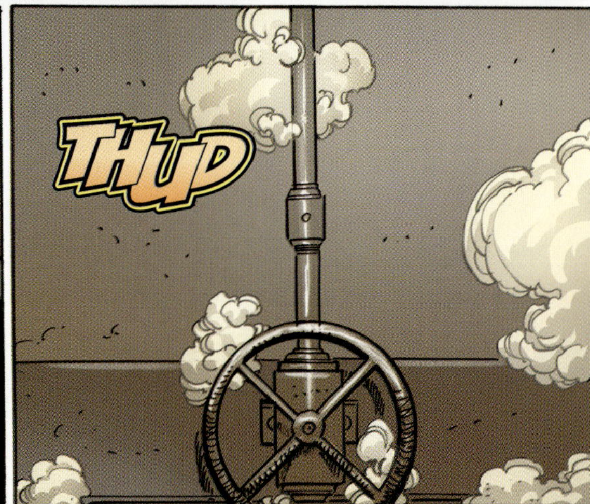
THUD

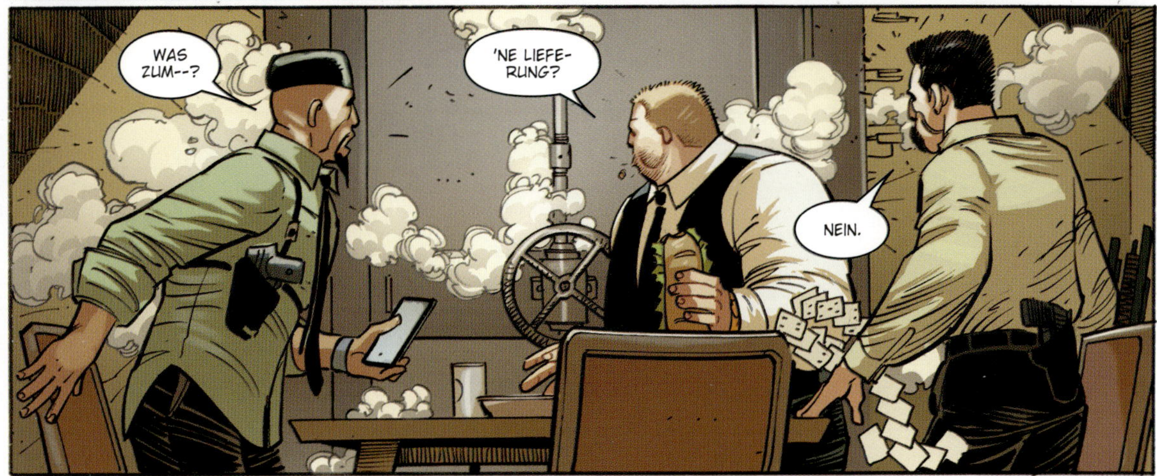
WAS ZUM--?
'NE LIEFE-RUNG?
NEIN.

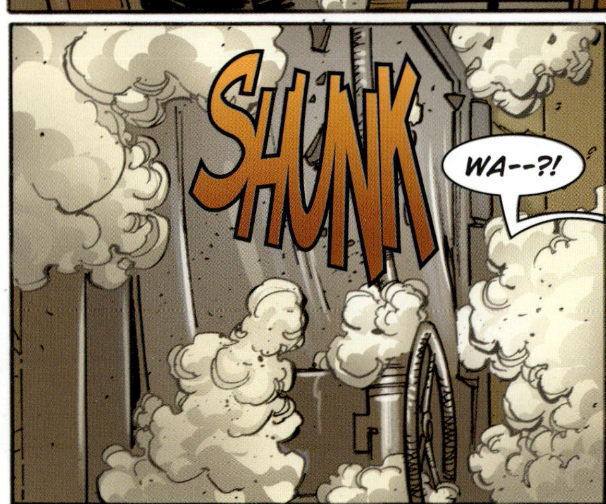
SHUNK
WA--?!

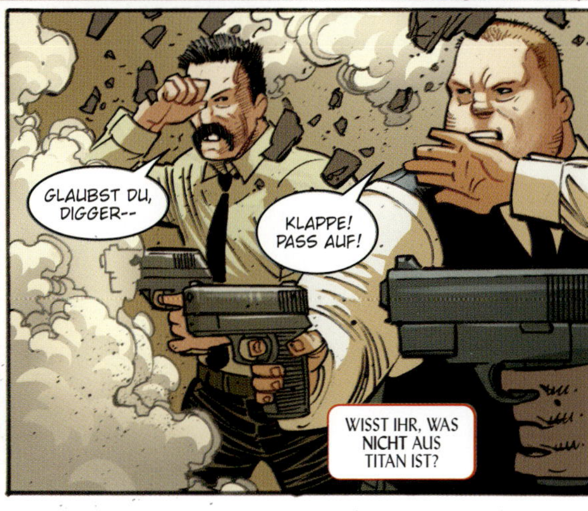
GLAUBST DU, DIGGER--
KLAPPE! PASS AUF!
WISST IHR, WAS NICHT AUS TITAN IST?

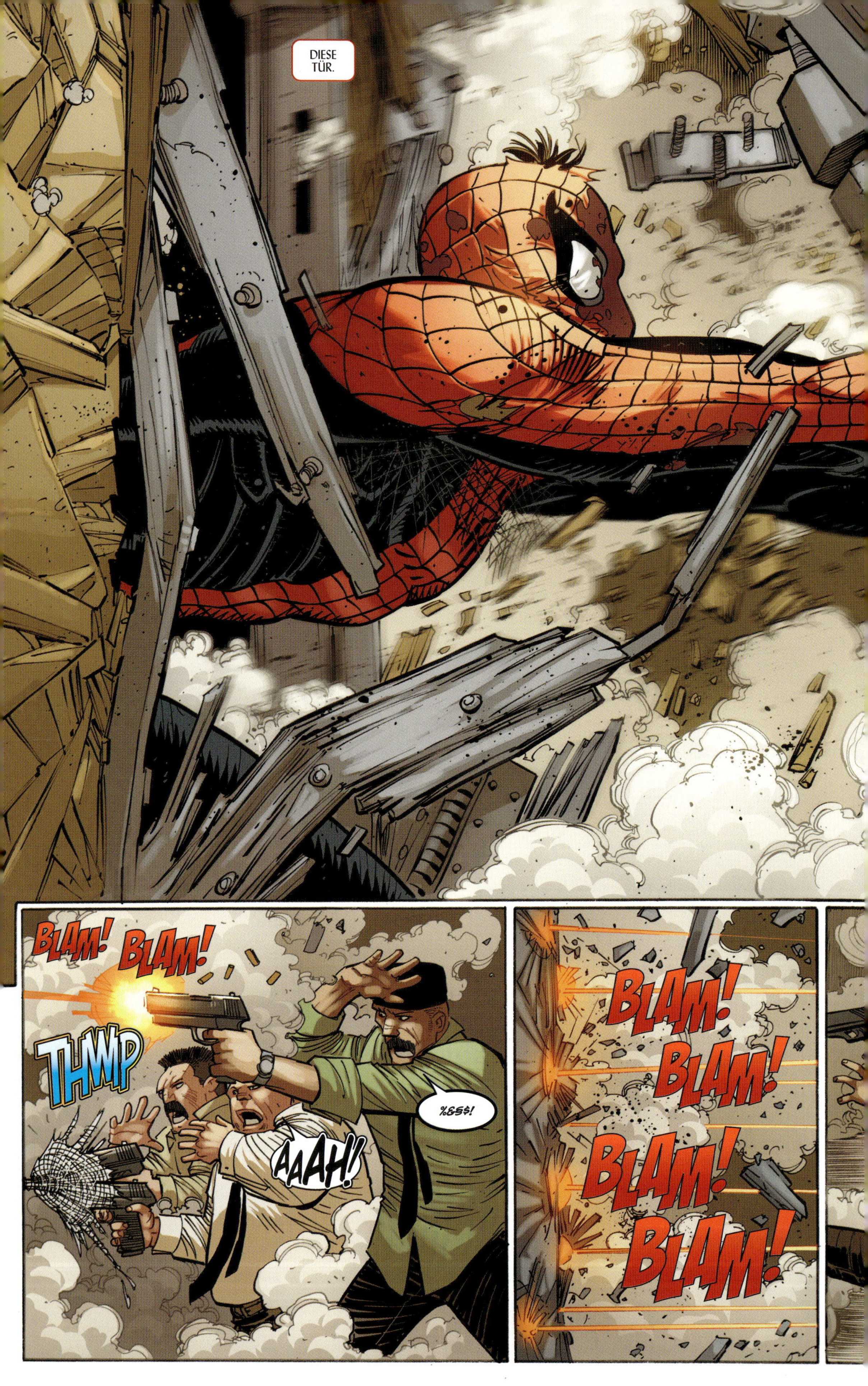
DIESE TÜR.
BLAM! BLAM!
THMP
AAAH!
%&$$!
BLAM!
BLAM!
BLAM!
BLAM!

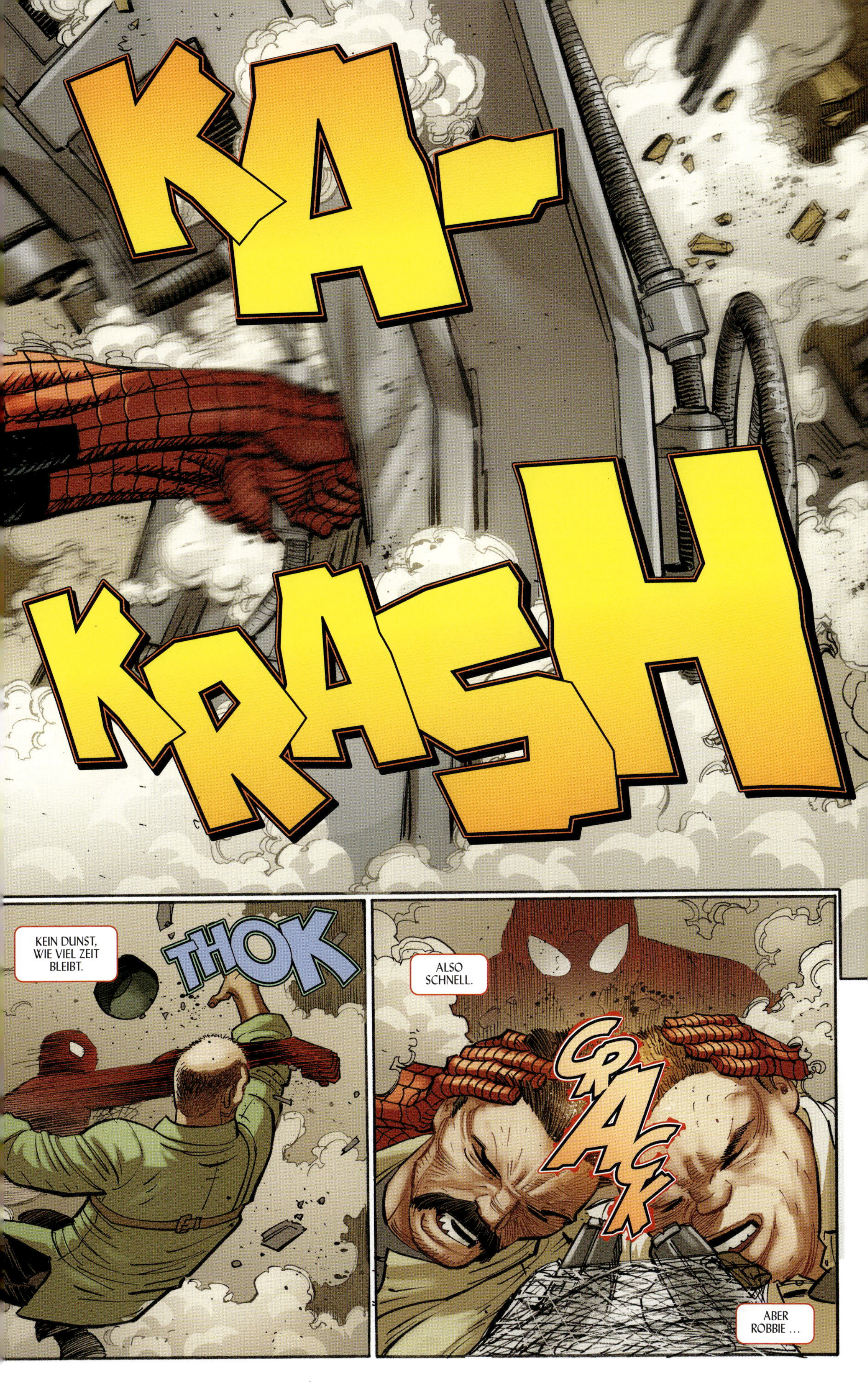
KA-
KRASH
KEIN DUNST, WIE VIEL ZEIT BLEIBT.
THOK
ALSO SCHNELL.
CRACK
ABER ROBBIE …

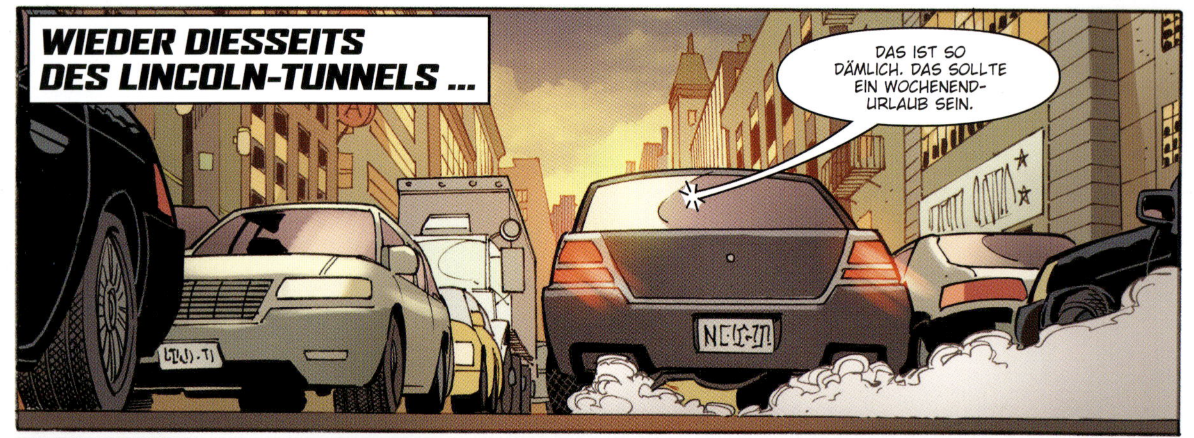
WIEDER DIESSEITS DES LINCOLN-TUNNELS ...
DAS IST SO DÄMLICH. DAS SOLLTE EIN WOCHENEND-URLAUB SEIN.

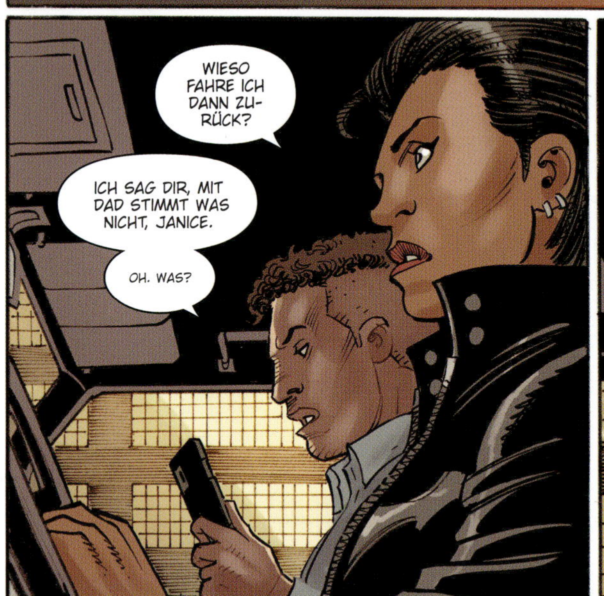
WIESO FAHRE ICH DANN ZURÜCK?
ICH SAG DIR, MIT DAD STIMMT WAS NICHT, JANICE.
OH. WAS?

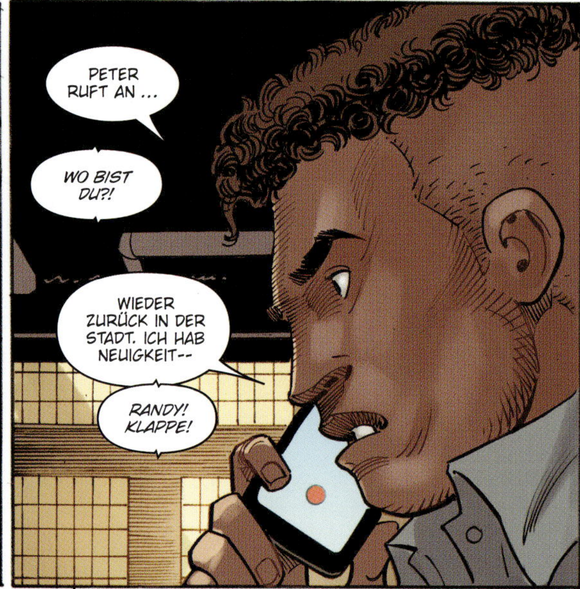
PETER RUFT AN ...
WO BIST DU?!
WIEDER ZURÜCK IN DER STADT. ICH HAB NEUIGKEIT--
RANDY! KLAPPE!

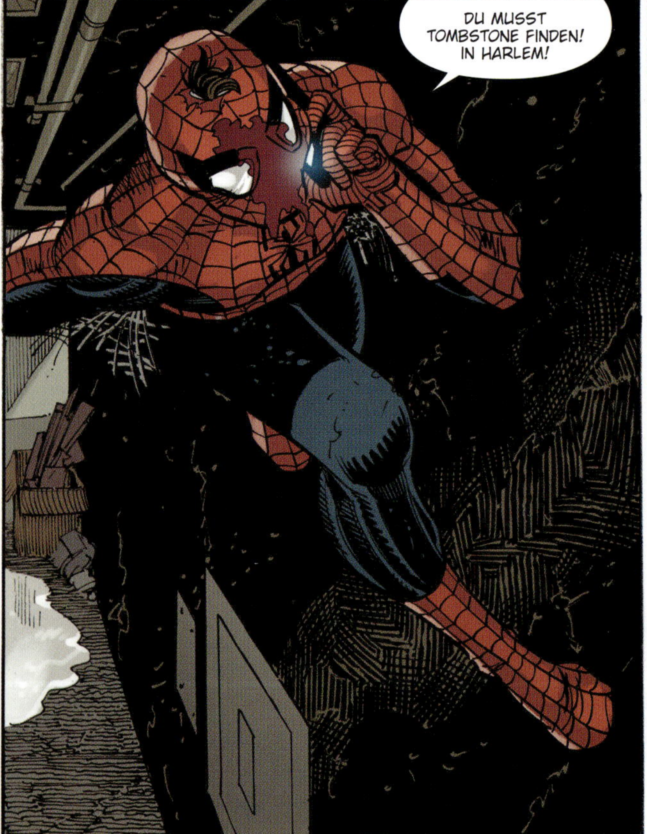
DU MUSST TOMBSTONE FINDEN! IN HARLEM!

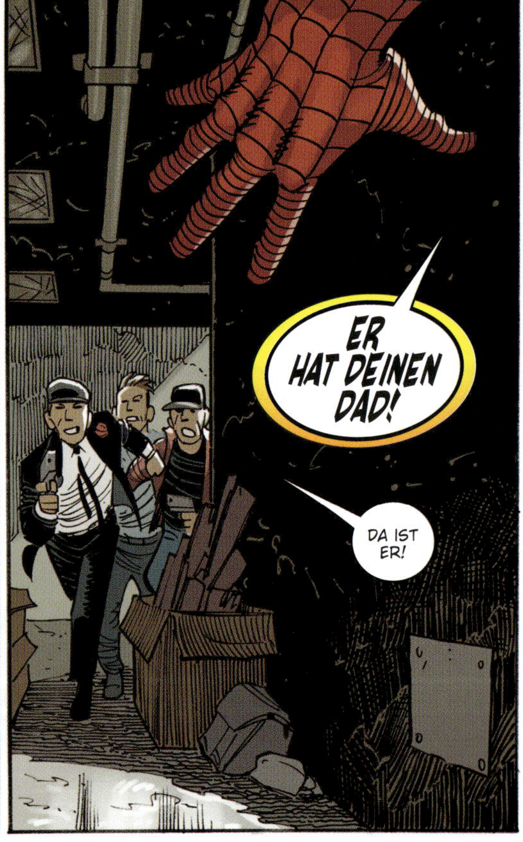
ER HAT DEINEN DAD!
DA IST ER!

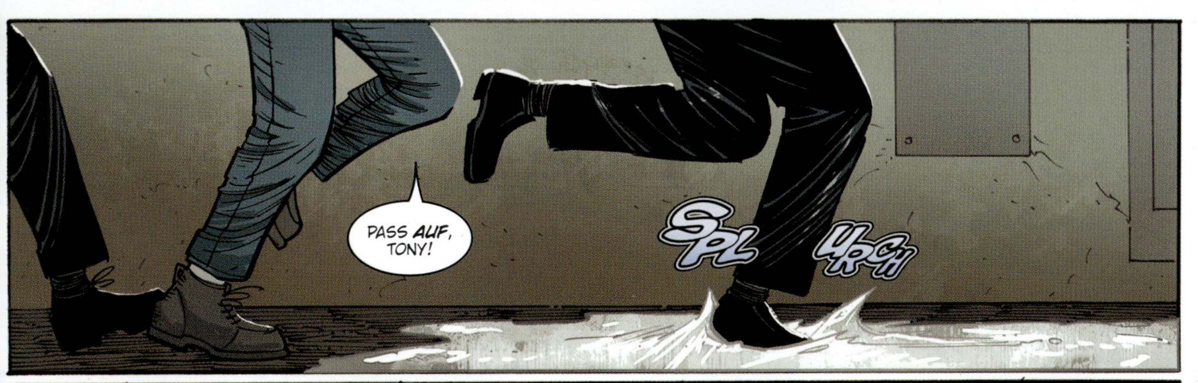
PASS AUF, TONY!
SPLURCH

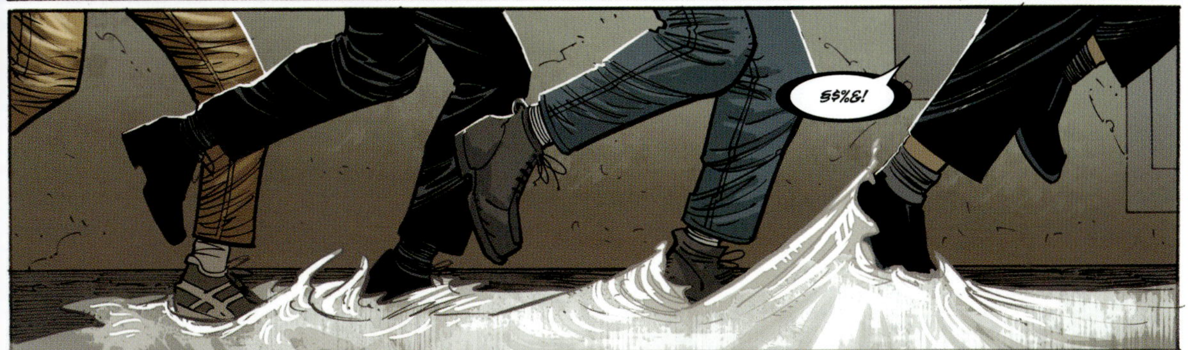
$$%&!

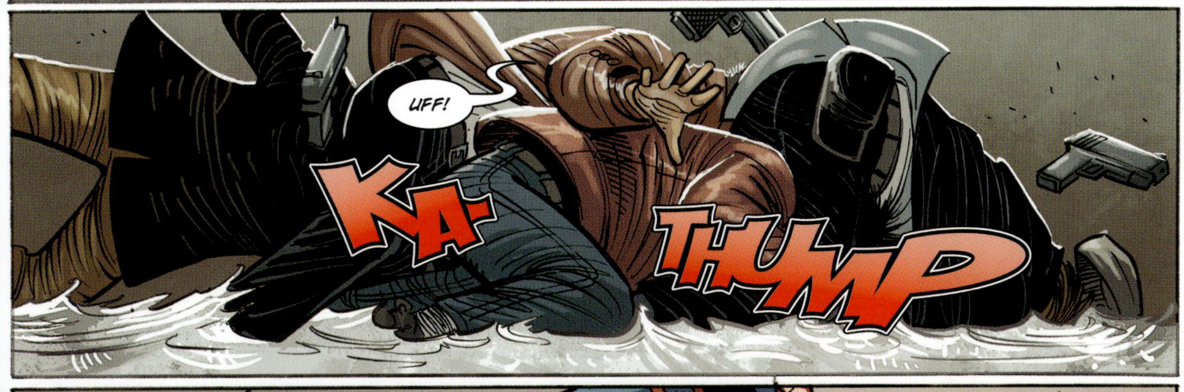
UFF!
KA-THUMP

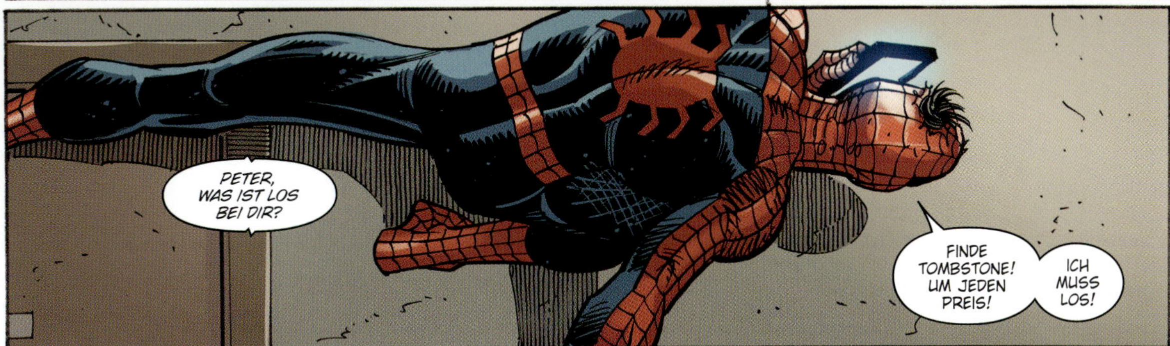
PETER, WAS IST LOS BEI DIR?
FINDE TOMBSTONE! UM JEDEN PREIS!
ICH MUSS LOS!

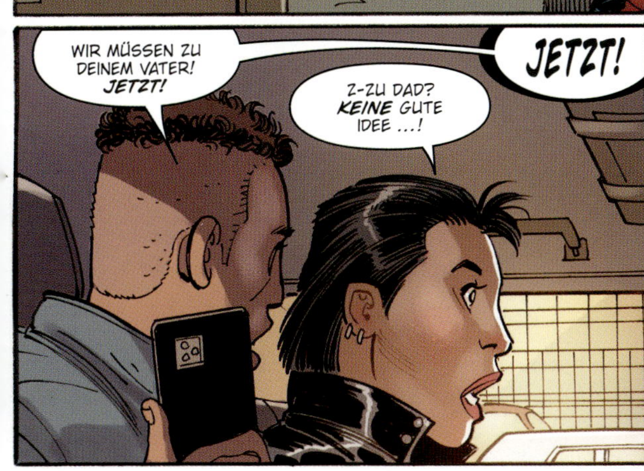
WIR MÜSSEN ZU DEINEM VATER! JETZT!
JETZT!
Z-ZU DAD? KEINE GUTE IDEE ...!

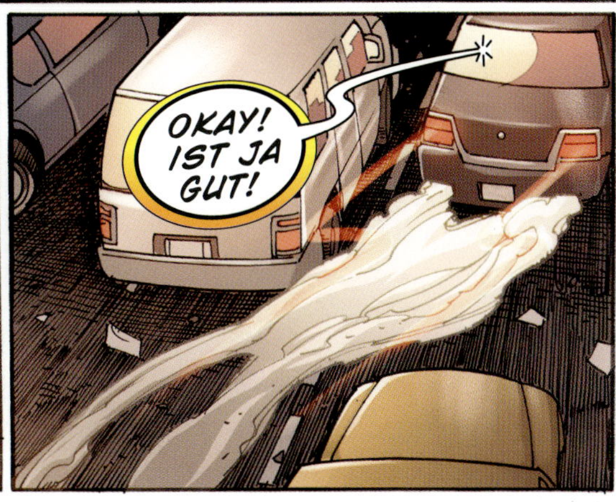
OKAY! IST JA GUT!

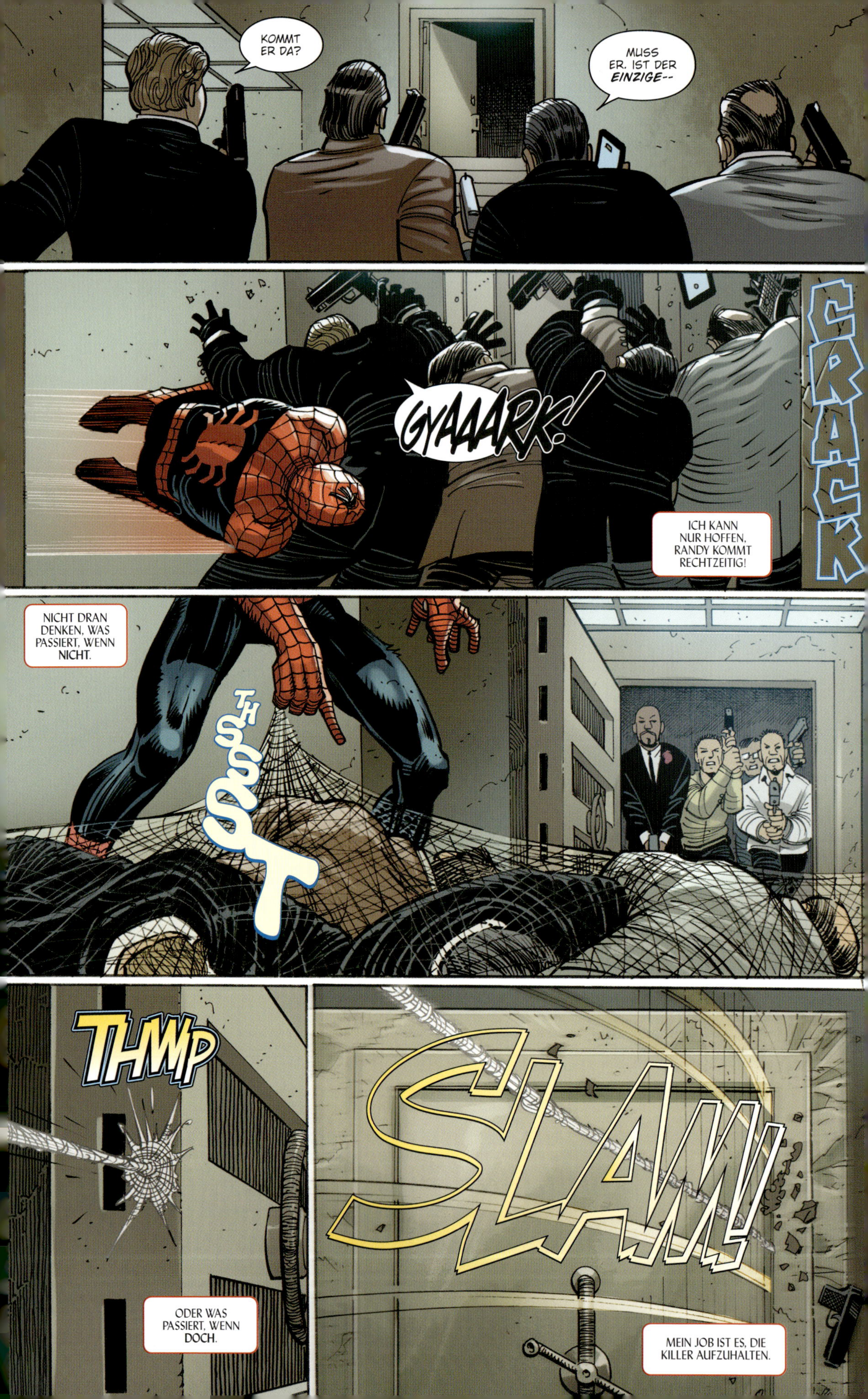

KOMMT ER DA?
MUSS ER. IST DER *EINZIGE*--

GYAAARK!
CRACK
ICH KANN NUR HOFFEN, RANDY KOMMT RECHTZEITIG!

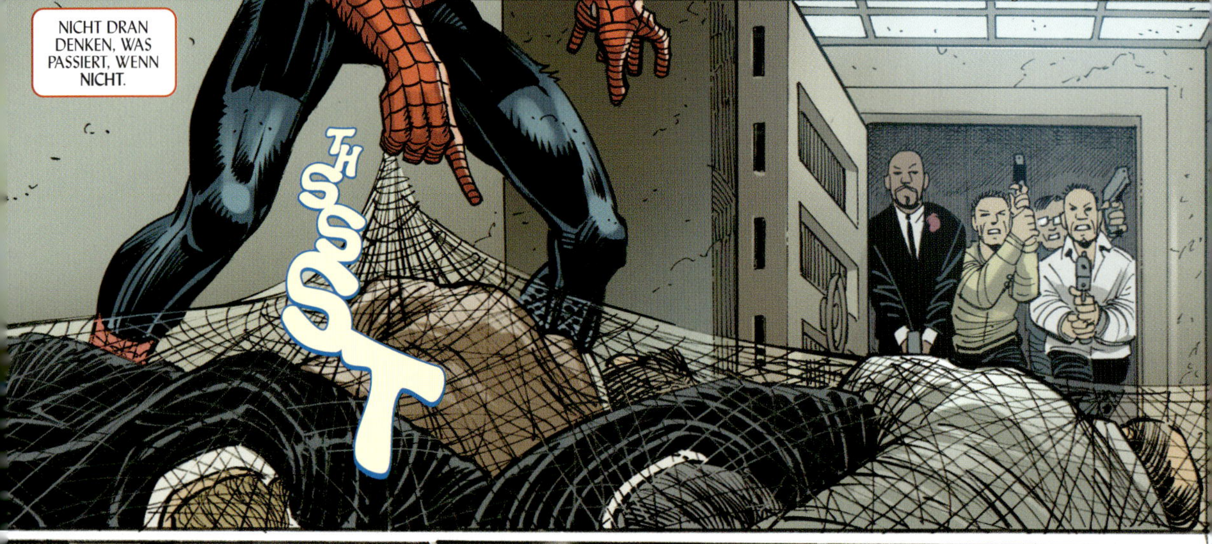

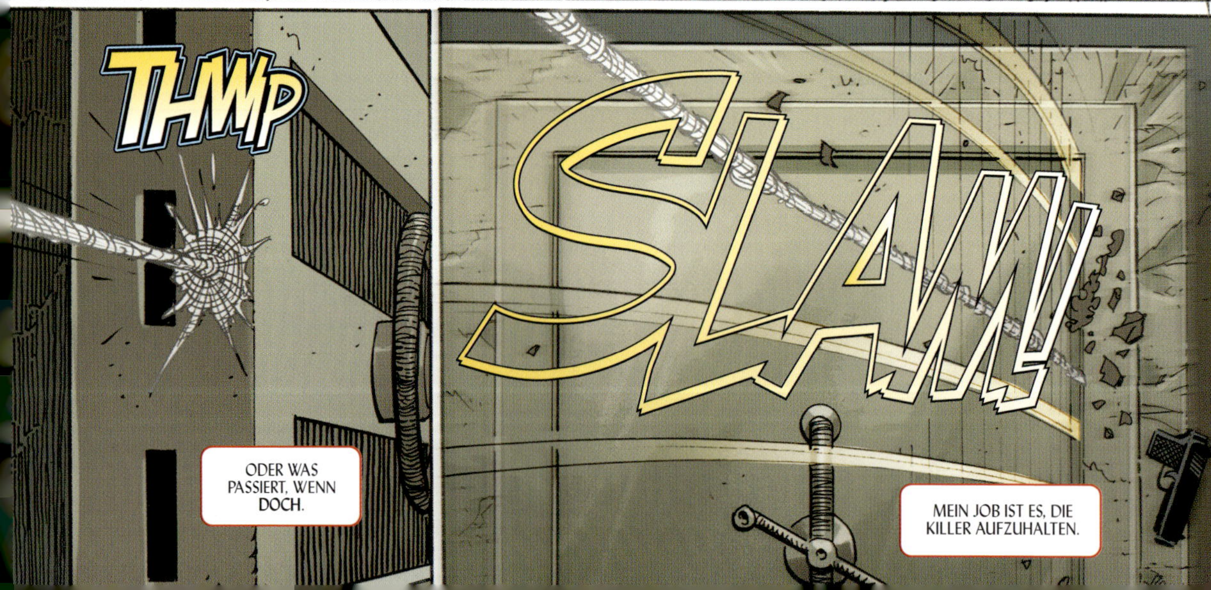

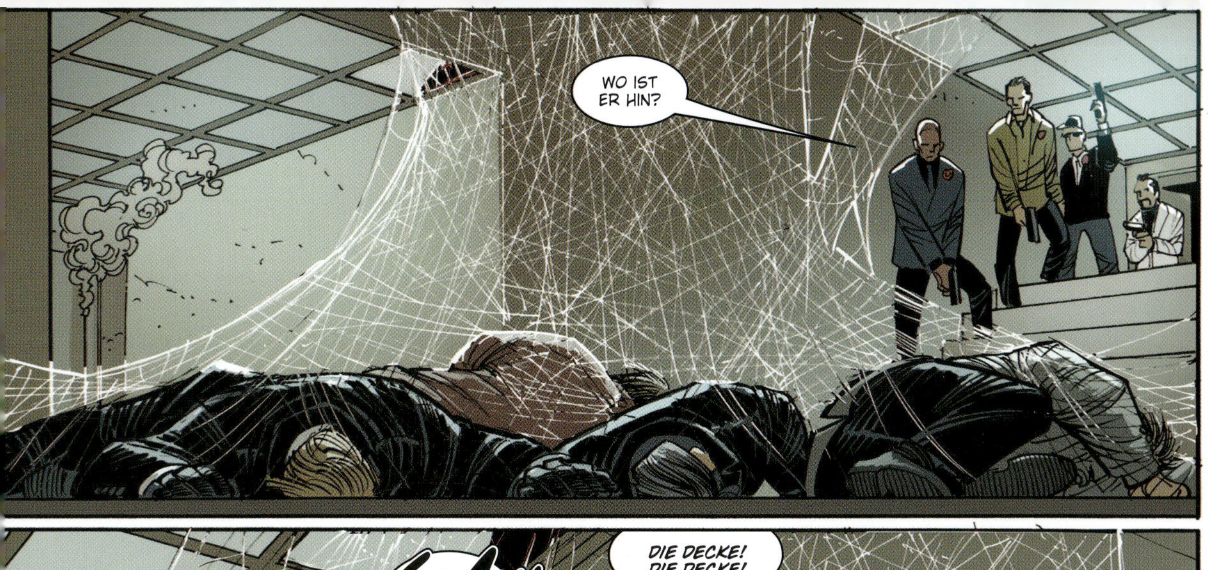
WO IST
ER HIN?

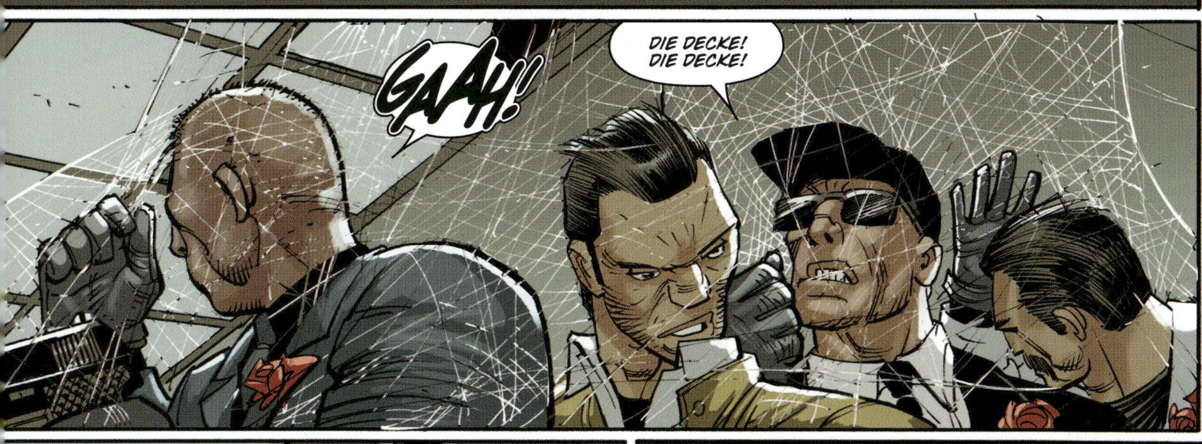
GAAH!
DIE DECKE!
DIE DECKE!

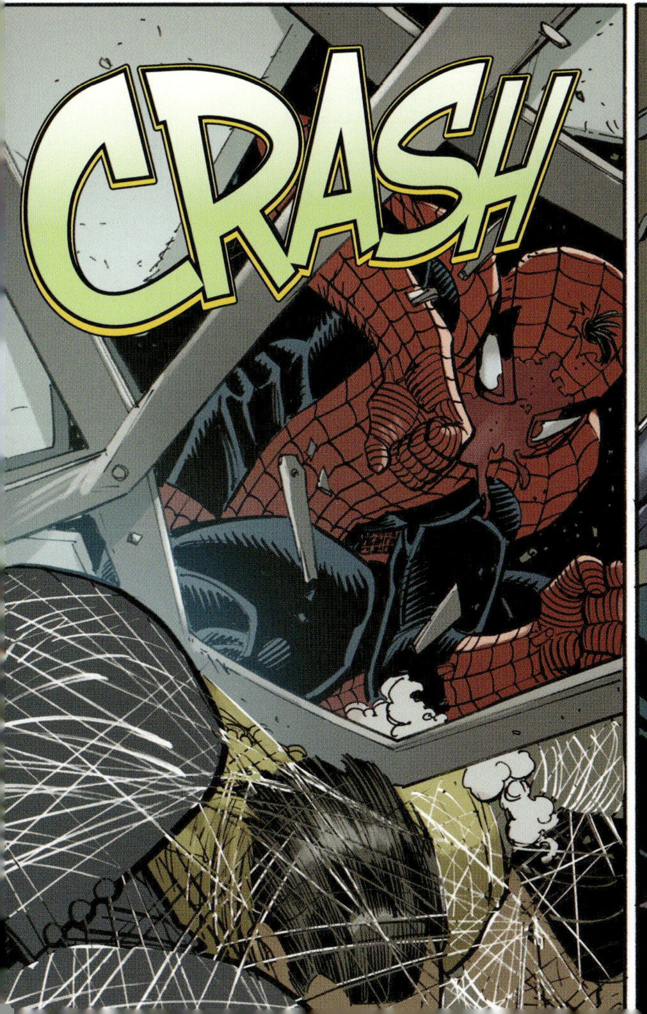
CRASH

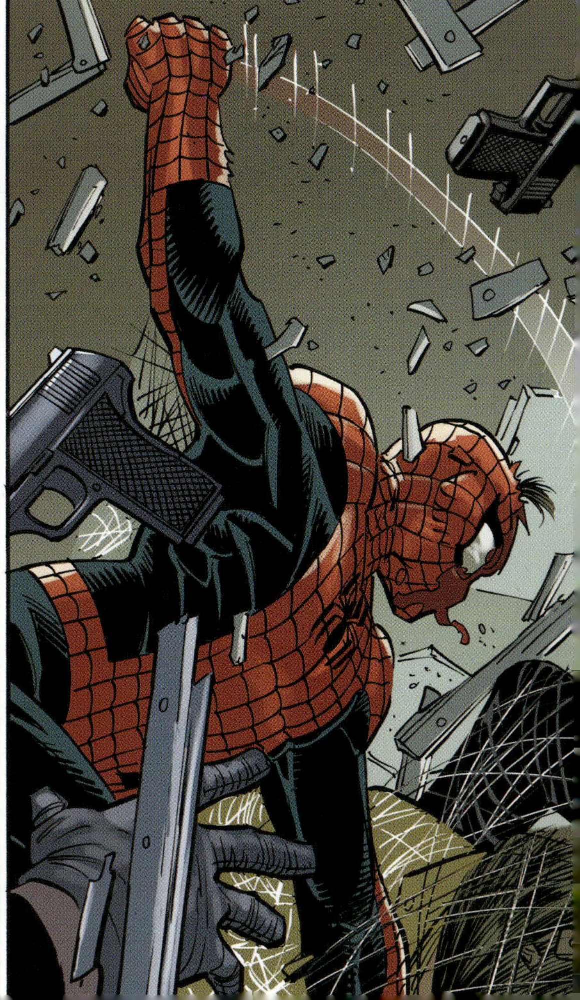

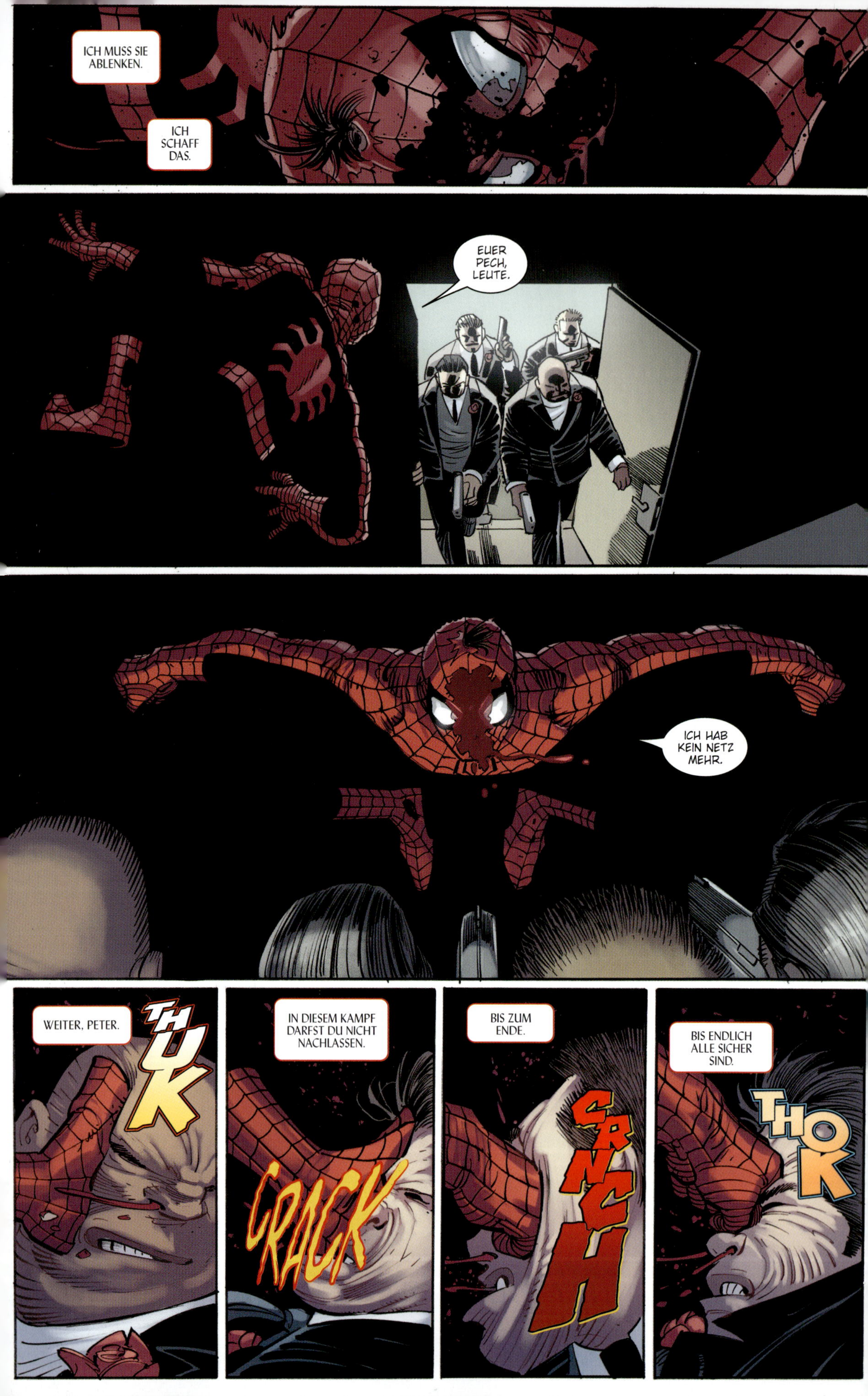
ICH MUSS SIE ABLENKEN.
ICH SCHAFF DAS.
EUER PECH, LEUTE.
ICH HAB KEIN NETZ MEHR.
WEITER, PETER.
THUK
IN DIESEM KAMPF DARFST DU NICHT NACHLASSEN.
CRACK
BIS ZUM ENDE.
CRNCH
BIS ENDLICH ALLE SICHER SIND.
THOK

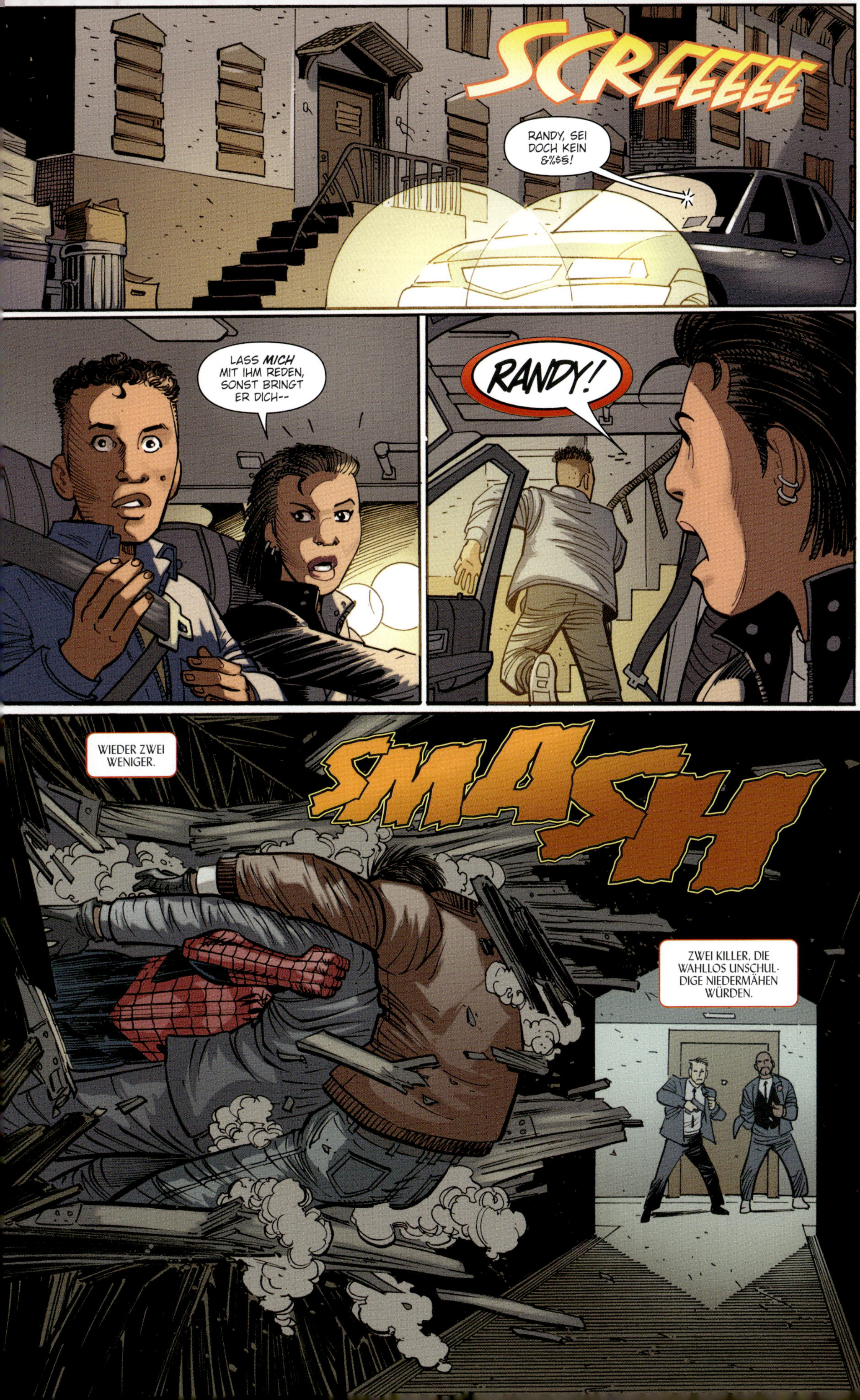

SCREEEEE
RANDY, SEI DOCH KEIN &%$§!
LASS *MICH* MIT IHM REDEN, SONST BRINGT ER DICH--
RANDY!
WIEDER ZWEI WENIGER.
SMASH
ZWEI KILLER, DIE WAHLLOS UNSCHUL-DIGE NIEDERMÄHEN WÜRDEN.

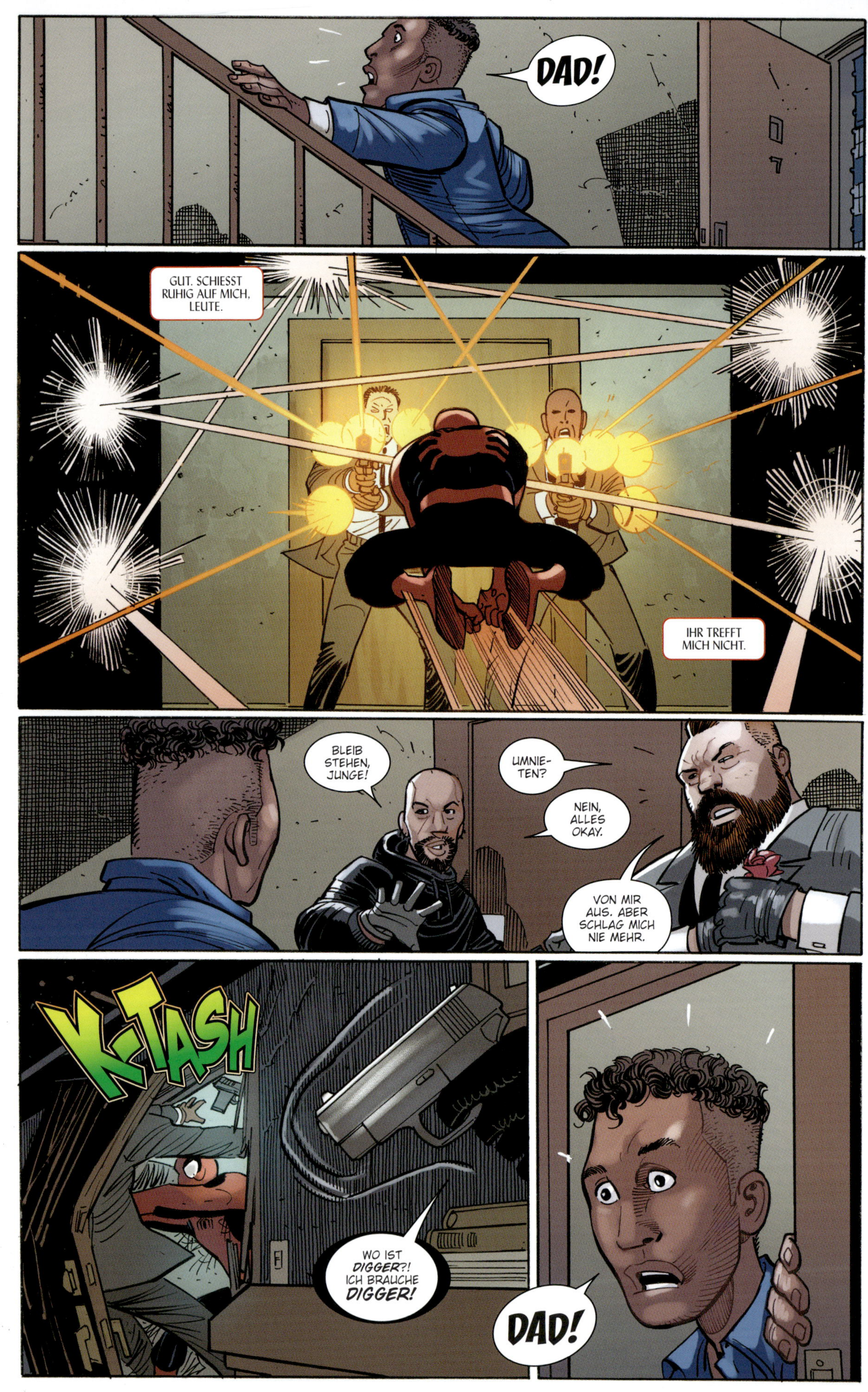
DAD!
GUT. SCHIESST RUHIG AUF MICH, LEUTE.
IHR TREFFT MICH NICHT.
BLEIB STEHEN, JUNGE!
UMNIE-TEN?
NEIN, ALLES OKAY.
VON MIR AUS. ABER SCHLAG MICH NIE MEHR.
K-TASH
WO IST DIGGER?! ICH BRAUCHE DIGGER!
DAD!

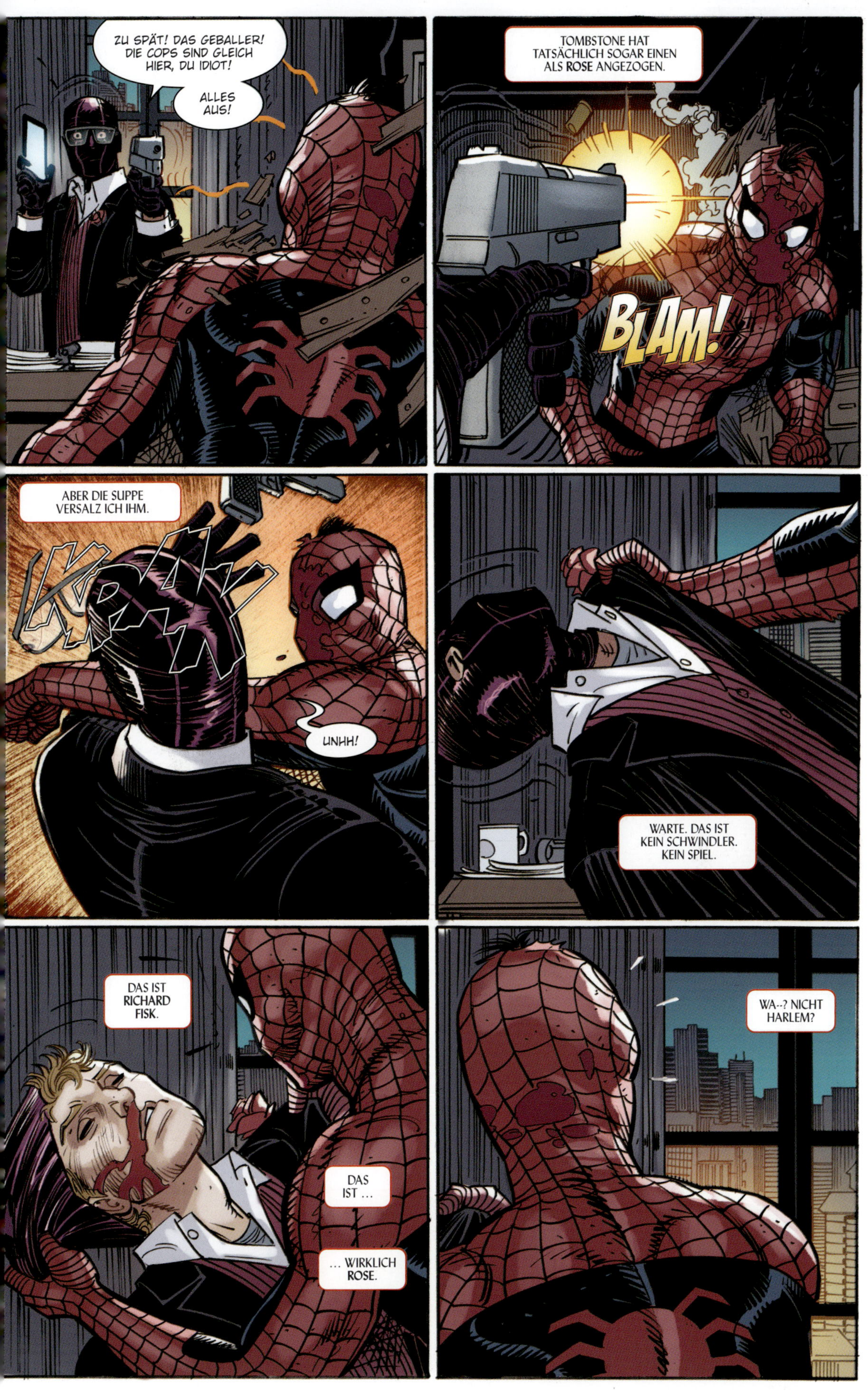
ZU SPÄT! DAS GEBALLER! DIE COPS SIND GLEICH HIER, DU IDIOT!
ALLES AUS!
TOMBSTONE HAT TATSÄCHLICH SOGAR EINEN ALS ROSE ANGEZOGEN.
BLAM!
ABER DIE SUPPE VERSALZ ICH IHM.
KRAK!
UNHH!
WARTE. DAS IST KEIN SCHWINDLER. KEIN SPIEL.
DAS IST RICHARD FISK.
DAS IST …
… WIRKLICH ROSE.
WA--? NICHT HARLEM?

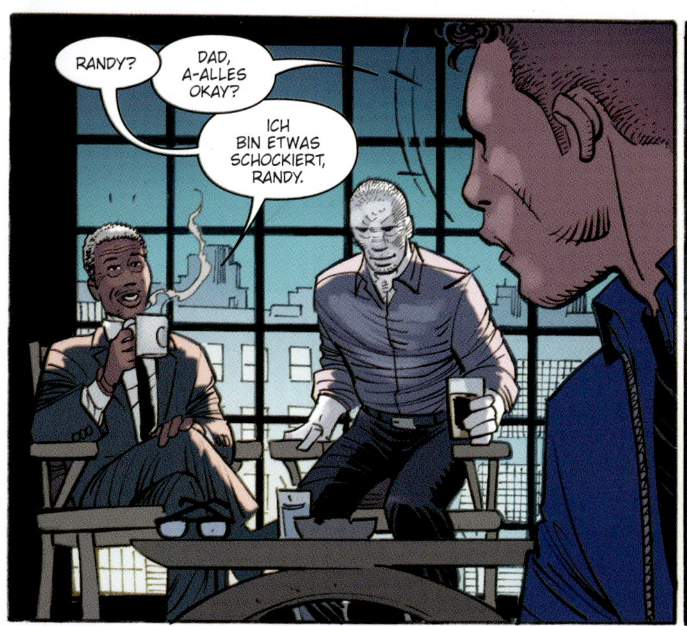
RANDY?
DAD, A-ALLES OKAY?
ICH BIN ETWAS SCHOCKIERT, RANDY.

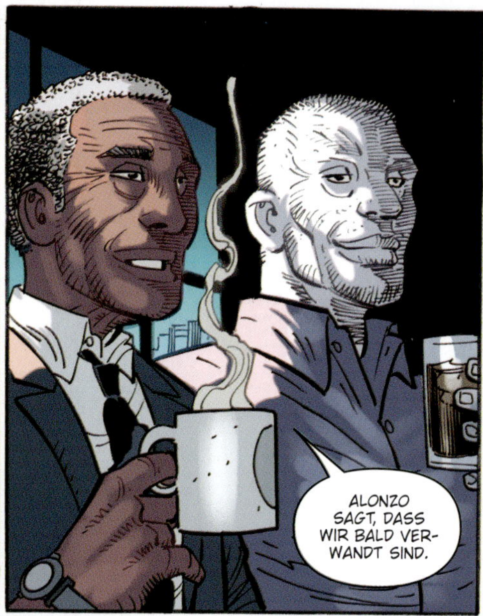
ALONZO SAGT, DASS WIR BALD VERWANDT SIND.

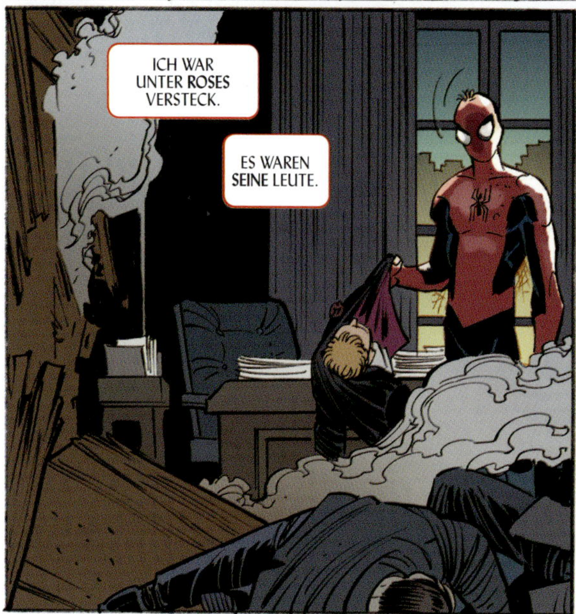
ICH WAR UNTER ROSES VERSTECK.
ES WAREN SEINE LEUTE.

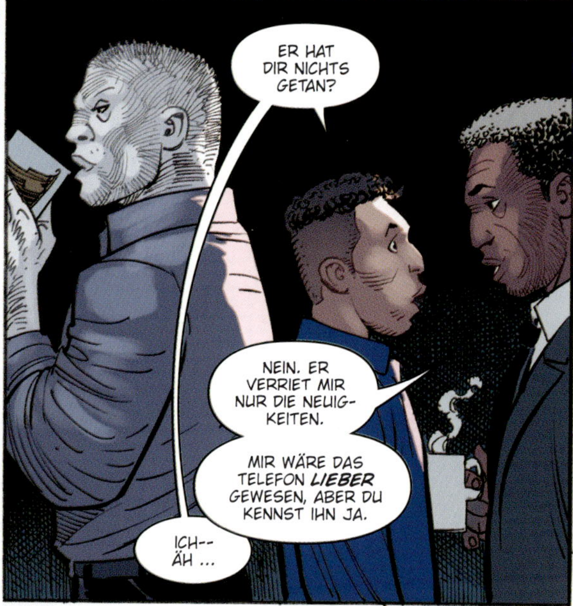
ER HAT DIR NICHTS GETAN?
NEIN. ER VERRIET MIR NUR DIE NEUIGKEITEN.
MIR WÄRE DAS TELEFON LIEBER GEWESEN, ABER DU KENNST IHN JA.
ICH-- ÄH ...

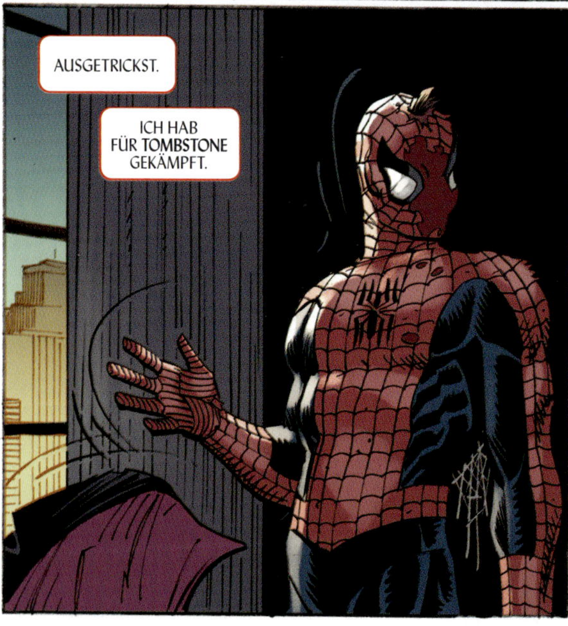
AUSGETRICKST.
ICH HAB FÜR TOMBSTONE GEKÄMPFT.

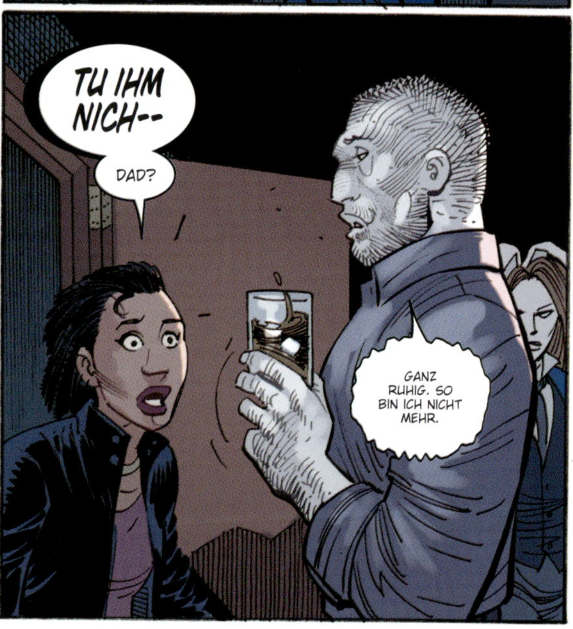
TU IHM NICH--
DAD?
GANZ RUHIG. SO BIN ICH NICHT MEHR.

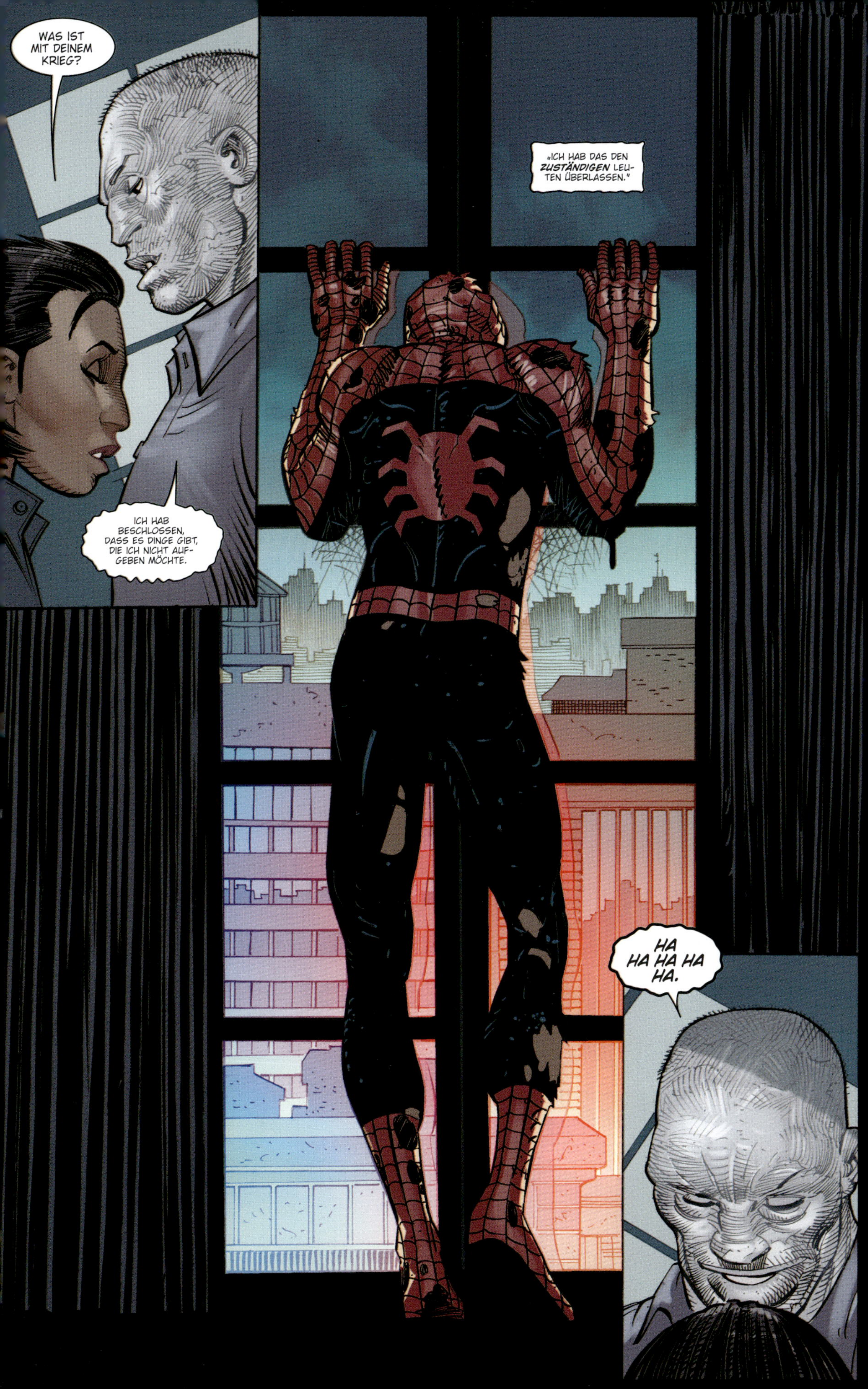
WAS IST MIT DEINEM KRIEG?
ICH HAB BESCHLOSSEN, DASS ES DINGE GIBT, DIE ICH NICHT AUFGEBEN MÖCHTE.
„ICH HAB DAS DEN ZUSTÄNDIGEN LEUTEN ÜBERLASSEN."
HA HA HA HA HA.

REVANCHE

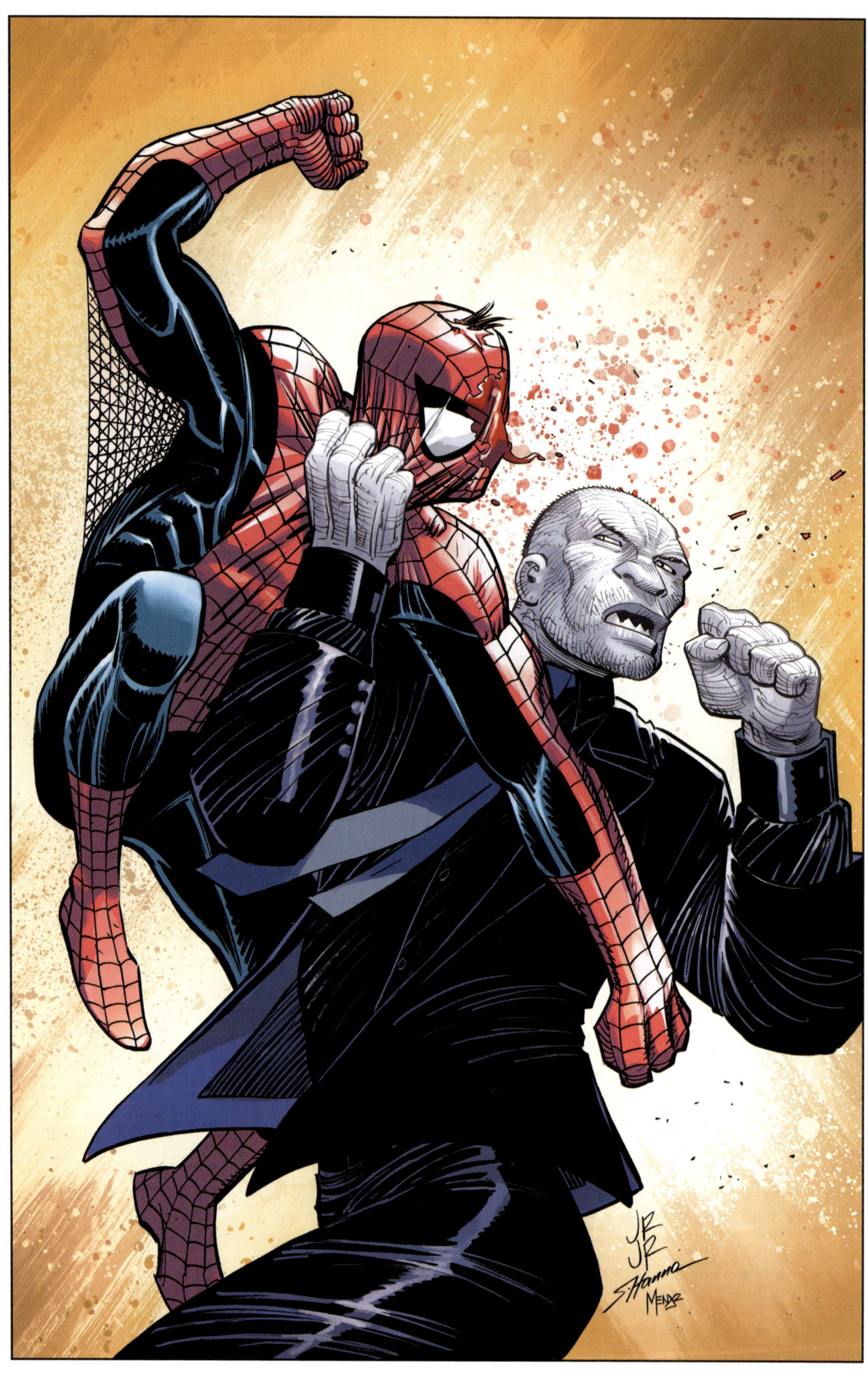

Amazing Spider-Man (2022) 5
Cover von **JOHN ROMITA JR.**

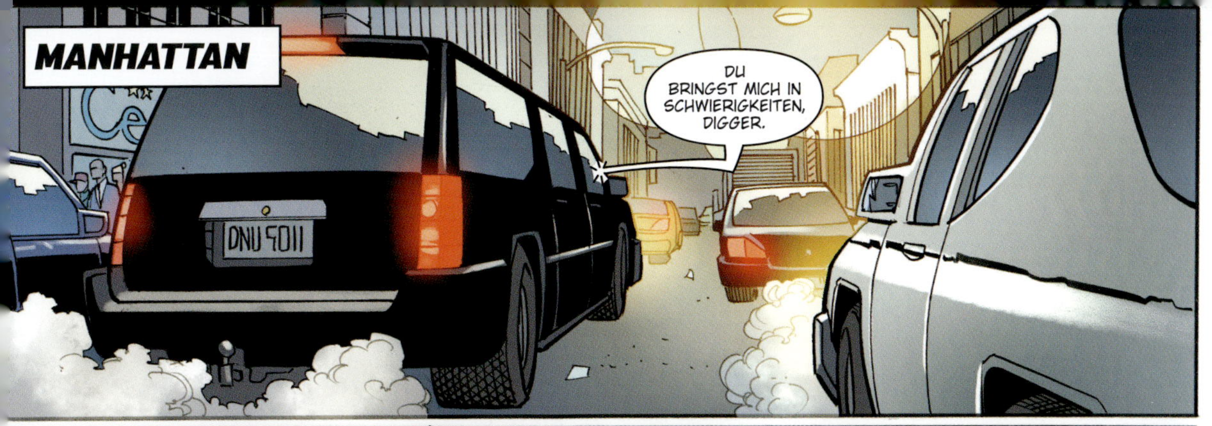
MANHATTAN
DU BRINGST MICH IN SCHWIERIGKEITEN, DIGGER.
DNU 5011

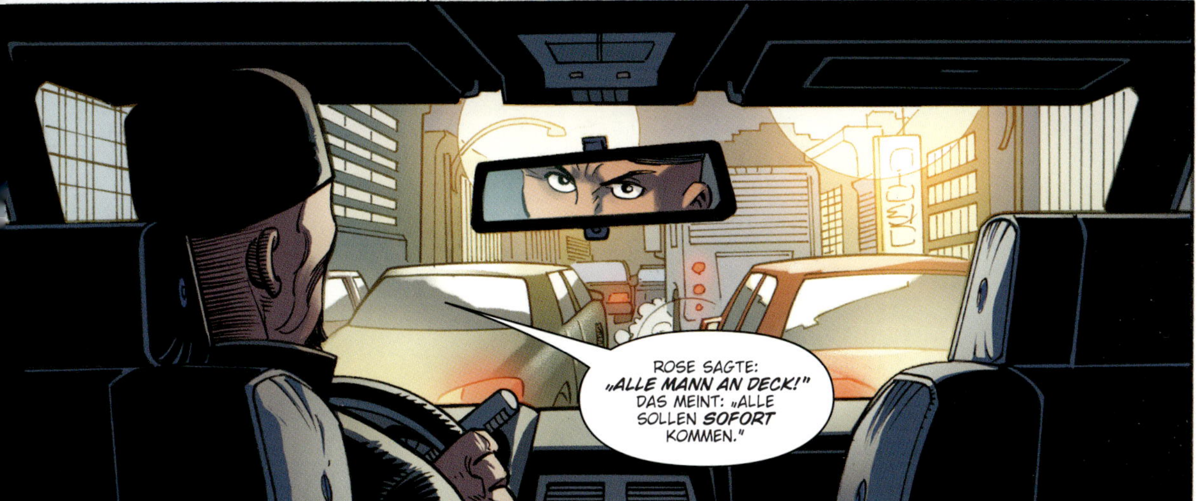
ROSE SAGTE: **„ALLE MANN AN DECK!"** DAS MEINT: „ALLE SOLLEN **SOFORT** KOMMEN."

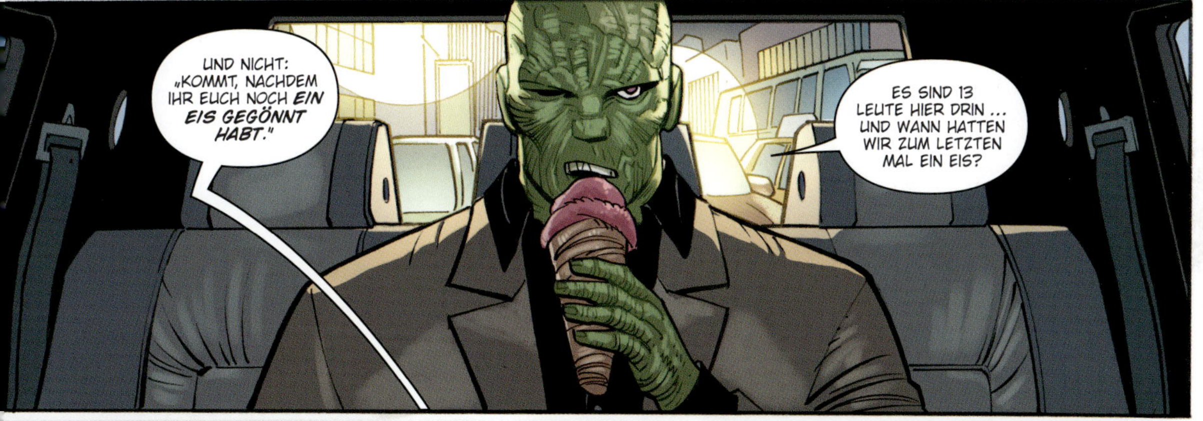
UND NICHT: „KOMMT, NACHDEM IHR EUCH NOCH **EIN EIS GEGÖNNT HABT.**"
ES SIND 13 LEUTE HIER DRIN ... UND WANN HATTEN WIR ZUM LETZTEN MAL EIN EIS?

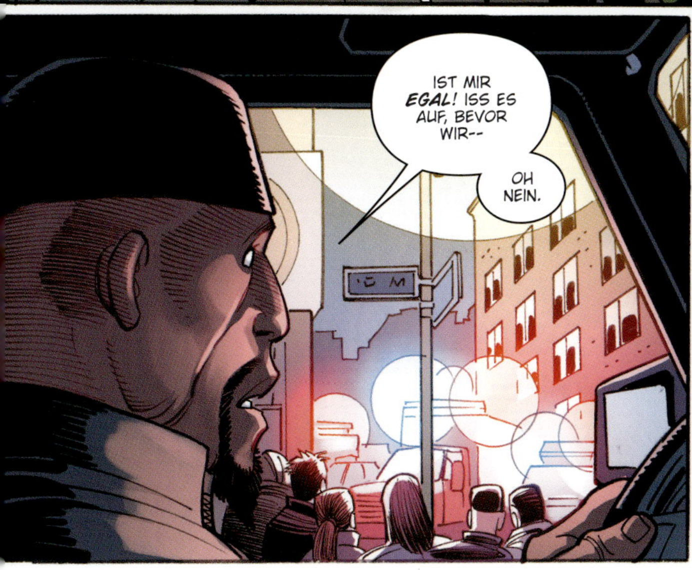
IST MIR **EGAL!** ISS ES AUF, BEVOR WIR--
OH NEIN.

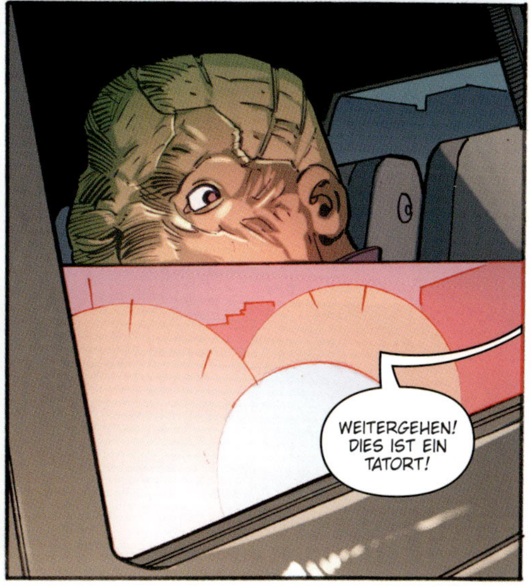
WEITERGEHEN! DIES IST EIN TATORT!

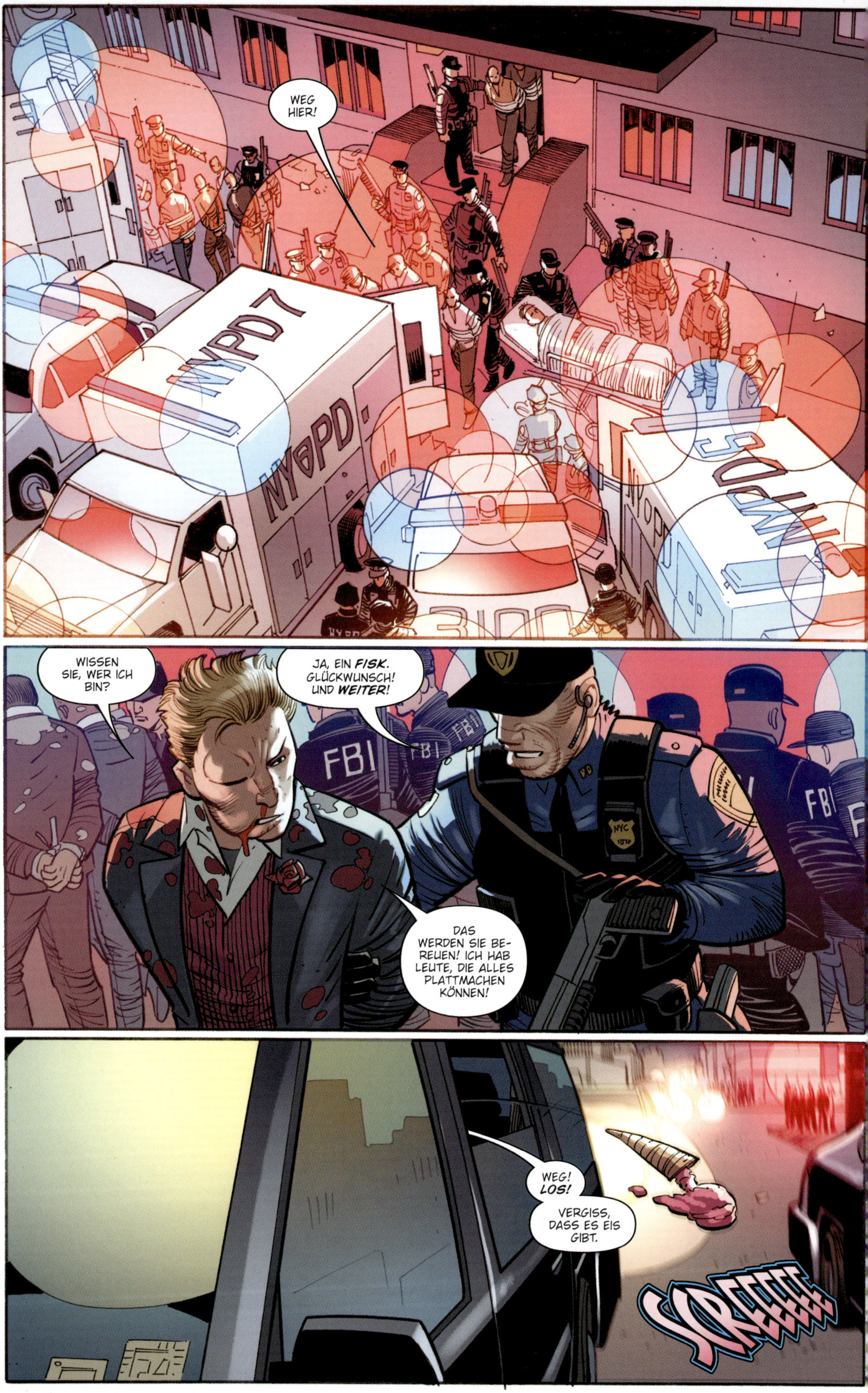

WEG HIER!

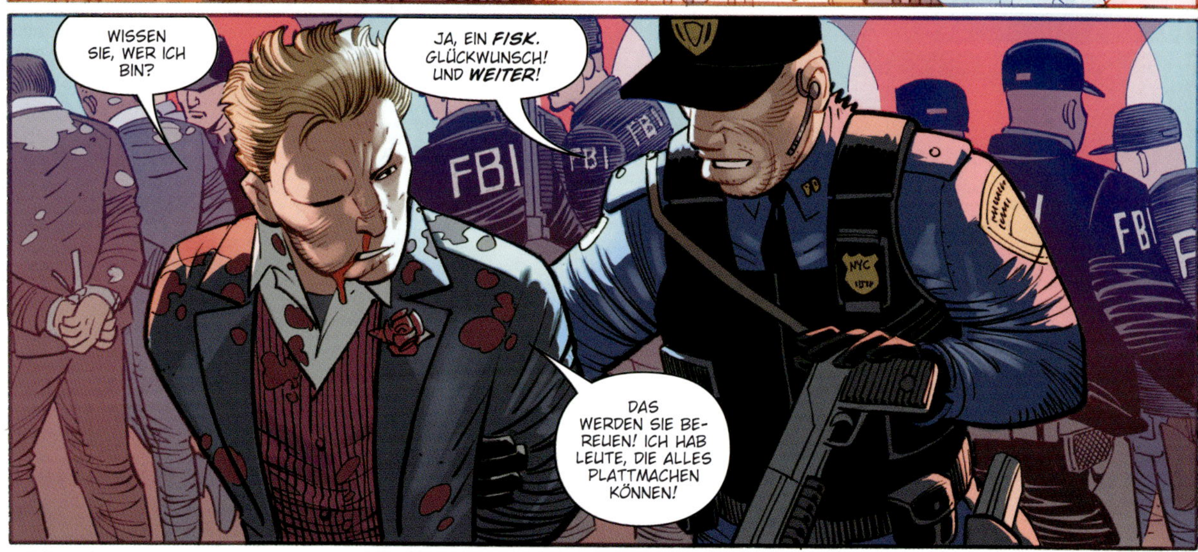
WISSEN SIE, WER ICH BIN?
JA, EIN **FISK**. GLÜCKWUNSCH! UND **WEITER!**
DAS WERDEN SIE BEREUEN! ICH HAB LEUTE, DIE ALLES PLATTMACHEN KÖNNEN!

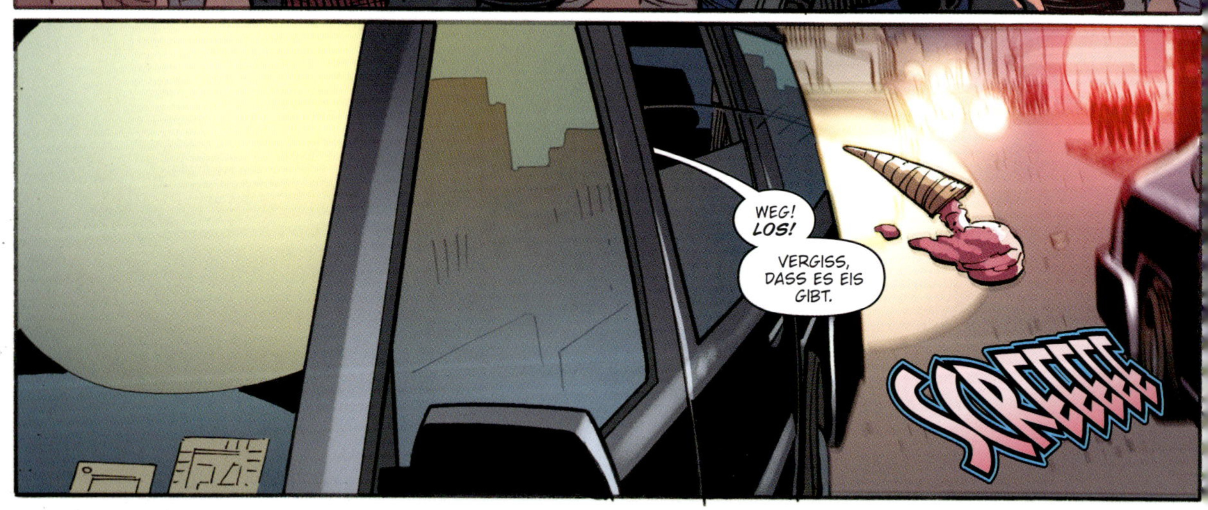
WEG! **LOS!**
VERGISS, DASS ES EIS GIBT.
SCREEEE

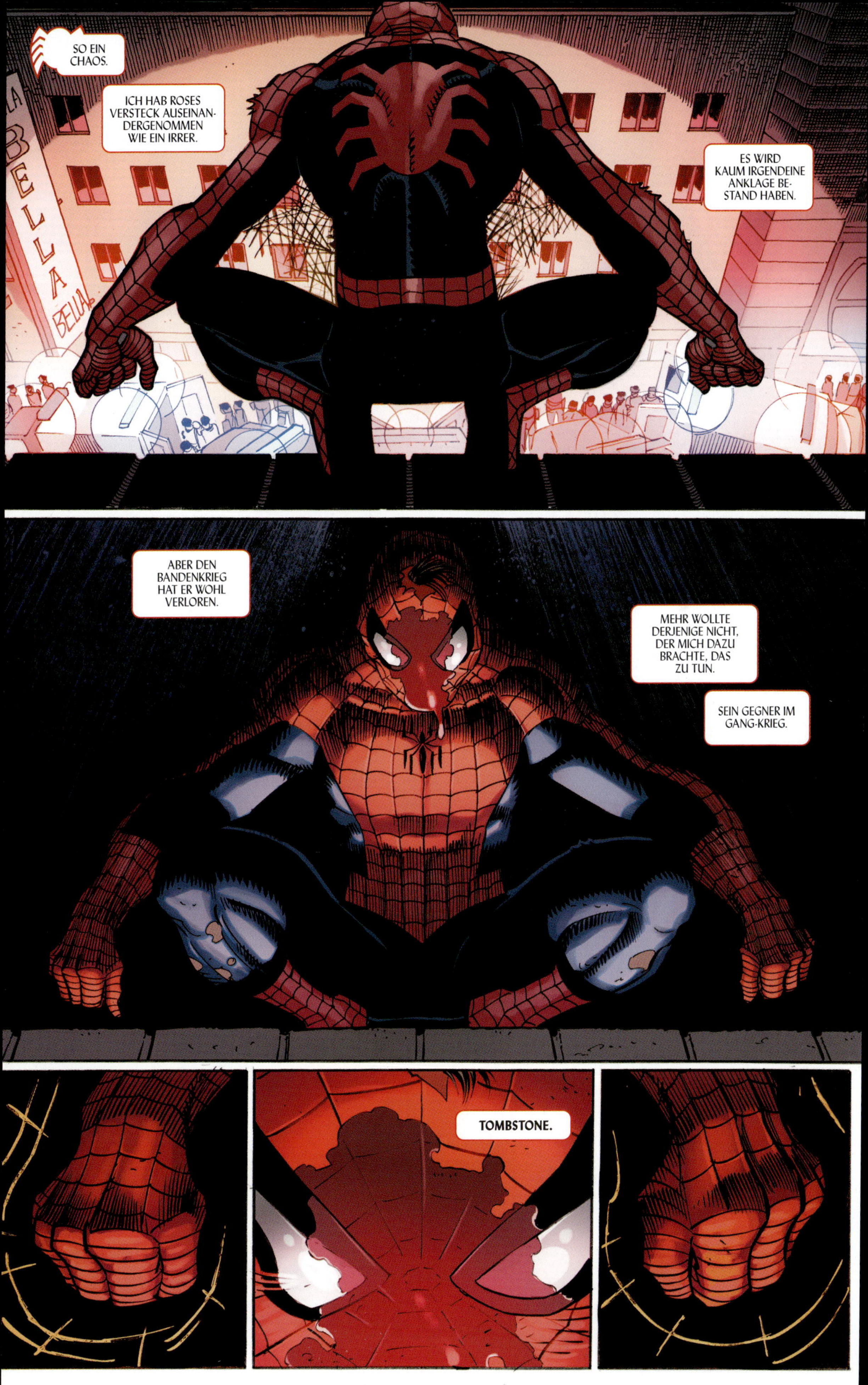
SO EIN CHAOS.
ICH HAB ROSES VERSTECK AUSEINANDERGENOMMEN WIE EIN IRRER.
ES WIRD KAUM IRGENDEINE ANKLAGE BESTAND HABEN.
ABER DEN BANDENKRIEG HAT ER WOHL VERLOREN.
MEHR WOLLTE DERJENIGE NICHT, DER MICH DAZU BRACHTE, DAS ZU TUN.
SEIN GEGNER IM GANG-KRIEG.
TOMBSTONE.

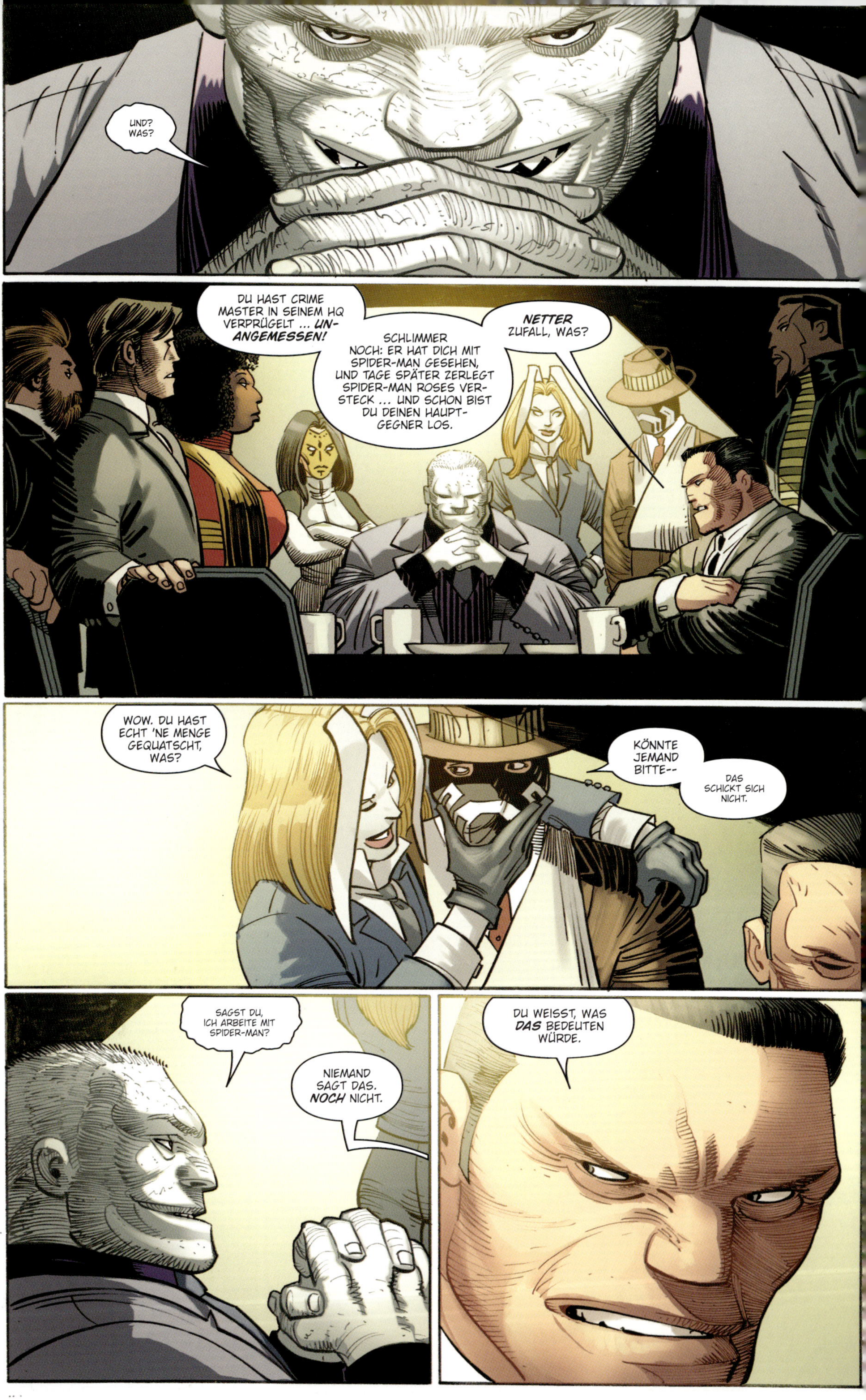

UND? WAS?

DU HAST CRIME MASTER IN SEINEM HQ VERPRÜGELT ... ***UN-ANGEMESSEN!***

SCHLIMMER NOCH: ER HAT DICH MIT SPIDER-MAN GESEHEN, UND TAGE SPÄTER ZERLEGT SPIDER-MAN ROSES VERSTECK ... UND SCHON BIST DU DEINEN HAUPT-GEGNER LOS.

NETTER ZUFALL, WAS?

WOW. DU HAST ECHT 'NE MENGE GEQUATSCHT, WAS?

KÖNNTE JEMAND BITTE--

DAS SCHICKT SICH NICHT.

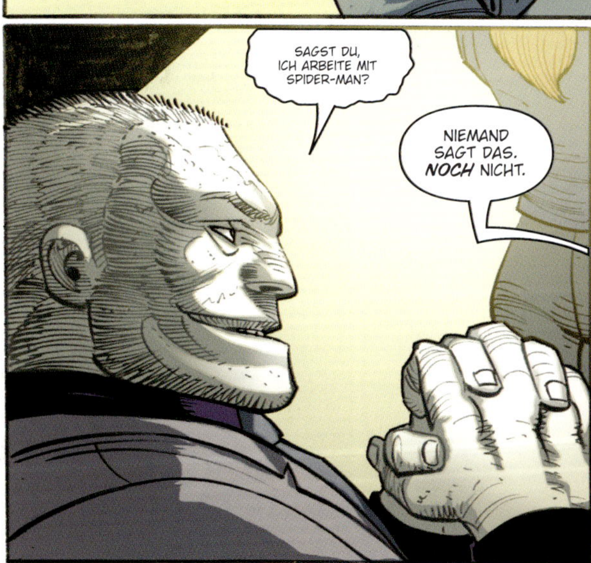

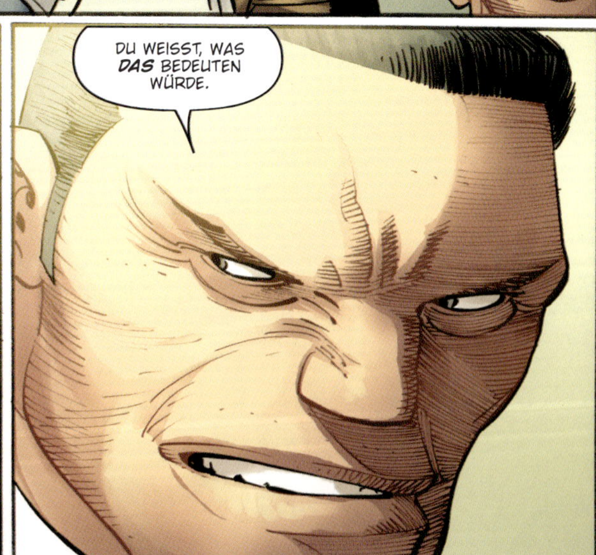

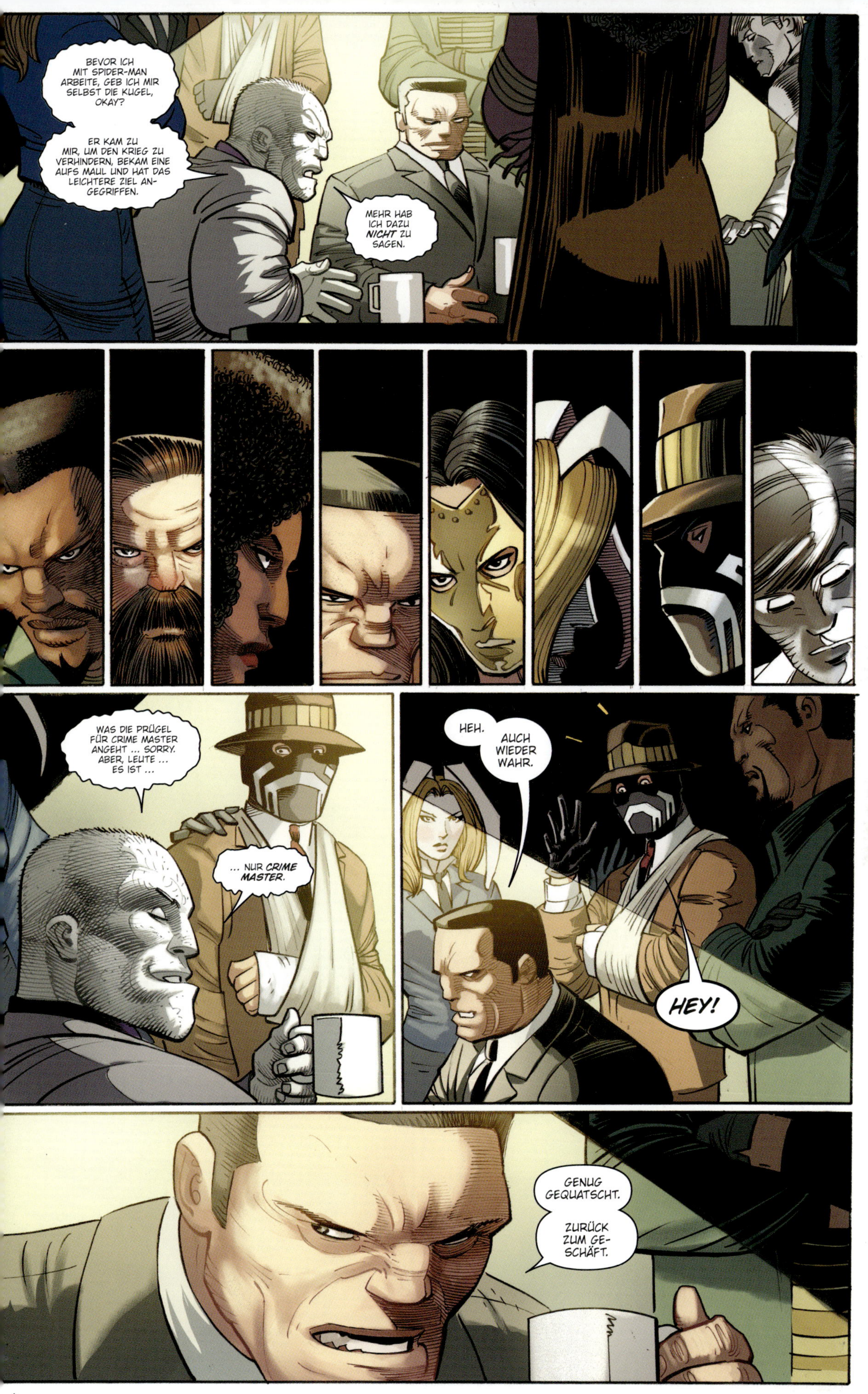
BEVOR ICH MIT SPIDER-MAN ARBEITE, GEB ICH MIR SELBST DIE KUGEL, OKAY?
ER KAM ZU MIR, UM DEN KRIEG ZU VERHINDERN, BEKAM EINE AUFS MAUL UND HAT DAS LEICHTERE ZIEL ANGEGRIFFEN.
MEHR HAB ICH DAZU NICHT ZU SAGEN.
WAS DIE PRÜGEL FÜR CRIME MASTER ANGEHT ... SORRY. ABER, LEUTE ... ES IST ...
... NUR CRIME MASTER.
HEH.
AUCH WIEDER WAHR.
HEY!
GENUG GEQUATSCHT.
ZURÜCK ZUM GESCHÄFT.

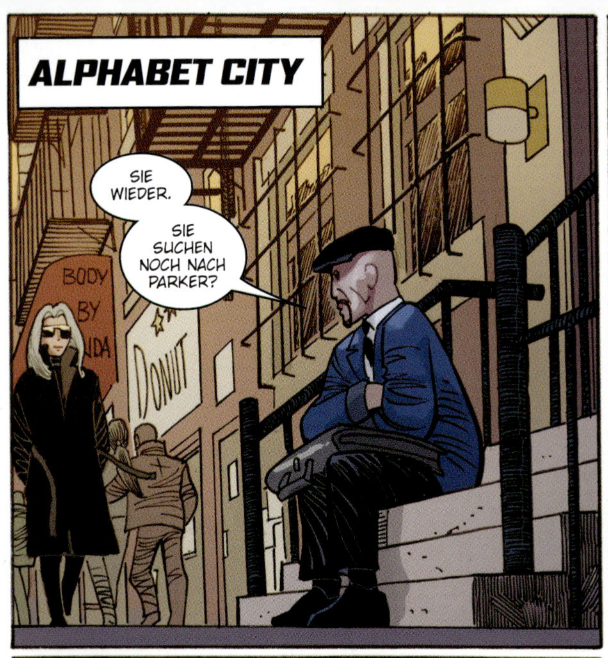
ALPHABET CITY
SIE WIEDER.
SIE SUCHEN NOCH NACH PARKER?
BODY BY
DONUT

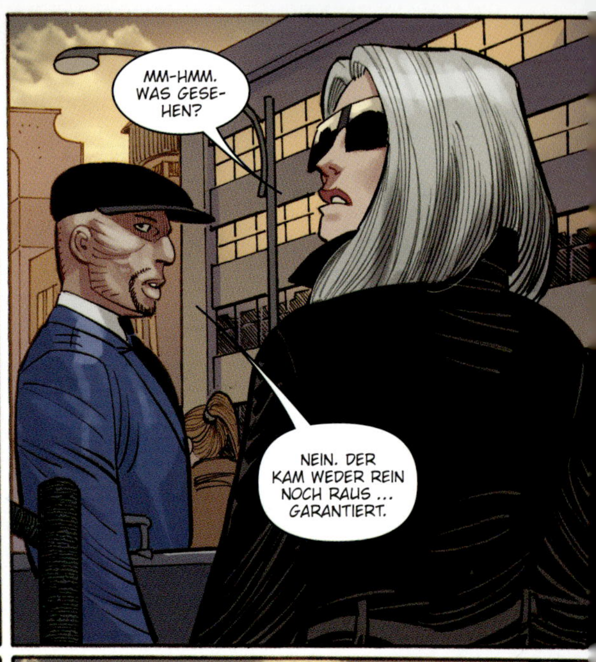
MM-HMM. WAS GESEHEN?
NEIN. DER KAM WEDER REIN NOCH RAUS ... GARANTIERT.

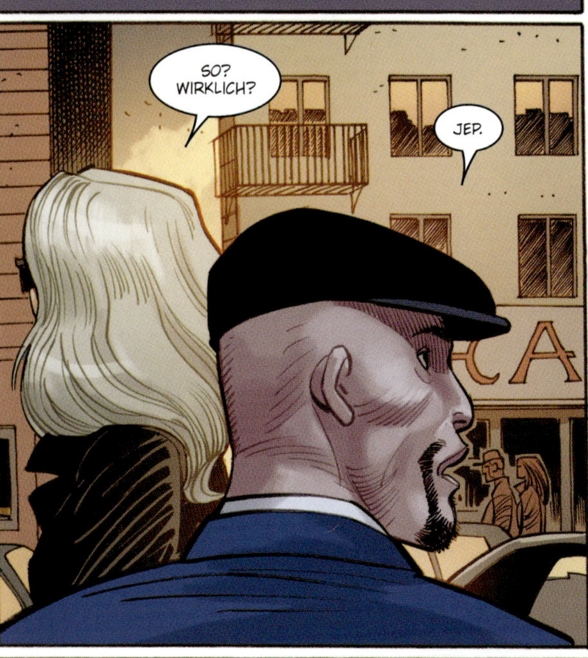
SO? WIRKLICH?
JEP.

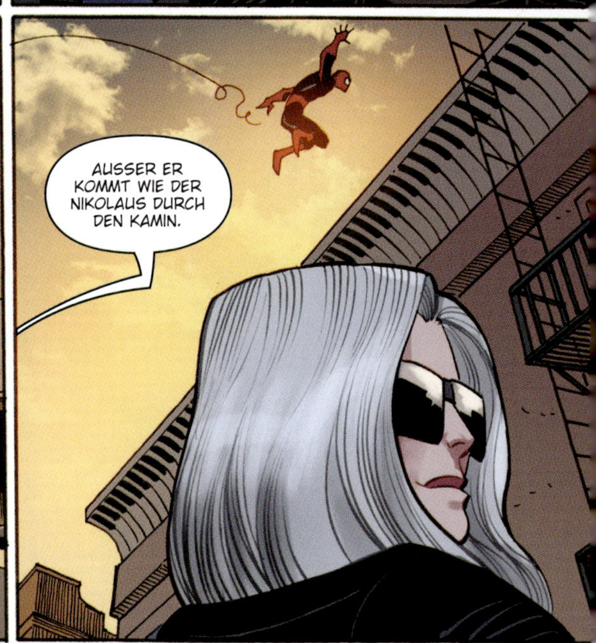
AUSSER ER KOMMT WIE DER NIKOLAUS DURCH DEN KAMIN.

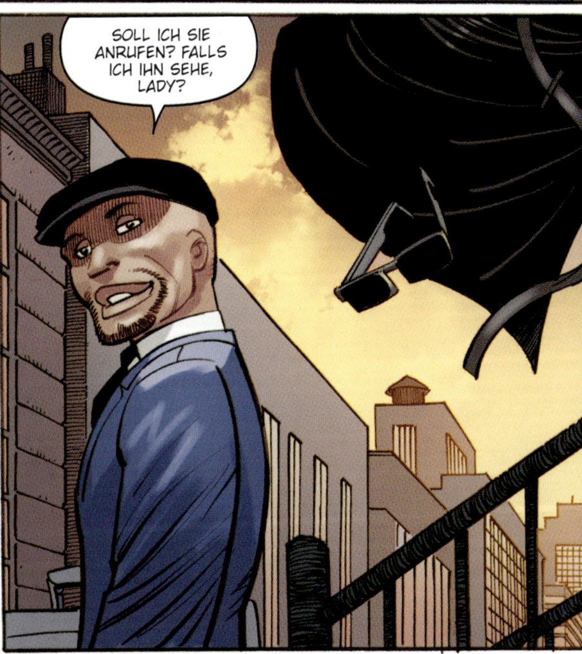
SOLL ICH SIE ANRUFEN? FALLS ICH IHN SEHE, LADY?

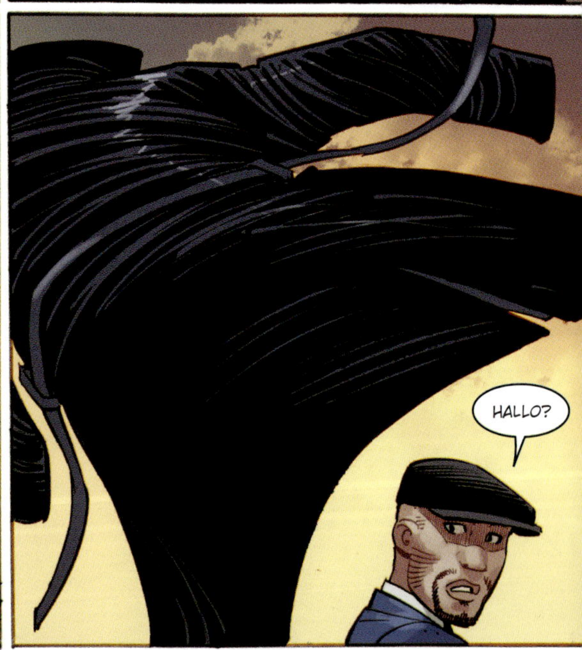
HALLO?

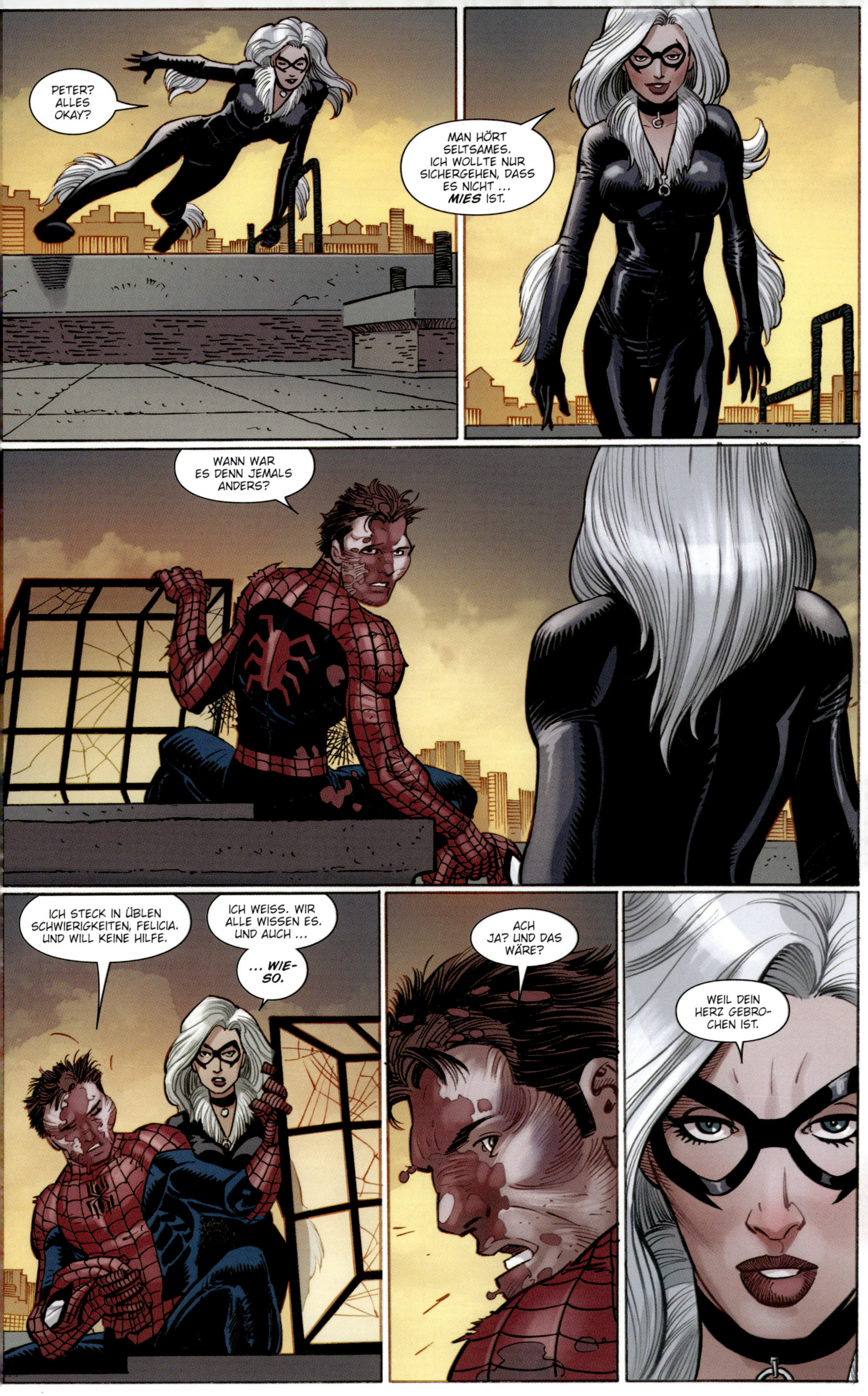

PETER? ALLES OKAY?
MAN HÖRT SELTSAMES. ICH WOLLTE NUR SICHERGEHEN, DASS ES NICHT … **MIES** IST.

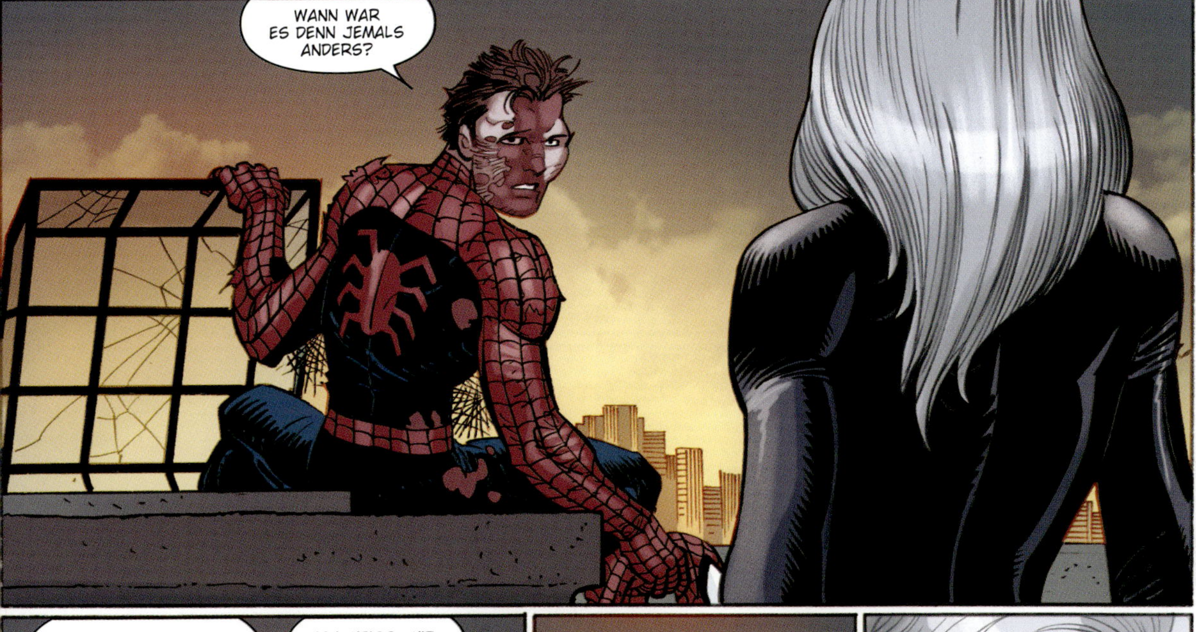
WANN WAR ES DENN JEMALS ANDERS?

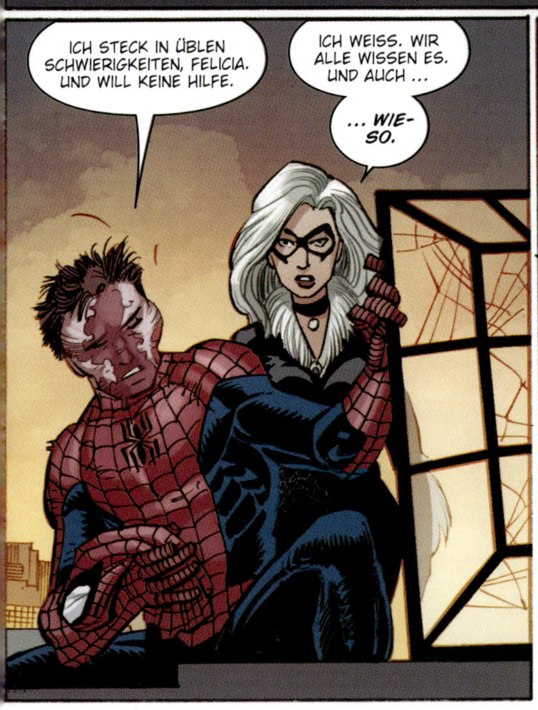
ICH STECK IN ÜBLEN SCHWIERIGKEITEN, FELICIA. UND WILL KEINE HILFE.
ICH WEISS. WIR ALLE WISSEN ES. UND AUCH …
… WIE-SO.

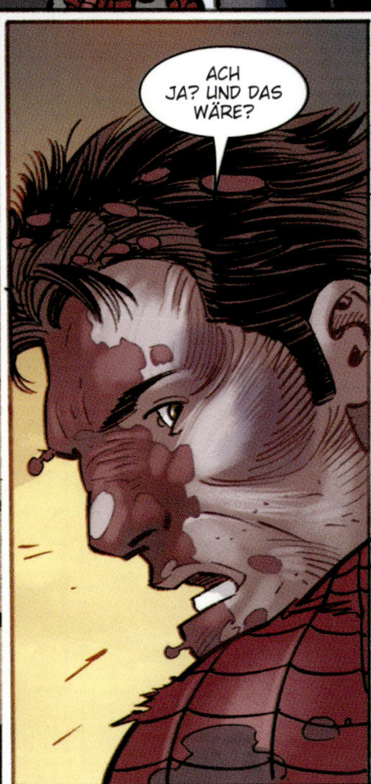
ACH JA? UND DAS WÄRE?

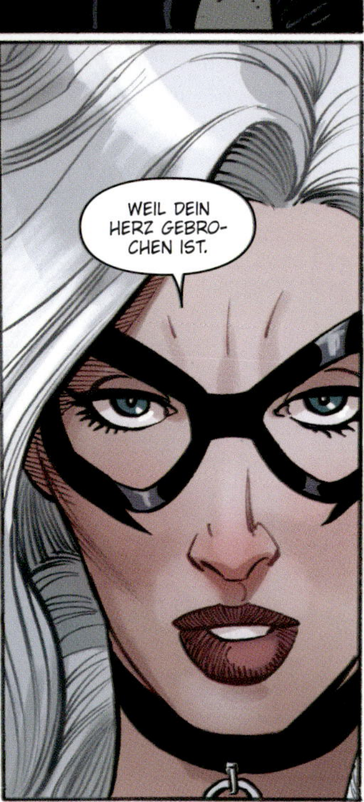
WEIL DEIN HERZ GEBRO-CHEN IST.

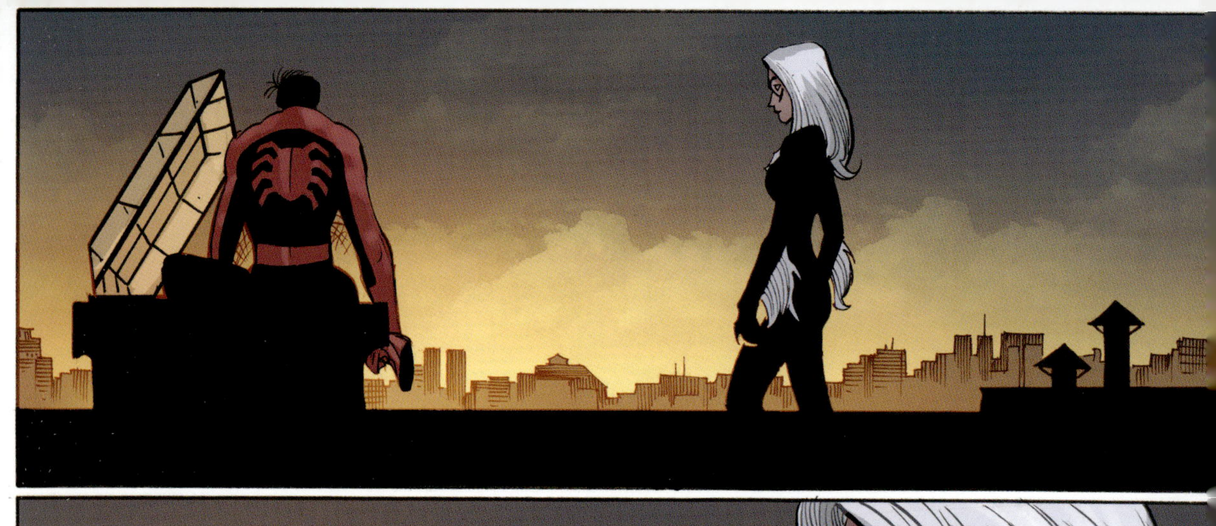

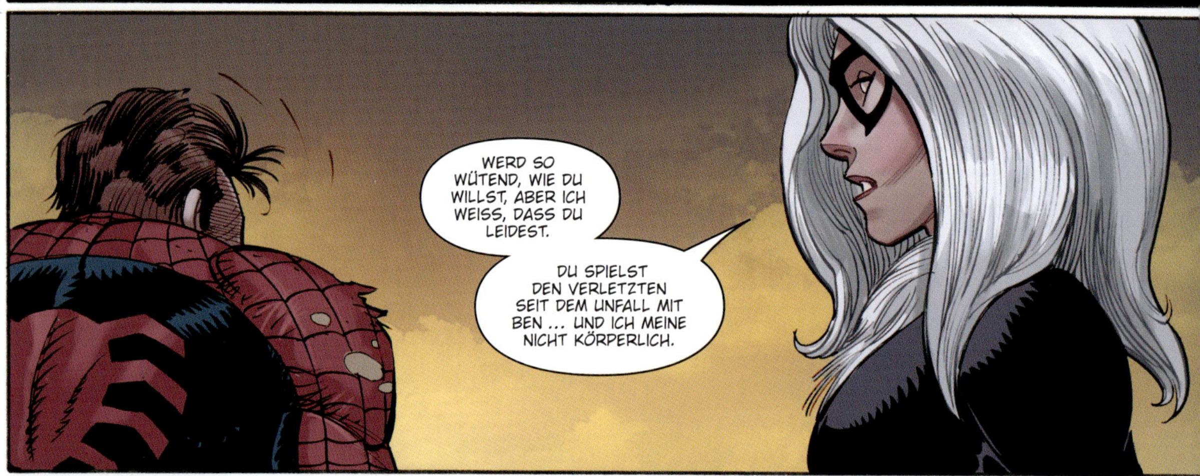

WERD SO WÜTEND, WIE DU WILLST, ABER ICH WEISS, DASS DU LEIDEST.
DU SPIELST DEN VERLETZTEN SEIT DEM UNFALL MIT BEN ... UND ICH MEINE NICHT KÖRPERLICH.

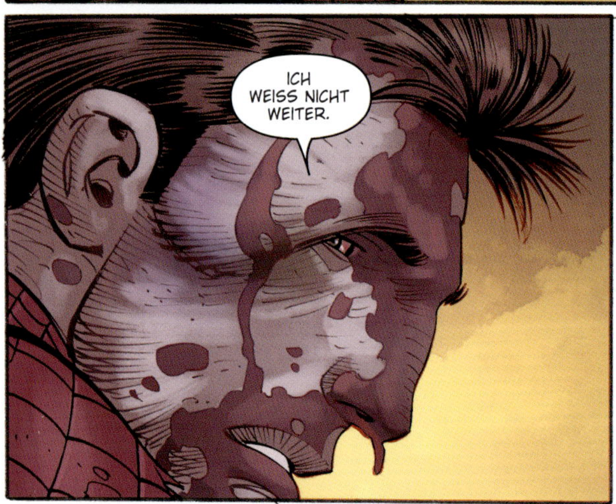

ICH WEISS NICHT WEITER.

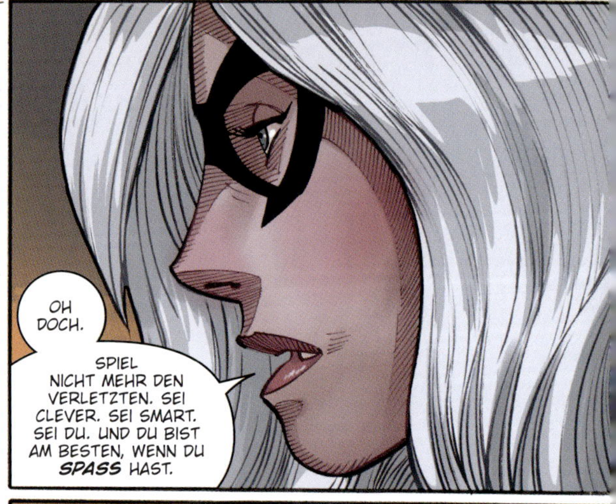

OH DOCH.
SPIEL NICHT MEHR DEN VERLETZTEN. SEI CLEVER. SEI SMART. SEI DU. UND DU BIST AM BESTEN, WENN DU ***SPASS*** HAST.

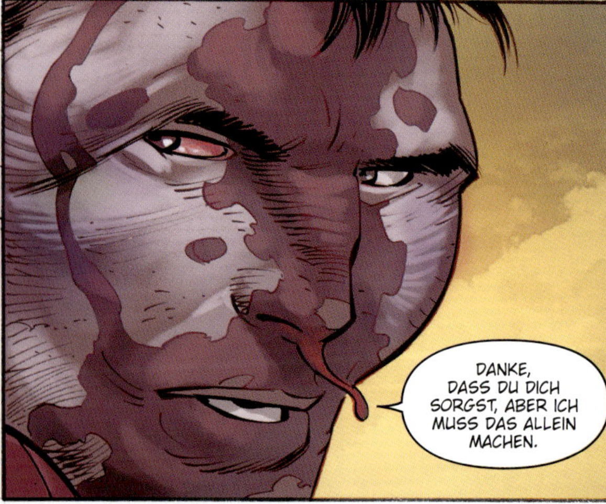

DANKE, DASS DU DICH SORGST, ABER ICH MUSS DAS ALLEIN MACHEN.

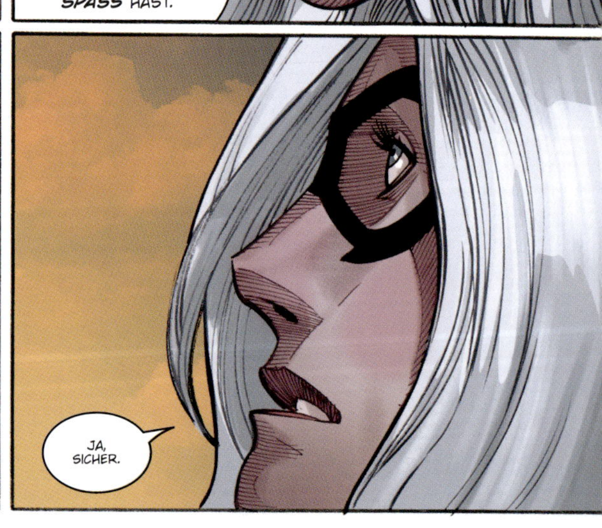

JA, SICHER.

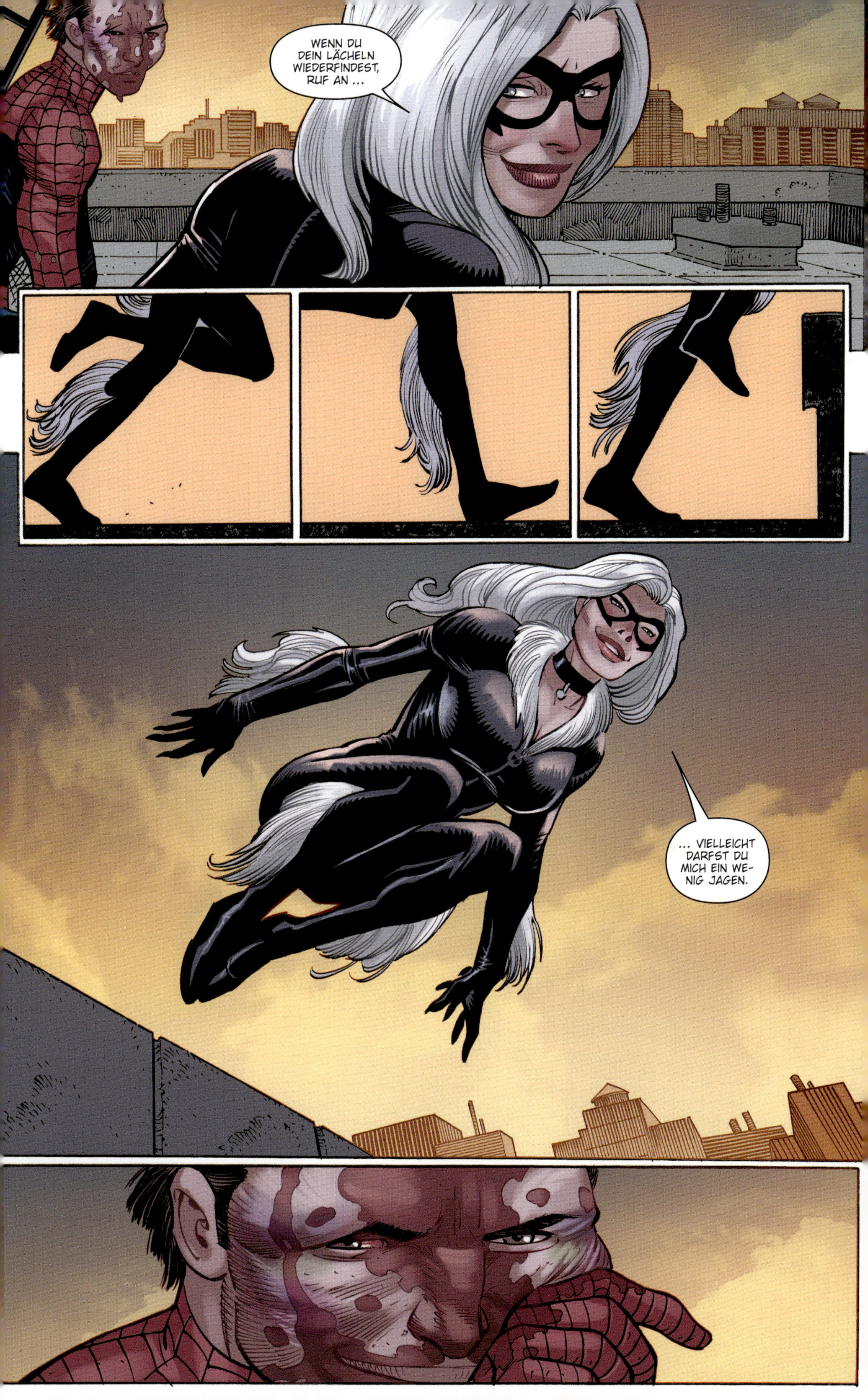
WENN DU DEIN LÄCHELN WIEDERFINDEST, RUF AN ...
... VIELLEICHT DARFST DU MICH EIN WENIG JAGEN.

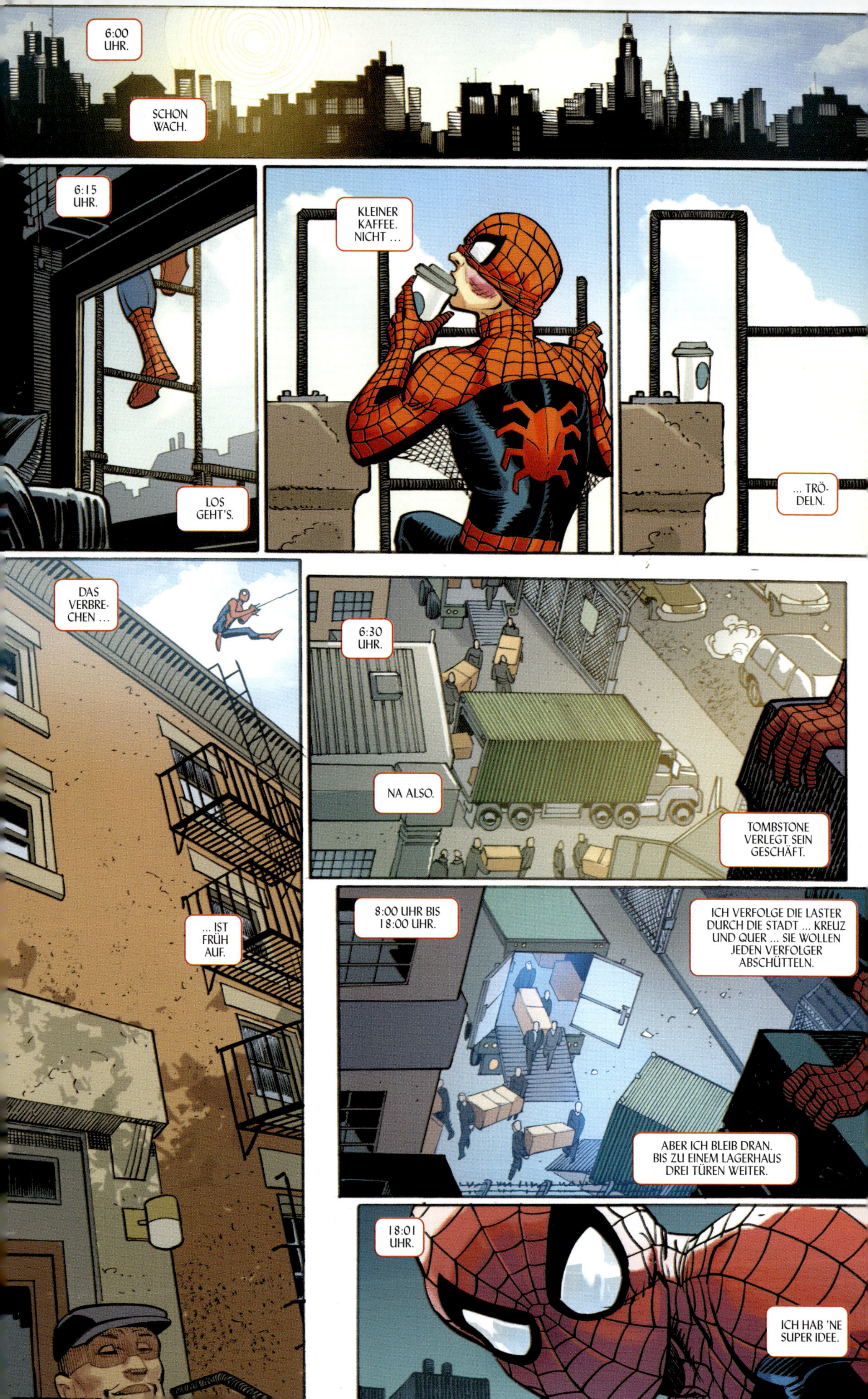
6:00 UHR.
SCHON WACH.
6:15 UHR.
LOS GEHT'S.
KLEINER KAFFEE. NICHT ...
... TRÖ-DELN.
DAS VERBRE-CHEN ...
... IST FRÜH AUF.
6:30 UHR.
NA ALSO.
TOMBSTONE VERLEGT SEIN GESCHÄFT.
8:00 UHR BIS 18:00 UHR.
ICH VERFOLGE DIE LASTER DURCH DIE STADT ... KREUZ UND QUER ... SIE WOLLEN JEDEN VERFOLGER ABSCHÜTTELN.
ABER ICH BLEIB DRAN. BIS ZU EINEM LAGERHAUS DREI TÜREN WEITER.
18:01 UHR.
ICH HAB 'NE SUPER IDEE.

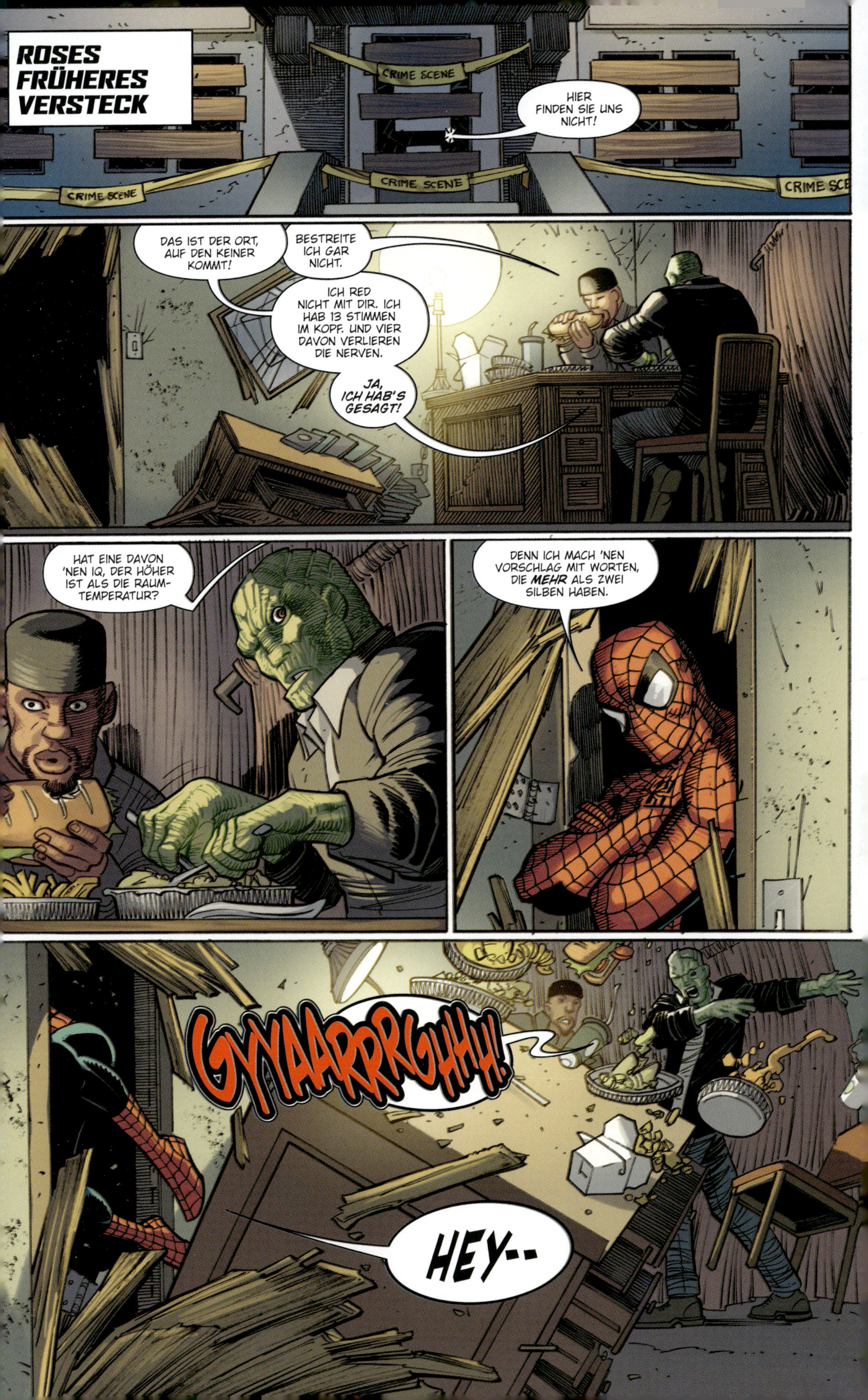

ROSES FRÜHERES VERSTECK

CRIME SCENE

HIER FINDEN SIE UNS NICHT!

DAS IST DER ORT, AUF DEN KEINER KOMMT!

BESTREITE ICH GAR NICHT.

ICH RED NICHT MIT DIR. ICH HAB 13 STIMMEN IM KOPF. UND VIER DAVON VERLIEREN DIE NERVEN.

JA, ICH HAB'S GESAGT!

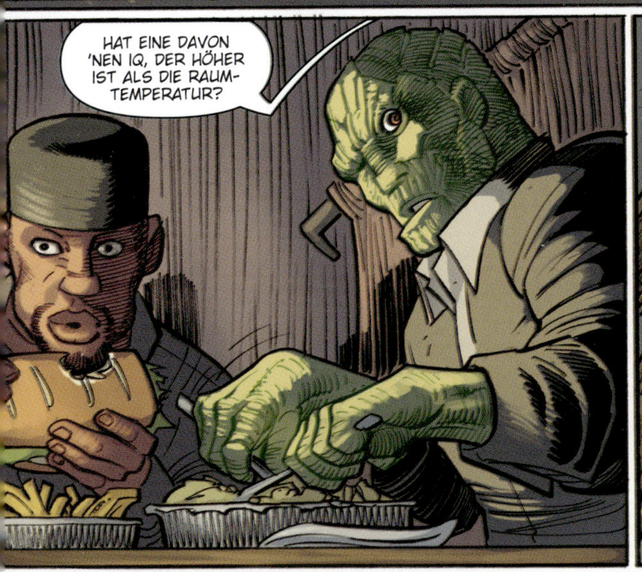

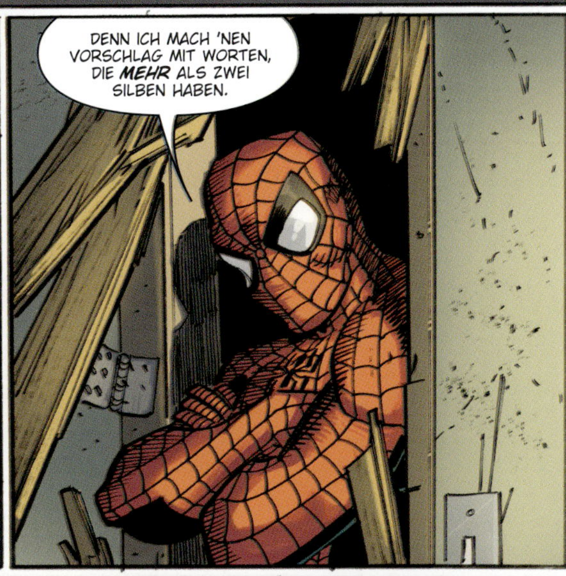

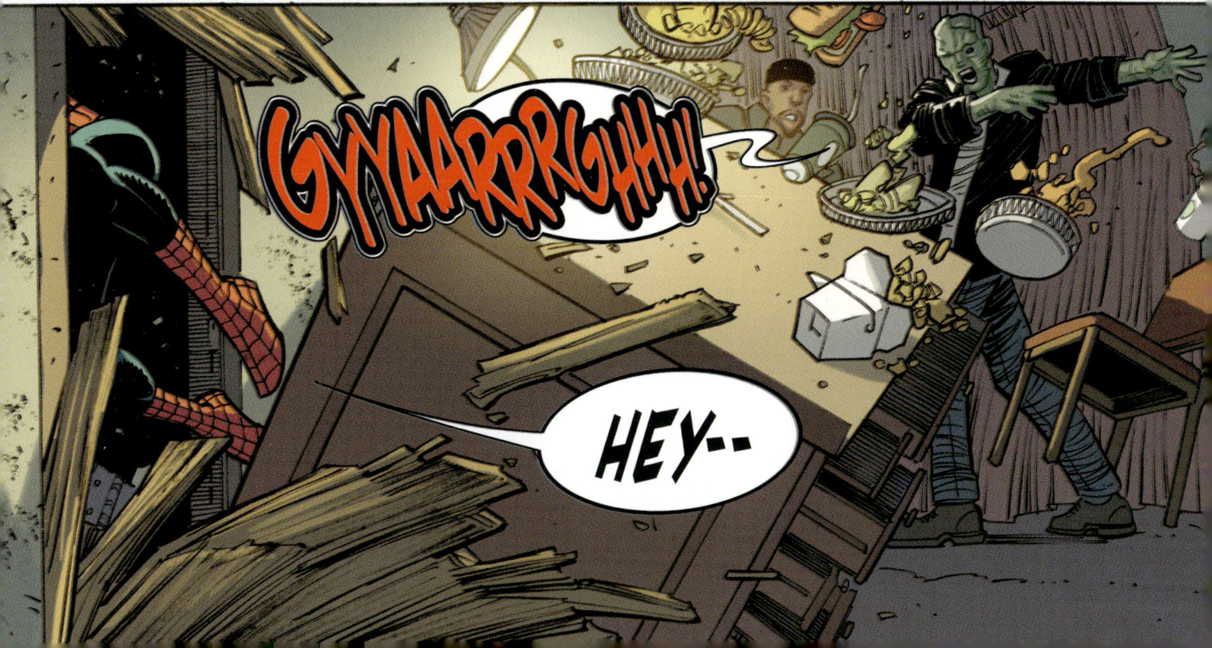

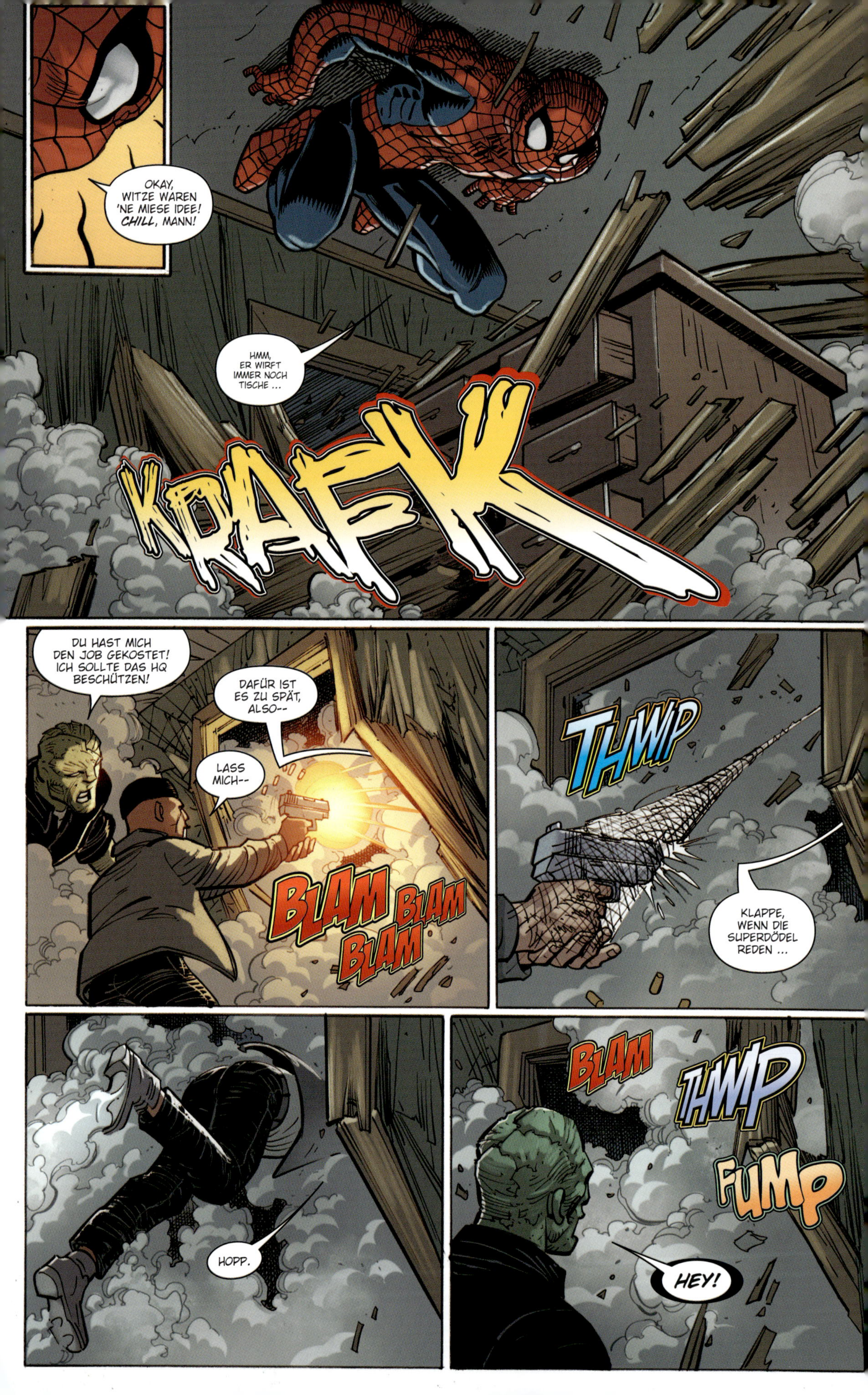

OKAY, WITZE WAREN 'NE MIESE IDEE! **CHILL**, MANN!
HMM, ER WIRFT IMMER NOCH TISCHE ...
KRAKK

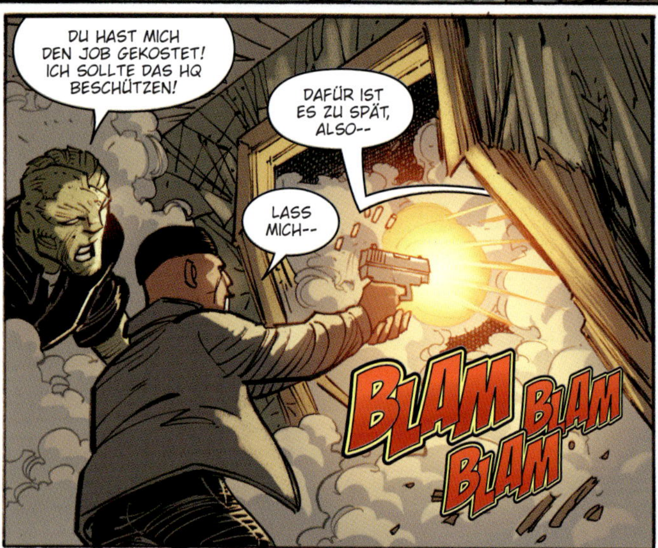
DU HAST MICH DEN JOB GEKOSTET! ICH SOLLTE DAS HQ BESCHÜTZEN!
DAFÜR IST ES ZU SPÄT, ALSO--
LASS MICH--
BLAM BLAM BLAM

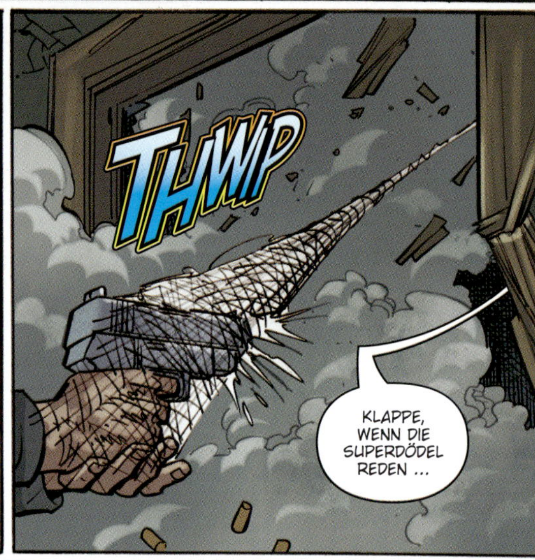
THWIP
KLAPPE, WENN DIE SUPERDÖDEL REDEN ...

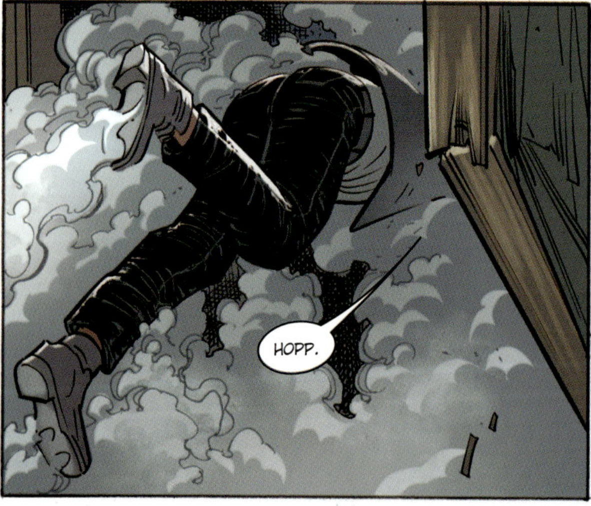
HOPP.

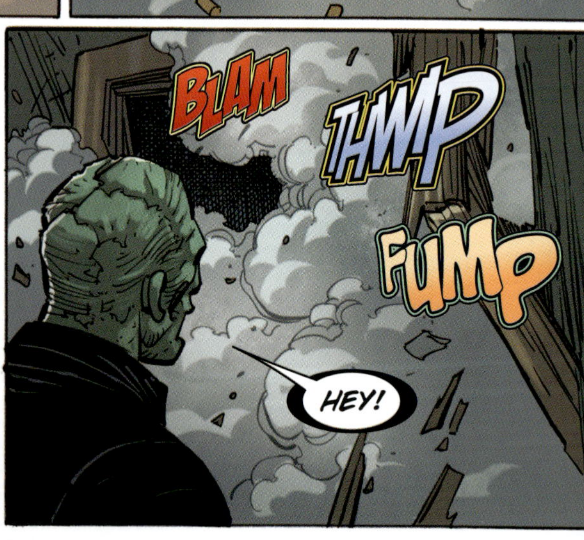
BLAM
THWIP
FUMP
HEY!

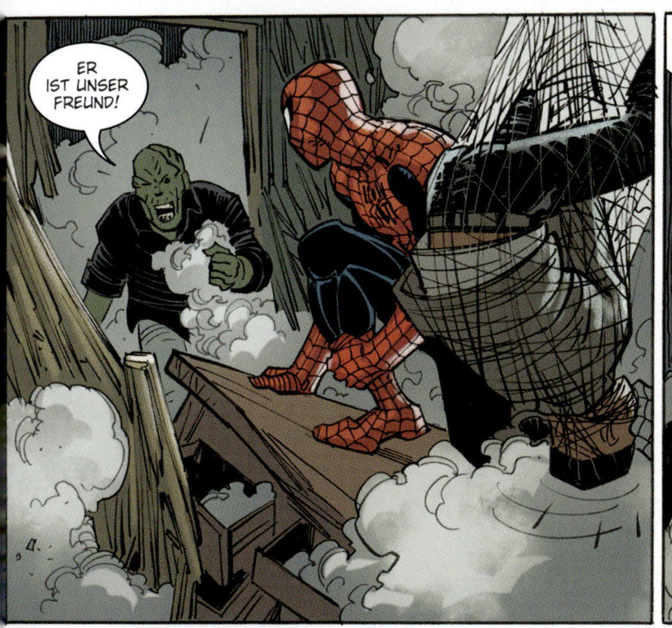
ER IST UNSER FREUND!
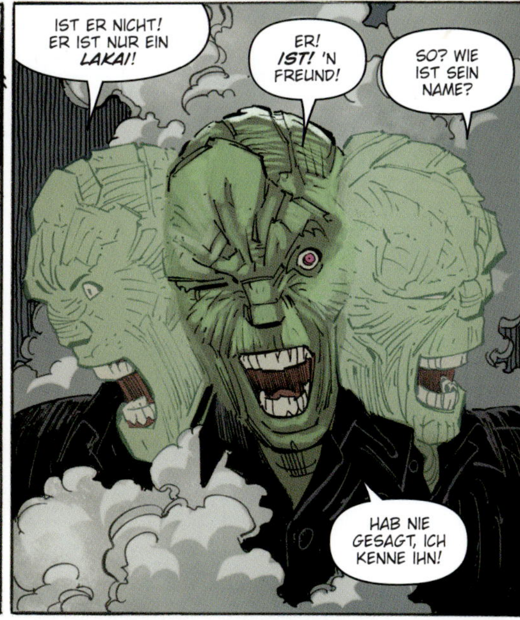
IST ER NICHT! ER IST NUR EIN LAKAI!
ER! IST! 'N FREUND!
SO? WIE IST SEIN NAME?
HAB NIE GESAGT, ICH KENNE IHN!
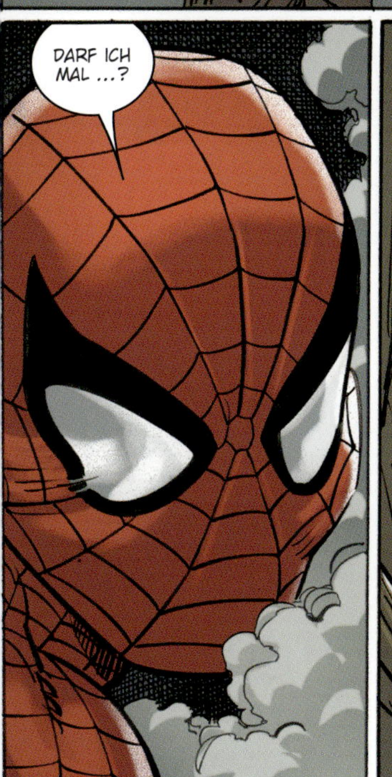
DARF ICH MAL ...?
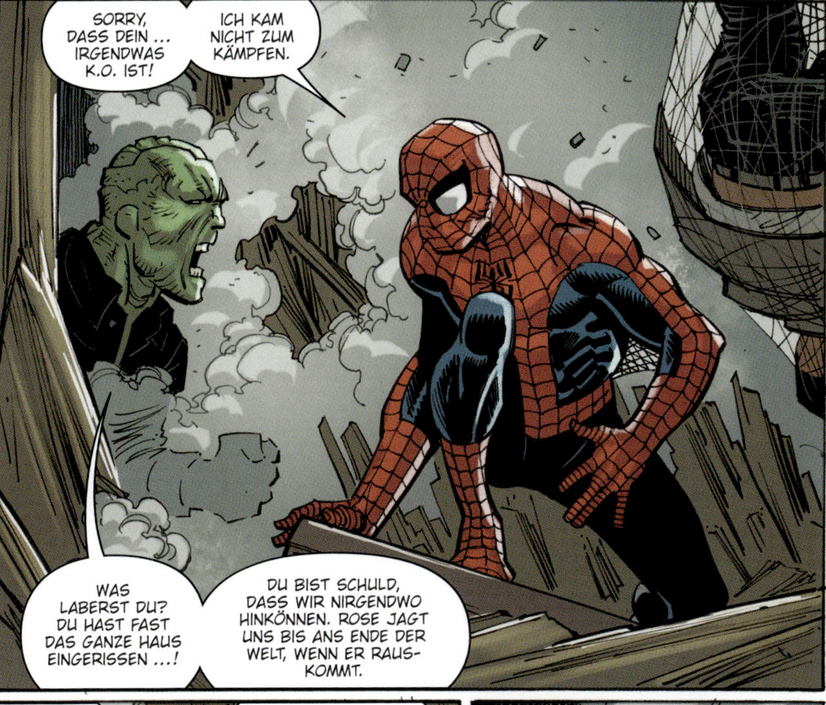
SORRY, DASS DEIN ... IRGENDWAS K.O. IST!
ICH KAM NICHT ZUM KÄMPFEN.
WAS LABERST DU? DU HAST FAST DAS GANZE HAUS EINGERISSEN ...!
DU BIST SCHULD, DASS WIR NIRGENDWO HINKÖNNEN. ROSE JAGT UNS BIS ANS ENDE DER WELT, WENN ER RAUS-KOMMT.
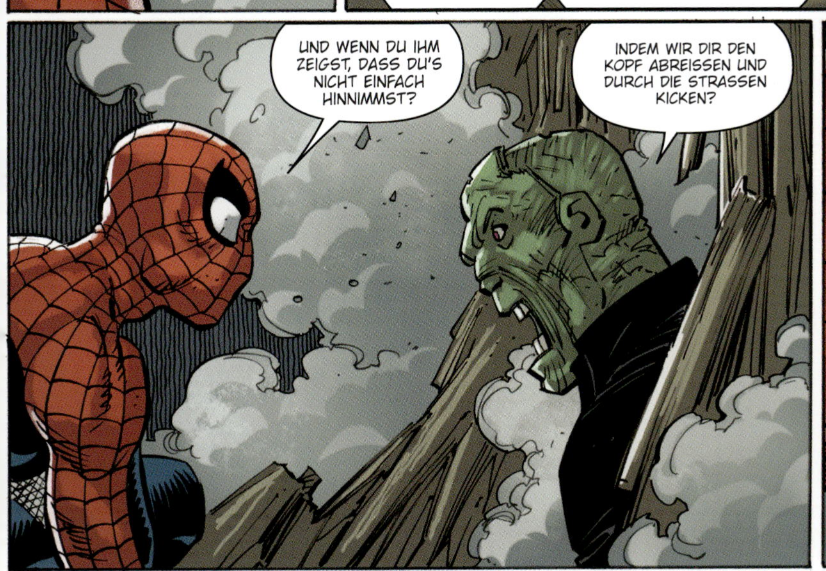
UND WENN DU IHM ZEIGST, DASS DU'S NICHT EINFACH HINNIMMST?
INDEM WIR DIR DEN KOPF ABREISSEN UND DURCH DIE STRASSEN KICKEN?
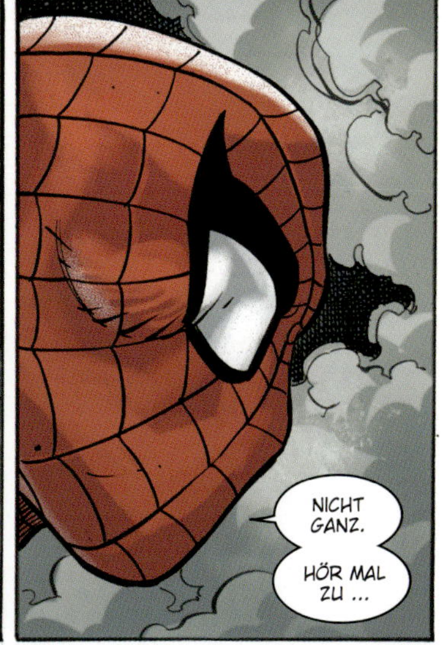
NICHT GANZ.
HÖR MAL ZU ...

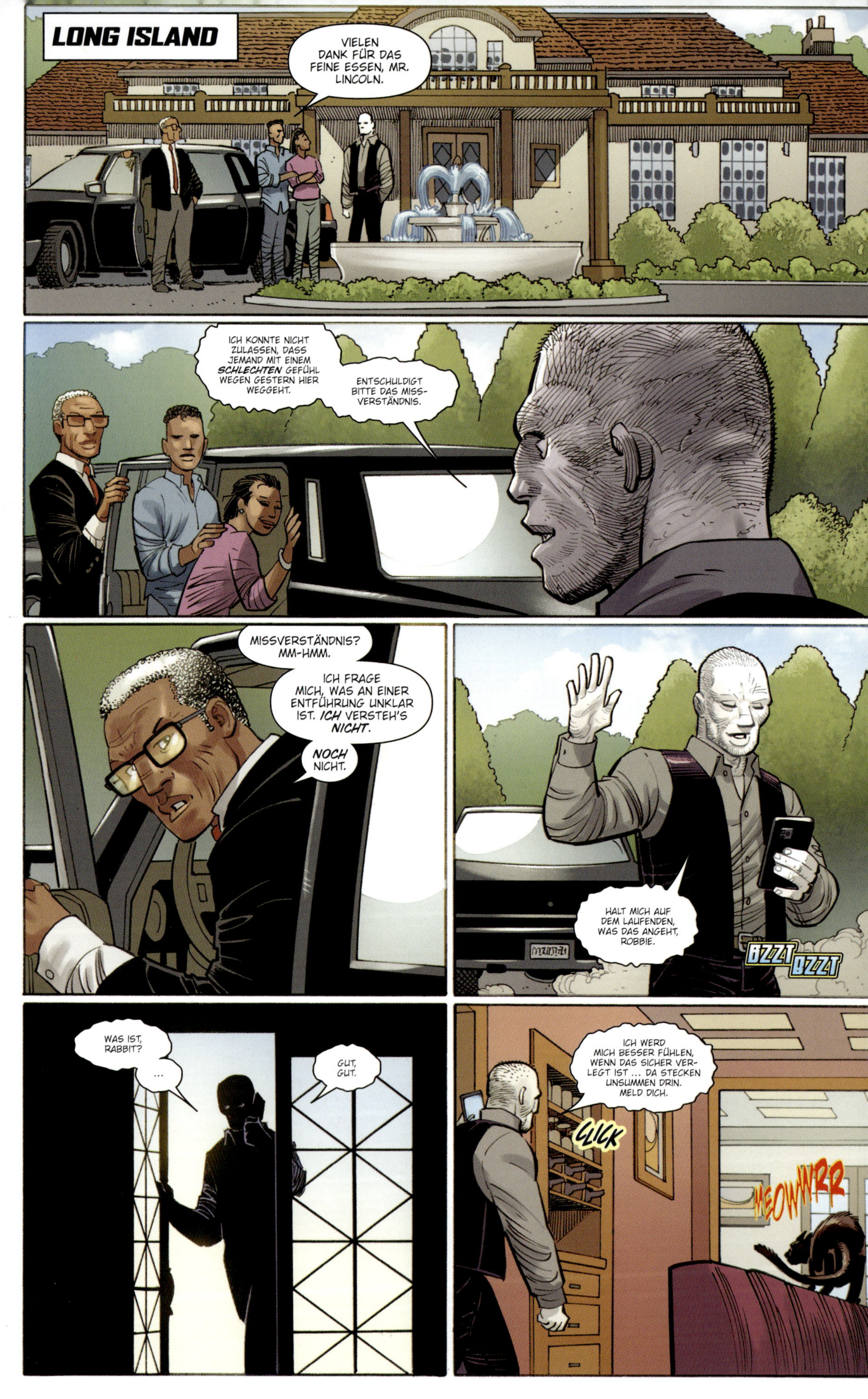
LONG ISLAND
VIELEN DANK FÜR DAS FEINE ESSEN, MR. LINCOLN.
ICH KONNTE NICHT ZULASSEN, DASS JEMAND MIT EINEM SCHLECHTEN GEFÜHL WEGEN GESTERN HIER WEGGEHT.
ENTSCHULDIGT BITTE DAS MISS-VERSTÄNDNIS.
MISSVERSTÄNDNIS? MM-HMM.
ICH FRAGE MICH, WAS AN EINER ENTFÜHRUNG UNKLAR IST. ICH VERSTEH'S NICHT.
NOCH NICHT.
HALT MICH AUF DEM LAUFENDEN, WAS DAS ANGEHT, ROBBIE.
BZZT BZZT
WAS IST, RABBIT?
...
GUT, GUT.
ICH WERD MICH BESSER FÜHLEN, WENN DAS SICHER VER-LEGT IST ... DA STECKEN UNSUMMEN DRIN. MELD DICH.
CLICK
MEOWWRR

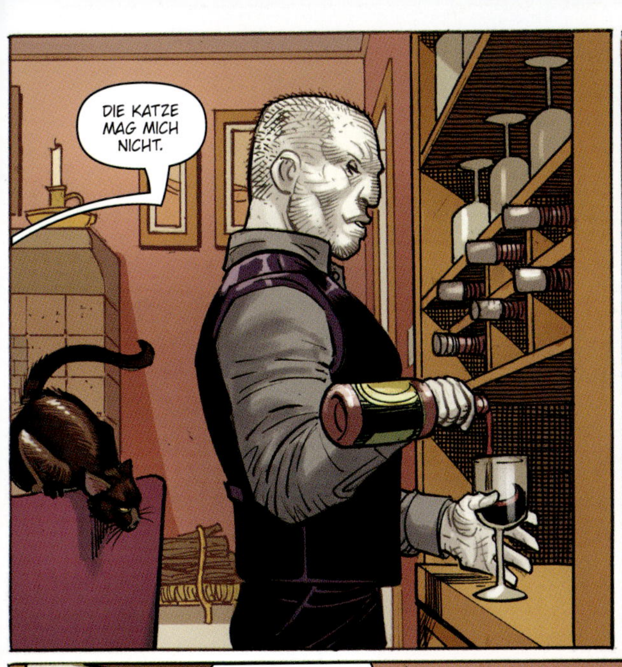
DIE KATZE MAG MICH NICHT.
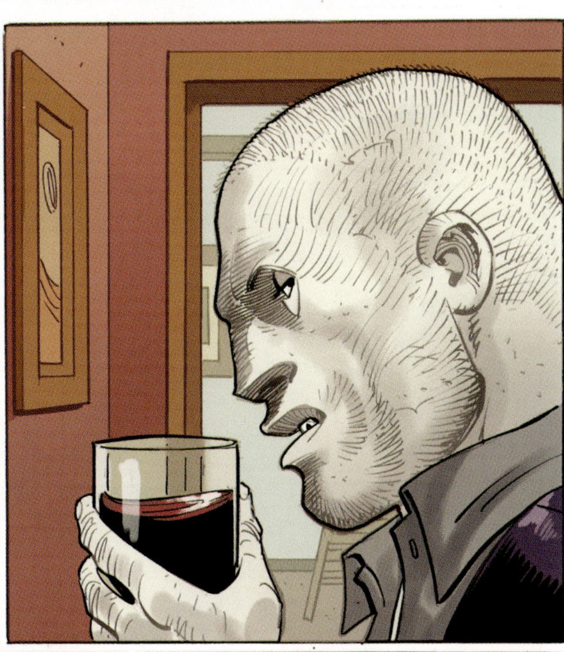
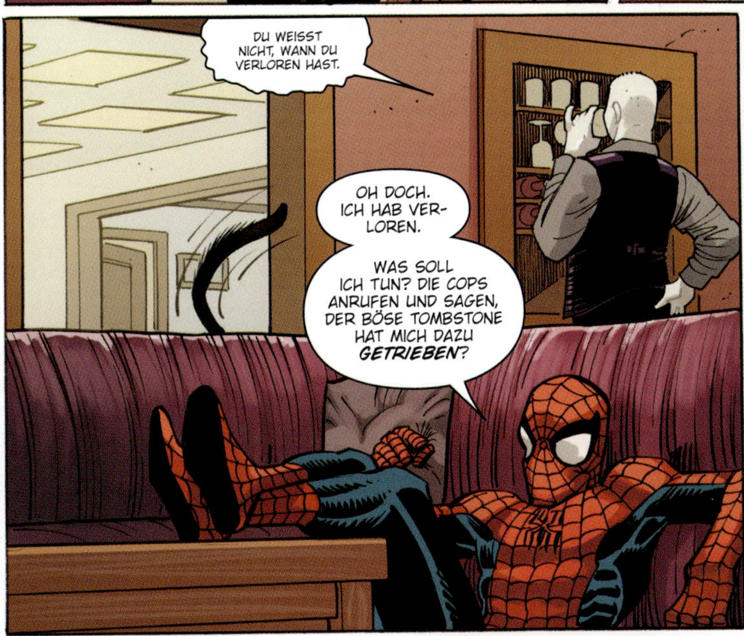
DU WEISST NICHT, WANN DU VERLOREN HAST.
OH DOCH. ICH HAB VERLOREN.
WAS SOLL ICH TUN? DIE COPS ANRUFEN UND SAGEN, DER BÖSE TOMBSTONE HAT MICH DAZU GETRIEBEN?
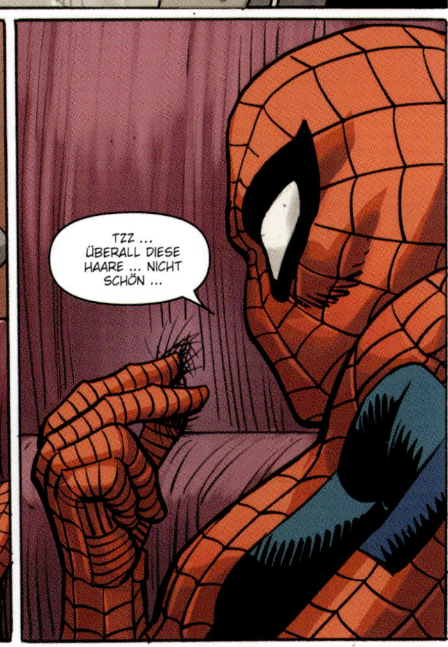
TZZ ... ÜBERALL DIESE HAARE ... NICHT SCHÖN ...
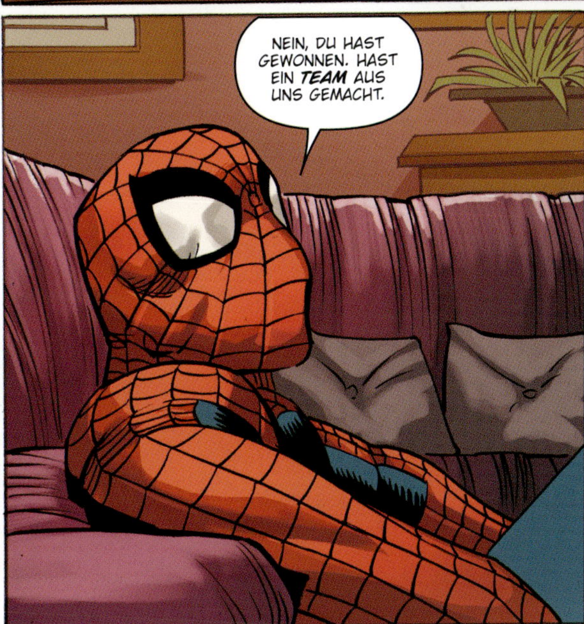
NEIN, DU HAST GEWONNEN. HAST EIN TEAM AUS UNS GEMACHT.
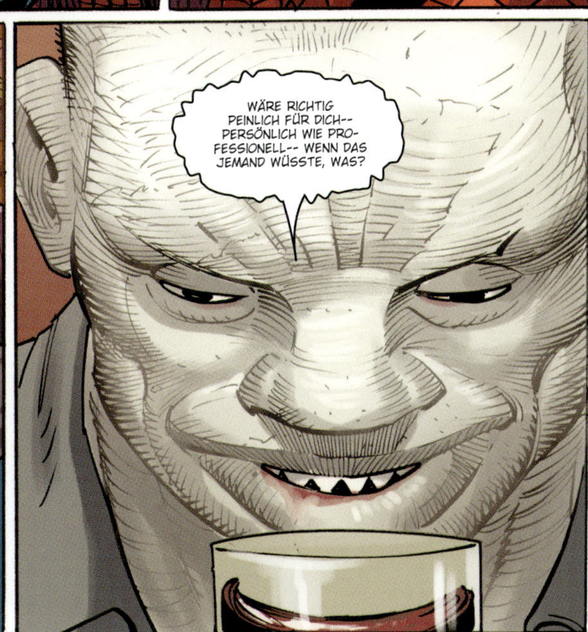
WÄRE RICHTIG PEINLICH FÜR DICH-- PERSÖNLICH WIE PROFESSIONELL-- WENN DAS JEMAND WÜSSTE, WAS?

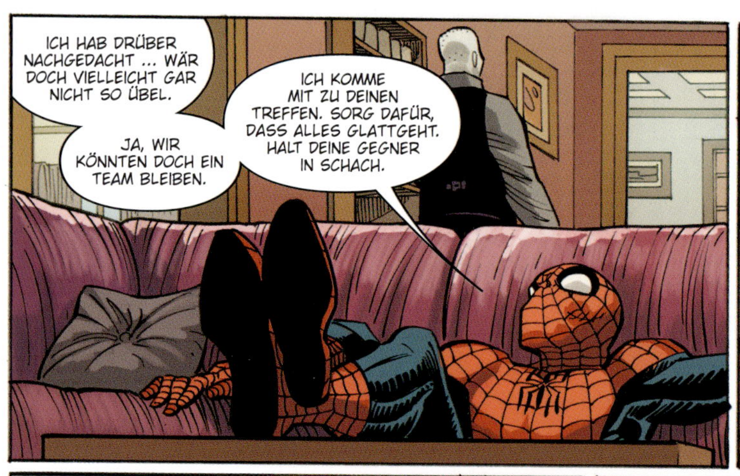
ICH HAB DRÜBER NACHGEDACHT ... WÄR DOCH VIELLEICHT GAR NICHT SO ÜBEL.
JA, WIR KÖNNTEN DOCH EIN TEAM BLEIBEN.
ICH KOMME MIT ZU DEINEN TREFFEN. SORG DAFÜR, DASS ALLES GLATTGEHT. HALT DEINE GEGNER IN SCHACH.

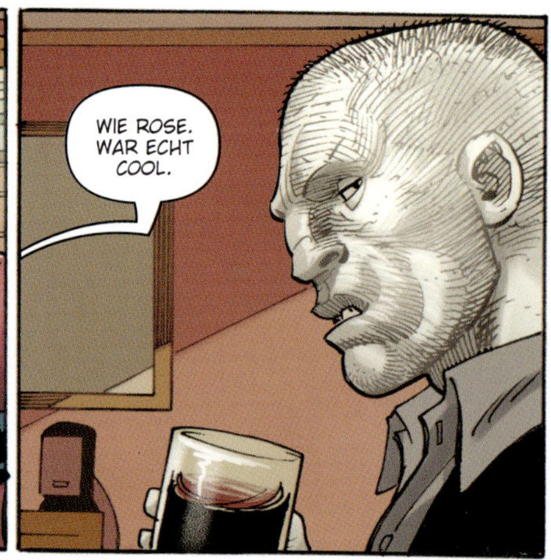
WIE ROSE. WAR ECHT COOL.

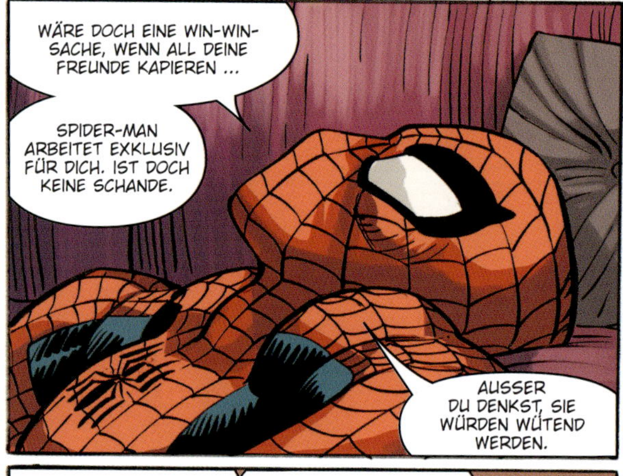
WÄRE DOCH EINE WIN-WIN-SACHE, WENN ALL DEINE FREUNDE KAPIEREN ...
SPIDER-MAN ARBEITET EXKLUSIV FÜR DICH. IST DOCH KEINE SCHANDE.
AUSSER DU DENKST, SIE WÜRDEN WÜTEND WERDEN.

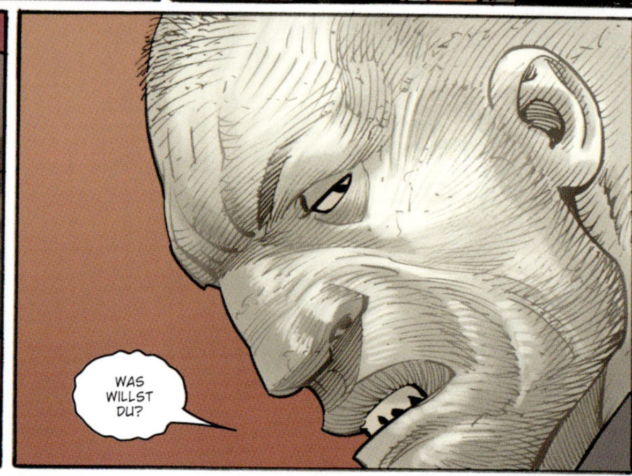
WAS WILLST DU?

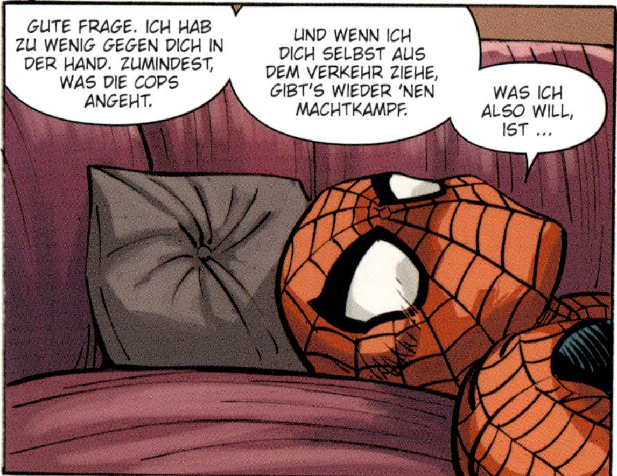
GUTE FRAGE. ICH HAB ZU WENIG GEGEN DICH IN DER HAND. ZUMINDEST, WAS DIE COPS ANGEHT.
UND WENN ICH DICH SELBST AUS DEM VERKEHR ZIEHE, GIBT'S WIEDER 'NEN MACHTKAMPF.
WAS ICH ALSO WILL, IST ...

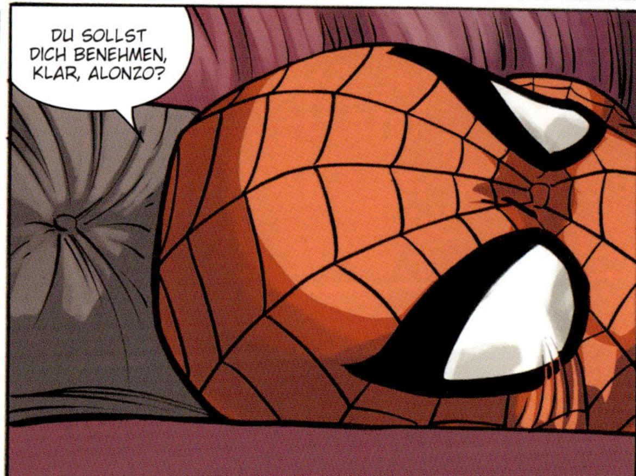
DU SOLLST DICH BENEHMEN, KLAR, ALONZO?

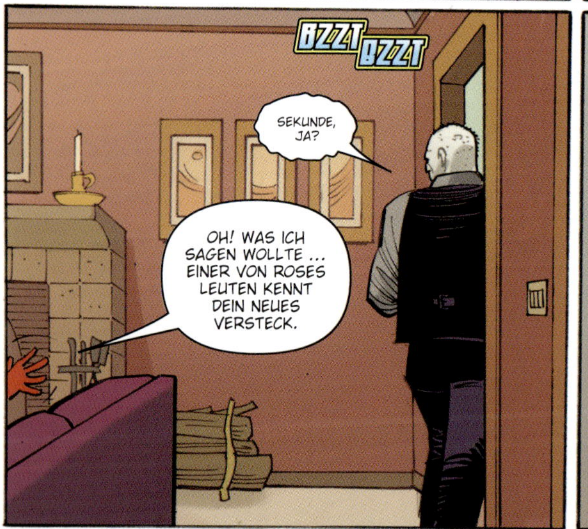
BZZT BZZT
SEKUNDE, JA?
OH! WAS ICH SAGEN WOLLTE ... EINER VON ROSES LEUTEN KENNT DEIN NEUES VERSTECK.

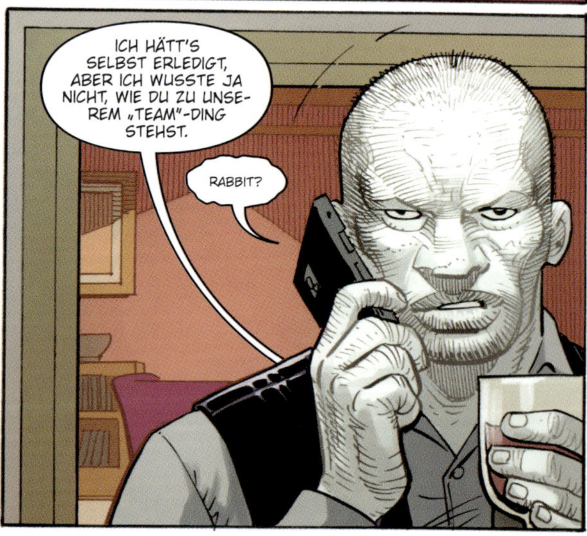
ICH HÄTT'S SELBST ERLEDIGT, ABER ICH WUSSTE JA NICHT, WIE DU ZU UNSEREM „TEAM"-DING STEHST.
RABBIT?

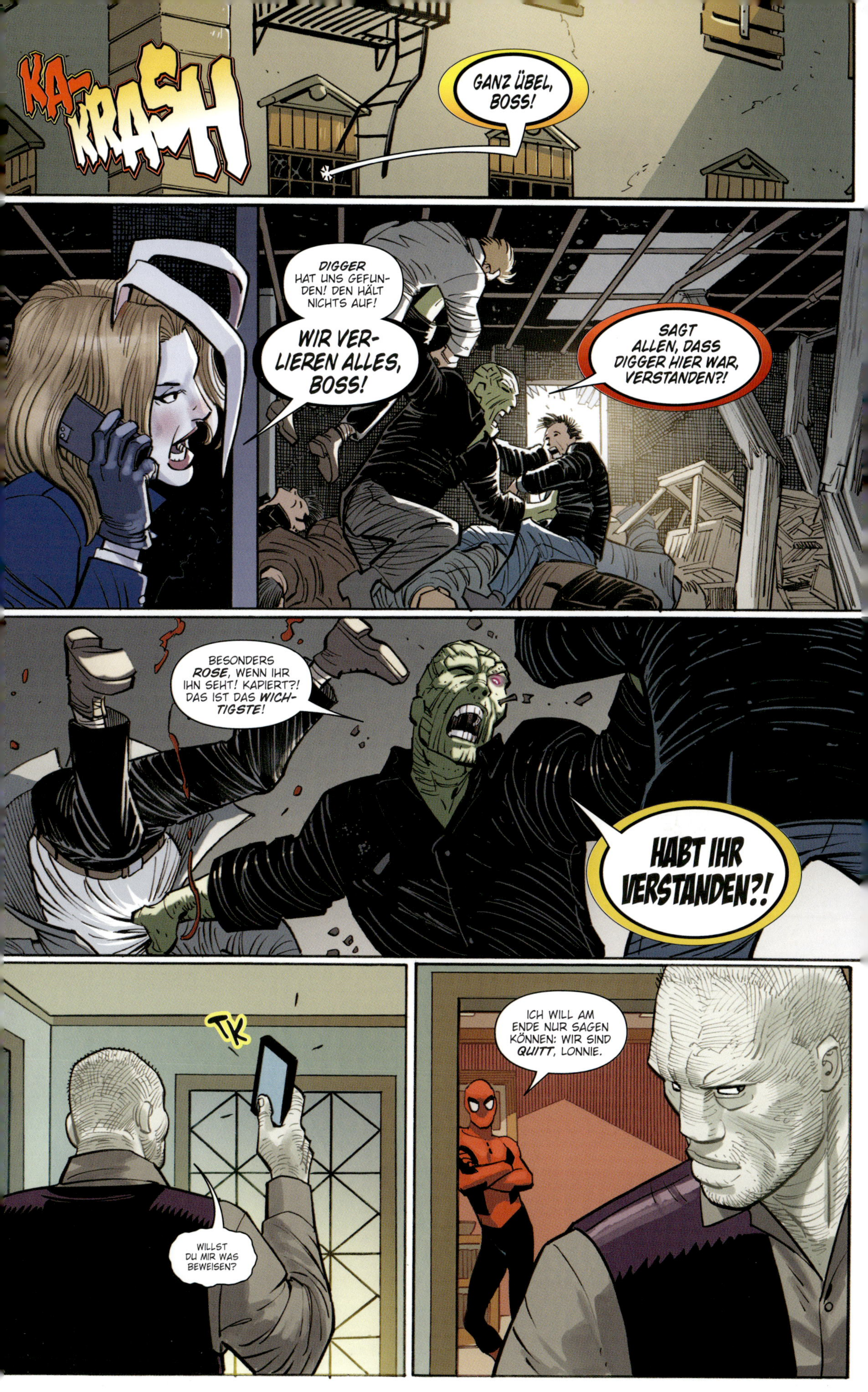

KA-KRASH
GANZ ÜBEL, BOSS!
DIGGER HAT UNS GEFUN-DEN! DEN HÄLT NICHTS AUF!
WIR VER-LIEREN ALLES, BOSS!
SAGT ALLEN, DASS DIGGER HIER WAR, VERSTANDEN?!

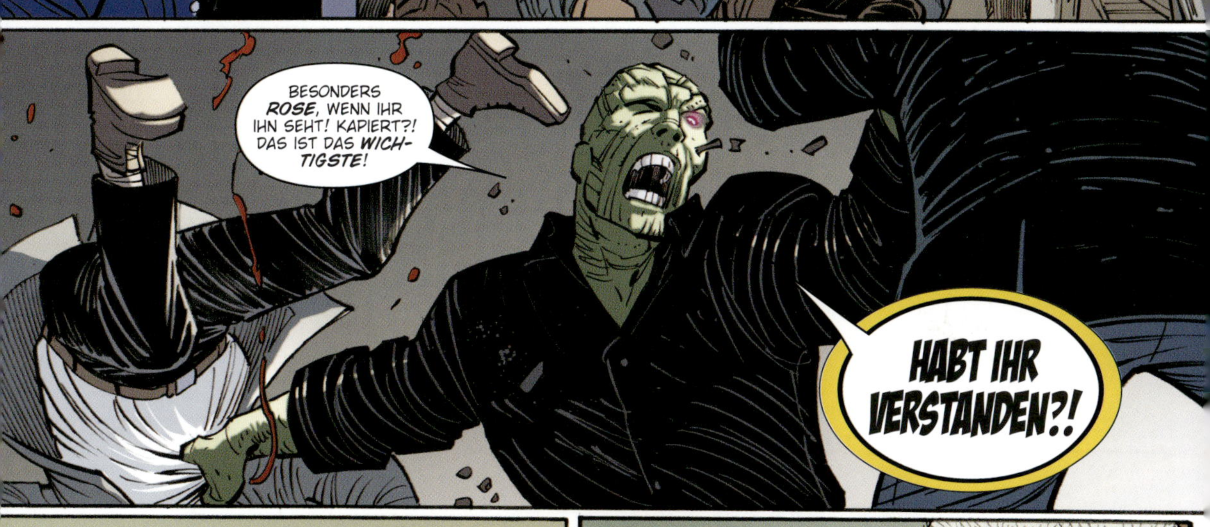
BESONDERS ROSE, WENN IHR IHN SEHT! KAPIERT?! DAS IST DAS WICH-TIGSTE!
HABT IHR VERSTANDEN?!

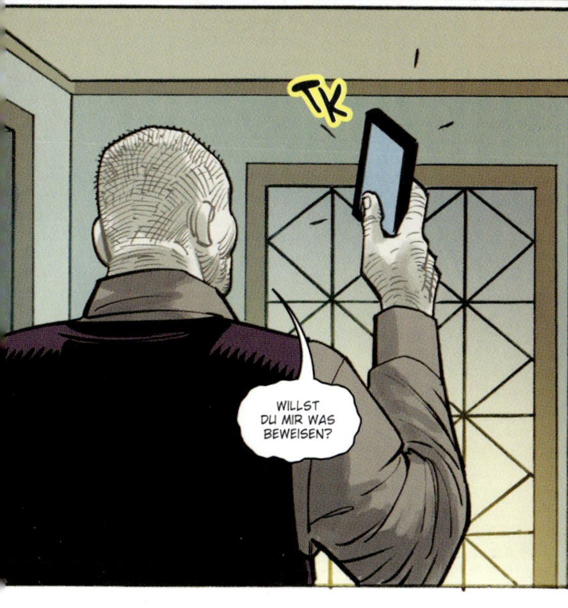
TK
WILLST DU MIR WAS BEWEISEN?

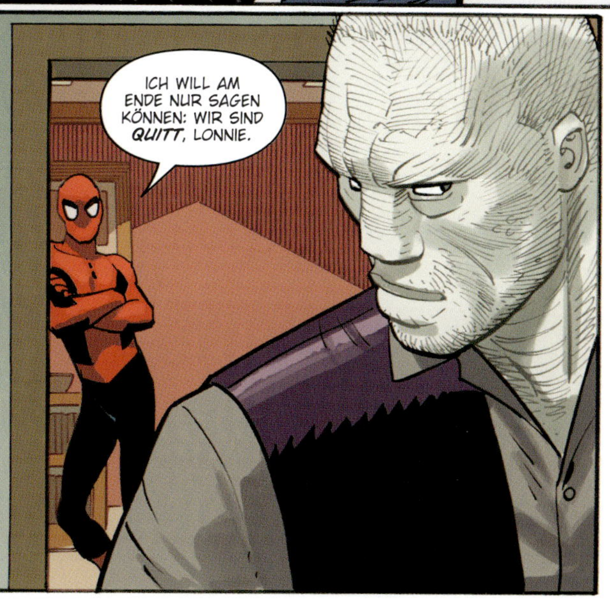
ICH WILL AM ENDE NUR SAGEN KÖNNEN: WIR SIND QUITT, LONNIE.

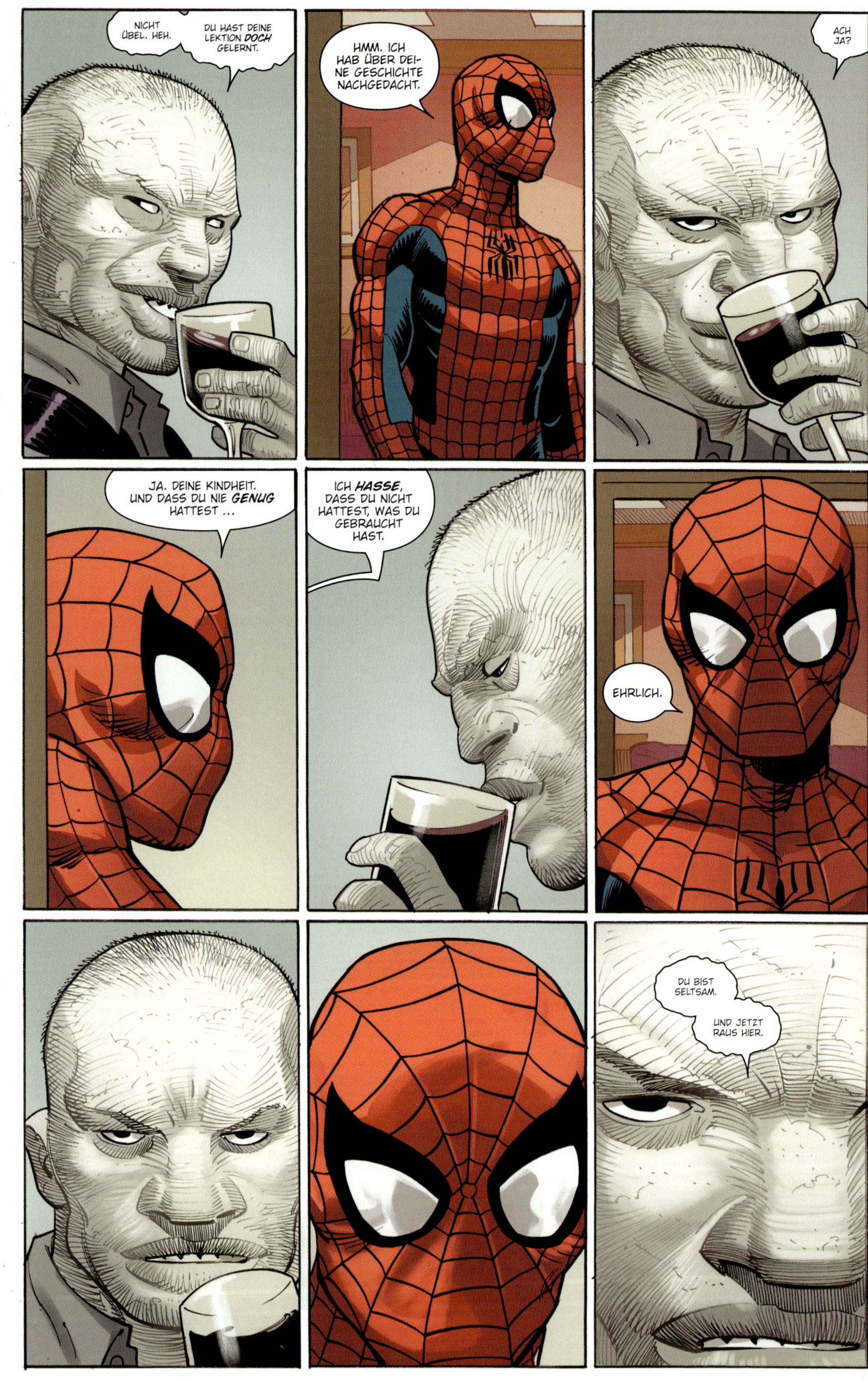
NICHT ÜBEL. HEH.
DU HAST DEINE LEKTION *DOCH* GELERNT.
HMM. ICH HAB ÜBER DEI-NE GESCHICHTE NACHGEDACHT.
ACH JA?
JA. DEINE KINDHEIT. UND DASS DU NIE *GENUG* HATTEST ...
ICH *HASSE*, DASS DU NICHT HATTEST, WAS DU GEBRAUCHT HAST.
EHRLICH.
DU BIST SELTSAM.
UND JETZT RAUS HIER.

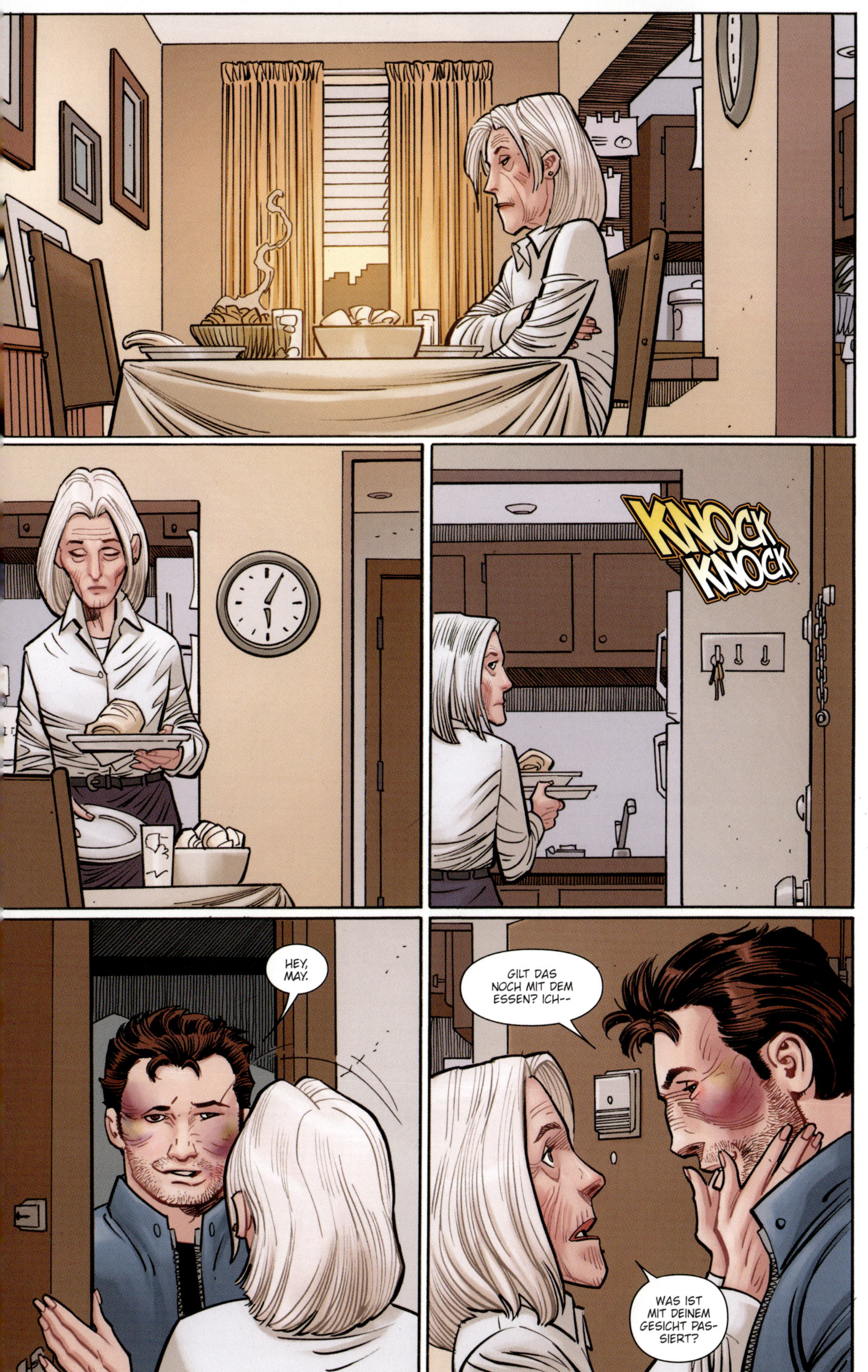
KNOCK KNOCK
HEY, MAY.
GILT DAS NOCH MIT DEM ESSEN? ICH--
WAS IST MIT DEINEM GESICHT PAS-SIERT?

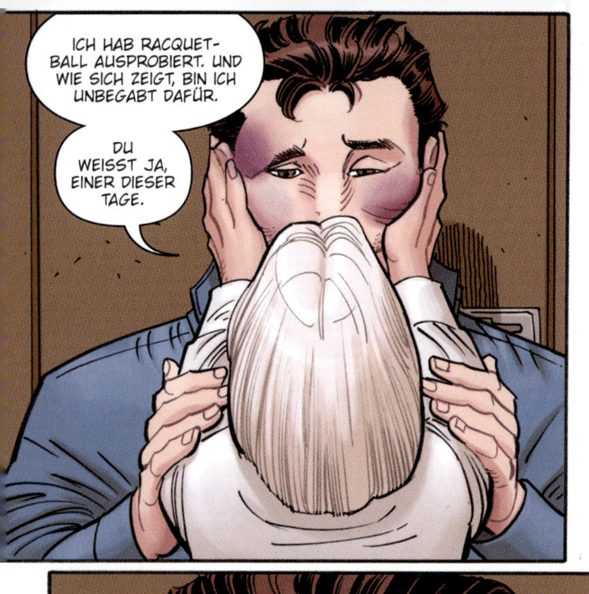
ICH HAB RACQUET-BALL AUSPROBIERT. UND WIE SICH ZEIGT, BIN ICH UNBEGABT DAFÜR.
DU WEISST JA, EINER DIESER TAGE.
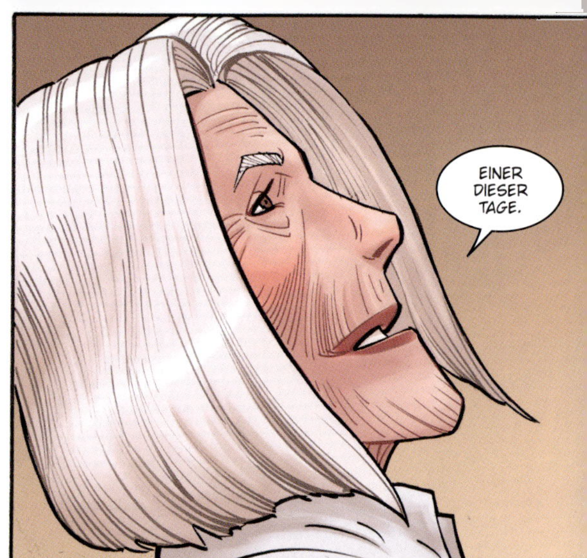
EINER DIESER TAGE.
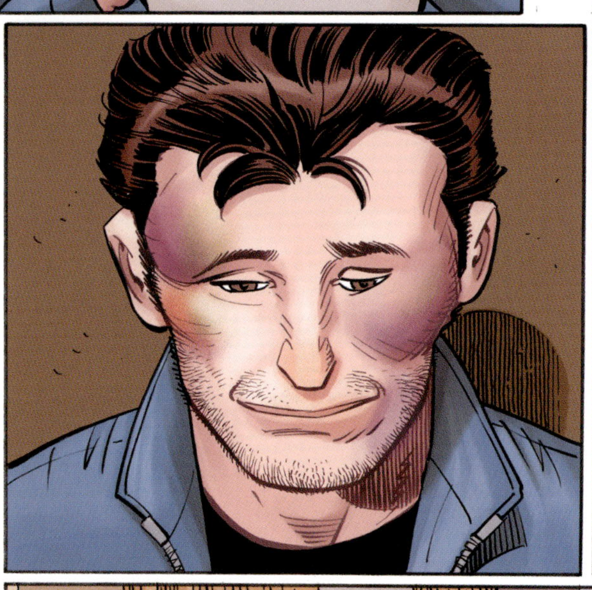
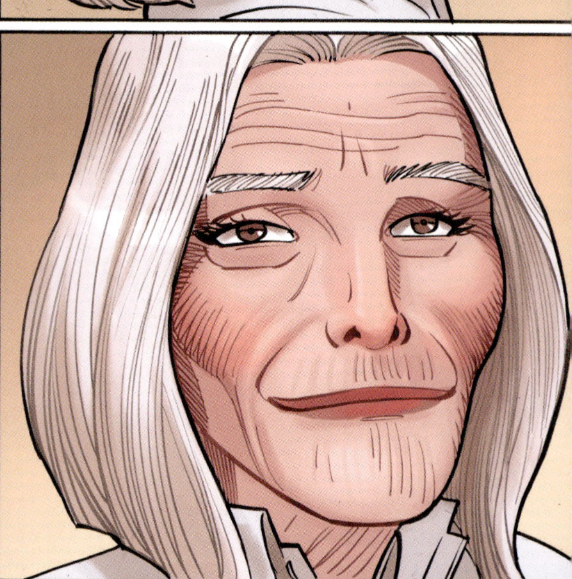
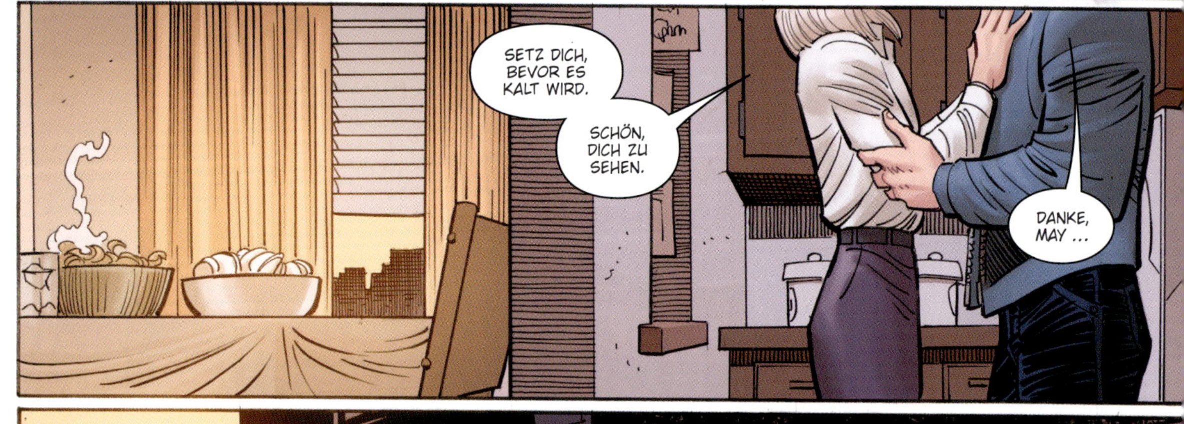
SETZ DICH, BEVOR ES KALT WIRD.
SCHÖN, DICH ZU SEHEN.
DANKE, MAY ...
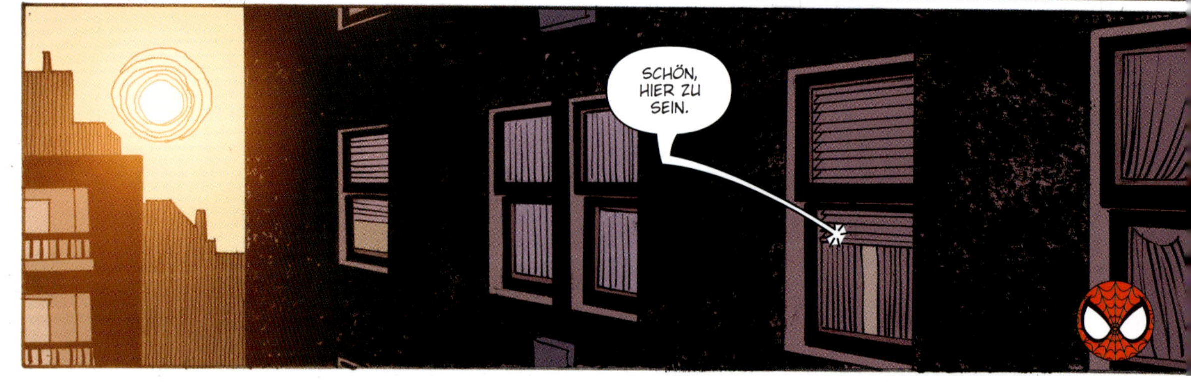
SCHÖN, HIER ZU SEIN.

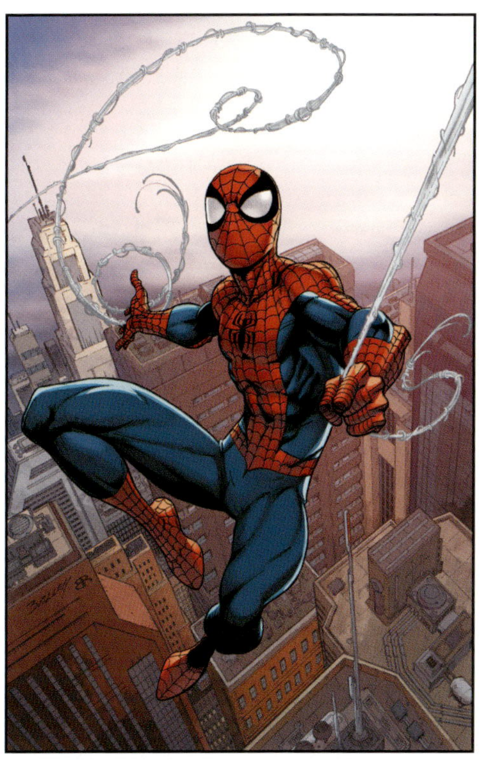

Amazing Spider-Man (2022) 1
Variant-Cover von **MARK BAGLEY**

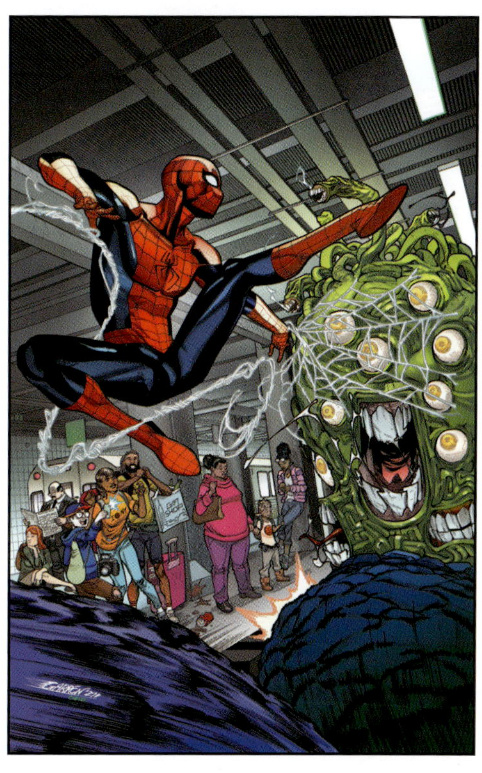

Amazing Spider-Man (2022) 3
Variant-Cover von **JAVIER GARRÓN**

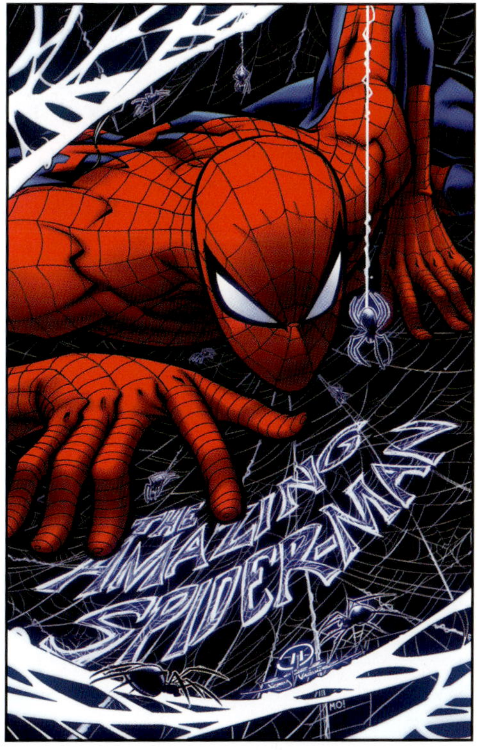

Amazing Spider-Man (2022) 4
Variant-Cover von **JOEY VAZQUEZ**

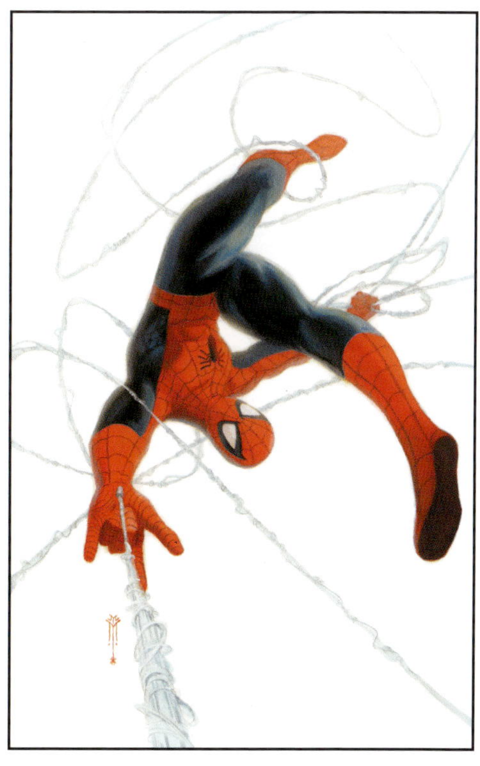

Amazing Spider-Man (2022) 5
Variant-Cover von **MIGUEL MERCADO**

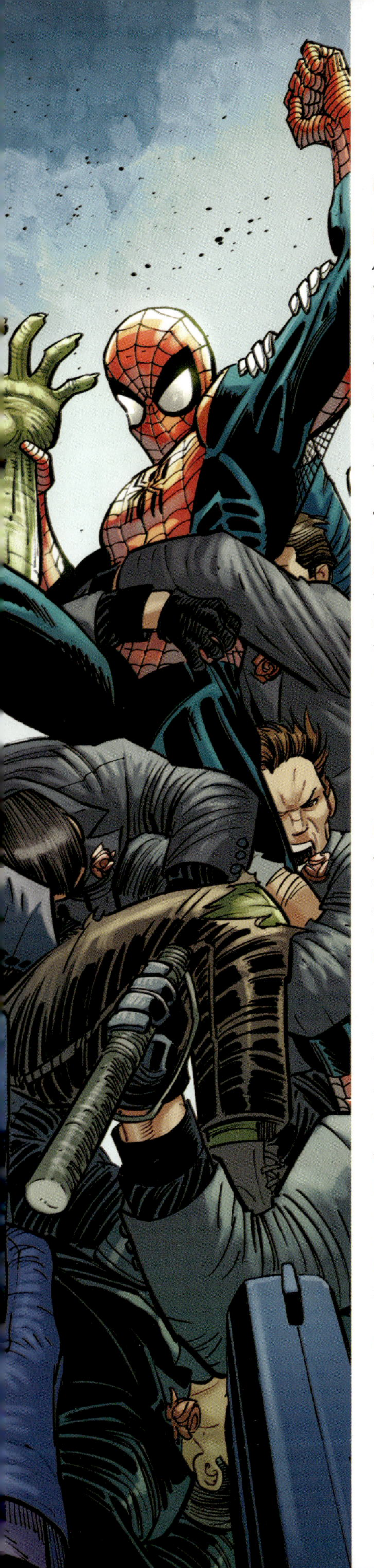

NETZWERK

ROSE

1970 schufen **Stan Lee** und **John Romita Sr**. die Figur **Richard Fisk**, den Sohn von Kingpin **Wilson Fisk**, für *Amazing Spider-Man* 83 (der ersten US-Inkarnation). 1984 wurde er in *ASM* 253 von **Tom DeFalco** und **Rick Leonardi** erstmals zum maskierten Gangster **Rose**, obwohl dieses Geheimnis, die Doppelidentität, erst 1987 aufgedeckt wurde. 2002 erschoss **Vanessa Fisk** in *Daredevil* 31 ihren Sohn, weil der seinen Vater attackierte. Nach einem kurzen Comeback durch die **Klon-Verschwörung** von 2017 dauerte es bis 2021, ehe **Kingpin** selbst seinen Sohn wieder ins Leben zurückholte.

TOMBSTONE

In *Web of Spider-Man* 36, 1988 inszeniert von **Gerry Conway** und **Alex Saviuk**, erlebten wir den ersten Auftritt von **Tombstone** – die erste große Storyline mit dem Gangster zeichnete jedoch **Sal Buscema**. Die Geschichte von **Alonzo „Lonnie" Lincoln** ist eng mit der von Reporter **Joe Robertson** verknüpft. Die beiden gingen auf dieselbe Schule, und später kreuzten sich ihre Wege mehrfach – Robbie war sogar zugegen, als Lonnie in einer Chemiefabrik der Substanz ausgesetzt wurde, der er seine übermenschlichen Kräfte verdankt.

DIGGER

John Romita Jr. zeichnete bereits das Debüt von **Digger**, das 2003 in Autor **J. Michael Straczynskis** *Amazing Spider-Man* 51 (nach dem ersten Relaunch des Traditionstitels) erschien. Digger entstand dadurch, dass Mafia-Boss **Morris Forelli** dreizehn seiner Konkurrenten töten und in der Wüste vergraben ließ. Dort wurden Gamma-Bomben getestet, und aus den Leichenteilen und der Strahlung setzte sich Digger zusammen. Am Ende zerfiel Digger wieder, aber das war nicht sein Ende. Das grüne Tor ist eine Anspielung auf das **Hulk**-Jenseits in Autor **Al Ewings** Serie *Bruce Banner: Hulk*.

WHITE RABBIT

Lorina Dodson gab ihren von *Alice im Wunderland* inspirierten Einstand als **White Rabbit** 1983 in *Marvel Team-Up* 131 von Spidey-Legende **J. M. DeMatteis** und **Kerry Gammill**. Später entwickelte sie eine Beziehung zum Todesfallenbauer **Arcade**, gehörte zu **Hoods** Schurken-Gang und schloss sich dem nur aus Schurkinnen bestehenden **Syndicate** an.

Christian Endres